當代英雄

第一卷

黑暗時代的抗爭者

余杰 著

目次

一九四〇年代人 059

一九五〇年代人 129

一九六〇年代人 201

一九七〇年代人 291

一九八〇年代人 383

凡例與致謝

一、《當代英雄：黑暗時代的抗爭者》為多卷本人物傳記，每卷收入五十名人物，以不同世代排序，從一九二〇年代生人延伸至二〇〇〇年代生人。他們中的很多人不願接受「英雄」之美譽，而自認為是平凡人。但實際上，只要敢於以不同方式反抗中共強權的平凡人，即具備英雄之特質。本系列尤其注重關注和挖掘不為公眾和媒體所知的無名英雄，強調不能讓無名英雄的事跡被世人遺忘。作者對有名與無名的英雄均一視同仁，致以崇高的禮讚。

二、本書所選之人物，以不同形式挺身反抗中共極權暴政，幾乎都受到中共政權不同形式之迫害，如開除學籍、取消教職、吊銷律師執業資格、關閉經營的商業或企業、剝奪各種工作機會，乃至祕密警察長期監控、非法軟禁、酷刑折磨、通緝、行政拘留和刑事拘留、逮捕並判刑入獄等，都是廣義的人權受害者。其中，曾被拘押和判刑者佔八成以上，仍在獄中服刑者佔四成以上。

三、本書所寫之人物，仍在中國（含香港）者佔六成左右，流亡海外且不能歸國者佔四成左右。期盼本書成為一座橋樑，將中國和海外的抗爭者及抗爭運動連接起來，促進不同環境下的抗爭者的了解、交流、信任及彼此支持。

四、本書所寫之人物，必然涉及到若干與之共事、並肩作戰的同仁、支持者，後者以注釋形式作簡要介紹。本書所有注釋，均為相關人物之介紹，其他內容若需注釋則在文內出現。每篇人物傳記中，約有五個相關人物以注釋呈現。注釋中的人物，亦有可能成為下一卷中的傳主。故而，每卷書中表彰的當代英雄有超過三百位之多。

五、本書所寫之人物，作者竭盡所能與傳主本人或其家屬、友人取得聯繫，進行深入採訪，獲取諸多第一手資料。若無法與相關人等取得聯繫，則努力搜集已有之資訊，包括傳主的文集、回憶錄、傳記、媒體訪問報導等，以求對人物做出精準、如實之呈現。其中大部分文稿經本人或家屬或朋友過目及修訂。

六、本書記載的每一人物，篇幅在五千字上下，故而集中呈現其反抗中共暴政之面向，梳理其言行和思想起承轉合之脈絡，以利公眾和讀者對其主要事工、言行及思想觀點有基本之了解，而傳主其他豐富和複雜的面向暫且從略。

七、《當代英雄》將是一個長期的寫作計畫，在中國實現民主轉型之前，將每年完成一至二卷，以抗爭者的故事形成一部當代中國的抗爭史。作者期盼，未來的民主中國將如同其他民主國家那樣，只需要具備基本公民素質的公民，而不再需要英雄，更不必發生英雄為義受難乃至犧牲的悲劇。

八、本書之紙本及電子版，在台灣推出，在台灣及華人世界發行、傳播。本書之部分章節，將在若干網站發表、連載，並適時推出朗讀版及其他不同形式之版本，以便為更多關注中國社會議題的讀者所接觸和了解。

九、《當代英雄》系列為總部設於美國舊金山的非盈利組織「中國民主教育基金會」（Chinese

Democratic Education Foundation，簡稱ＣＤＥＦ）所推動的文化教育和民主啟蒙項目的一部分。該機構成立於一九八五年，多年來致力於促進中國社會繁榮進步及民主法治、維護人權自由，其官網為：http://www.cdef.link/。

十、本書所獲之版稅，全部捐獻給在美國舊金山註冊的非盈利福利組織「人道中國」。該組織自二〇〇七來成立以來，一直致力於推動中國公民社會的成長、救助和幫助中國良心犯及其家人，已為數百位中國良心犯及其家人提供人道主義援助（包括若干本書中所寫到的人物），其官網為：https://h-china.org/%e4%b8%ad%e6%96%87/。歡迎各界人士捐款支持。

十一、在本書寫作過程中，作者得到「人道中國」、「中國人權」等組織的支持和幫助，也得到周鋒鎖、蘇雨桐、陳闖創等友人的協助，在此一併致謝。若干身在中國、處境危險的人士也提供了幫助，在此無法以實名致謝，希望未來此書在民主中國出版之時，能夠向他們公開致謝。

十二、本書引用若干自由世界的媒體，如自由亞洲電台中文網、美國之音中文網、ＢＢＣ中文網、法廣中文網、紐約時報中文網、改變中國網站、維權網、公民網、民生觀察網、中國數字時代、端傳媒、不明白播客等的相關報導和資料，因篇幅所限，書中不再一一加以標注，在此一併致謝。

總序／一時人物風塵外，千古英雄草莽間

一旦等到反抗者的數目增加的時候，表面上看來再強的強勢權力，也一定倒下來，成為反抗者腳下的塵土。

——倪匡

熬過至暗時刻，終將迎來滿天星光

十九世紀的俄國思想家亞歷山大·赫爾岑（Alexander Herzen）在回憶錄《往事與隨想》中寫道：「後世的人能夠了解、能夠估價我們生存的一切恐怖，一切悲慘方面嗎？……呵，讓後世的人徘徊在我們長眠其下的墓石之前，去默想，去憑吊吧；我們是值得他們去憑吊的呵！」

一八二五年冬，新登基不久的俄羅斯沙皇尼古拉一世血腥鎮壓了十二月黨人起義，在克里姆林宮外豎起高高的絞刑架。身為貴族的赫爾岑誓言推翻沙皇暴政，這名十五歲的少年與友人尼古拉·奧加遼夫（Nikolay Ogarev）一起登上莫斯科郊外的麻雀山，「我們當著整個莫斯科發誓，要為我們所選定的

理想獻出我們的生命」。赫爾岑常常在夢中與殺人如麻的沙皇對峙：「我設想了一百種不同的方式，我怎樣對尼古拉講話，他以後怎樣把我送到礦山或者處死。奇怪的是，所有這些幻想的收場都是西伯利亞或者死刑，幾乎沒有勝利的結局。難道這是俄國人的想像方式？不然就是聖彼得堡用它的五座絞架和苦役勞動在年輕一代身上產生的效果。」二十六年之後，在流亡路上風塵僕僕的赫爾岑，深情回憶當年在麻雀山上發誓的那一幕：「想起它，還感動得流淚；它是極其真誠的，我們的整個一生就可以為它作證。」

投身失敗的命運，卻在反抗中永生，這是俄羅斯精神中最寶貴的部分——「我們並不知道我們所反對的敵人的全部力量，然而我們進行了戰鬥。那個力量使我們受到很大的損害，可是它並沒有完全打敗我們，不管它怎樣打擊我們，我們並沒有投降。……我們無畏地、自豪地前進，我們慷慨地響應每一個號召，我們真誠地為了每一次的熱情獻出自己的一切。我們挑選的並不是一條容易走的路，可是我們從來沒有離開過它；我們負了傷，受到損害，我們仍然前進，也沒有人追過我們。」反抗者前赴後繼，從普希金到杜斯妥也夫斯基，從索忍尼辛到拉欽斯基（Yan Rachinsky，諾貝爾和平獎得主、俄羅斯人權組織「紀念」主席，「紀念」已被普丁政權查封）……他們都以失敗者的名義，收穫抗爭者的榮耀。

魯迅在收錄於《華蓋集》〈這個與那個〉中寫道：「中國一向就少有失敗的英雄，少有韌性的反抗，少有敢單身鏖戰的武人，少有敢撫哭叛徒的弔客；見勝兆則紛紛聚集，見敗兆則紛紛逃亡。」魯迅去世後，好友郁達夫感嘆說：「一個沒有英雄的民族是可悲的奴隸之邦，一個有英雄而不知尊重英雄的民族則是不可救藥的生物之群。」那麼，這片號稱神州的土地，真是一個「可悲的奴隸之邦」嗎？這群號稱「龍的傳人」的族群，真是一個「不可救藥的生物之群」嗎？

我們不必絕望。協助盲人維權人士陳光誠成功逃離天羅地網的江蘇女教師何培蓉後來披露，她接到陳光誠的電話後，從北京驅車六個小時到山東臨沂，將其接到北京，然後送到美國大使館。陳光誠一路逃亡過程中，得到很多好心人幫忙，很多人之前沒有見過他，幫助他時還有些提心吊膽，但沒有一個人將他「供出去」。可見，儘管中國的民氣屢遭摧殘，但民間社會對於基本的是非善惡，還是有一定的分辨力。

在當代中國，即便在這至暗時刻，仍有一群有名或無名的反抗者挺身而出。並非所有人都自願為奴，並非所有人都心甘情願或心不甘情不願地接受「韭菜」或「人礦」的終局。反抗者如普羅米修斯，盜火照亮夜路；如西西弗斯，推巨石上山。以吶喊驅散魑魅魍魎，在霜刀雪劍中矢志不渝。他們如此熱愛自由，卻寧願以失去自己的自由而為他人爭取自由。他們在監獄中，或走出小監獄又進大監獄。他們在流亡路上，乃至妻離子散，如斷腸人在天涯。官方媒體和官修史書上不會出現他們的名字，他們的名字是被層層過濾的「敏感詞」。他們被定罪為「國家的敵人」，被醜化為「境外勢力」，被誤解、冷漠、辱罵所包圍，以至於千夫所指、謗滿天下。但他們仍然在黑暗中發光，他們深知：與其詛咒黑暗，不如讓自己發光。每一個人，都有可能成為天上那顆亮晶晶的星辰。

思想史和抗爭史上，有多少「被失蹤者」？

邱吉爾在二戰勝利後的大選中意外敗落，卻舉重若輕地表示：「對他們的偉大人物忘恩負義，是偉大民族的標誌。」（Ingratitude towards their great men is the mark of a strong people）在公平競爭的民主制度下，他僅僅是暫時落選，幾年後就東山再起。在他的國家，民意如流水，英雄卻不會被永遠妖魔化。

反觀華語文化圈，英雄的厄運絕不止於此——明末，袁崇煥被崇禎皇帝凌遲處死，「百姓怨恨，爭啖其肉，皮骨已盡，心肺之間猶叫聲不絕，半日而止，所謂活剮者也……百姓將銀一錢，買肉一塊，如手指大，噉之。食時必罵一聲，須臾崇煥肉悉賣盡。」洗腦被被洗腦成為惡性循環，有什麼樣的百姓，就有什麼樣的皇帝（黨魁或政府），反之亦然。殺害英雄的，絕非暴君一人，誰的手上沒有沾上英雄的鮮血？誰又沒有向英雄扔出那塊石頭？在這個幽暗國度，英雄的命運常常是「世人皆欲殺」，而「吾人獨憐才」之「吾人」又在哪裡呢？不過，即便在這個至為悲慘的故事中，仍存有一抹正義的微光：曾為袁崇煥部下的佘姓義士，冒死盜取袁崇煥的首級並埋在自家後院，更讓後世幫袁將軍守墓，一守就是十八代人、延續三百八十年。這也是一種與權力和不公不義對抗的、自我書寫歷史的方式。

歷史學者印紅標寫過一本名為《失蹤者的足跡》的專著，記述從紅衛兵運動到「上山下鄉」、再到「四五」運動的青年思想者和青年思潮。一批優秀的青年思想者因思想問題遭迫害、關押，甚至被剝奪生命——因批判「血統論」被害的北京青年遇羅克，因思想探討和批評林彪被害的寧夏「共產主義自修大學」三青年魯志立、吳述達和吳述樟，因替劉少奇鳴不平而被害的長春青年史雲峰，因批判左傾的方針政策被害的上海青年王申酉……還有更多無名英雄湮滅在歷史塵埃中。印紅標指出：「這些令人痛心的悲劇說明了思想專制的殘酷猙獰，也使人們堅定健全民主和法治、保障人民思想和言論權利的決心。」

思想史學者朱學勤寫過一本《思想史上的失蹤者》，他感嘆說，一部當代中國知識分子思想史，很可能是一部「習慣性流產史」。「與歷史學的其它部類一樣，思想史從來是也只能是文字記載的歷史。它歷來勢利，只認變成鉛字的文字。除此之外，它又聾又啞，聽不見也看不見曠野裡的呼喚。所謂思想史的長河，只不過是一條狹長的小溪。在這條小溪的兩邊，是望不見盡頭的無字黑暗。」他無比同情和敬重那些思想史的上失蹤者，他們迷失在思想史這一邊或者那一邊的黑暗裡，不會引起思想史長河的一聲嘆息。「思想史上大規模、小規模、集體性、個人性的失蹤事件，幾乎每一代都發生過，已經發生過無數次了，以致我時常懷疑我所操持的這一行當，究竟是思想的保存者，還是思想的暗殺者？被它暗殺的思想，也許比被它保存的思想還要多。它整合了多少整數，已無關緊要。重要的是，它又暗殺過多少除不盡的『餘數』？」

一九九〇年代，中國思想界對顧准和林昭的重新發現，猶如欲說還休的「知識考古學」——就在發現他們的同時，發現者卻又遭遇「被失蹤」的命運：拍攝紀錄片《尋找林昭的靈魂》的胡傑被供職的新華社除名，在課堂上播放這部紀錄片的大學教師盧雪松遭學生告密後被校方開除，更多前往林昭墓地致意的異議人士被捕並入獄。這一可怕的歷史循環尚未被打破，暴政還在，加害者還在逍遙自在、張牙舞爪。行公義、好憐憫、存謙卑的心，仍是需要付出巨大代價的人生選擇。

毛澤東時代，被譽為「中國最早提出社會主義市場經濟理論的第一人」、「四九年到文革結束中國惟一一個思想家」的顧准，被打成右派，發配勞改，妻子服毒自殺，五個子女與之斷絕關係。在患癌症去世前夕，他想見子女一面，卻遭到一致拒絕，「恩斷義絕，一至於此」。女兒顧秀林在最後一封信中雪上加霜地寫道：「在對黨的事業的熱愛和對顧准的憎恨之間是不可能存在什麼一般的父子（女）感情的。……我是要跟黨跟毛主席走的，我是決不能跟著顧准走的，在這種情況下，我們採取了斷絕關係的措施，我至今認為是正確的，我絲毫也不認為是過分。」

因此，拯救與發掘思想史和抗爭史上的「被失蹤者」，乃是一項迫在眉睫的工作。

讓英雄像種子，有生根發芽的土壤

面對謊言與暴政，面對屠戮與白骨，面對朱門與酒肉，面對鐮刀與斧頭，你如何回應、如何選擇，決定了你是一個什麼樣的人。在號稱有五千年文明史（其實真相是「兩千年不文明史」）的華語文化圈，津津有味地吃人血饅頭的庸眾與看客絡繹不絕、如蟻附羶。反之，願意為真理付出生命的勇士和英雄寥若晨星、屈指可數，而人們對他們卻知之甚少。

經濟學家楊小凱（楊曦光）在《牛鬼蛇神錄》中記載了自己於文革時代的坐牢經歷，獄友中很多是「民主黨」、「勞動黨」、「反共救國軍」成員，由此他發現了不為書齋中的歷史學家和政治學家所知的「多如牛毛的地下政黨在文革中曾經非常活躍」的事實。因組建「民主黨」被槍決的粟異邦在臨刑前公開宣稱：「我反共產黨，卻不反人民，反共產黨是為了人民，人們反對你們！」並在公開處決他的廣場上對著十幾萬人高呼「打倒共產黨！」、「打倒毛澤東！」士兵用槍刺插入其嘴中，然後將其虐殺。革命青年劉鳳翔在二十歲就當上瀏陽縣縣長，後被打成右派，由此認識到毛獨裁者的本質，得出「毛澤東把我們帶向死亡」的結論，惹來殺身之禍。楊小凱寫道：「一九七〇年殺他的理由完全是他的人格、他的智力、他的政治洞察力、他的品德都是對共產黨政權的極大威脅。」身為「勞動黨」成員的侯湘風，在林彪事件剛一發生就敏銳地指出：「當然是毛先想殺林，林只是不願坐以待斃，而企圖反守為攻。」「中國勞動黨一案，由於四個核心人物都被殺，「這個知識分子密謀團體的很多細節也許對世人永遠是個祕密，沒有人可能全部搞清這個團體的整個故事」。

魯迅說過：「絕望之為虛妄，正與希望相同。」法國的卡繆（Albert Camus）則說過：「反抗，讓人擺脫孤獨狀態，奠定人類首要價值的共通點。我反抗，故我們存在。」在二〇二二年冬天的「白紙抗議」期間，一首名為《孤勇者》歌曲在線下和線上廣為流傳，聽者無不淚流滿面：「你的斑駁與眾不同／你的沉默震耳欲聾／愛你孤身走暗巷／愛你不跪的模樣／愛你對峙過絕望／愛你來自於蠻荒／一生不借誰的光／你將造你的城邦／在廢墟之上……致那黑夜中的嗚咽與怒吼／誰說站在光裡的才算英雄。」

英雄可能會殉道，但英雄的事跡、思想和精神必須被記載、被傳唱、被承續。在資訊被封鎖得「針插不進，水潑不進」的中國，小丑和奴才們你方唱罷我登場，不願為奴的抗爭者卻不為人所知——他們生命中的大部分時刻，都在孤獨和絕望中抗爭、前行，「風雨如晦，雞鳴不已。既見君子，云胡不喜？」若有與志同道合者相逢、相知的時刻，必定是其生命中最幸福、最快樂的時刻。因此，在此一看似積訛成蠹、比屋可誅的黑暗時代，尤其需要一部「英雄列傳」來啟發、激勵和引領人心。

不能讓英雄只能相遇在獄中。英雄值得擁有其支持者、社團、政黨乃至更宏大的生命共同體和價值共同體。英雄與英雄之間必然惺惺相惜，但一名英雄未必知曉其他英雄的存在，而芸芸眾生甚至茫然不知其貌不揚的英雄就生活在他們身邊。如果說英雄像種子一樣，那麼種子必然離不開讓其生根發芽的土壤。你若成不了英雄，就成為英雄的土壤吧——「為眾人抱薪者，不可使其凍斃於風雪；為大眾謀福利者，不可使其孤軍奮戰；為自由開路者，不可使其困頓於荊棘。」不再對英雄冷嘲熱諷，不再對英雄冷若冰霜，釋放出一點點的善意，閱讀並轉發一兩句英雄的話語，這既是對英雄的支持，也是人們的自我拯救。

告別「資治通鑒」，迎來這個時代的「英雄史」和「英雄譜」

這片土地，正被一個什麼都沒有穿的小丑皇帝和一個比納粹更加納粹的獨裁政黨領向「為奴之地」。若是沿用梁漱溟當年的追問——「這個世界會好嗎？」今天的答案又是什麼呢？

聖經中記載，索多瑪和蛾摩拉這兩個城市罪惡深重，聲聞於耶和華，耶和華要毀滅這城。亞伯拉罕求問上帝，城中如果有五十個義人，也要毀滅城市嗎？上帝說：「我若在索多瑪城裡見有五十個義人，就為他們的緣故，饒恕那地方的眾人。」亞伯拉罕繼續請求，把數字降到四十五個、四十個、三十個、二十個，上帝都答應不毀城，最後上帝允諾：「如果索多瑪城中有十個義人，為這十人的緣故，我也不毀滅那城。」

今天，沒有人是亞伯拉罕，沒有人有資格哀求上帝不要毀滅這國。然而，只要我們記錄的義人（英雄）足夠多，這個罪孽深重、苦難亦同樣深重的國族，必然有重生和自由的那一天。關於義人（英雄）的人數，當年的亞伯拉罕不斷做減法；今天的我們卻不斷做加法——當我們尋找時，就尋見了。美國人類學家瑪格麗特·米德（Margaret Mead）說過：「毫無疑問，一小群有思想、有責任感的公民能夠改變整個世界。」是的，在十多億人中，這類公民雖是少數（極少數），卻如同酵母之於麵粉、星辰之於天幕，必不可少。即便他們尚未從整體上扭轉中國沉淪之趨勢，但其努力、付出和犧牲，絕非徒然。

今天，最迫切的一項工作，是打造一座通往雲端的彩虹，讓英雄彼此握手、互相激勵，更讓英雄得到民眾的肯定與支持。故而，我們借用俄國詩人萊蒙托夫的名作《當代英雄》，來命名黑暗時代的「反共英雄譜」，形成一張群星璀璨的星象圖，以證明「吾道不孤」。

「當代英雄」，就時間而言，是從「六四」到當下；就空間而言，包括中國本土、圖博、東突厥斯坦、南蒙古、香港、台灣和海外華語圈。凡是此一特定時空中的反共的抗爭者們，都是本書記錄和表彰的對象。以世代劃分，從一九二〇年代生人一直到二〇〇〇年代生人，最年長者與最年輕者幾乎相差八十歲。其中，有大學教授、作家、記者、律師、藝術家、醫生、前官員及各類專業人士，亦有學生、農夫、工人、保安、殘障人士；有一諾千金的好男兒，也有不讓鬚眉的巾幗英雄；有漢族，也有其他少數族裔；有基督徒、伊斯蘭教徒、佛教徒等不同宗教信仰者。他們不是見到秦始皇出巡而激發出「吾可取而代之」野心的劉邦和項羽，也不是大言不慚、翻雲覆雨、鐵石心腸的列寧式職業革命家，更不是以惡抗惡、以共產黨的方式反抗共產黨的「黑武士」。他們關注的是權利而非權力，他們有赤子之心並愛人如己。他們以思想、言論、影像、藝術和行動等各種不同的方式展開反抗，並承受來自極權政府的雷霆打壓，他們無怨無悔。他們的言行和經驗值得被記錄、傳承和學習。

文天祥在〈正氣歌〉中寫道：「在齊太史簡，在晉董狐筆。」這是他對史家的最高期許。這兩句詩分別來自兩個典故——《左傳．襄公二十五年》：「太史書：『崔杼弒其君。』崔子殺之。其弟嗣書而死者二人。其弟又書，乃舍之。南史氏聞太史盡死，執簡以往。聞既書矣，乃還。」《左傳．宣公二年》：「魯宣公二年，晉趙穿弒靈公於桃源。趙盾為正卿，亡不出境，反不討賊，太史董狐直書『趙盾弒其君』以示於朝。」以身殉史的史官，讓歷史真相被記載並代代相傳。

華人向來自詡以歷史為信仰，然而，中國的歷史卻大都為帝王將相之家史，以及充滿孫子兵法與厚黑學的「資治通鑒」。這樣的歷史不必也不能重複。要誕生自由中國、民主中國、憲政中國乃至許志永所說的「美好中國」，首先就要有一部自由的歷史、英雄的歷史、勇敢者的歷史、抗爭者的歷史。多卷本的《當代英雄：黑暗時代的抗爭者》的寫作與出版，就是這樣的一種嘗試。盼望更多的朋友們加入其中，正如作家冉雲飛所說：「我們有很多災難，不少災難可謂慘絕人寰，本該有最為發達的見證文學，卻至今沒有誕生過像經歷過猶太大屠殺後而不懈見證過去苦難的作家維瑟爾（Elie Wiesel），自然無法創作出像《夜》這樣不朽的見證文學。歷經苦難不能緘默，否則會變成一種繼續奴役，而要變成一種爭取自由不可缺少的精神資源，在更高層面上看，苦難就變成了自由的助產士，變成了民主之嚆矢。你不敢當司馬遷，怕去掉大勢，因為那很痛，那樣便不能享受性福生活，但你可以給司馬遷留下史料啊，讓那些焚書坑儒的人在歷史的真實裡無處藏身。」

這將是一部多卷本的「抗爭者列傳」，也是一部自由人的心靈史。當然，它所記錄的抗爭者，只是滄海一粟、掛一漏萬——若要記錄全部的反共英雄，必將形成人類歷史上規模最為龐大、最為浩瀚的文獻寶庫。我們竭盡所能地以公正與謙卑的心態，記錄下當代英雄的故事，有他們的存在，「中國」這個詞語就不再是地獄的同義詞，「中國」這個詞語就首先是一種責任而非一種命運。它的未來，是全盤崩潰，還是鳳凰涅槃，不僅關乎此一國族，亦關乎「世界會變好嗎」的大哉問。

所有的反抗和犧牲都有其價值，都應當被銘記。我們記載抗爭者可歌可泣的故事，也祈願孤勇者不再孤勇，抗爭者健康、平安、幸福、將痛苦和犧牲減輕到最小、不再受苦受難、不再付出自由和生命的代價，照顧家人、聯絡同道、積蓄力量、眾志成城、一起推牆，如聖經所說，在自由的樂土上，「人人都要坐在自己葡萄樹下和無花果樹下，無人驚嚇」。

二〇二三年五月二日

美利堅合眾國維吉尼亞共和國費郡綠園群櫻堂

一九二〇年代人

01 高耀潔：中國的愛滋病血禍是一場堪比「六四」的屠殺

高耀潔：河南中醫學院教授，婦科腫瘤專家，退休後轉向愛滋病防治工作，揭露河南賣血經濟產生的愛滋病氾濫現象，被稱為「中國防愛第一人」。屢受中共政權之迫害，二〇〇九年八月，以八十二歲高齡出走美國。

高耀潔，一九二七年十二月十九日，生於山東曹縣一個「獨莊獨寨」的大富人家，年幼時被母親強迫纏過小腳。一九三九年，八路軍洗劫魯西南地區，包括高耀潔的父親、臥病多年的二伯父等親人被綁架，並遭到往鼻孔口腔灌辣椒水等嚴刑拷打。高家被迫拿出三十萬現洋贖身費放人，然後全家逃亡到河南開封。一九四八年春，她考入開封女子師範學校，但是受到國共內戰波及，隨學校一路南遷到四川。她沒有流亡去台灣，否則她的人生故事就是齊邦媛、王鼎鈞的版本了。

隨後高耀潔轉入河南大學醫學院，一九五四年畢業，任教於河南中醫學院，成為婦科腫瘤專家。一九九六年，她在鄭州一家醫院會診時，遇到第一例因為輸血而感染愛滋病的患者，是一名剛四十出頭的農村婦女，有過賣血的歷史。從此她開始相關調查工作，她一個村子接一個村子地走訪，提供免費醫療諮詢，送藥送資料，並收集數據。她像個平民偵探，追尋著一條又一條線索。最終她發現驚心動魄的真相：愛滋病在河南等地的蔓延現象，是「賣血經濟」導致的惡果。農民每賣血八百毫升，便可賺得五十元人民幣（後來漲到八十元、一百元），用來供孩子上學、維持生活。他們誤以為這是一個生財之道，都跑去賣血。當地農民的順口流為：「胳膊一伸，露出青筋，一伸一拳，五十大元。」採血站工作人員用相當簡易的方法抽血，在此過程中，根本不檢測愛滋病毒，甚至同一個針頭在多人身上使用。這時，愛滋病病毒進入賣血者體內，感染了愛滋病的人，又不知不覺地將病毒傳染給配偶，以及每一個到血站賣血的人。僅僅一個上蔡縣的感染者就有數萬，有的家庭父子兄弟都賣血死於愛滋病，有的家庭夫妻孩子都受到感染，村裡的新墳連成了一片。

從一開始，高耀潔就認為這樣一場大規模的傳染病，如果及時採取措施，是完全可以避免的。世界知名的愛滋病防治專家何大一博士解釋說：「中國的系統是典型的自上而下，除非得到了高層的指示，否則他們都會消極對待。但是對於這樣一場公眾的健康危機，不作為無疑意味著將死很多人。」地方政府官員要解決這場危機的唯一方法，便是面對並解決問題，然而，他們卻竭力隱藏問題，或者說他們就是問題之所在。

愛滋病氾濫是貪婪的本地官員和商人從事血液生意的後果。官員誤導愛滋病的傳播途徑，說是來自於性混亂與吸毒。高耀潔反駁說：「輸血加劇了愛滋病的傳播，並非像他們聲稱的是性接觸傳染。這是真實的，尤其是在河南、安徽、四川和廣西省貧窮的偏遠地區。」她進而指出：「愛滋病傳染是一場人類災難。我認為這次的愛滋病危機跟恐怖襲擊和世界大戰屬於同一級別。」她推測，河南有超過兩百萬人感染了愛滋病毒。

了解到情況的嚴重性，高耀潔決定公開揭發真相。她說：「我是個醫生，個人的職責是引起更多人對愛滋病的關注，竭盡全力將這場災難下降到最低程度。」為了調查愛滋病疫情，救助愛滋病受難者與愛滋孤兒，她不僅耗盡上百萬家產，也讓自己成為官方重點監控與打擊對象。她的人身自由越來越受到控制，電話被監聽，出門被跟梢。當她到農村探訪愛滋病患者時，常常受到地方政府的阻力，官員常以維護地方形象或保護國家機密為藉口驅逐她，甚至鼓勵轄區內的農民舉報她——「誰舉報高耀潔，獎勵五百元」。得知有錢可賺，而且比賣血賺到的錢更多，很多農民不顧高耀潔是一位前來幫助他們的醫生，爭先恐後向當局舉報。

高耀潔在鄭州的家成了不掛牌的愛滋病救助中心。她接待了數以千計的病人，並先後資助了一百六十四名愛滋遺孤上學。最初，在河南之外的地方，高耀潔曾得到官方一定程度的肯定和支持。比如，她被中國教育部評為「關心下一代先進個人」，被中央電視台評為「二〇〇三年感動中國十大年度人物」之一，她編著的《一萬封信》獲得由《新京報》和《南方都市報》聯合舉辦的華語傳媒圖書大獎。但是，隨著她的揭發日漸尖銳和全面，乃至點名批評主政河南的封疆大吏，她在中國政府眼中從幫助解決問題的人變成了國家的敵人。

高耀潔在接受外媒訪問時指出，中國愛滋病的禍源是「血漿經濟」，而且不限於一個河南省，全國都有，河南只是重災區。由於一九九二年至一九九八年主政河南的李長春嚴重瀆職和慫恿，賣血成為河南農民的一種「產業」，在幾年時間內，河南遍地採血站，僅合法的血站就多達兩百三十多家，非法的則不計其數，導致愛滋病毒大面積擴散。當年血站多的地方，就是如今愛滋病疫情嚴重的地區。經過五至八年的潛伏期，一九九八年至二〇〇四年間，李克強繼李長春主政河南期間，大批愛滋病毒感染者相繼發病並死亡。愛滋病的流行與蔓延，毀滅的不僅是患者個人，還殃及無數家庭。大批青壯勞動力的死亡，甚至導致一些村莊乃至成片村莊凋敝，一片滿目瘡痍。高耀潔說：「如果說省衛生廳廳長劉全喜是禍首，那麼李長春等則是導致這場血禍的罪魁。這種人為大災難，前所未有。然而，造成這場血禍的責任人，至今沒有一個受到追究，也沒有一句道歉的話。」李長春很快昇任政治局常委，而且主管意識形態和宣傳管道，大權在握的他，將高耀潔當做眼中釘，也導致高耀潔的「防愛」工作日漸困難。

高耀潔曾獲吳儀和李克強等高官接見，向其咨詢防治愛滋病的對策。一開始，她天真地對「黨內改革派」抱有期望，認為他們此前被下級欺瞞，在獲知真相後會切實處理此問題。但她再度失望了，並發出「仁者之怒，天使之怒」。她指出，二〇〇四年，官方開始承認愛滋病疫情的存在，河南向三十八個「愛滋病村」派去醫療組。但除這三十八個村子外，還有大量愛滋病患者未獲得應有救助。其他省份更是沒有。河南開始登記愛滋病人材料，發病的人每個月給兩百元，沒有發病的人每個月給一百五十元，但有一個條件，傳染原因那欄得填「性傳播」或是「商業傳播」，不能寫「血液傳播」。由於官員隱瞞疫情、極力掩蔽前任主政者的斑斑劣跡，並對舉報者和上訪者進行打擊，使得疫情沒有得到及時遏制，反而持續惡化。

為了讓高耀潔閉嘴，當局「先禮後兵」，河南省委副書記專程登門拜訪，請高耀潔牽頭寫一本《河南愛滋病的今昔》，以改變河南形象，並提出「我們找幾個人寫，不用你動手，稿費全是你的」。高耀潔一口回絕：「農民連飯都吃不上，還吸什麼毒？小孩子都是母嬰傳播。我是個醫生，我不會說假話。愛滋病有就是有！就是讓農民賣血造成的！在任何地方、任何時間、任何人面前我都是這樣說。」高官們對這位軟硬不吃、名利威逼都不起作用的老太太無可奈何，氣得大罵：「河南咋出了個你？」於是，開始用「專政」手段來對付這位老人。

高耀潔矢志不渝的努力讓她獲得全球性的聲譽。香港社會活動家杜聰[1]受其感召，放棄華爾街金融高管工作，全身心投入「防愛」事業，他說：「多年來，我和高教授去過無數次華中地區的鄉下，訪問不為人知的愛滋病感染村莊。她稱之為『敲擊黑洞』。一旦發現黑洞，我馬上對孩子們進行支持，幫助他們上學，給他們提供物質供給。……我很欽佩她在這樣困難的環境下不知疲倦工作的勇氣。她教我如何幫助那些愛滋病兒童，如何與地方當局打交道等。她還鼓勵我要勇敢，不要放棄或妥協，總是講真話。」聯合國愛滋病規劃署署長彼得·皮洛特指出：「愛滋病的歷史和抗擊愛滋病的歷史是由那些無名英雄們、那些與社會主流抗爭的人、以及那些真正敲響警鐘的人用自己的行動譜寫的。她就是其中一位。」

二〇〇一年，「全球衛生理事會」授予高耀潔當年喬納森·曼衛生及人權獎，中國政府禁止她赴美參加頒獎典禮。二〇〇二年，高耀潔被美國《時代》雜誌授予「亞洲英雄」稱號。次年，被美國《商業周刊》授予「亞洲之星」稱號，同年獲得被譽為「亞洲諾貝爾和平獎」的菲律賓拉蒙·麥格塞塞公共服務獎（Ramon Magsaysay Award），她準備出席在馬尼拉舉辦的頒獎典禮，再次遭到中共當局攔阻。二〇〇七年，高耀潔獲得由美國援助開發中國家婦女組織「生命之音」頒發的婦女領導者獎，在前第一夫人、參議員希拉蕊斡旋下，中國政府允許她前往美國領獎，但在出國之前，河南當局動用警察將她軟禁在家半個月，警告她不得在國外「亂說亂動」。她回國後，當局在她家前後安裝四個監視器，並對其子女施壓，其女兒失去工作，被迫移居加拿大。九月二十日，高耀潔與蔣彥永同時獲得紐約科學院二〇〇七年度科學家人權獎，當局不再允許她出國領獎。

二〇〇九年三月，法國駐華大使館通知高耀潔，她獲得「傑出婦女獎」，並希望她前往法國領獎。河南官方惱羞成怒，切斷她家電話，她的電腦也不能上網。她居住的小區附近出現很多陌生人物，她一出門，這些人便鬼鬼祟祟地跟蹤。她擔心會遭遇到陳光誠式的迫害，中午連午餐也沒來得及吃，假牙也沒來得及帶，兩手空空，只取出電腦硬盤（裡面有她搜集的愛滋病資料及三本書稿），匆匆從小區後門離開了家。後來她告訴記者：「我這個風燭殘年的老人，非萬不得已，不會隻身流浪在外地，這次盲目外出，不知所從，只是為了把這些愛滋病人用鮮血和生命換來資料留給後人。蒼蒼大地，茫茫人海，何處是我的歸宿？」她身患多種疾病，舉步維艱，先到成都，再到廣州，住在一處朋友安排的祕密地點，天天埋頭修改書稿。

然而，中國之大，沒有一處安全之地。高耀潔想來想去，權衡利弊，「我想本人若無聲無息地死去，我手裡的資料便石沉大海，而且外界一無所知，最後我決定出走美國」。七月，她與美國有關人士

1 杜聰：香港人，經高耀潔了解到中國愛滋病人的苦況，創辦智行基金會，為中國愛滋村的困境家庭提供多方的關懷與照顧。二〇〇七年，他獲頒第一屆香港人道年獎，同年又獲得拉蒙·麥格塞塞公共服務獎。

取得聯繫，安排赴美事宜。八月七日，她離開廣州，途中經三次轉機，安全抵達美國。

二〇一〇年三月，高耀潔被哥倫比亞大學聘為訪問學者，搬往紐約，住在一所公寓，深居簡出，全心全力的修訂書稿。她向友人感嘆：「十年多了！骨肉親人或陰陽相隔、或天各一方！……漫漫長夜間，可謂萬里西風夜正長，斷腸人在天涯！年老多病的身體，多年來靠藥物維持生存，耳聾眼花，乏力嗜睡，行走蹣跚，精力、體力均不支，唯有埋頭整理書本，來度過我人生最後的時光。」

作家伊娃[2]探望高耀潔之後感嘆說：「和高耀潔老媽媽接觸的這些年，我算是發現了老媽媽長壽的『祕訣』。首先是她不停地寫作不停地記錄不停得思考，這對一個人的精神和身體是有益的。出國十餘載，出書十餘本，從不讓自己閒著。然後是堅強樂觀的性格，雖然身邊沒有兒女親人，又體弱多病，經濟不寬裕，想出門散散心也需要看護推著輪椅，但是很少看到老人家唉聲嘆氣，怨天尤人，心直口快，不窩在心裡。或許有人認為行醫一輩子的她很會吃人參燕窩保養自己吧，錯了，老人家一日三餐吃的不過是稀飯饅頭雞湯雞蛋蔬菜而已，頂多吃點紅棗鵪鶉蛋，從沒有看到過她吃什麼補品。……我相信，上帝看到了她所做的一切、走過的每一步、為人間苦難留下的每一滴淚……上帝在保佑她！」

高耀潔用生命見證了一個事實：中國的公共衛生危機，歸根結柢是政治問題，愛滋病如是，二〇二〇年爆發的中國武漢肺炎病毒亦如是。中國一切災禍的根源，都來自共產極權主義。對此，高耀潔一針見血地指出：「要揭共產黨的黑幕，毛澤東很壞，是歷史上最壞的一個人。文化大革命不是屠殺嗎？大饑荒不是屠殺嗎？抗戰的時候，共產黨不是在後方種大煙賣大菸嗎？」

一顆於二〇〇〇年十月被發現的小行星，被以高耀潔的名字命名。一生謙遜低調的高耀潔，倒是坦然接受了這份殊榮。她在紐約那間狹小的公寓的陽台上仰望蒼穹，對前來探視她的友人說：「我已年逾八十，在世上來日無多。想想在浩瀚的夜空中，在燦爛的群星裡，有一顆並不明亮的小星星，上面留著我的名字。我不知道這顆小行星有多大，亮度是幾級，肉眼是否能看見……也許它只是圍繞著太陽旋轉的一塊大石頭吧。我知道，人在做，天在看，即使我的生命結束了，我的軀體化成塵埃以後，這顆小星星還要高高地在太空中注視著地球，注視著愛滋病這場世紀災難的結局，注視著造成這場血禍的罪人們走上歷史的審判台……這一切我是看不見了，但是它能看得見！」

台灣博客來網站可購買高耀潔多種著述：《高潔的靈魂：高耀潔回憶錄》、《高耀潔回憶與隨想》、《揭開中國愛滋疫情真面目》、《鏡頭下的真相：記中國愛滋病實況》、《一萬封信：我所見聞的愛滋病、性病患者生存現狀》等

https://search.books.com.tw/search/query/key/%E9%AB%98%E8%80%80%E6%BD%94/cat/all

2 伊娃（一九六五—）：原名宋琳，出生於陝西富平縣貧苦農民家庭，大饑荒期間家中有五人餓死。一九九三年赴美，此後多次到中國做大饑荒的口述史調查，著有《尋找大饑荒倖存者》、《尋找逃荒婦女娃娃》、《尋找人吃人見證》等大饑荒三部曲。在中國採訪期間，曾被警察短暫拘押。

一九三〇年代人

02 陳日君：我們不應該附和魔鬼，而是要與魔鬼對抗

陳日君，天主教司鐸級樞機及慈幼會會士，香港教區榮休主教，因直言不諱地批評中共政權和支持香港民主運動，而被譽為香港的良心。二〇二二年五月十一日，因涉「六一二人道支援基金」，被香港警察國安處拘捕。

陳日君，一九三二年一月十三日生於上海，排行第六，是家中第一個兒子。父母為第一代天主教徒。一九四四年，加入上海慈幼會備修院，完成相等於四年的中學課程後，根據修會規定，接受一年「初學」，用一年時間去思考是否奉獻終身、投入修會團體當神父。「初學」之地在香港，他與其他八名學生搭上一艘船，三天兩夜來到維多利亞港。香港給他的第一印象是很開放很自由，乘小艇便可上岸。他原來以為只是在香港華南總修院短暫學習，很快就能回到上海，沒有想到中國局勢驟變，共產黨席捲全國，再也無法回去，香港成了第二故鄉。

一九五五年，陳日君前往義大利都靈的慈幼宗座大學攻讀哲學和神學，後獲博士學位。一九六一年二月十一日，於都靈晉鐸。

一九六四年，陳日君回到香港，自由香港從此成為他宣講真理及實踐公義的地方。在其信仰中，始終將「人」放在重要位置，「人是天主的子女，每個人都有同樣的尊嚴，這很重要，知道人是什麼才知道怎樣做人，怎樣對人」。社會既是為了人而組成，便應該給予人們應該有的東西，要讓人有飯吃、學習、成長、發揮，要尊重每個人，公道就是照著真理而行。「我的任務不是要乖，我的任務是要說真理。」

一九七六年至一九七八年間，陳日君任澳門慈幼中學校長；一九八六年至一九八九年間，任香港仔工業學校院長。他回憶過往數十年的工作，最開心難忘的經歷是這兩段，「可以面對面和青年接觸，了解他們的想法……我最懷念就是和青年人打成一片」。

一九七四年，文革尚未結束，中國開了個門縫，允許陳日君回上海探親。他發現，以前的教堂，有的被破壞，有的變成工廠，而且留在中國的老師和同學都遭到殘酷迫害，有的已被迫害致死。一九八四年，他申請去中國的修會教書，延宕四年後才獲得批准。成行時，剛好是「六四」鎮壓之後。「那時頗緊張，別人叫我不要去，說他們殺人的。但我叫他們放心，不會殺我，那時人們都離開，而我回去，他們會歡迎我。」此後七年，他中港兩邊跑，奔走上海、西安、武漢、瀋陽、北京等地、前後共七個修院教書，親身見證中國教會的狀況。官方認可的主教們在宗教局官員面前卑躬屈膝，「很淒涼」、「好可憐，沒自由」。地下教會的情況更嚴峻，「保定的正權主教蘇志民[1]，已經失蹤了二十多年」。這段經歷與見聞，

1 蘇志民（一九三二年—）：河北保定教區主教。自一九五六年起，因為堅持信仰，至少八次被捕入獄及勞改，最後一次祕密被捕是在一九九七年十月，至今下落不明。蘇志民在囚時間超過四十年，是舉世公認的中國天主教地下教會領袖。

成為他批判中共體制和中國宗教政策基礎：「我在中國七年了，看得很清楚，他們騙不了我。」

一九九六年十月，陳日君獲任命為香港教區助理主教。二〇〇二年九月，出任香港教區第六任主教。二〇〇六年二月二十二日，教宗本篤十六世將其擢升為樞機主教，亦委任他加入教廷的「中國教會委員會」，希望他在中國教會問題上多給予意見。但陳日君發現，該委員會被教廷親中派官員掌控，處理中梵關係的主要部門都不聽命教宗。

與此同時，香港的情勢也日漸惡化。二〇〇三年，香港特首董建華推出「二十三條」國安立法諮詢，陳日君公開表示反對。他到現場為「七一」遊行祈禱，支持為了「對得住自己的良心，對得住下一代，不得不用腳步來表示自己的立場」的教友，更指出「惡法威脅香港人的自由」，呼籲人們「不要甘心做強權的奴隸」。

二〇〇四年，立法會通過「校本條例」。為了守護教會辦學權，陳日君力排眾議表示反對，並提出司法覆核。二〇一一年，終極敗訴，他絕食三日抗議。他一早看清，教育從來是重要陣地，政府要搶奪辦學權，以校政民主化之名削弱教會的權力，「共產黨很厲害，一回歸即刻著手校本條例，那時人們都未敏感，所以通過了。如果在重要問題上都不能話事，甚至決定要教些我們不能夠接受的價值，我們怎樣做下去？」他當年的擔心，後來一一應驗。

二〇〇四年六月三日，天主教香港教區舉辦名為「民主中國」活動。陳日君說，香港正受到一個「沒有流血的『六四』鎮壓」。他連續七天走遍各區，帶領「毅行爭普選」。

二〇〇七年，陳日君親身參加「七一」大遊行。他表示，忍了十年，終於要出來遊行，因為「一國」

壓倒「兩制」。身材瘦小、白髮蒼蒼的陳日君，身穿便服，足穿布鞋，神采奕奕地行走在遊行隊伍中。

二〇〇九年，陳日君卸任主教一職，但繼續從事宗教與社會活動。九月，香港爆發「佔中」抗議，他表示支持。即便警察發射催淚彈驅散，他仍堅持留守在金鐘佔領區現場。

二〇一九年，《逃犯條例》修訂案在香港引發持續多個月抗議示威（即「反送中」運動），陳日君多次到場聲援。七月六日，「六一二人道支援基金」成立，陳日君任信託人之一。一年之後，中國全國人大常委會頒佈《香港國安法》，國安警察抓捕與起訴陸續發生。陳日君化身「旁聽師」，大清早便在法庭外排隊等一張旁聽入場券，以行動支持受審的抗爭者。大大小小的監獄也經常看見他的身影，他去探訪囚友，為他們做彌撒。他知道自己亦身陷險境，被媒體問及會否離開香港時，回答：「我不會走，不可以走，不應該走……不可以放棄。」他說，「可能有一天有些我們不知道的事情會發生，或者我們之中很多人要犧牲。天主知道的，我們別想太多，一直往前走就是了！」同年，美國「共產主義受難者紀念基金會」向陳日君頒發杜魯門—雷根自由獎章（The Truman-Reagan Medal）。

中共終於向陳日君伸出黑手：二〇二二年五月十一日，香港警察國安處以涉嫌「勾結外國勢力罪」逮捕陳日君、吳靄儀[2]、何秀蘭[3]及何韻詩[4]等「六一二人道支援基金」四名信託人，另一名信託人許寶

2 吳靄儀（一九四八—）：香港執業大律師，曾任立法會議員，香港公民黨黨員。二〇一九年八月十八日，參與「煞停警黑亂港、落實五大訴求」集會，被捕並被起訴，後以「非法集結罪」判囚十二個月，緩刑兩年。

3 何秀蘭（一九五四—）：香港人權活動人士，香港工黨創黨副主席，曾任立法會議員，多年擔任泛民會議召集人。

4 何韻詩（一九七七—）：香港歌手、演員及社運人士。二〇一四年，在「雨傘」運動中曾被捕，被捕時高呼「公民抗命，無畏無

強[5]也在前一天被捕。這是陳日君首次因涉嫌違反《香港國安法》被捕。這位九十歲的老人在踏上警車的一刻說：「不要怕，請相信天主的安排！」五人被扣查一天後獲准保釋候查，但須交出旅遊證件，不得離開香港。

陳日君被捕後引起國際社會高度關注。梵蒂岡稱教廷會密切注視事態發展（對中共採取綏靖主義政策的教廷反應軟弱），美國國務院強烈譴責拘捕行動，英國外交部稱這一做法「不可接受」。末代港督彭定康評論說：「我希望教廷和各地的天主教徒會發聲抗議中港當局拘捕一位偉大的天主教牧師和倡議者，並為他和整個香港的福祉祈禱。這可能會將教廷嘗試與中共建立的關係劃上句號，因為中共暴政把任何一種宗教都視為威脅。」

同年十一月二十五日，陳日君等五名信託人及祕書被西九龍裁判法院裁定犯「沒有在指明時限內申請注冊或豁免注冊社團罪」，五名信託人各罰款四千元。

陳日君親身參與香港民主運動，也對中國的宗教信仰自由念茲在茲。他清楚地體認到，極權暴政、無神論的中共政權必定將所有宗教都視為對其權力的威脅，不會尊重和保障憲法中確立的宗教信仰自由。

二〇〇〇年，梵蒂岡冊封在中國殉道的一百二十位中外神職人員和信徒為「聖徒」。中國外交部抨擊此舉「是對中國宗教主權公然挑釁，是以殖民主義和帝國主義侵略中國」。陳日君投稿《明報》論壇版，痛批中共逼害教會。此後，他被禁止到中國訪問長達六年之久。中共斥責陳日君「搞對立」，他反駁說，「搞對立」的恰恰是中共——如果中共不改變利用「中國天主教愛國委員會」這個四不像的組織控制公民的宗教信仰自由，信徒與中共的對立就不會消失。

陳日君面對的巨人「歌利亞」，不僅是中共政權，還有教廷的「自己人」——梵蒂岡龐大的官僚階層，腐敗而專橫，將中國視為尚未開發的「宗教市場」，以為只要跟中共妥協，就能進入這個市場。親中的國務卿帕羅林掌握大權，陳日君直言：「這個國務卿真的很邪惡。」教廷內部缺乏深切了解中國事務的人物，他深感憂慮：「我年紀的確老邁，然而這麼多年我一直都沒變，我們有信仰的人是不會害怕的，擔憂反而是有的。我擔憂梵蒂岡有一批人，他們目標是爭取外交上成功，而不是信仰上的成就。教宗可能不熟悉中國大陸，但教廷這班人很清楚，他們知道中共強蠻無理，他們一心只想要與中共建交，因此鼓勵教宗持樂觀及積極態度爭取對話，這才令我擔心。」

方濟各繼任教宗後，教廷愈發親共（方濟各是第一個來自南美、深受左派「解放神學」影響的教宗）。陳日君認為，方濟各不了解中共。「共產黨到現在這麼多年了，非常清楚，他們就是要控制教會，不但是天主教，所有的宗教它都要控制。」他向教宗提出建議：「目前不要訪問中國，因為會被操弄，只能見到『愛國』的主教，而不是那些追隨教廷的信徒。」他還說，「中國沒有公民自由，因此也沒有宗教自由，可憐的主教受到奴隸般的對待」。他公開表示，不贊同方濟各對中國的綏靖主義政策：「如果對話展開，而對方一點也不讓步，硬要你投降，那你可以投降嗎？我認識的共產黨是一點也不會

懼」，成為香港首位因抗命而被捕的藝人。二〇一六年，被BBC評為年度百大女性。二〇二〇年，日本《日經亞洲評論》以其為封面人物，稱其為十一位亞洲先驅女性之一。

5 許寶強：學者，前香港嶺南大學文化研究系副教授、通識教育課程主任。

讓步的，一定要梵蒂岡投降，這樣只會令梵蒂岡很被動。……沒有協議比壞的協議好，壞就是壞，怎可以去妥協呢？」

二〇一八年二月，梵蒂岡稱，中國與梵蒂岡就主教任命的框架協議已準備就緒。有通訊社曝光，梵蒂岡要求兩名獲教廷認可的「地下」主教讓位予中國官方「三自愛國教會」挑選的人選。陳日君公開批評教廷「出賣教會」，並指中國政府「奴化，侮辱」主教，認為教廷不應該讓「非法」、「被絕罰」的主教來接班。他批評梵蒂岡與中國政府簽署臨時祕密協議，更比喻教宗屈膝在習近平跟前。十月，他前往梵蒂岡向教宗陳情，慨嘆「教廷不支持堅持信仰的中國信徒，把他們當作是麻煩，指他們搞事，甚至指他們不支持合一，這才是讓他們最痛苦的事情」。

二〇一八年九月，梵蒂岡宣佈與中國達成「歷史性」、卻又是「暫時性」的主教任命協議。為配合與中國簽署的這紙協議，教宗已認可七名中共所任命主教的合法性。此前，陳日君多次疾呼，教廷不能讓這件事發生：「怎麼可以讓那七個當牧羊人？」但它終究還是發生了。中梵簽署協議後，陳日君第一時間指出，是一個「什麼都沒說」的公告，教廷和中國合作是背叛信仰、信眾，「送羊群入狼口」。

二〇一九年六月二十八日，教廷發出〈聖座關於中國神職人員民事登記的牧靈指導〉。陳日君認為這份文件等同於要求地下教會信眾參加官方認可的天主教愛國會，馬上前往梵蒂岡，多次遞交請願信後，教宗邀其共進晚餐，席間表示「我會關注這事」。然而，這僅是敷衍之舉，教廷並未做出任何修正。

二〇二〇年九月，聽聞教廷將屈從北京的壓力，任命親北京的蔡惠民為香港教區主教，在中國武漢肺炎病毒疫情嚴密旅遊管制下，陳日君不顧舟車勞頓，再次赴梵蒂岡陳情。他表示，若任命蔡惠民作主教，會帶來一場持續十多年的「災難」，「我們現在處於谷底，我擔心不久將來會出現巨大倒退」。他又批評，梵蒂岡企圖與北京續簽主教任命協議的想法「瘋狂」，「你不應該附和魔鬼，而是要與魔鬼對抗；教會不接受政府的命令，這適用於所有地方」。他等候四天半，卻不獲教宗接見，黯然返港。羅馬《訊使報》報導說，陳樞機雖已八十八歲，但「非常清醒和堅定」；又說他當初沒料到會受到「如此羞辱」。有香港信徒直率地評論說：「觀乎教宗方濟各的言行，尤其是細微處，我有理由相信教宗早已跟隨了魔鬼。今天香港的教友必須緊記：教會史上有不少道德敗壞的教宗，非但不能指引教徒升天堂，自己死後更要落地獄。」後來，教廷任命相對於蔡惠民而言僅是「次壞」的周守仁為香港教區主教——此人很快赴北京「朝聖」，並聲稱「愛國是天主教會訓導的一部分」。

陳日君一向「雖千萬人吾往矣」，既不怕共產黨，也不向梵蒂岡高層低頭，更不迎合西方左派的「政治正確」。他直言在社會倫理道德問題上持保守主義立場：「法律有時未必是正確的。就像同性戀，無論在醫學還是心理學的角度來看都是不正常的，沒有理由去鼓勵、甚至合法化；墮胎等同殺人，即使是避孕也要用自然的方法。」二〇〇三年八月十七日，同志組織「彩虹行動」的八名暴徒闖進主教座堂，擾亂正在進行的主日彌撒。這些暴徒的做法跟共產黨毫無二致。

真正的英雄，是有信仰的人，因信仰帶來心靈和精神的強大，能夠以一人敵一國。陳日君被捕之際，「香港天主教正義和平委員會」在臉書上發帖：「『洶湧波濤莫驚怕，平安抵岸全靠祂』。為樞機爺爺和所有義人祈禱，願他們在亂流下平安！」開首兩句話，是梵蒂岡頒發予陳日君樞機的牧徽上所寫的格言，出自《舊約聖經》之〈伯多祿前書〉，原文是「將你們的一切掛慮都托給祂（耶穌），因為祂必關照你們」。

陳日君部落格：https://oldyosef.hkdavc.com/
陳日君臉書專頁：https://www.facebook.com/cardzen

03 第十四世達賴喇嘛丹增嘉措：我在最黑暗的日子裡發現希望

第十四世達賴喇嘛丹增嘉措：藏傳佛教格魯派最高領袖，被視為觀音菩薩的化身，亦長期擔任西藏的政治領袖。一九五九年，不堪中國的殖民暴政，流亡印度，在達蘭薩拉建立流亡政府。一九八九年，榮獲諾貝爾和平獎。

第十四世達賴喇嘛丹增嘉措，一九三五年七月六日生於青海（安多地區）塔澤村一個農民和馬販家庭。兩歲時，被西藏政府派出的尋訪小組確認為第十三世達賴喇嘛的轉世靈童。一九三九年秋，西藏政府向實際控制該地區的軍閥馬步芳支付十萬法幣和三十三萬美元贖金後，丹增嘉措被送到拉薩布達拉宮。一九四〇年二月二十二日，五歲的丹增嘉措在布達拉宮舉行坐床大典，正式升座成為藏人的宗教和精神領袖，中國國民政府、尼泊爾、不丹均派代表參與觀禮。

達賴喇嘛於六歲即開始接受僧侶教育，其課程包括梵文、哲學、工藝、醫藥、詩學、戲劇學、占星學、詞藻學、聲律學及佛學及英文、現代西方科技等。一九五九年，二十三歲的達賴喇嘛在一年一度的「莫蘭」祈願大法會期間，於大昭寺經過考試，獲頒最高的「拉然巴格西」頭銜（相當於「佛學博士」）。

中國政局劇變，必然影響西藏的前途，西藏被迫捲入新一輪翻天覆地的政治經濟和社會文化革命。一九五〇年十月七日，已建政一週年的中共政權宣稱將「和平解放西藏」，解放軍發動昌都戰役，西藏政府在當地的總督阿沛·阿旺晉美投降。十一月七日，西藏政府向聯合國求援，要求聯合國出面「調停」。十一月十七日，年僅十六歲的達賴喇嘛提前親政，正式執掌政教大權。然而，由於長期長於深宮，他的人生經驗及所受之教育，均不足以應付狡詐兇殘的中共。

一九五一年四月，西藏政府派出五人代表團前往北京市和談，隨即在未獲達賴喇嘛授權之下簽訂〈中央人民政府和西藏地方政府關於和平解放西藏辦法的協議〉（即《十七條協議》）。同年十月二十六日，解放軍進駐拉薩，逐漸蠶食達賴喇嘛和西藏政府的權力。一九五四年，達賴喇嘛赴北京參加第一屆全國人民代表大會，受到毛澤東等人接見，「當選」全國人大副委員長。他在北京及中國內地停留了十週。

一九五五年三月九日，中國國務院通過〈國務院關於成立西藏自治區籌備委員會的決定〉，決定由達賴喇嘛擔任西藏自治區籌備委員會主任委員。年輕且不諳世事的達賴喇嘛將毛澤東視為「革命的偉大指導者」，相信毛澤東的承諾：「西藏的雪山獅子旗應被保護，並和中華人民共和國國旗一起飄揚」。他自我認定為「馬克思主義者」，或「半個馬克思主義者」，認為馬克思主義的「平等分配」具有「道德倫理」，確信有可能把佛法和純粹的馬克思主義綜合。他對共產極權主義的認識甚至連一名西方的普通大學生都不如。不過，即便此時掌握西藏政教大權的是西藏歷史上最偉大的達賴喇嘛或君王，也無法應對這場西藏前所未有的變局。

然而，中共在實現對西藏的武力控制之後，在西藏推動血腥的暴力土改和階級鬥爭，貴族和僧侶階層受到猛烈衝擊。康巴等地藏人發起武裝反抗。中共增調四萬大軍入藏鎮壓，雙方實力懸殊，藏人反抗者死傷慘重。《十七條協議》名存實亡。

一九五九年三月十日，中國駐軍邀請達賴喇嘛到其軍營觀看舞蹈表演。藏人認為，中國軍方試圖綁架達賴喇嘛，遂包圍其居住的夏宮羅布林卡，懇求達賴喇嘛拒絕前往。民眾隨後在拉薩等地展開反對中國的示威活動，雙方爆發武裝衝突。中共軍營向達賴喇嘛住所發射兩枚迫擊砲。三月十七日，達賴喇嘛在隨從護送下，悄然離開拉薩。三月三十一日，一行抵達印度，經印度政府允許，在印度喜瑪偕爾邦西北山區的達蘭薩拉建立流亡政府。當時，達賴喇嘛若留在中國，必然像班禪喇嘛那樣成為中共的終身囚徒，最後不明不白地死去。他的流亡，讓數十萬藏人追隨他的道路，離開故土尋求自由，也意外地讓藏傳佛教從佛教的一個邊緣分支成為一種世界性的宗教。

西藏傳統的政教合一的政治制度，已然無法適應現代社會，既無法抵禦武裝到牙齒的共產政權的殖民暴政，也無法讓流亡藏人看到未來的希望。一九六三年，達賴喇嘛推行一系列民主化改革，頒佈「流亡藏人憲章」。憲章規定，流亡藏人擁有言論、信仰、以及集會運動的自由，也詳細描述了涉及人民利益的流亡政府工作指導方針。

一九九〇年五月，流亡藏人通過一人一票的民主程序選舉，產生第十一屆議會，議員人數增加到四十六人，並經議會選舉產生新的內閣。

一九九二年，達賴喇嘛頒佈未來自由西藏的憲法綱領。他同時聲明，希望未來西藏將由傳統的衛藏、安多及康巴三區所組成的民主式的政治實體。

二〇〇一年九月，在達賴喇嘛勸導下，議會修改憲章，由流亡藏人直接選舉產生「噶倫赤巴」（相當於總理），再由其向議會提出內閣成員候選名單，經議會通過後正式任命之。洛桑丹增[6]當選。這是西藏漫長歷史以來，第一次由選舉產生噶倫赤巴和內閣。

二〇一一年三月十四日，達賴喇嘛致函第十四屆西藏流亡議會全體議員，宣佈轉移職務權力，不再擔任藏人行政中央的「領導人職責」，完全退休。他寫道：「由一人統治的體制已經過時，而在所有政治制度中，最好的制度無疑是寬容的民主制度。因此，竭力推動的民主制度，絕不是簡單的仿效或點綴，而是基於對六百萬西藏人民眼前和長遠利益的考量，以及對民主制度的信心。」隨後的《流亡藏人憲章》修正案中，將達賴喇嘛改為「西藏人民的守護者和保護者，象徵西藏人的身分和團結」。同年，流亡藏人投票選舉四十二歲的旅美學者洛桑森格[7]為總理。洛桑森格兩屆任滿後，二〇二一年，邊巴次仁[8]在選舉中獲勝成為第二位民選司政。西藏流亡社會由神權制度轉向民主制度，任重道遠，形式上的改革及剛啟動的民主化，能否紮根於民眾心中，能否成為流亡藏人社區新的共識，尚待觀察。

達賴喇嘛一直沒有放棄與中共的接觸和談判，提出不尋求西藏獨立、西藏在中國範圍內實現「大西藏地區高度自治」的「中間道路」。一九八七年九月二十一日，他在美國國會演講時，提出〈五點和平計畫〉，希望西藏成為一個和平地帶、一個亞洲中央的佛教聖地，所有的有情眾生在此皆能和平相處，脆弱的環境也受到保護。該計畫包括五個基本要點：將整個西藏轉變成一個和平區；中國停止其移民政策；尊重西藏人民的基本人權及民主自由；恢復及保護西藏的自然環境；中國停止以西藏做為核子武器的生產基地以及核廢棄物的堆積場；中國及西藏著手就西藏未來地位及兩個民族之間的關係進行積極磋商。一九八八年六月十五日，達賴喇嘛在法國史特拉斯堡的歐洲議會發表演說，針對〈五點和平計畫〉的最後一點，提出詳盡闡述，即〈史特拉斯堡提議〉：中國及西藏人民之間以和談方式達成協議，促成西藏所有三個省區成立一個自治的、民主的政治實體。此一實體將保持與中國之間的關係，並將外交及國防政策交由中國政府負責。然而，只相信槍桿子的中共根本不願跟達賴喇嘛談判，而年輕一代藏人也逐漸對「中間道路」失望，更傾向於獨立建國的道路。

一九八九年，挪威諾貝爾委員會授予達賴喇嘛諾貝爾和平獎，表彰其非暴力鬥爭和爭取西藏問題和平解決的努力。在獲獎演說中，達賴喇嘛自稱是「一名普通的佛教僧侶」，「這份殊榮，證實了西藏人民的奮鬥，是正義的奮鬥！」他也批評中共對西藏文明的摧毀，及對天安門民主運動的武力鎮壓。

在數十年流亡生涯中，達賴喇嘛的蹤跡超過六十二國、涵蓋六大洲。他曾會晤重要國家的總統、首相及國王；他也與不同宗教的領袖及許多知名科學家對話。一九五九年以來，他已獲頒超過八十四項獎章、榮譽學位、獎賞等。他的和平訊息、非暴力、宗教的相互瞭解、全球共同的環保責任，以及慈悲

6 洛桑丹增（一九三七—）：生於雲南德欽，為第五世桑東仁波切。連任兩屆噶倫赤巴，二〇一一年卸任。
7 洛桑森格（一九六八年—）：生於印度大吉嶺，美籍藏人學者，哈佛大學法學博士，國際法專家。他被民選為末任噶倫赤巴，及第一位民選西藏司政（在其任內，「噶倫赤巴」改稱「司政」），是七百餘年來首位非藏傳佛教僧侶出身的藏人行政中央領導者。
8 邊巴次仁（一九六七年—）：生於印度拜拉庫比，畢業位於清奈的馬德拉斯基督教大學經濟學專業。曾西藏流亡議會議員、議長。

心，為他贏得全球範圍內的肯定，也讓藏傳佛教這一佛教分支成為國際性宗教。此外，他所著的書籍超過一百多種，他在書中反覆強調，「我的宗教非常簡單，我的宗教即是仁慈善良」、「憐憫與容忍並非軟弱的象徵，而是力量的象徵」。

達賴喇嘛曾談到，他把百分之八十的精力和時間用在宗教活動方面，其他百分之二十用在行政工作上。他在世間有四大使命。第一，人類一體性。人類必須藉由對話解決問題，放棄武力的選項。第二，促進宗教和諧。作為一名佛教徒，他承諾促進世界傳統宗教間的和諧。第三，保護西藏文化與環境。作為一名西藏人，而且具有達賴喇嘛的名號，身負所有西藏人的信賴，因此，有保護西藏宗教、文化和環境的責任。第四，復興古印度智慧。致力於推動年輕一代對古印度智慧的認知。

達賴喇嘛長期致力於與中國公民社會和民主力量對話。儘管藏民族在過去數十年來深受中共政權的荼毒與奴役，藏文化及宗教自由亦受摧殘與破壞，但他心中並無仇恨，而寄望於未來兩個民族的和平共處。他支持和推動中國人權活動家、思想家劉曉波榮獲諾貝爾和平獎，兩人雖未曾謀面，卻彼此心心相印。二〇一〇年十月八日，劉曉波獲獎的消息傳出，達賴喇嘛立即發表公開聲明指出：「我視劉曉波為我的朋友，敬佩他百折不撓的勇氣，和堅毅地以和平方式，為建設一個和諧、穩定、和平的中國，所做的努力。」他強調：「我想在此致上最誠摯的祝賀，恭喜劉曉波先生獲得今年的諾貝爾和平獎。此一殊榮的獲得，代表了國際社會對劉曉波的表彰，肯定他致力推動中國憲政改革的努力。劉曉波及數百位中國知識分子和民眾，為了爭取中國的民主與自由，共同簽署了《零八憲章》這份努力，我個人深受感動與鼓舞。二〇〇八年十二月十二日，在《零八憲章》公佈的第二天，正在波蘭訪問的我，表達了對此簽署文件的肯定與推崇。我相信在將來，中國的下一代能享受這份努力所帶來的成果。」

劉曉波也多次撰文讚賞達賴喇嘛。劉曉波說，最讓他感動的是，達賴喇嘛「這位在西藏人心中最崇敬的宗教領袖，這位在世界上享有崇高聲望的政治家和精神導師，在被迫流亡的困境中，面對西藏的文化和人權的雙重災難，他作為被迫害民族的領袖對迫害者所懷有的，不是咬牙切齒的仇恨和號召自己的人民進行以牙還牙的報復，而是仍然堅持平和、寬容的中間路線。這樣博大的胸懷，也常常在他對中國民間民主運動的一貫支持中得以展現。」劉曉波還提出一個大膽設想：將達賴喇嘛請回來擔任中國國家主席。這對中國這個漢人佔百分之九十二的國家，是驚世駭俗的一擊。劉曉波此念，記錄在二〇〇八年被捕前不久所寫的一篇文章中：「以達賴喇嘛在藏人的崇高權威和國際上的傑出聲譽，也由於越來越多的漢人皈依佛門，如果中共政權有足夠的政治智慧，漢人有足夠的心胸，那就把達賴喇嘛請回來擔任國家主席，漢藏問題就可以迎刃而解。」

達賴喇嘛通常居住在西藏流亡政府所在地達蘭薩拉，其日常生活井然有序。據「第十四世達賴喇嘛國際華文網站」披露，達賴喇嘛每天淩晨三點半起床，經過洗浴後便開始誦經、坐禪、做大禮拜直至五點。從五點開始，他便在住宅區內散步。早餐在五點半進行，主要食用熱麥片粥、糌粑、麵包及茶。同時，他還規律性地收聽BBC英語國際新聞。從六點到八點半繼續進行早晨誦經及坐禪。從九點至十一點半，修學先賢大德所著的各種佛教典籍。午餐通常是十一點半至十二點半。廚房內只做素食。身為佛教僧人，他從不食用晚餐。從十二點半到四點半，如果需要與工作人員磋商事宜，或接見朝拜者，便在辦公室進行各項事宜。午間通常在辦公室裡有一接見時間表，列出藏人與非藏人的接見者。下午六點，返回住宅後用茶，從六點半開始又進行傍晚誦經及坐禪，直至八點半。最後，經過長久的十七小時工作後，於晚間八點半就寢。

對於達賴喇嘛的「中間道路」和各項建議，中共當局頑固地加以拒絕。雙方的談判看不到任何希望。習近平掌權之初，達賴喇嘛一度對其抱有期待，還曾表示習近平的父親習仲勛主張對西藏等少數民族地區採取懷柔政策，當年曾送給他一個懷錶。但他很快發現，習近平的殘暴直追毛澤東，藏人的處境每況愈下。儘管如此，達賴喇嘛從未放棄：「我在最黑暗的日子裡發現希望，並專注於最光明的前景。」

二〇一一年夏，剛流亡到台灣的作家廖亦武見到了已經流亡半個多世紀的達賴喇嘛。廖亦武不由自主說：「真不知道前方是什麼。」達賴喇嘛收起笑容，若有所思：「前方是什麼？我們都在摸索，我比你大那麼多，還是需要摸索。只有共產黨，既不懷疑，也不摸索，毛澤東說：『宗教是毒害人民的精神鴉片。』他是皇帝，一言九鼎，沒人敢懷疑，可是他死了，地球還在轉動。中國經歷了許多歷史朝代，比較之下共產黨統治算短暫的，很快就過去了。說不定你寫的書都比他們壽命長呢。所以前方是什麼？前方就是一句話：『要有信心！』」

第十四世達賴喇嘛國際華文網站：http://www.dalailamaworld.com/

04 丁子霖：用母親的愛對抗謊言與暴力

丁子霖：「天安門母親」代表人物，中國人民大學哲學系退休副教授。「天安門母親」群體多年來反抗謊言與暴力，追求真相與正義，多次被提名為諾貝爾和平獎候選人。

丁子霖，一九三六年十二月二十日生於上海。丁家為江蘇泰興縣名門望族，父親丁文瀾曾就讀清華學堂，後為礦業工程師；二伯父為地質學家和自由主義知識分子丁文江。二〇〇六年，丁子霖翻譯的美國學者費俠莉（Charlotte Furth）所著《丁文江：科學與中國新文化》一書由北京新星出版社出版，這是「六四」屠殺之後丁子霖的名字第一次出現在公開出版物上。

一九四七年，丁子霖考入景海女子師範大學附中。一九五六年，考進人民大學新聞系，畢業後留校任教。一九七〇年，丁子霖與蔣培坤在人民大學「五七幹校」（文革時期，為貫徹毛澤東〈五七指示〉，興辦農場作為「幹部學校」，強制黨政機關幹部、科研文教部門的知識分子到其中進行勞動改造）所在地江西錦江鎮結婚。文革後，丁任人民大學哲學系副教授，蔣任哲學系教授兼美學所所長（為劉曉波博士論文答辯委員會成員）。一九七二年，丁、蔣的兒子蔣捷連出生。

「六四」屠殺徹底改變了這個家庭。丁子霖在〈生於多難、殤於一瞬：懷念連兒罹難二十五週年〉一文中描述，蔣捷連是一名宅心仁厚、學業優秀的少年，學運潮起，經常跑到天安門廣場聲援大學生。六月三日下午，蔣捷連跳窗離家，經木樨地去天安門廣場，徹夜未歸。次日，噩耗傳來：當晚十一點多，在復興門外大街二十九樓前長花壇後，蔣捷連被一顆子彈擊中後背，傷重不治身亡。

同年八月底，丁子霖得知另一位失去孩子的母親張先玲[9]的消息，給對方打去電話。九月初，張先玲和丈夫王範地走進丁子霖家，這是「六四」難屬之間第一次相互結識，相互告慰，相互勉勵。

一九九〇年六月四日後的一天，張先玲帶給丁子霖一張小紙條，那是張從萬安公墓兒子王楠的骨灰盒上發現的。紙條上寫著：「我們是同命運的人，在六四中我失去了丈夫，現在我們母子相依為命。我有許許多多的想不通，如願意，請同我聯絡。」很快，丁子霖根據字條上留下的姓名和地址，給那位遺孀去信。幾天後，丁子霖收到回信。隨後，尤維潔[10]與丁子霖、蔣培坤相見了。

一九九一年清明節前夕，丁子霖、張先玲接受香港《新報》記者張潔鳳採訪。這是「六四」死難者母親第一次通過境外傳媒公開說出大屠殺真相和兒子遇難的情況。五月十五日，丁子霖在家中接受美國廣播公司記者趙愛素電視錄影採訪。六月三日，又接受英國《獨立報》記者賀安雷的採訪。六月四日，香港《新報》刊登丁子霖的〈向一切有良知的人呼籲〉等文章。六月五日，香港《當代》月刊刊出丁、蔣提供的三篇文章。

一九九二年一月二十日，人民大學學位評定委員會作出決定：暫停丁子霖的碩士生指導教師資格。

同年五月二十六日，丁所在單位的黨支部召開大會，給予丁「黨內除名」處分。

一九九三年六月，聯合國世界人權大會在維也納召開。大會非政府組織論壇邀請丁子霖出席，但邀請信和機票被中國當局扣壓。六月十七日，丁子霖向大會提交書面發言，公佈了共十六位死難者的名冊。六月二十日，《美國之音》記者孫承採訪蔣培坤。十月二十六日，哲學系領導口頭向蔣宣讀處分決定：一、免去人民大學美學研究所所長職務。二、暫停招收研究生、進修生、訪問學者。

一九九四年六月一日，丁子霖編著的《六四受難者尋訪實錄．名單》的英文版由香港「九十年代」雜誌社出版，書中記錄了九十六位死難者和四十九位傷殘者。八月，日本《文藝春秋》出版社出版日文版《天安門犧牲者尋訪實錄》。十月，香港「九十年代」雜誌社出版中文版《丁子霖——六四受難者名冊》。

一九九五年五月二十六日，丁子霖等二十七位「六四」難屬第一次以聯署方式致函全國人大常委會，要求調查「六四」事件、公佈調查結果、向死者親屬作出個案交代。同年八月十八日至九月三十

9 張先玲（一九三七—）：與丁子霖同為「天安門母親」發起人。一九八九年六月四日晚，其十九歲的兒子王楠在天安門西側南長街南口頭部中彈身亡。張先玲為歷史學家余英時的表妹，余英時曾於一九九三年發表文章「一位母親的來信」，披露此事，並譴責中國當局的暴行。

10 尤維潔：其丈夫楊明湖在一九八九年六月四日被從公安部衝出的軍隊開槍擊中，子彈留在腹部，擊碎膀胱、骨盆粉碎性骨折。醫生修補了膀胱，卻無法處理骨盆的粉碎性骨折，終因傷勢嚴重於六月六日早晨去世。楊明湖遇難時四十二歲，生前為中國貿易促進委員會專利部法律處職員。近年來，「天安門母親」們逐漸凋零，作為較為年輕的「天安門妻子」，尤維潔逐漸成為「天安門母親」群體的主要代言人。

日，當局以「監視居住」的名義將丁、蔣祕密關押於無錫市西郊一家招待所，阻止丁子霖與出與席世界婦女大會的西方代表接觸，並企圖摸清其接受海外捐款的情況，以便切斷人道救助。在此期間，人民大學懲罰性地作出讓丁子霖提前四年退休的決定。次年三月五日，人民大學又作出讓蔣培坤提前四年退休的決定。

一九九八年九月二十八日，由蔣培坤執筆起草的《自由與公民權利宣言》和《社會公正與公民權利宣言》以中、英、法等多種文字發表。丁子霖在《紐約時報》記者問及《自由與公民權利宣言》與捷克的《七七憲章》有何異同時說：「我們在起草過程中詳細研究了《七七憲章》的經驗，可以說出發點是基本相同的，都是為了爭取和維護公民權利，都是一種自由表達活動。」

同年十月八日，北京市國家安全局凍結旅德中國留學生總數為一萬一千六百二十馬克的人道捐款。五十一位「六四」難屬向當局發出抗議書。張先玲等八位難屬代表，排除種種障礙，前往國家安全部，向時任部長的許永躍遞交抗議書。

一九九九年二月十八日晚七點，二十三位「六四」難屬在丁子霖家中第一次為「六四」死難者舉行集體祭奠儀式。同日，組成有二十位死難者親屬和傷殘者參加的「六四」受難者對話團。

同年十二，總部在紐約的「中國人權」組織擬發起「母親運動」以聲援「六四」難屬。經與丁子霖商量，決定以「八九天安門民主運動死難者母親」之簡稱「天安門母親」命名該群體。

二〇〇〇年十一月十四日，於巴西聖保羅召開的世界民主運動第二次代表大會將民主勇氣獎授予「中國天安門母親運動」。這是「天安門母親」第一次在國際上獲獎。

二〇〇一年五月二十七日，「天安門母親」發表〈天安門母親的話〉：「在以往的十二個年頭裡，我們曾經在地獄般的黑暗中呻吟，曾經在幾近枯竭的淚海中掙扎；我們也曾經被恐懼與絕望所壓倒，曾經被流言與冷漠所吞噬。但是，我們終於站立起來了——在我們兒女倒下的地方。」在這份宣言書上，有一百一十二位「六四」難屬和傷殘者簽名。丁子霖指出，「天安門母親」是一個在特定時期自然形成的道義群體，為了有效地表達群體的意志，為了有效地開展群體性活動，在群體內部實行三個相對固定的制度性安排，即「議事會」制度、「發言人」制度以及「通報」制度。

二〇〇二年八月，「亞洲反失蹤聯盟」正式吸收「天安門母親」為該聯盟成員。

二〇〇四年三月二十八日，丁子霖與張先玲、黃金平[11]等難屬同時被拘捕。中共當局最初否認此事，但之後污衊她們「參與了外國勢力支持的非法活動」。在國內外輿論的強烈抗議和同聲譴責下，她們在週末獲釋。五月十六日下午，約四十位「天安門母親」成員在張先玲家舉行追思儀式。祭奠靈堂上掛出為紀念「六四」十五週年提出的口號：說出真相，拒絕遺忘；尋求正義，呼喚良知。這十六個字是她們努力的目標，也是向海內外各界人士發出的呼籲。五月三十日，「天安門母親」以中、英兩種文本發表《告海內外同胞書》，呼籲同胞們「一起來推動時代的變革、民族的新生吧！不要做怨天尤人的旁觀者，更不要做舊制度的維護者」。

11 黃金平：與尤維潔同為「天安門妻子」。其丈夫、《體育報》電腦部職員楊燕聲在「六四」屠殺中遇難，年僅三十歲，他們的兒子才一歲〇八個月。黃金平一直不敢將丈夫遇害的真相告訴兒子。二〇〇四年，她被抓捕時，正好是週日，兒子在家，警察們看到了，黃金平就說：「這就是當年一歲〇八個月的孩子，他的父親被你們打死了。」

二〇〇五年五月，丁子霖所著《尋訪六四受難者》一書由香港開放雜誌社出版。書中所記載的受難者數目增加到兩百零二位。她在序言中寫道：「在已經過去的十五年漫長歲月裡，在我們這塊多災多難的土地上，出現了一個被稱之為『天安門母親』的受難者群體，她們改變了中國母親在世人眼中的形象，也改變了『天安門』這個詞語在人們心目中的象徵性涵義。出版這本書，就是想讓人們知道她們是怎樣從血泊和淚水中站起來的，又是怎樣帶著沈重的鐐銬艱難地邁開腳步向著幾乎沒有盡頭的路走去的。」

二〇〇六年五月三十日，「天安門母親」為紀念「六四」十七周年發表〈我們的信念與主張〉一文。文章對「天安門母親」群體的形成進行歷史回顧，表述了這個群體在十多年的艱苦抗爭中所形成的基本共識，重申了其所堅持的原則和主張：

第一，「六四」大屠殺是一場反人類的暴行，決非中共所說的「平息反革命暴亂」。

第二，公正、合理地解決「六四」問題，必須滿足三項要求：由全國人大常委會組成專門的調查委員會，進行獨立、公正、公開的調查，並向全國人民公佈調查結果，包括公佈死者名單及人數；由全國人大常委會責成政府有關部門按法定程序就每一位死者對其親屬作出公開道歉；由全國人大常委會制定並通過專項的「六四事件受害者賠償法案」，依法給予受害者及受害親屬相應的賠償；由全國人大常委會責成檢察機關對「六四」慘案立案偵查，按法定程序追究責任者的法律責任。

第三，「天安門母親」提出上述訴求，基於一個信念：像「六四」那樣的人間慘劇，絕不能在中華大地上重演。「天安門母親」是在親人的血泊中站立起來的，親人的鮮血使她們明白了什麼叫罪惡、什麼叫苦難，也使她們懂得了怎樣才能有效地消除和防止這罪惡、這苦難。在中國漫長的歷史上尤其是最近半個多世紀以來之所以災難頻仍，生靈塗炭，皆源於國人對生命和人的價值的漠視，源於中國這片土地上文明與法制的缺位。其救贖之道，是要以和平的方式結束專制政治，以確立現代民主、憲政，在觀念上確立人類普世價值的地位。基於這樣的信念，「天安門母親」決定以最大的誠意、最大的克制來謀求「六四」問題的和平解決。

第四，公正、合理地解決「六四」問題，必須秉持和平、理性的原則，納入民主、法治的軌道。應由全國人大按法定程序把「六四」問題作為專項議案遞交大會討論、審議，並就相關事宜作出決議。這個主張用一句話來概括，就是「政治問題法律解決」。

第五，通過對話方式來解決「六四」問題，需要有一個過程。在解決步驟上可按照先易後難的原則。可首先著手解決一些涉及受害人基本權利和切身利益的問題，如：撤銷對「六四」受難者和受難親屬的監控和人身限制；允許死難親屬在不受干擾的情況下公開悼念親人；不再阻截、扣沒來自海內外的人道救助捐款，悉數發還凍結的救助款項；政府有關部門本著人道精神幫助受害人解決就業、低保等基本生活保障，對一些生活困難的受害人實施純粹人道性質的救助；消除對「六四」傷殘者的政治歧視，在公共參與、社會待遇上與普通殘疾人一視同仁；對於因「六四」而被關押、判刑、通緝、流放、開除公職、開除學藉以及受到其他不公正對待的受害者，其基本權利和切身利益同樣應獲得符合人道和法治原則的妥善處理。

多年以來，「天安門母親」已救助數百位難屬，並幫助數十位「天安門之子」長大成人、完成學業並成家立業。劉曉波認為，當代中國最具道義感召力和人權救助實效的群體維權，非「天安門母親」莫屬：「天安門母親的事業，開始於突失親子的絕望，她們這些年所關心、幫助和鼓勵的，都是一個個具體的人。……從丁老師等難屬尋訪六四遺屬的腳印中，我看到了所剩無幾的良知、堅韌和愛。我甚至極端地以為，這是六四後僅存的記憶和最有成效也最有意義的事業。」二〇〇八年冬，劉曉波在被捕前夕還在撰文呼籲國際社會將諾貝爾和平獎授予「天安門母親」群體。

長期以來，「天安門母親」成為中共的眼中釘，這個政權殺戮了孩子，還不許母親哭泣，既心虛怯懦，又窮凶極惡。隨著時間流逝、大部分中國民眾對「六四」的歷史日漸淡忘，從鄧小平、江澤民、胡錦濤到習近平，對「天安門母親」的打壓卻變本加厲。

二〇一五年九月二十七日，與丁子霖相濡以沫四十五年、「六四」後並肩作戰二十六年的丈夫蔣培坤在家鄉無錫因心臟病逝世，享年八十二歲。

二〇一九年五月二十日，中共當局害怕「天安門母親」舉辦紀念天安門事件三十週年的活動，強迫丁子霖離開北京，前往家鄉無錫暫住，直至六月四日過後才獲准回到北京家中。

二〇二二年六月四日，「天安門母親」群體發表〈「六四」三十三週年祭〉一文，簽名者有丁子霖等一百二十人，另外還有已故難友名單六十四人。

丁子霖具有淵博的學識、堅韌不拔的勇氣、敏銳的政治洞見以及如同壓傷的蘆葦卻不折斷的人格力量，在「一年三百六十日，風刀霜劍嚴相逼」中，成為「天安門母親」的代言人和靈魂人物。她的抗爭，不是竇娥喊冤、呼天搶地，始終保持著優雅、寧靜，無論是接受海外媒體採訪還是與中共官僚、祕密警察談判，都從容不迫、娓娓道來，反襯出中共暴力機器的冷酷與卑劣。她極具遠見卓識，絕不抱殘守缺。二〇一三年，香港支聯會（香港市民支援愛國民主運動聯合會，一九八九年五月二十一日在香港成立，二〇二一年九月二十五日被迫解散）一如既往地舉行「六四」燭光晚會，仍以「愛國愛民」為主題。此一主題受到正在崛起的香港本土派杯葛，支聯會某常委致信丁子霖，要求她出面反駁香港本土派。丁子霖沒有反駁香港本土派，反而公開批評「愛國愛民」這個口號相當「愚蠢」——當年天安門學運中，學生曾提出愛國的說法，如今已被中共當局扭曲為愛國等於愛黨，「這是廣場上學生的口號，人家早就不用了」。她建議：「你為什麼不把香港精神的主動權，掌握在手裡。」沒有生活在香港的丁子霖準確地把握到香港社會之脈動，站在普世人權價值的高度上看待「六四」的價值與意義。

由於中共政權對資訊嚴密封鎖，中國民眾很少知道「天安門母親」群體，她們在中國成為一座小小孤島。但在國際社會，丁子霖和「天安門母親」以其數十年如一日的抗爭和人道主義事業而贏得普遍的尊重和讚譽，所獲之獎項包括：美國民主教育基金會傑出民主人士獎（一九九四年）、格利萊茲曼公民成就獎和紐約科學院科學家人權獎（一九九五年）、萬人傑新聞文化獎和法蘭西自由基金會記憶獎（一九九六年）、瑞士自由與人權基金會獎（一九九八年）、義大利亞歷山大蘭格基金會獎（一九九九年）、美國《時代》雜誌「六十年來的六十名亞洲英雄」之一並褒揚說「一位心碎的母親為揭露天安門事件的真相而戰鬥」（二〇〇六年）等。

丁子霖和「天安門母親」要達到真相與正義的目標，任重道遠。「天安門母親」不屈不撓的抗爭，開啟了作家蘇曉康所說的「文明覺醒」——中國文明沒有見證的傳統，殺戮、流血、崩潰，都是周而復始，但從「天安門母親」開始，終於寫下第一筆見證，而孩子們的血和母親們的淚，終將凝聚成中國未來走向民主自由並實現轉型正義的第一塊基石。

「天安門母親」網站：由丁子霖、蔣培坤策劃，陶業主編，為目前搜集「六四」受難者及相關見證、報導最多的網路資料庫：http://www.tiananmenmother.org/index.html

一九四〇年代人

05

嚴家祺：告別帝制，重建共和

嚴家祺：政治學者，曾任中國社會科學院政治學研究所首任所長，並曾在趙紫陽親自領導的政治體制改革辦公室工作，首次提出「廢除幹部領導職務終身制」。積極支持天安門民主運動，「六四」屠殺後，先後流亡法國及美國，曾任海外最大的民運組織「民主中國陣線」首任主席，此後致力於研究憲政、金融及宗教等問題。

嚴家祺，一九四二年十二月二十五日生於江蘇武進，後就讀於中國科學技術大學應用數學系理論物理專業，畢業後進入中國科學院哲學研究所。一九八〇年代，參與創建中國社會科學院政治學研究所並擔任首任所長。其研究領域相當廣泛，橫跨物理、哲學和政治學三門學科。

文革剛結束，嚴家祺發表〈王朝循環原因論〉等文章，指出王朝政治的根本特徵：「一是國家最高權力最後集中在個人手裡，二是這個人是終身任職的。文化大革命表明，中國實際上存在著一個集中在個人手中的最高權力，這一權力既不容分割，又不可轉讓。當代中國的政治長期以來是圍繞著保持、鞏固這一最高權力而展開的。」

一九七九年二月，在胡耀邦主持召開的「理論務虛會」上，嚴家祺提出「廢除幹部領導職務終身制」。鄧小平在多次講話中對此表示肯定。然而，「六四」之後，鄧小平表面上卸下所有職務，卻以一名普通黨員身份遙控全局、垂簾聽政至死。一九八〇年代政治體制改革成果的最後一塊基石被拆毀，是習近平廢除憲法中對國家主席任期的限制。嚴家祺評論說，此舉「標誌著中國不僅要向毛澤東時代倒退，而且要在二十一世紀，在復興中華的旗幟下，復興秦始皇以來的專制獨裁的中華帝國」。他用一九八〇年代參與政改的親身經歷告訴後來人：帝國模式是中國政治的深層結構，毛鄧江胡習是一體的，習與薄也是一體的，「六四」槍聲響起那一刻，中國的政治體制改革就結束了。

嚴家祺原本期望從事學術研究，讓政治學這個被禁絕三十年的學科死而復生。隨後，他半推半就地參與一九八〇年代的政治體制改革，乃至進入權力核心。一九八六年，鄧小平提出要進行政治體制改革，建議趙紫陽組織一個班子，設計改革方案。趙紫陽提出組建五人研討小組，由趙紫陽、胡啟立、田紀雲、薄一波、彭沖等五人組成。「政改辦」是五人研討小組的辦事機構。趙紫陽的祕書鮑彤[1]多次拜訪嚴家祺，遊說其去中南海政改辦工作，說這是趙紫陽給鄧小平的信件中提名的，要嚴家祺到中南海看這封信。嚴家祺到鮑彤的辦公室，果然看到信件上有鄧小平看過並表示同意的記號。趙紫陽在給鄧小平、胡耀邦、李先念、陳雲的信中寫道：「這個辦公室，由鮑彤、嚴家祺、賀國光等同志負責。」盧躍

1 鮑彤（一九三二—二〇二二）：曾任趙紫陽祕書、中共中央常委會祕書、中央政治體制改革辦公室主任、中央委員等要職，起草了中共十三大報告等重要文件。因反對「六四」屠殺，被捕並被判刑七年，晚年處於嚴密監控之中。常常在西方媒體撰文批判中共的專制暴政。

剛在《趙紫陽傳》中認為：「這個班底有爭議，焦點是三個人物：鮑彤、嚴家祺、陳一諮[2]。」在中南海工作，使嚴家祺得以觀察到高層決策過程，對中共政權的本質有了深切認識，其結論是：「中華人民共和國實際上是新王朝。」嚴家祺在一九八〇年代後期政治體制改革中所起的作用，如同清末戊戌變法時譚嗣同等軍機處章京，級別雖不高，影響力卻很大。這一場改革的失敗，也與戊戌變法的失敗如出一轍——一旦改革觸及權貴集團的既得利益，這個群體便殊死反撲，不惜將改革扼殺在搖籃中。

嚴家祺等人的政改方案只取得有限進展。比如，他提出建立國家公務員制度，被當局部分採納——一九八八年全國人大通過國家公務員制度的法律，開辦國家行政學院。但是，沒有多黨制和普選，公務員制度改革只能是技術上的小修小補。又比如，他呼籲將人大議會化，在各類官方操縱的選舉中實行一定比例的差額選舉，一定程度上得以實現——在中共十三大中央委員會的選舉中，一心爭奪總書記大位的「左王」鄧力群意外落選中央委員。李洪林[3]在《中國思想運動史》中評論說：「一向奉行毛澤東『集中指導下的民主』的中國共產黨，剛剛把束縛黨員手腳的選舉制度放鬆了百分之六，就被下面的『民主』犯上作亂，造了『集中』的反：把領導上安排的人給選掉了。」但是，這些成果僅是曇花一現。執掌最高權柄的鄧小平無意啟動多黨制、三權分立和普選等真正的政治體制改革，鄧最在意的是用專政來維持的穩定。

一九八八年十一月，經《經濟學週報》記者高瑜安排，嚴家祺與溫元凱[4]就時局做了一次對談，特別提出要防止出現「非程序權力更迭」及「勃列日涅夫式的長期停滯」。一九八九年春，胡耀邦去世引發學潮，江澤民在上海整肅《世界經濟導報》，嚴家祺起草了《捍衛新聞自由——致上海市委的公開信》並徵集三十多名知識分子簽名。四月二十七日，嚴家祺參與大遊行，並表示「鄧小平時代開始結束」。五月十五日，他參與北京知識界大遊行。五月十六日晚，他又起草一份〈五一七宣言〉，痛斥鄧小平壟斷最高權力的中共政權「喪失了自己的責任，喪失了人性。這樣一個不負責任和喪失人性的政府，不是共和國的政府，而是一個獨裁者權力下的政府」。五月二十三日，北京知識界聯合會成立，嚴家祺與包遵信[5]被推為總召集人。

「六四」屠殺之後，嚴家祺名列通緝令之上，南下廣州，東躲西藏，被「黃雀行動」拯救到香港，再流亡法國。九月二十三日，由流亡人士組建的「民主中國陣線」在巴黎成立，次日，嚴家祺在大會上當選為理事會首任主席，吾爾開希[6]當選為副主席，錢達[7]當選為監事會主席，萬潤南[8]被任命為祕書

2 陳一諮（一九四〇—二〇一四）：曾任中國經濟體制改革研究所所長等要職，被認為是一九八〇年代胡耀邦和趙紫陽推動農村、經濟和政治體制改革的主要智囊。「六四」當天以辭職及退黨明志，流亡美國。晚年出版《陳一諮回憶錄》。

3 李洪林（一九二五—二〇一六）：中共黨內改革派知識分子，曾任中宣部理論局副局長。在「理論務虛會」上提出「不是人民應當忠於領袖，而是領袖應當忠於人民」，並發表大量理論文章，對於破除毛澤東的個人崇拜發揮了重大作用，被譽為「中國新啟蒙時代和自由化運動理論旗手」。「六四」之後被整肅。

4 溫元凱（一九四六—）：經濟學家，曾任中科大副校長，一九八〇年代與方勵之、李澤厚、金觀濤並稱「四大啟蒙導師」。

5 包遵信（一九三七—二〇〇七）：作家、編輯、思想史家，其主編的《走向未來》叢書被視為一九八〇年代思想啟蒙的重要讀物。因積極支持天安門學生運動，與陳子明、王軍濤、劉曉波等被中國當局指為「幕後黑手」並被捕入獄五年。

6 吾爾開希（一九六八—）：天安門學生運動領袖之一，曾任北高聯第二任主席。「六四」後流亡海外，後定居台灣。

7 錢達（一九五三—）：台灣政治人物，曾任立法委員，早年積極參與中國海外民運，努力為海外民運爭取台灣政府的支持，主張「以民主重建中華」。

8 萬潤南（一九四六—）：四通公司創辦人，文革後第一代民營企業家之一。一九八九年，因支持學生運動被通緝，流亡海外。九月，

長。大會通過《民主中國陣線宣言》，其基本綱領為「保障基本人權，維護社會公正，發展民營經濟，結束一黨專制，建立民主中國」。一九九三年，海外民運各團體在華盛頓召開大會，組建「中國民主聯合陣線」。然而，期望中的大聯合卻不幸演變為大分裂。

從一開始，嚴家祺對海外民運的前途就不太樂觀：「如果民陣長期只是一個海外組織，我覺得前途茫茫。我只擔任一年民陣主席，與此有關。」他對當時海外民運中最大的組織民陣的定位是：「民陣是一個學習民主和培養反對黨的大學校。民陣不是『流亡政府』，不能用『流亡政府』的身份對內外說一些假大空的話。」但是，這一立場並不為大部分民運人士所接受。

對於反對陣營的亂象，嚴家祺有深刻的反思，他特別用尼采所說的「深淵」與「凝望深淵者」的關係來分析：「一個人經歷苦難而不倒下，需要堅定的信念、堅強的性格、堅韌不拔的精神，人們欽佩他們。但有一些在政治上受過苦難的人，往往會把苦難當做自己要求他們追隨他的『資本』，在重大政治問題上，那些沒有受過、或少受苦難的人，似乎沒有發言權，他們本人不容批評。這是一種『道德強制』，對中國儒家傳統來說，這種『道德強制』，似乎是一種傳統。在儒家文明中，在道德與法律之間，有許多地方缺少明顯界限，『道德強制』就會轉化為一種無形的『權力』。」他進而引用英國思想家卡爾．波普的話：「每一個人都有權利為了一個他認為他值得的理想而犧牲自己，但沒有權力去強迫或煽動別人為了一個理想而犧牲。」如果站在這個思想高度上審視三十多年來海外民運的敗局，就能庖丁解牛、對症下藥：民運漸漸成為一個帶有負面色彩的詞語，既有理念分歧、派系衝突、資源匱乏、中共特務破壞等原因，更是很多大佬級人物自身的共產黨化、毛澤東化、自我偶像化，他們長期生活在西方，卻沒有經歷一場精神蛻變，沒有領悟自由與民主的真諦。

嚴家祺是政治學家，不是政治活動家，他很快回到書齋著書立說，甘於清貧和寂寞。曾在大學後使用「嚴家其」這個名字多年的他，晚近三十多年來又恢復使用本名「嚴家祺」，他不無開玩笑的告訴記者，「沒有『示』這一邊旁，我覺得站不起來」。一九九四年，他與妻子高皋從法國移居紐約，任哥倫比亞大學訪問學者，從事「中國和憲政」研究計畫。

多年來，嚴家祺的思想和著述圍繞此一主題展開：中國不是共和國，需要重建共和。從中國的現實來看，「帶有邦聯特徵的聯邦制」將是中國國家結構的最好選擇。他鼓吹新憲政運動、第二次新文化運動，落實到制度建設層面，就是聯邦中國的構想。他對聯邦和邦聯制度的研究，在華語思想圈中有其超前性。這些思想，或多或少地回流中國，成為劉曉波等起草的《零八憲章》的思想資源。據說，胡錦濤看到《零八憲章》後震怒、下令抓捕劉曉波，是因為其中關於聯邦制的設想。兩百五十年前，美國的建國者們在聯邦制的構想下建立近代第一個大型共和國，完成了這一看似不可能的壯舉，而《聯邦黨人文集》成為美國憲法的思想源泉。然而，在二十一世紀的中國，「聯邦」一詞仍是談虎色變的禁忌和敏感詞。「零八憲章運動」被鎮壓之後，更年輕一代異議人士沿著聯邦或邦聯的構想大大向前邁出一大步，提出「諸夏獨立，重建東亞」的新構想。

流亡三十多年來，嚴家祺在台港及海外華文媒體發表政治評論和學術論文上千篇，並出版十多本專

任「民主中國陣線」祕書長。隨後，當選「民陣」第二、第三任主席。

著。在中國國內時，嚴家祺所著的《首腦論》，以及與高皋[9]合著的《文化大革命十年史》，就已是膾炙人口的政治學和歷史學力作。嚴家祺興趣廣泛，喜歡跨學科研究，是當代少有的百科全書式的學者。二〇〇九年，他出版《普遍進化論》一書，提出一種新的「三個世界」學說。他還在英國《金融時報》提出「貨幣等價於賬本的變動，全球總賬本就是全球單一貨幣」，並出版金融學專著《全球財富論——全球無國界貨幣和全球總賬本理論》。而《我的思想自傳》、《在人生的列車上》及《嚴家祺回憶錄》等著作，真誠坦率，樸實無華，梳理了自己「尋求真理和正義，反抗命運的安排」的無怨無悔的一生。八十歲時，他從一場重大心臟手術中逐漸康復，並皈依基督信仰。

在政治學領域，嚴家祺是王滬寧的前輩，當年王滬寧以老師視之，「六四」之後，兩人走上了不同的人生道路。嚴家祺對其選擇無怨無悔：「一九八九年，我簽署了許多聲明抗議，如《五一七宣言》，這是我內心的選擇。」對於參與「六四」的決定，他只說了一句話：「良知是上帝的聲音，按良知作出的選擇，永不後悔。悼念六四，是道義的責任，也是我自願的。」他堅信，中國未來的改變，將以重新評價「六四」為契機：「三十年了，中國一定會發生改變，物極必反。必須在中國大地上宣告『六四』不是暴亂，是一場大屠殺，是共產黨對人民的犯罪。只要不恢復『六四』真相，中國前面的路就走不過去，沒有正義，這個國家就永遠沒有前途。」

嚴家祺臉書：https://www.facebook.com/yanjiaqiny
台灣博客來網站可購買嚴家祺多種著作：《嚴家祺回憶錄：命運交響曲》、《全球財富論》、《在人生的列車上》等
https://search.books.com.tw/search/query/key/%E5%9A%B4%E5%AE%B6%E7%A5%BA/cat/1/qsub/001/fclick/autocmp-cat-pc

9 高皋：嚴家祺夫人，原本學醫行醫，後研究歷史，一九八六年與嚴家祺合作出版《文化大革命十年史》。此後，費時十年完成三卷本、一百四十萬字的《後文革史》，是有關後文革史的開山之作。

06

高瑜：你有槍，我有筆

高瑜：著名女記者，新聞自由捍衛者。「六四」屠殺後，因報導中共政權之黑幕，三度入獄，六次榮獲國際大獎。

高瑜，一九四四年二月三日生於重慶。父親是中共高幹，在她十一歲時去世。母親晚年因女兒被捕深受打擊而成為植物人。青年時代，就讀於中國人民大學中文系，畢業後分配到山西，下農村八年，當過中學教師。文革後，調回北京市文化局工作。一九八〇年，任中新社專稿部記者，從此開始新聞事業的光榮荊棘路。一九八八年十月，調到自由派媒體《經濟學週報》任副總編輯，頗受總編輯何家棟[10]器重。何家棟生前總結自己一生時，將培養了高瑜這位新聞界「巾幗英雄」視作主要成就之一。

一九八〇年代的中國，思想解放運動狂飆突進，一切皆有可能。高瑜說自己處於「新聞發生的中心地帶，一天二十四小時忙不過來」。她天生就是記者，落筆驚風雨，連鄧小平都常讀她的文章，鄧小平家人曾邀請高瑜為鄧小平寫傳記，卻被婉拒。

一九八九年初的兩會期間，高瑜組織陳子明[11]、王軍濤[12]、陳小平[13]、閔琦[14]、劉衛華[15]等五位青年學者與來自香港的政協委員徐四民[16]做了一次座談，整理成〈將民主從街頭引向人民大會堂〉一文，在香港《鏡報》發表。隨後，又發表〈巴金與鄧樸方關於人道主義的對話〉、〈嚴家其與溫元凱關於時局的對話〉（該文被北京市長陳希同所作的《關於製止動亂和平息反革命暴亂的情況報告》指斥為一九八九年「反革命暴亂」的總綱領之一）、〈站在今天說話——夏衍、秦曉鷹關於「五四」的對話〉等一系列轟動一時的重磅報導。

五月四日，學生運動愈演愈烈，高瑜直接走進隊伍，參與聲援被江澤民整肅的上海《世界經濟導

---

10 何家棟（一九二三—二〇〇六）：作家、編輯。一九五七年，因編輯出版劉賓雁的《本報內部消息》，被定為右派。一九五九年，擔任李建彤的小說《劉志丹》的責任編輯，康生向毛澤東告密，認為該書「利用小說進行反黨」，何家棟被定為「習仲勛反黨集團」成員。文革期間，其母親及兩個兒子被迫害致死。文革後，任工人出版社常務副社長兼副總編輯，因發表劉賓雁的《第二種忠誠》再度被整肅。一九八八年。接辦《經濟學週報》並任總編輯。二〇〇四年，與陳子明共同創辦「改造與建設」網站，一年後被關閉。

11 陳子明（一九五二—二〇一四）：異議知識分子，政治學者。參加過一九七〇、一九八〇年代的多次民主運動，「六四」後被捕，判刑十三年。被釋後在北京被監視居住。

12 王軍濤（一九五八年—）：異議人士，在「四五」運動和「六四」民運中兩度被捕，後一次被判刑十三年。一九九四年，以「保外就醫」名義赴美，後獲哥倫比亞大學政治學博士學位。二〇一〇年，當選海外民運組織「中國民主黨全國委員會」主席。

13 陳小平（一九六三—）：中國政法大學學士、北京大學法學碩士，天安門民主運動積極參與者，「六四」後流亡美國。先後獲哈佛大學法學碩士、威斯康星大學法學博士，曾任明鏡新聞出版集團執行總編輯。

14 閔琦：北京社會經濟科學研究所成員，主編有《中國政治手冊》、《轉型期的中國：政治變遷》。

15 劉衛華：北京社會經濟科學研究所成員，「中國現代化論綱」寫作組成員，「六四」後曾被捕入獄。

16 徐四民（一九一四—二〇〇七）：香港《鏡報》月刊創辦人，雖為左派，卻以大膽敢言著稱，批評中共鎮壓天安門學生運動是錯誤做法。這種在某種程度上守住良知和底線的建制派，此後在香港政壇再也找不到了。

報》的大遊行。那一日，是中國新聞史上值得大書特書的一頁。中國新聞人第一次扛著「不要逼我們說謊，不要逼我們造謠」，「旗幟鮮明地反對四二六社論」等橫幅走上街頭。

隨後，學生絕食，政府實施戒嚴。十九日午夜，學生和市民們等到的是隆隆入城的軍車，荷槍實彈的士兵，裝甲車和坦克，高瑜在回憶錄《我的六四》中寫道：「人們自發地用血肉之軀去阻擋，幾十萬軍隊圍困北京城，屠刀已在北京城上空舉起，市民在抵抗，學生在堅持，知識界憂心如焚，其中最善良者，希望能用自己的肩頭肩住屠刀，不要落下。」

戒嚴後，葉飛、張愛萍、蕭克、楊得志、陳再道、李聚奎、宋時輪七位老上將發表聯名信，信中說：「我們以老軍人的名義，向你們提出如下要求：人民軍隊是屬於人民的軍隊，不能同人民對立，更不能殺死人民，絕對不能向人民開槍，絕對不能製造流血事件。為了避免事態進一步發展，軍隊不要進城。」這一聯名信，正是高瑜與同為《經濟學週報》副總編的羅點點[17]，挨家挨戶找人簽名得來的。

同時，高瑜應人大常委、原《人民日報》總編輯胡績偉[18]要求，代表胡績偉去天安門廣場，勸學生撤退，之後可由全國人大與學生對話。其時，胡績偉找到人大副委員長彭沖，要求由人大常委會召開緊急會議，與學生對話解決學潮問題。高瑜當時所做的正是「將民主從街頭引向大會堂」，此類院外活動成為八九民運的重要組成部分。這些行動因為可能具有的「釜底抽薪」功能，率先受到當局鎮壓。

老報人徐鑄成說過，在中國，沒有坐過牢的記者不算是好記者。高瑜的職業生涯精彩且痛苦地驗證了這句話。六月三日早晨九時許，她在上班途中被北京市安全局綁架，關押在北京郊區，「我和綁架我的警察，都成為沒有聽到當晚槍聲的人」。由此，高瑜成為北京知識界第一個為八九民運坐牢的人。

一九九〇年元旦，高瑜患上心絞疼，八月十日心臟病發作。十八天之後，她被無罪釋放。與高瑜有深交的人大畢業生廖家安[19]指出：「當年抓捕高瑜，是因為最高當局在發動大規模鎮壓之前，第一個步驟就是要切斷最高權力機構與民眾之間的聯繫，遏制人大常委會依照憲法行使職權的可能性。而高瑜被長時間祕密關押的原因，當然是希望撬開她的嘴，摸清胡績偉等人是如何搞『非法組織活動』的。……即使胡被整肅後，當局還是不明不白地把高瑜繼續關押了半年，由此可以看出當局對高瑜的不配合是何等的惱羞成怒。」她本人這樣記述回家時的榮耀：「祕密關押十四個月又二十五天之後，我被不明不白地釋放了。……走下車我才看到有幾十名鄰居迎接我……第二天，更多的鄰居來看我，房管所、鍋爐房的工人、供銷社的售貨員都來了……從這些普通人的熱情，我更清楚地認識到，天安門的民主運動絕不只屬於學生和知識份子，她屬於北京市民，屬於全中國人民。」

此後，高瑜無法任職於任何中國的新聞機構，成為一名「地下記者」，她寫的報導和文章也只能在香港和歐美的媒體上發表。

17 羅點點（一九五一—）：開國大將羅瑞卿的女兒，原名羅裕平，原為軍醫，後從事金融、媒體及公益事業，「紅二代」中少有的民主派，著有《紅色家族檔案：羅瑞卿女兒的點點記憶》，揭露高層政壇的黑幕。創辦「選擇與尊嚴」網站及「北京生前遺囑推廣協會」，倡導生前遺囑和尊嚴死。

18 胡績偉（一九一六—二〇一二）：曾任人民日報社總編輯和社長、全國人大教科文衛委員會副主任。他提出《人民日報》是「人民的報紙」，並主張「人民性高於黨性」。積極推動起草和制定《中華人民共和國新聞法》但未果。一九八九年，因反對鎮壓學生運動被整肅。

19 廖家安（一九六八—）：中國人民大學哲學系一九八九級碩士研究生，為丁子霖的學生。「六四」後創辦中國人民大學讀書社，並擔任社刊《大家》主編。因舉辦「六四」紀念活動於一九九二年六月八日被捕，被以「反革命宣傳煽動罪」判刑三年。後流亡美國。

一九九三年十月二日，高瑜再次被捕。「拘留證上除了姓名、日期，其它都是空白，沒有任何解釋我是犯了哪條法律——因為對我的逮捕根本就沒有任何法律依據。」被關押十三個月之後，她被北京市中級人民法院以「泄露國家祕密罪」判以六年有期徒刑，附剝奪政治權利一年，沒收其「贓款」（稿費）人民幣八百元。判決書稱：「一九九三年二月十五日高瑜到高潮[20]的辦公室，高潮將中央領導人員《在中央軍委擴大會議上的講話》、《中央機構編制委員會辦公室關於行政管理體制和機構改革方案的匯報提綱》兩份絕密級文件交給高瑜翻閱並准其摘抄。一九九三年一月至四月，高瑜多次將從高潮處得知的一些國家機構改革等國家祕密（均屬絕密級），撰寫成文章，在香港報刊上發表。」

按照高瑜本人及輿論界的看法，她此次入獄是因為中共第一次申辦奧運失敗，「作為一個記者，我成了中國政權向西方表示強硬立場的一張人質牌」。她的若干活動及報導，早已讓中共如芒在背。她是「天安門母親」的第一推手，最早將丁子霖和蔣培坤的三篇文稿轉交給香港記者程翔[21]和劉銳紹[22]。文章在香港發表之後，影響巨大，全美「學自聯」最先給丁子霖和蔣培坤寫信，稱：「我們都是你們的兒子」。之後，她又介紹海外記者採訪丁子霖，如一九九一年五月十五日美國ＡＢＣ記者趙愛素電視採訪，使全美國和全世界的母親都聽到了丁子霖的談話。

其二，高瑜矢志不渝地關注和報導仍在獄中的「六四黑手」。她最早報導鮑彤案，也一直為《經濟學週報》同事陳子明和王軍濤的獲釋而奔走呼號。陳子明生前回憶說：「高瑜為我們的審判以及獄中的待遇和鬥爭，為多家媒體寫過報導，其篇數之多，連她自己也記不住了。」

一九九五年五月，獄中的高瑜獲得「國際報業發行人協會」頒發的自由金筆獎，她是第一個獲獎的亞洲人。同年，榮獲「國際婦女傳媒基金」會頒發的新聞勇氣獎，她給司法部部長寫信，要求書面向頒獎方致謝，她的信被獄警當場撕掉。

一九九七年，高瑜榮獲聯合國教科文組織頒發的首屆吉耶爾莫—卡諾新聞自由獎（Guillermo Cano World Press Freedom Prize）。那年美國國務卿歐布萊特訪華，商談江澤民和柯林頓互訪，提出美方要求釋放的八人名單，第二個就是高瑜。歐布萊特對中國外長錢其琛說，美國最看重新聞自由，中國若釋放高瑜可改善其國際形象。但在此時，聯合國教科文組織給高瑜頒獎，中共被打臉，拒絕將其釋放。江澤民在一份文件中批示：「聯合國這樣一個重要的國際政府組織，居然把這樣一個重要的獎項頒給了反動分子高瑜。」

二〇〇六年，高瑜再次榮獲新聞勇氣獎，並獲准出國領獎。十月二十四日，她在紐約舉辦的頒獎典禮上致辭說：「中國共產黨執政之後，消滅了中國的民營報紙，也用政治暴力閹割了中國新聞人的獨立精神。當局對歷史要求忘卻，對現實要求粉飾。講真話，報導真相的新聞記者都要被開除，甚至更糟。今天讓我想起中國報業鉅子、新聞獨立的先驅史量才先生的話，『你有槍，我有筆』。……『六四』之

---

20 高潮：人民大學一九七八級學生，丁子霖、蔣培坤是其授業老師。畢業后，分配到中共中央辦公廳工作，官至中辦祕書局綜合處（主要職責是為常委報送材料）副處長。「六四」屠城之後，對蔣培坤、丁子霖夫婦深表同情，曾試圖幫助高瑜將王軍濤在獄中身患重病的診斷證明送交高層，因高瑜案被捕並被判十一年重刑。

21 程翔（一九四九—）：曾任香港《文匯報》副總編輯、《海峽時報》特派員。二〇〇五年，被指控「間諜罪」在北京被判刑五年。他實際上是因為追查二〇〇四年江澤民簽定的〈中俄邊界東段補充協定〉而入罪。在獄中讀聖經並皈依基督教，著有獄中回憶錄《千日無悔——我的心路歷程》。

22 劉銳紹（一九五四—）：香港時事評論員，電台主持人及專欄作家，曾任《文匯報》駐北京記者，「六四」後辭職。

後，我也一直處於『你有槍，我有筆』的境遇，這也是歷史對我的選擇。」她在接受採訪時，被問及面對中共強權，這些年來有否怕過，回答說：「強權就是要人們怕它，不光是讓記者害怕，它要讓全國人民都怕它。現在講和諧，就是拿著槍，讓老百姓都趴地下，它就和諧了。所以你不能怕它，如果怕它，那中國的前途、一切就都完了。」

二〇一四年四月二十四日，高瑜第三度被捕，同時被捕的還有她的兒子趙萌。中共當局以兒子為要挾，迫使高瑜「電視認罪」（央視報導，高瑜在被捕後「表達了深刻懺悔」）——這種做法無損於高瑜的人格，只能證明中共是一個毫無底線的流氓政權。

二〇一四年十一月二十一日，高瑜案在不公開的情況下開審。高瑜在庭上對指控予以否認，稱沒有非法向境外泄露國家祕密文件的行為。二〇一五年四月十七日，北京市三中院判決，高瑜因「為境外非法提供國家機密罪」，判處有期徒刑七年、剝奪政治權利一年。這份所謂「祕密文件」就是紐約《明鏡月刊》刊發的〈關於當前意識形態領域情況的通報〉（「九號文件」，亦即網上俗稱的「七不講」：「普世價值不要講、新聞自由不要講、公民社會不要講、公民權利不要講、中國共產黨的歷史錯誤不要講、權貴資產階級不要講、司法獨立不要講」，要「確保新聞媒體的領導權，始終掌握在同以習近平同志為總書記的黨中央保持一致的人手中」）。有評論譏諷「每一講，判刑一年」。其實，在高瑜被指控泄露「九號文件」之前，這份文件已在網上流傳，指控接收高瑜泄露文件的當事人已否認高瑜向其傳送該文件。辯護律師莫少平[23]指出，法庭判決的依據來自於高瑜的「自認其罪」，是非常不公正的；而所涉文件是否國家祕密，也要打個問號。

一審判決下達後，高瑜稱不服判決，提出上訴。七月三日，律師尚寶軍[24]探望高瑜後告訴媒體，高瑜遭受嚴重和頻繁的心絞痛，左手麻木、腫脹，肌肉失去控制，除了服用止痛藥，沒有其他治療方式。高瑜的弟弟高偉說，高瑜長期患有心臟疾病和高血壓，高瑜的健康處於極度危險狀態。

同年十一月二十六日，北京市高級人民法院在二審中將一審的七年刑期改為五年。經高瑜本人申請，根據醫院證明文件，因高瑜患有嚴重疾病，法院決定准予監外執行。

高瑜的刑期及剝權期滿後，不顧三度入獄和年事已高，仍活躍在推特等社交媒體上。她在美國出版了《男兒習近平》一書，對習近平的暴政提出尖銳批判。廖家安評論說：「對於許許多多的具有『六四』情結的人來說，『六四』依然血跡未乾。高瑜因為自己的『六四』情結，從此走向與天朝體制徹底決裂的道路。而這條路，注定是風雨路、不歸路。高瑜以其獨立的人格、自由的思想、潑辣的文風、犀利的視角、擔當的肩膀，縱橫讜論，為民喉舌，踐行著新聞人的自由理想。正如高瑜所言：『因為在自由與獨裁、真理與謊言之間，沒有中間道路可走。我不可能再有其他的選擇。』那麼，在旁人看來的天大的打擊，也許就她而言，不過求仁得仁而已矣。」

高瑜推特：@gaoyu200812

23 莫少平（一九五八—）：維權律師、刑事辯護律師、北京莫少平律師事務所主任。多年來，代理過西單民主牆案、劉曉波案、鄭恩寵案、「新青年」四君子案、師濤案、楊建利案等大量「敏感」案件。

24 尚寶軍：北京莫少平律師事務所律師，曾代理高瑜案、劉曉波案、浦志強案、耿瀟男案、阮曉寰案等人權案件。

07 康正果：還原毛共，解構「歹托邦」

康正果，文學史家，政治評論家，耶魯大學東亞系高級講師。毛時代因思想問題屢屢受迫害。赴美任教後潛心研究毛體制和毛思想，在「還原毛共」上做出重大貢獻。史家余英時稱讚說：「正果雖僅孤身一人，卻處處表現了孟子所謂『雖千萬人吾往矣』的氣概。」

康正果，一九四四年生於陝西西安。父親為工程師，祖父為隱居的佛教居士。他從小飽讀中國古典文學。

一九六三年，康正果考入陝西師大中文系。在一九六四年學習「九評」運動中，被定性為「思想反動」，受開除學籍處分，回父母家，成為所謂的「社會渣滓」，這也正是蘇聯當局給詩人布羅茨基的「定位」。一九六五年初，受當地派出所脅迫，康正果到西安市公安局所辦的強制勞動工廠當工人，直到一九六八年九月被捕、被判處勞動教養三年，罪名為「思想反動，妄圖與敵掛鉤」——他主要罪狀是寫信給莫斯科大學索取俄文版小說《齊瓦哥醫生》，他聽說這是一部偉大的作品，但在中國買不到，希望能得到一本、先睹為快。他卻不知道，在毛時代的中國，熱愛讀書，本身就是致命的危險，更不用說向蘇聯討要「反動書籍」了。

一九七一年九月，康正果刑滿釋放，因報不上城市戶口（當局不允許他落戶在父母家中），只好在長安縣高橋公社五席坊生產隊落戶為農民，成為毛時代最底層的賤民。但他連賤民都不如，在務農過程一直受當地公安局暗中監督調查，為之網羅罪名。他在農村娶妻成家，等待他的似乎是一輩子面朝黃土背朝天的農耕生涯。他當過工人，也當過農民，卻赫然發現，在這個號稱由「工農聯盟」充當「領導階級」的國家，工農卻是被剝奪基本自由和人權的奴隸勞工。

毛澤東死後，中國出現解凍跡象。一九七八年底，康正果經多次寫信上訪，獲得平反，撤除原判，始得遷轉戶口回到父母家。他後來回憶說，當時偶見報章上有個叫嚴家祺的總寫大塊文章，一時興起寄去申訴材料，竟然得到嚴家祺回信，稱已將材料轉到有關部門。不久，省裡就對他「落實政策」。一九七九年，他又獲得陝西師大撤銷開除學籍決定，經參加統一招考，被陝師大中文系碩士班錄取——他的求學之路被延宕了整整十五年。一九八一年，他的研究唐代艷情詩的碩士論文被答辯委員會定性為「宣揚人性論」和「妄談艷情詩」取消答辯資格，後被迫另寫一篇關於杜甫現實主義詩歌的論文始獲通過。

之後，康正果任教於西安交通大學。一九八九年六月四日晨，他得知北京屠城的消息，義憤填膺，帶領交大學生遊行抗議，並貼出個人簽名的抗議大字報。事後，被市公安局審查半年之久。

康正果的《風騷與艷情》一書出版後，被耶魯大學東亞系教授孫康宜[25]選為明清婦女文學討論課的

25 孫康宜（一九四四—）：美國文理科學院院士、台灣中研院院士。生於北京，兩歲時隨父母遷居台灣，父親在白色恐怖時期被囚十

參考教材，因而在一九九三年暑期應邀參加於該系舉辦的學術會議，他提交的論文頗獲與會者嘉許，也給該系教授留下較深印象。一九九四年，東亞系急需一中文教師，系主任孫康宜遂聘康正果到該系任中文資深講師。康正果後來回憶說：「我因參與『六四』抗議活動，那時候尚屬餘罪在身的人物，我所就職的大學恨不得把我一腳踢出。我多方尋求可調離的去處，均遭碰壁。就在此出奔無門之際，突然收到來自耶魯的聘用徵求。我如獲救命稻草，立即回覆應聘，加緊辦理了出國手續，攜帶妻子兒女，逃難般空降到這所藤校校園。一個背了多年『反動』罪名的前科犯，又因寫過被認為『宣揚色情』的學位論文而聲名狼藉，更有動亂問題記錄在案，一朝入境美國，所有曾加於我的罪名都一洗而淨，全部排污到故國下水道內。上天的眷顧和公正就這樣傳奇般惠及我們康家，為塵世上普濟眾生的善緣作了活靈活現的見證。」

赴耶魯任教之後，康正果並沒因任職名校而僅滿足於教書講學，他開始參與海外民運活動，發表批共文章。多年來，他皆從耶魯趕到大華府參加紀念「六四」的活動，自己買車票和支付住宿費，風雨無阻。蘇曉康評論說，康正果「被迫辭國，從不稱『流亡』；執教耶魯，從不稱『名校教師』；反共毫不掩飾，從不稱『民運』」。

康正果應西安朋友之求，常郵寄《北京之春》、《民主中國》等刊物回中國，沒有想到因此惹火燒身。二〇〇〇年六月十五日，康正果從美國回到西安探親的第五天，八個國安局便衣闖入其母親家，將其帶走審訊。之後，由傳喚變為監視居住。經耶魯大學和美國政府營救，三天後，康正果獲釋，被迫寫下承認違犯《國家安全法》上所謂「製作、散佈和傳閱危害國家安全讀物」的檢討書。他感嘆說：「幾十年了，我們還在開口說話、提筆寫字和不許你閱讀什麼的問題上遭受限制、監視和懲罰，一個自視強大的黨國總是在個人的自由表達上處處設防，和國人過不去。……國家是由人民組成的，國家應該保護每一個普通人的安全，肆意地踐踏老百姓的安全，那才是對國家安全的嚴重危害。社會的安全本該由言論自由來維護，只有不敢面對真相的政府才會把它所統治的土地搞成不安全的國度。所以，生活在不安全的國度內，渺小的個人便只能在恐懼的空氣中苟且圖安了，連讀一本海外寄來的刊物都得付出那麼大的代價，你在那裡還有什麼權利可言！現在，我是從心情上永遠地把那個生我長我的地方丟失了。這就是提起了那件事我由不得產生的厭惡感和荒誕感。」回到美國後，他撰文並接受媒體訪問，揭露中國國安警察釣魚執法的真相，並迅速加入美國籍。

二〇〇七年，康正果回國看望病危老母，然後從上海轉機回美。登機前，來自西安的兩名國安將其堵截在他兒子寓所的樓門外，試圖將其強行帶走審訊。他堅拒不就，立即打電話給美國駐上海領事館。他後來接受媒體訪問說：「當天晚上十二點半的時候，我連著接了兩個電話。他說，『我們是陝西的警察。你怎麼沒有報到？』我說，『你先說我此行到底犯了中華人民共和國的什麼法？』他說，『法倒沒有犯，但你今天下午的行動很嚴重。拒絕和警察談話，本身就是犯法』。我說，『這也確實太奇怪了。我沒有必要和你談話』。他很生氣地說，『這是給你的最後一次機會。我們不會主動找你了』。他們最

年。台大畢業後赴美留學，獲普林斯頓大學文學博士，任教於耶魯大學。一九七九年，首次訪問中國時得知祖父孫勵生不堪迫害於一九五三年自殺。二〇〇三年，出版回憶錄《走出白色恐怖》。

後一句話是，『走著瞧』。電話就掛了。」在美國外交官陪同下，他才安全登機離去。此後，他再未到過中國。

康正果的專業是中國古典文學研究。多年來，他先後出版《風騷與艷情》、《重審風月鑒》、《身體和情慾》、《肉像與紙韻》等作品。他勇於突破禁區，將中國古典詩詞中的「風騷精神」與「豔情趣味」這兩大源流對立與融合之趨勢作為探討主軸，研究古代文學中有關情色描寫乃至被斥為淫書的各種文本，論文學，兼及中國政治、法律、醫藥、宗教等機構所建立的性及性別論述，呈現中國古代多面相的性文化。

康正果還著有自傳《出中國記——我的反動自述》。他在書中轉引中共軍頭王震所傳達的毛的內部講話：「一千一百萬幹部組成一個統治集團，統治六億人民。幹部就是官；官者，管也。我就是紅色皇帝。」歷史學家余英時在為此書所寫的序言中指出：「客觀地說，這幾句話確實生動地反映了『黨天下』及其『中國特色』。當時一千多萬的『幹部』一個個都是毛澤東的化身，在每一層次和每一單位扮演著『小紅色皇帝』的角色。以康正果的個人經歷而言，師大的『彭書記』、『班長』，青磚二廠的『傅大組長』，勞教收容站的『楊班長』，以及馬欄農場的『張隊長』，沒有一個不是『具體而微』的毛澤東。所以康正果所寫的雖僅僅是他一個人的『心史』，所折射的卻是當時整個中國大陸的精神面貌。」

最能體現康正果將寫作「志業」的，是他對毛澤東的研究和批判，這方面的代表作為《還原毛共——從寄生倖存到詭變成精》。此書既非為毛澤東立傳，亦非單純講中共黨史，而是一部將毛澤東其人其事及其文置於中共自成立到武裝奪權成功的歷史脈絡中敘事、剖析和論說的專著，是呈現中共集團如何乘國難外患之機將中國之命運推向歧途的通鑒。康正果將評毛與批共的兩條敘述主線交織在一起，揭示中共黨性的鑄造如何扭曲人性，透視毛澤東從其本性之極卑詭變到權勢之極高的過程中如何顛覆既有的價值階序。書中重墨勾繪毛澤東低劣的惡質如何通過寄生革命活動而逐步得勢，如何在介入中共內部的一系列權鬥的過程中感染毒化中共黨政軍的路線作風，如何在發展壯大紅軍的過程中破壞其軍事割據地區的農村經濟，如何盜取民族主義的合法性與神聖性、投機抗戰和毒害熱血青年，如何引入馬列理論造就其庸俗的毛澤東思想，如何犧牲成千萬分得土地的農民而打勝了奪取政權的內戰。

在清理本民族的文化病毒以真正為世界和人類文化服務的層面上，俄國人交出了史達林，德國人交出了希特勒。但是，中國人不但沒有交出毛澤東，還繼續對毛頂禮膜拜，習近平掌權以來，中國社會的很多領域（如個人崇拜）快速退回毛時代。康正果堅信，是中共不願意，也不敢交出毛澤東，交出毛澤東就等於交出了他們自己。中共集團與毛澤東相依為命，毛雖身死，毛魂猶活，其陰影至今仍籠罩華夏大地，更擴散到凡是有華人居住的地方。所以，要批共就必須同時批毛，要揭示中共反國家、反民族和反人類的本質，應首先從清算毛的罪行入手。他進而指出：「毛澤東及其中共集團是通過顛覆中華民國固有的價值體系，並扭曲了價值階序而獲得勝利的，是憑藉經濟掠奪的暴力手段發展壯大起來的，是在各個不同時期以不同的寄生方式榨取革命的有生力量而鼓噪起聲勢，並以敗壞或犧牲其所寄生的群體為代價而最終佔據優勢的。」

康正果的另一本批毛力作為《毛澤東與歹托邦》。他將源自希臘語的dystopia一詞翻譯為「歹托邦」這個中文新詞，它的本義是與烏托邦中的美好社會完全相反的壞地方。康正果用這個詞來指稱由極權政府及其計畫經濟和科技專制控制的惡劣社會，這種惡劣社會包括以下令人恐懼的面向和特點：第一，表面看來是公平有序、沒有貧困和紛爭的理想社會，實際上全都是假象。第二，最高當局用宣傳對國民洗腦，對膽敢反抗此體制者，一律強硬制裁，嚴酷打擊。第三，剝奪表達的自由。禁止或沒收所謂對社會有害的出版物。第四，貧富兩極分化，在社會承認的市民階層以下，有不被當人看的窮人和賤民存在。生活在社會體制內的市民階級，由體制根據血統進行管控。第五，為強制進行人口調整，市民的家族計畫、戀愛、性行為及生育等都由社會管控。第六，推行愚民政策，所有負面資訊均被屏蔽，面對種種社會弊端，國民只能逆來順受。中共極權所建構的社會完全符合此六大特徵。

康正果指出，中共自一九四九武裝奪權以來所製造的諸多恐怖和罪行，已讓歹托邦小說和電影所預言的噩夢活生生在現實世界上演。中國就是歹托邦！毛時代消滅地主鄉紳和私營工商業主，不只奪取全民的私產，盡歸黨權把持的公產，還瓦解了自古以來存在的民間社會，為黨天下的全面控制鋪平道路；改革開放後的經濟改革，則把現有的公產改革成由各級官員的家族裙帶及其利益集團逐步掌控的私產。從毛的共產革命到鄧的「讓一部分人先富起來」，首尾銜接，構成中共歹托邦化螺旋式上升的辯證過程。如今經濟實力已空前提高的中共強權，急遽增強其收買整個世界的能力，從港台報紙到歐美媒體，從民運隊伍到各國政要，從獨裁政府到民主國家，其影響已達到無遠弗屆的地步。

康正果以一己之力，對毛共作出了應有的歷史審判，為必須伸張的轉型正義提供了一連串嚴正的證詞。二〇〇六年，北京「當代漢語研究所」授予其當代漢語貢獻獎，並在授獎辭中褒揚說：「康正果先生的語言自覺使他擺脫了當代漢語所遭受的污染和侮辱，在某種程度上，他喚回了我們中國人心的感覺。」

08
徐友漁：學者必須捍衛學術的獨立與尊嚴

徐友漁：中國社會科學院哲學所退休研究員，長期從事英美哲學研究，後轉向政治哲學並積極參與公民社會活動，成為中國代表性的公共知識分子之一。二〇一四年，因在友人家中參與「六四」二十五週年研討會，被刑事拘留一個月，獄中受到嚴酷審訊。二〇一五年，流亡美國。

徐友漁，一九四七年三月十七日生於四川成都。其父出身川東富農家庭，一九二三年在武昌師大求學期間加入中共，後留學法國，結識周恩來等人，又被派遣至莫斯科中山大學受訓，回國後在上海黨中央機關工作，與劉少奇等關係密切。後被國民黨逮捕入獄，為求生存，登報聲明脫離中共，獲釋後任教於多所大學。中共建政後，被視為有「歷史問題」的人。一九六一年，其父在病困中離世，半年後，其母患肝癌去世，年僅十四歲的徐友漁痛失雙親。他後來撰文自我剖析說：「我深知自己內心的激烈，對人對己的苛求，對是非對錯過分的計較。我曾下工夫修煉自己，想求得性情平和、寬容大度，但我做不到，我想這是父親的基因使然。幸虧還有母親的遺傳，對善良、同情、憐憫，還有一份敏感和珍視，有時也能替他人設身處地著想。」

文革爆發後，徐友漁「以十倍的熱情、百倍的瘋狂投入運動。我歡呼它，是因為它宣告了一個新時代的到來：中國人將肩負起解放全人類的使命；我渴望它，因為我盼望在革命的烈火中實現鳳凰涅槃」。他一度成為成都一中紅衛兵「小頭目」。但目睹種種慘劇與武鬥場景，感受到文革的黑暗內幕，看到中共朝令夕改、任何人都有可能隔日成為被批鬥對象，理想很快破滅。一九六六年底，他與四、五個志同道合的朋友組織了一個「不掛牌的文革研究小組」，後來與胡平結識，並讀到遇羅克[26]的《出身論》，徹底拋棄毛澤東思想。

隨後，徐友漁作為知青「上山下鄉」。鄉下生活苦不堪言，貧困到難以容忍的地步，摧殘性的重體力勞動使人度日如年。他腦海中印象最深的，是周圍人們的墮落，以及一代人的絕望情緒。難熬的艱辛，日子單調而無望，大家驀然發現，寶貴的青春正毫無意義地耗蝕，學習、事業、婚姻家庭、工作都毫無希望。他們以巨大的熱愛開始地下讀書活動，彼此串聯、交流，這一代人有了整體性的反思和覺醒。第一步是用正統的馬克思主義特別是青年馬克思的人文主義思想來批判毛，確認毛澤東思想不是馬克思主義。第二步是以西方啟蒙主義思想來否定整個共產主義運動。很多人走出第一步，卻沒有走出第二步。

一九七七年，恢復高考後，徐友漁考入四川師範大學數學系。一九七九年，考入中國社會科學院研

26 遇羅克（一九四二—一九七〇）：文革中的啟蒙思想先驅，以《出身論》破除中共的「新階級」，一九七〇年被中共處決，其器官被移植給多人。其第一次死刑處決令由周恩來親自簽發。

究生院，師從杜任之和洪謙。獲碩士學位後，在社會科學院哲學所工作，期間於一九八六至一九八八年赴英國牛津大學進修，師從當代分析哲學代表人物邁克爾·杜米特（Michael Dummett）。又赴哈佛大學作訪問學者，並在瑞典斯德哥爾摩大學和法國高等社會科學研究院任帕爾梅客座教授，該職位專門提供給「專注於廣泛和平重要領域的國際傑出研究人員」。

徐友漁積極參加一九八〇年代的思想解放運動，加入名為「文化：中國與世界」的編委會（該編委會與「中國文化書院」和「走向未來」編委會並稱一九八〇年代「文化熱」中最有影響的三大民間文化團體）。這個學術團體在引介尼采、馬克斯·韋伯、海德格、沙特等大家思想的成績有目共睹，「這個後起的、拙於活動與組織的編委會能迅速崛起，應歸功於它平實而深刻的認識與追求：在大規模的復興和建設之前，應有吸收、借鑒、積累的過程。這個過程發軔於嚴復、梁啟超諸前賢，中斷幾十年後，當開放的時代來臨之際獲得重新啟動的機會」。

一九八九年，天安門民主運動爆發，徐友漁在戴晴[27]發起的一份知識界呼籲釋放魏京生的簽名信上簽名。他後來回顧說，他簽名的原因是，這封信的訴求是正確的，並不違反憲法和法律，既然是對的事情，為什麼不做呢？如果不簽名，豈不成了明哲保身的膽小鬼？後來，社科院領導讓他退出簽名，被他拒絕。

徐友漁學過四門外語，是中國學界闡釋西方理論的重要學者之一。良好的數學背景以及有素的邏輯訓練，使他的研究富有成效並引人注目。其專著《「哥白尼式」的革命》曾獲中國邏輯學最高獎項——金岳霖學術獎。但「六四」屠殺讓他的學術興趣發生明顯轉移，學術重心轉向當代英美政治哲學。他回顧說，自己在語言哲學領域已取得相當成績，若繼續做下去，自然可「佔山為王、發號司令」。但「六四」改變了這一切，讓他做出一個痛苦的決定：重起爐灶、重新開始——從比較純粹的分析哲學、語言哲學，轉向現實意味更為濃厚的政治哲學。「六四」給他最大的教訓是，他發現當政治與社會的巨大變革時刻到來時，中國的知識分子沒有思想準備。雖然當時的知識分子講很多人道主義、第三次浪潮等人文思想層面的主張，但當變革時刻到來，提不出理論或拿不出解決辦法。「從『六四』運動的整個過程中可以看得出來，學生們許多做法是很幼稚、很天真的，他們需要知識分子的指導，但知識分子指導不了。學生在抗爭中到底應該追求什麼理念，在哪一個階段該有什麼提法，中國知識分子拿不出方案、拿不出辦法。中國該有政治學與法律學的專家。」

一九九〇年代中後期，徐友漁參與了自由主義與新左派的論爭。他認為，九〇年代中國的自由主義對八〇年代文化熱中的人道主義和啟蒙主義思潮基本持肯定態度，並與之有一種繼承、發展關係。它把哲學層面上的對人的價值的肯定轉化為制度安排，把對文革式的神權政治與專制主義的譴責落實為法治與分權的防範與保證。九〇年代自由主義陣營對西方政治哲學家艾德蒙·伯克、托克維爾、海耶克、以撒·柏林的學說的譯介、研究和梳理，引起人們對自由主義的廣泛興趣，填補了以前知識中的空白。尤其對胡適的重新研究和評價，對殷海光的介紹和認識，對顧準的發掘和尊崇，則形成正面評價自由主義

27 戴晴（一九四一—）：作家，中共元老葉劍英的養女，曾任《光明日報》記者。積極參與天安門民主運動，「六四」鎮壓後被捕並被關押在秦城監獄。著有：《儲安平與黨天下》、《在如來佛掌中：張東蓀和他的時代》、《我的入獄》、《獨立記者》、《誰的長江》、《鄧小平在一九八九》等。

的氛圍。

一九九八年，徐友漁在《開放時代》雜誌發表〈自由主義與當代中國〉一文，梳理了自由主義與新左派的重要分歧：新左派認為中國的貪污腐敗源於市場經濟和資本主義，自由主義則認為根子在於專制極權和史達林模式。他強調，自由主義認為對個人財產的保護是保障個人自由的重要條件。自由主義認為，對個人自由的最大威脅往往來自政府，因此提出權力機構之間的制衡。在權力高度集中的國有制條件下，國家對政治權力的壟斷和濫用與對經濟權力的壟斷和濫用是密不可分的，因此，資本與權力的剝離有利於個人自由。而且，自由主義者有一套理性和建設性的反對和矯正不公正的主張：第一，要搞真市場、真正的自由競爭，要使規則公正，人人遵守，要把權力逐出市場；第二，要依靠法治，完善法制，例如，通過修憲保護合法的私人財產，通過立法縮小貧富差距，依靠法律懲處腐敗，防止國有資產流失。

作為文革親歷者，徐友漁在文革研究上也有相當成就。一九九三年，他在英國布里斯托大學做訪問學者期間，在圖書館中閱讀到大量英文的文革研究著作，看到「敦煌在中國，敦煌學在西方；文革在中國，文革學在西方」這句話時，學術自尊心深受刺激，卻又不得不承認這是事實。他由此萌生研究文革同時反思那段「激情燃燒的歲月」的念頭。他首先針對的問題是：毛時代的中國是一個文化落後、文盲佔多數人口的國家，紅衛兵是少數受過較高教育的高中生、大學生，為何教育程度越高的群體，在文革中的表現越殘酷野蠻？他認為，這是中共意識形態灌輸的結果。而不同家庭出身和社會地位，也形成紅衛兵和造反派的不同派別。一九九九年，他在香港出版文革研究的力作《形形色色的造反》，在爬梳大量史料文獻、訪談逾百位紅衛兵之後，嚴肅反思分析文革這場浩劫，被稱為是研究紅衛兵問題的「一部里程碑式的作品」。後來，他講學於西方諸多名校，認為自己這些年真正開的只有一門研討課：「中國文革的反思」。

一九九〇年代，中國社會發生深刻變化，社會心理急遽動蕩，各種矛盾縱橫交錯，使知識分子的社會立場難於定位，守望良知變成一個比「要做好人」或一般地堅持道義立場遠為困難的事。良知需要智慧支撐。自學術生涯開始，古希臘晚期的一個事件、一種形象，一直是激勵徐友漁的源泉：公元前二一二年，羅馬軍隊在攻破敘拉古城時，阿基米德正面對沙地上的一幅數學圖形凝神沈思。當羅馬士兵將劍高舉時，他只是安詳地說：「別踩壞了我的圖形！」徐友漁說：「學者並不意味著勇士，更不等同於烈士，但萬一不幸處於苦難的時代、悲慘的國度，萬一偶發事件突然降臨，他會捍衛學術的獨立與尊嚴，哪怕要付出巨大的代價。」

二〇〇六年，徐友漁入選《南方人物周刊》評選的「影響中國的五十位公共知識分子」，對他的評語是「他以極大的熱忱和勇氣討論中國的自由主義、憲政、共和等問題，是中國自由主義學派的代表人物之一」。

二〇〇八年，徐友漁成為《零八憲章》主要參與者之一，多次與劉曉波討論文本內容，並提出修改意見。劉曉波被捕之後，他與多位知識分子發起聯署，呼籲釋放劉曉波。為此，他在社科院內成為異類，常常遭到國保警察騷擾。

二〇〇九年，「六四」屠殺二十週年前夕，徐友漁等學者、公共知識分子、律師、編輯以及因

「六四」坐牢的受難者等共十九人，在北京香山祕密舉行「六四民主運動研討會」。他駁斥官方「以鎮壓換來以後二十年中國的經濟發展和社會穩定」的說法：「人的生命是極其寶貴的，開槍鎮壓與經濟發展不僅沒有任何聯繫，而且目前中國社會也並不是那麼穩定，社會問題非常多，充滿矛盾。」他更指出：「六四的經驗教訓是，要真正實現現代化，必須改變一黨專制，這種政治框架下是不能發展出民主憲政制度的。」在接受BBC採訪時，他談及《零八憲章》與「六四」民運的關係：「《零八憲章》與『六四』民運相比是一個很大的進步。回顧一九八九年，人權的提法是高度敏感和不能接受的。但從二十年的變化看，現在中國人民的基本訴求是人權問題，甚至連政府也不得不談人權，這個進步實際上是在認識民主、自由等問題上的深化。和『六四』時相比，我們現在在追求民主自由的同時，還提出了憲政的口號，更加重了法治的成分。」

二〇一〇年六月，徐友漁、許志永等發起《公民承諾》倡議書，期待中國公民意識更加普遍，共同支持保護公民的權利。此事被認為是新公民運動之起點。

二〇一四年五月三日，徐友漁與郝建[28]、崔衛平[29]等在郝建家中舉行一次小型的「六四研討會」。次日，警察到徐友漁家，盤問事件細節。隨後，他被帶到常營派出所做筆錄。當天深夜，被以「尋釁滋事」罪刑事拘留，關押於北京市第一看守所。同時被傳喚和刑拘的與會者包括：人權律師浦志強、人權活動家胡石根、網路作家劉荻[30]及郝建等「五君子」。

在審訊中，六十七歲、身患糖尿病的徐友漁遭到警方虐待——超時審訊、不讓睡覺，以致昏倒，警方漠然無視。他後來說，他對此次被捕並無心理準備，因為五年前那次紀念「六四」的研討會更公開

（在香山飯店會議室）且參與人數更多，事後當局並無嚴重反應。沒有想到這次在郝建家舉辦的小型活動卻招來官方大動干戈。但他在審訊中的應對問心無愧，自己表示滿意。他坦承，是他本人發起研討會，開會地點在郝建住處，之後給幾個朋友電郵照片。審訊的警官說，此舉構成「尋釁滋事」。他反駁說，在朋友家中聊天，且照片很快在網上被屏蔽，如何構成「尋釁滋事」？警察要求他在央視攝像機前發表認罪聲明，遭到他斷然拒絕。

在看守所，徐友漁被關押在一間有二十多名囚徒的囚牢中（囚徒超員一倍以上），一半囚徒睡通鋪，一半睡地上。他是黎明時分被送進去的，當時囚徒們剛剛起床，看到有新人入監，個個窮凶極惡。牢頭詢問：「你犯了什麼事？」他答：「我是社科院教授，因為開紀念『六四』的會被抓。」頓時，囚徒們一改此前猙獰面目，對其充滿尊敬與敬佩，可見，最黑暗的地方的人們亦尚存一線良知。其間，有一位年輕警官悄悄對他說：「徐老師，我讀過您的書和文章，我很敬佩您。」在被關押期間，他頗受囚徒們禮遇，被安排睡在僅次於牢頭和副牢頭的地方。

許多徐友漁的友人非常擔心身患多種疾病的徐友漁的身體健康。媒體人陳遠在微博上寫道：「幾年前，曾經和徐友漁有過一次長談，徐先生談到他在文革中目睹的武鬥場景，他眼看著他們彈無虛發，然

28 郝建（一九五四—）：北京電影學院教授，「零八憲章」首批簽署者。
29 崔衛平（一九五六—）：北京電影學院教授，作家，翻譯家。
30 劉荻（一九八一—）：網名「不銹鋼老鼠」。二〇〇二年，被國保警察以涉嫌參加「非法組織」的名義從北師大校園抓走，關在秦城監獄一年多。

後一個人一個人地倒下去。這種記憶導致後來他徹底的反思。長談結束時，徐先生有點激動地說：我此後的餘生，就是要說真話，為這個國家真正的進步說真話，哪怕付出代價，哪怕是生命的代價，我也不怕。」

被關押一個月後，六月五日，徐友漁等人被以「取保候審」的名義釋放。

二〇一四年十二月十六日，徐友漁榮獲瑞典奧洛夫·帕爾梅獎（Olof Palme Prize），其頒獎詞指出：「二〇一四年奧洛夫·帕爾梅獎授予中國哲學教授徐友漁，以表彰他堅持民主和言論自由原則的工作。徐友漁關於自由、社會公正和人權的呼籲，是他在中國進行的抗爭，但具有普遍意義。……他作為一位投入的中國公民和政治哲學家，要求尊重憲法保障的自由。……他一直致力於中國社會民主化的工作，譴責將任何形式的暴力作為一種政治手段。徐友漁通過他的研究和傾向對話的論文，為中國的和平民主發展作出了重大貢獻。」事後，徐友漁將七萬五千美元獎金捐獻給「天安門母親」組織。

二〇一五年，徐友漁赴紐約「新學院」擔任為期兩年的駐院學者，此後居住於紐約。

徐友漁文集（博訊博客）：http://45.35.61.42/hero/xuyy/
徐友漁電郵：xuyouyu08@gmail.com

09 胡平：解決言論自由問題是戰勝極權主義的第一步，也是最後一步

胡平：學者、政治評論家，求學北大期間曾參與北京大學的北京市人大代表選舉並成功當選，在此期間發表長文〈論言論自由〉。一九八七年，赴美求學，從此參與海外民主運動，被譽為「海外民運第一理論家」。

胡平，一九四七年八月十九日生於北京。其父親出身於河南許昌農家，以優異成績考上公費的中央政治學校，畢業後曾任警察局長、禁菸專員、縣長等，一九四八年參加國軍對共軍作戰，此後所在國軍部隊在湖北「起義」。中共承諾對「起義」人士「既往不咎」，但在一九五二年的鎮反運動中，其父被打成反革命，被湖北軍區遣返回原籍，隨後遭到槍決。直到一九八四年，家人才收到一份寥寥數語的「平反通知書」。

七歲時，胡平隨母親遷居成都。母親背著「反革命家屬」的惡名，含辛茹苦地將三個孩子養大。少年時代的胡平成績優秀、表現良好，卻因為出身問題，在入團、升學上屢屢受挫。一九六六年高中畢業，適逢文革，以為文革能讓「黑五類」賤民翻身，遂積極參與其中，成為成都紅衛兵組織的小頭目。

一開始，他和同學們一起寫大字報揭發批判老師。但很快紅衛兵對被視為「牛鬼蛇神」的老師的口誅筆伐升級為人身侮辱和毆打，一些老師被關進私設的牢房，即「牛棚」。這種殘暴做法讓胡平很反感，他冒著危險釋放了若干被關押的老師。他讀到遇羅克的《出身論》，心有靈犀，創辦成都市第一份鉛印紅衛兵小報，轉載遇羅克的文章，並發表自己撰寫的文章。隨後，中央文革批判《出身論》是毒草，胡平連續三天受到大批判，孤立無援。由此，他洞悉文革的真相，開始疏離和反思毛澤東的極權統治。一九六七年，他親眼目睹成都紅衛兵不同派別的血腥武鬥。一九六八年初冬，軍人和工宣隊進駐學校，開展「清理階級隊伍」運動，胡平被送進「學習班」變相批判。

一九六九年，胡平作為知青下鄉，於攀枝花市郊區插隊五年。在農村，他體驗到極度的貧困和愚昧，確認如今是中國歷史上最黑暗的時代，產生了強烈的公開向中共政權說不的衝動，若是能說出心裡話，死了都值得，卻無處可說。朋友中有好幾個人因為說出反毛的真話被槍殺。胡平因說真話而被批鬥，成為準專政對象。一九七一年九月十二日晚，林彪出逃前夜，他假裝砍柴失手，砍斷左手拇指，經過兩年的周折，以病殘名義回到成都，卻一直到一九七三年十一月才拿到成都戶籍。他在成都當了五年臨時工，做汽水、挖土方、當代課老師等。一九七八年秋，跳過本科，直接考入北京大學哲學系研究生班，主修西方哲學史。

一九七九年，胡平投入西單民主牆運動，於民間刊物《沃土》上發表長文〈論言論自由〉。此文最初寫作於一九七五年夏，一九七六年底以大字報形式張貼在成都街頭，開始在民間流傳。一九八〇年，北京大學人大代表競選期間，該文曾抄成大字報在校園張貼並油印作為競選文件，在校園內外廣泛流傳。一九八一年，香港《七十年代》雜誌分四期連載。一九八六年，該文連載於官方改革派刊物《青年論壇》，首都各界人士專門舉行座談會。由此，胡平被視為繼林昭、遇羅克等人之後，中國當代最早成熟的獨立思想者之一，深深影響了八九一代。

人權活動家陳子明將〈論言論自由〉視為「中國新型知識分子的人格逐漸形成、新的知識分子的典範逐漸形成的一個標誌」。新聞出版界前輩何家棟讚譽說：「雍容典雅，富於理論魅力，稱它為現代中國人權宣言似乎並不過譽。」北大社會學教授鄭也夫[31]評論說：「自一九五七年至一九七七年，中國社會深陷文化沙漠二十年。解凍之風乍一吹拂，便有如此早生而絢麗的春花，驚艷世人。該文極其雄辯。這是我們這一代人中最發達的大腦，經數年長考，替對立面想出了他們疊加起來都難以齊備的全部理由，一一將之駁倒。該文充溢著理性的力量與美感。……面對這樣雄辯的文章，對立面將集體失語，擁護者亦無以覆加，因為言論自由的道理幾乎被該文窮盡。」人權律師浦志強有了第一台電腦，練習打字時，便一個字一個字將六萬多字的〈論言論自由〉輸入電腦。劉曉波也曾撰文指出，胡平是「中國民間自由運動的極少數先知先覺者之一」，「論年齡，胡平兄與我也可以算是同一代人；而論思想，他當為我的啟蒙者，而且是實實在在的啟蒙者。……改革開放之初，我讀到的激動人心的文章之一，就是胡平的《論言論自由》。……三十年前，胡平對言論自由的激情呼喚和精彩論證，曾經是那麼強烈地激動

31 鄭也夫（一九五〇—）：社會學家，公共知識分子。二〇一八年，發表文章呼籲中共「體面退出歷史舞台」。二〇一九年，呼籲「財產公示請自中共政治局常委始」。二〇二二年，發表文章〈匹夫說台海〉，強調「反對武……開戰的第一防線是反武統的輿論。」

過、啟迪過大學時代的我。」

在這篇堪稱中國自由思想史上璀璨珍珠的宏文中，胡平寫道：「多年來極左思潮支配下的中國，沒有言論自由。說假話像一場巨大的瘟疫，奪去億萬人純潔正直的心，在一切公開場合，我們都聽不到一句肺腑之言。說假話既不再引起內心的不安，也不再招致他人的非議。人們不再覺得說假話可恥，再不感到說假話可怪。……語言是人類精神自我肯定的最基本的形式。人倘若終其生都不曾公開地發表自己的見解，那就是一輩子不曾做過人。一個民族，在那麼長的時間裡一直不能發出自己真正的呼聲，這是何等奇恥大辱!這種恥辱的經歷，會給一個民族的心理刻下多深的傷痕!……言論自由好比空氣，唯有失去它時一般人才會感到它的存在價值。言論不自由所造成的損害也正象窒息，看不見刺眼的傷口。中國人民飽受言論不自由之苦，損失之大，後遺症之深，舉世罕見。如今，我們必須花極大的氣力，才能徹底擺脫這一精神伽鎖。言論自由就是我們必須促其切實實現的一項基本任務。唯有徹底地實行言論自由，才能重新樹立起開朗正直的民族心理。」

胡平認為，公民的言論自由，是憲法上公民各項政治權利的第一條。實行言論自由是實行民主的最基本的標誌，解決言論自由問題是戰勝極權主義的第一步、也是最後一步。極權統治的致命處就在言論自由這個問題上。一方面它借助於全面地控制思想而變得無比強大，另一方面，它又由於不能公開否認言論自由原則而暴露出自己極為虛弱的一面。一旦失去了對人們思想言論的嚴密控制，極權統治就喪失了其全部力量。在文章結尾處，他呼籲：「我們的理想是：通過我們頑強不懈的努力，讓言論自由的原則真正深入人心，在中國紮下根來，我們的子孫後代，應該生活在這樣的土地上，他們能自由地想、自由地說、自由地寫作。那時，他們可能會奇怪，怎麼還會有這種時代，單單是說了幾句話就招來殺身之禍？」

多年後，胡平對〈論言論自由〉一文的主要內容與時代價值做出總結：「在這篇文章中，我除了對言論自由的含義及其對人類社會的價值，借用當代中國人易於領會的經驗和語言，作出了較為系統嚴謹的一般性闡釋，還提出了幾點自己的獨特的見解。第一，分析了在共產黨革命中，言論自由原則被歪曲、被否定的過程。這個過程同時也就是極權統治實現其完成形態的過程。第二，強調指出，實行因言治罪、壟斷輿論不僅是極權統治的最重要的一個環節，也是它最脆弱的一個環節和最致命的一個環節（阿基里斯之踵）。第三，特別意識到，文革剛剛結束……整個社會面臨著一個重新選擇的寶貴機會。在這種情況下，適時地、有力地倡導言論自由，將獲得最廣泛的贊同和遭遇最有限的反對。因此，它就構成了從內部、從民間克服極權統治的最佳突破口。綜合上述三點，我認為，我不是對自由主義本身，而是對在極權社會中如何推進自由主義這一問題作出了新的發揮。」

一九八〇年，胡平參加北京市地方人大代表選舉。當時，全國各地舉行縣區級人民代表選舉，很多大學都出現熱烈的競選運動。那時，同學們剛剛從極端封閉的毛時代走出來，沒人接受過西式教育，沒人留過學，也都沒出過國。大學教材的內容也還很陳腐。就以競選這種形式本身而論，不要說同學們誰也沒有參加過，而且連看都沒誰看見過。但整個競選過程，搞得像模像樣，五光十色。胡平以言論自由為政綱，十一月十七日晚在北大辦公樓禮堂舉辦專題答辯會。禮堂有八百個座位，那天來了一千五百人。胡平在競選宣言中指出：「投我一票，我將力爭更多、更可靠的權利回到你們自己手中。」他希望此次選舉「成為一次真正的民主訓練，一次正式的民意考察，一座青年一代的公開論壇」，他若當選，「將努力推進言論自由和出版自由的實施，有力地敦促符合民主精神的新聞法、出版法的制訂。首先在廣大選民的支持下創辦一種研究生、大學生的獨立的綜合性刊物，推進民主、繁榮學術，八十年代的北京大學，必須有她的第二個《新青年》！」他個子矮小，其貌不揚，卻以深邃的思想和滔滔的雄辯征服了北大同學。

多年後，胡平回顧這場史無前例的選舉時指出：「一九八〇年大學生競選運動，是繼民主牆運動之後自由主義發展的又一次高潮。這場運動的最引人注目的一個結果便是：自此以後，大學生作為一支獨立的政治力量正式登上中國的政治舞台，在中國的自由化民主化進程中發揮了舉世公認的先鋒作用。其中，北京大學的競選活動尤其出色。通過競選，至少有如下兩條原則獲得了廣泛的傳播和確認。其一是競選的原則，其二是言論自由的原則。……假如我們同意，在自由主義與專制主義鬥爭的初期，對專制主義而言不贏就是輸，而對自由主義者而言不輸就是贏的話，那麼我們就應當說，這場運動基本上是成功的。」

在競選中，胡平擊敗官方內定的候選人，以高票當選北京市海淀區人大代表。他因此受到當局打壓。那還是大學畢業生由政府分配工作的時代，他畢業後兩年未分配工作，一直等到一九八三年才分到北京出版社，一九八五年轉至北京市社會科學院。

一九八七年一月，胡平赴哈佛大學攻讀哲學博士學位。到美國一年後，他放棄學術道路，從大學退學，全身心投入海外反對運動，繼王炳章之後當選為「中國民主團結聯盟」主席（一九八八－一九九一年），先後在《中國之春》和《北京之春》雜誌主持筆政。中國政府下令吊銷其護照，他再也沒有返回過中國。

一九八九年春，天安門民主運動潮起，胡平在大洋彼岸高度關切，組織活動、發表聯名信支持。四月十八日，胡平、劉曉波、陳軍[32]等十人共同發表《改革建言》，提出「重新審查……一九八三年『清除精神污染運動』和一九八七年『反資產階級自由化運動』的有關問題，修改憲法，取消『四項基本原則』，加入保障基本人權的條款，開放民間報刊，禁止因言定罪，真正實行言論自由、出版自由和新聞自由」。四月二十二日，又發表〈致中國大學生公開信〉，通過傳真發往國內，張貼在北大三角地等地，產生廣泛影響。

胡平勤於筆耕，撰寫大量時評和專著，如《中國民運反思》、《從自由出發》、《犬儒病》、《法輪功現象》、《數人頭勝過砍人頭》等。經歷三十多年海外民運的風風雨雨，儘管屢戰屢敗，他卻從不氣餒，正如他對八九民運「雖敗猶榮」的評價一樣——雖然「六四」以血腥鎮壓收場，但他仍然堅定地認為「恐懼不可能遺傳」，沒有一種專制政權所造成的恐怖能夠長久持續，因為人類追求自由的衝動，注定會一代一代的傳承下去，「新的機會，新的希望，總是在我們面前！」

32 陳軍（一九五八—）：一九七八年在上海參與民主運動，編印地下刊物《民主之聲》，後赴美留學。後回中國開酒吧。一九九八年二月，組織三十三名中國知識界名人簽名發表公開信，呼籲中共當局釋放政治犯，被驅逐出境。二〇一七年，劉曉波肝癌彌留之際，陳軍積極參與拯救劉曉波事務。

二〇〇四年，北京獨立學者余世存[33]主持的「當代漢語研究所」授予胡平當代漢語貢獻獎。其授獎辭是對胡平為民主自由不懈奮鬥的「精神界戰士」生涯的最佳概括：「在政治學領域，漢語的論述是少見的缺席，即使論述，也多流於空疏、勢利或權宜，胡平先生的論述是難得的例外。一九七九年他投入民主牆運動，發表〈論言論自由〉長文，這篇文章已成為漢語世界的經典。在二十多年來已近山積的中國政治學文獻中，這篇文章仍堪稱第一。因為它不僅表達了迄今中國大陸不曾享有的人權，而且它的論述風格也有別於書生論政的漢語傳統。」、「胡平先生……直面極權、專制和一切非義反人性的存在，他的武器是邏輯和理性的力量。……他的理性武器有著手術刀般的鋒利。」

胡平個人網站：www.huping.net（胡平大多數著作的電子版可在此免費閱讀）
胡平郵箱：huping1@gmail.com
胡平推特：HuPing1

33 余世存（一九六九—）：作家、學者、編輯。曾任《戰略與管理》雜誌執行主編，《科學時報》助理總編輯，也曾任獨立中文筆會理事，主持過十年之久的當代漢語貢獻獎。

10 黎智英：無畏無懼，我們要繼續戰鬥

黎智英：香港報業大亨，《蘋果日報》及壹傳媒集團創辦人，香港民主運動的支持者和親身參與者。二〇二〇年首度被捕，被控以多項罪名。法庭已判處兩項罪名成立，入獄累加七年零五個月，還有多項更嚴峻的指控待審。

黎智英，一九四七年十二月八日生於廣州，童年困苦不堪，自傳《我是黎智英》中披露：「父親叛逃香港，家財散盡，母親也遭批鬥送去勞改，八、九歲就要賺錢養活自己和姐妹。曾經替一名香港旅客搬運行李，他給了一塊由香港帶來的巧克力，放入口後，覺得是天下間最美味的東西。我心想，這是香港人，巧克力必來自香港，香港必是人間天堂，我應該去香港！」

一九六〇年，十三歲的黎智英隻身攜帶一元港幣，從廣州經澳門偷渡到香港。隔天即在深水埗福榮街一家手套廠當雜工，每天朝七晚十工作，月薪六十港元，一半寄回廣州老家。但他很開心，因為他知道他有未來。隨後，他在紅磡一家做假髮的工廠當小職員，受人啟發努力讀書，當過紡織廠銷售經理，然後下決心創業。在英國管治下的香港，奉行大市場小政府政策，黎智英把握香港這個黃金時代發展事

業，創建服裝連鎖品牌「佐丹奴」，靠著「任試任換，完全不用理由」的攬客手段，在港台及中國快速崛起。

「六四」對黎智英個人與事業影響深遠。如果沒有「六四」，他對香港來說，只是多了一名富豪。「六四」喚起他對極權專制的痛恨和對自由民主的熱情，他說「六四」事件「就像母親在黑暗的光明中呼喚我，我的心敞開了」。一九八九年七月，「佐丹奴」印製二十萬件T恤，印上各式標語，如「您好！請您下來！」、「下來！我們憤怒了！」，免費派發給香港民眾穿著上街遊行。他也認識了民主黨元老李柱銘[34]，積極支持民主派。他親身參加「六四」燭光晚會，數十年來如一日。

一九九二年，黎智英創立壹傳媒，並開始出版《壹週刊》。一九九四年七月，他發表〈給王八蛋李鵬的公開信〉，文章一開頭便指「李鵬，你是國恥。不，你是超級國恥」，共罵了李鵬二十八次「王八蛋」。中共隨即逐步封殺中國的「佐丹奴」門店，亦不允許黎智英進入中國。他被迫將「佐丹奴」股份低價售出，他感嘆說：「作為商人，你無法對抗這個政權。因為中國領導人一朝脅迫了你，就永遠能脅迫你。」自此，他成為中共政權永遠的反對者，「他們覺得我是攪局者，是，我是攪局者，但卻是有良心的攪局者」。

一九九五年六月二十日，黎智英創辦《蘋果日報》，在香港媒體業激起滔天巨浪。《蘋果日報》大膽採用特大號聳動標題及大版面寫實照片編排，也引入歐美八卦小報的跟拍、起底風格及軟色情內容，滿足讀者尋求刺激的心理，報份及廣告量迅速擴大，日發行量曾超過七十萬份，其資產迅速超過五億元。二〇〇三年五月二日，《蘋果日報》跨海到台灣創刊，相當程度上改變了台灣的媒體生態。黎智英在商業上的成功與大部分官商勾結的香港富豪（很多都是地產商且在中國有大量生意）不同，他是單槍匹馬靠自由市場經濟原則崛起，他也是海耶克、彌爾頓・傅利曼（Milton Friedman）的古典自由主義經濟學的信徒。

《蘋果日報》長期刊登李怡[35]、陶傑[36]、劉曉波等政論家尖銳批判中共暴政的文章，成為中共非拔除不可的眼中釘。《紐約時報》評論說，「《蘋果日報》曾是刊載妓女評論文章的低俗小報，黎智英將它翻轉成反北京傾向的政治和社會刊物，且黎智英每週還親自動筆寫專欄，為抗議者吶喊助威」。不過，黎智英有強烈大中華情結，較為支持國民黨和香港傳統的民主派，對台灣的民進黨及香港的本土派頗不友善，香港和台灣兩地的《蘋果日報》極少刊登支持台獨和港獨的文章。

二〇〇七年，香港電台電視節目《傳媒春秋》訪問黎智英關於辦報、民主的看法，黎聲言其身家豐厚幾乎再無所求，唯一希望是不做「契弟」（奴才）。

習近平上台後，中國及香港的情勢急遽惡化。黎智英形容習近平是「毛澤東的化身」及「人類有史以來最極端的獨裁者」。

34 李柱銘（一九三八—）：香港資歷最深的大律師，香港民主黨創黨成員，曾任民主黨主席及立法會議員。二〇二〇年四月十八日，與多名立法會議員及民主派以「非法集會罪」被捕，被判入獄十一個月、緩刑兩年。

35 李怡（一九三六—二〇二二）：作家、時事評論家。曾創辦《文藝伴侶》、《九十年代》等雜誌及天地圖書公司，及主持電台節目。晚年支持香港本土思潮。二〇二〇年，移居台灣。著有《四人幫事件探索》、《香港思潮》、《香港覺醒》、《失敗者回憶錄》等。

36 陶傑（一九五八—）：香港作家，被稱為「香江才子」，曾為多家媒體撰寫專欄，尖銳批判中共政權及中國文化。二〇二一年，移居英國。

二〇一四年，香港政府提出的政制改革方案未有回應港人對真普選的訴求，引發「雨傘」運動。黎智英說，「讓我們享有自由的最寶貴東西被奪走，我們要抗爭」。他親身走上街頭最前線，幾乎每天都在現場。十二月十一日，黎智英遭警方逮捕，這是他第一次被捕。隨後，他自行辭去《蘋果日報》社長及壹傳媒集團董事會主席和執行董事等職務。

二〇一九年六月九日，上百萬香港民眾上街遊行，抗議《逃犯條例》修訂案，「反送中」抗議浪潮全面爆發。黎智英積極參與其中，他說：「我們要為最後一根稻草而戰，我們要奮戰，否則我們會失去自由，失去所有。」七月八日，他赴美訪問，先後獲美國副總統彭斯與國務卿蓬佩奧接見。中共官媒辱罵黎智英為「現代漢奸」和「亂港頭目」。九月五日，黎智英位於九龍大宅遭投擲汽油彈。

二〇二〇年二月二十八日清晨，黎智英、民主黨元老楊森[37]與支聯會副主席李卓人[38]等多人，因涉及二〇一九年八月三十一日集會而被捕。四月十八日，黎智英與李柱銘、李卓人等十五名泛民主派人士再次被捕及被落案起訴。六月三十日，《香港國安法》公佈生效。該法生效前夕，黎智英接受西方媒體訪問時說：「我不後悔我對抗議運動的支持。我是空手而來的，我欠香港的。也許現在是我回報的時候了。我覺得人生不只是錢，還有其他的東西。這個地方給了我自由，我的一生都將致力於自由」、「我不想離開香港，我唯一能做的就是不動搖，不放棄希望，繼續相信。如果這樣做是對的，那麼勝利就是我們的。」他的太太、前記者李韻琴表示：「我嫁給你時，我就知道這一天（被捕入獄）可能會到來，我會陪你走每一步。」

二〇二〇年八月十日，黎智英與壹傳媒多名高層被香港國家安全處以涉嫌「勾結外國勢力」拘捕，超過兩百名警員來到壹傳媒總部暨《蘋果日報》報社搜查。十二月二日，他依令到警署報到後被扣查，翌日被起訴欺詐及違反《香港國安法》，拒絕保釋，收押候審，成為《香港國安法》下被起訴「勾結外國或者境外勢力危害國家安全罪」的第一人。中國國務院港澳事務辦公室主任夏寶龍點名黎智英、戴耀廷[39]、黃之鋒[40]三人為「反中亂港分子當中的極端惡劣者」，要求「依法給予嚴懲」。

二〇二一年四月十六日，香港區域法院裁定黎智英等人因二〇一九年八月十八日遊行而被控的「組織及參與未經批准集結罪」罪名成立，另黎智英就在同年八月三十一日遊行的「明知而參與未經批准集結罪」認罪。同時審理兩案的法官胡雅文對黎智英分別判囚十二個月和八個月，合併執行十四個月監禁。五月十四日，保安局局長李家超頒令凍結黎智英的全部財產。五月二十八日，黎智英因組織參與二〇一九年十月一日遊行而被加刑至二十個月。黎智英本人視入獄一事為「人生巔峰」的印記。

37 楊森（一九四七—）：前立法會議員，曾任民主黨主席。二〇二一年四月十八日，以組織及參與未經批准集結為名被拘捕及被起訴。同年五月二十八日，被判囚十四個月。刑滿出獄時，對記者表示「香港社會已進入一個威權社會」。

38 李卓人（一九五七—）：前立法會議員，前工黨副主席，前支聯會主席。二〇二〇年四月十八日，以組織及參與未經批准集結為名被拘捕及被起訴。次年四月十六日，被判入獄二十個月。二〇二三年三月九日，李卓然的妻子、前香港職工會聯盟總幹事鄧燕娥，由英國返港探望在獄中跌傷的丈夫後，在監獄外被國安處拘捕，指其涉嫌觸犯「勾結外國或者境外勢力危害國家安全罪」。

39 戴耀廷（一九六四—）：法律學者，曾任香港大學法學院副院長和副教授。二〇一四年，發起「佔領中環」運動，被判入獄十六個月，隨後被港大解除教職。二〇二一年，提出「風雲計畫」，推動真普選，中共當局認為是「港獨奪權計畫」。同年七月被起訴，次年五月二十四日被判囚四十個月。

40 黃之鋒（一九九六—）：香港學運和社運人士，曾先後任學民思潮召集人、香港眾志祕書長。二〇一四年，因參與雨傘運動，被判囚三個月。二〇一九年，因參與圍堵警察總部的活動被捕，次年被判入獄十三個月。此後，又因多項罪名被多次判刑。

六月十七日，香港國安處二度搜查壹傳媒並凍結資產，八名壹傳媒編採高層被捕。六月二十三日，壹傳媒董事會決定結束營運，《蘋果日報》當晚完成出版六月二十四日報紙後停刊，已數字化的《壹週刊》於子夜停止運作。

二〇二二年十二月十日，香港區域法院裁定黎智英犯欺詐罪，判處監禁五年九個月，罰款兩百萬港元，取消擔任公司董事資格八年。主審的《香港國安法》指定法官陳廣池批評黎智英「沒有一絲一毫悔意」。而黎智英被控的「勾結外國或者境外勢力危害國家安全罪」還在待審中。

黎智英案是香港法治崩壞的血淋淋的案例。首先，黎智英遭香港政府「未審先囚」且長期審前羈押，違反「無罪推定」原則，堪稱侮辱法治的司法荒謬劇。《香港國安法》不論犯罪情節或性質，原則上不准保釋的規定，違反香港普通法傳統及《公民權利和政治權利國際公約》（兩者均透過《基本法》納入香港法律框架）之下的有利保釋原則和無罪推定原則。

其次，黎智英完全是「因言獲罪」，顯示香港的言論自由和新聞自由蕩然無存。他在推特上關注蔡英文、蓬佩奧等人，竟被列為呈堂證供。控方大量引述其受訪談話，以及在《蘋果日報》發表的評論，指其言論反對北京和香港政府。

第三，黎智英所受的將是無陪審團的審判。控方依據《香港國安法》指示該案不設陪審團，違背香港高等法院刑事審判傳統。

第四，《香港國安法》明文規定「不溯及既往」原則，但起訴書中指控黎智英的「罪行」，最早追溯二〇一四年佔中運動中的「反政府」行為，根本違反現代刑法的基本原則。

第五，黎智英被剝奪得到律師協助的權利。關於黎智英聘請英國資深大律師歐文代表出庭一事，香港特首李家超表示向中央政府請求介入「解釋」《香港國安法》，以禁止《香港國安法》被告聘請外籍律師辯護。一名港區全國人大代表建議，若黎智英找不到香港律師代理，可將此案移交中國審理，此舉將使被告失去幾乎一切程序保障。

第六，黎智英案的三名法官均由香港特首挑選的國安法指定法官，特首並非香港民選產生，而實際上是由中國政府挑選的。所以，審理該案的是順應中共、踐踏法治的法官。

對此，國際人權組織「人權觀察」亞洲區副主任王松蓮指出：「中國政府顯然想把這位多年來擁有極大影響力的批評者判處重刑，甚至讓他老死獄中。……中國政府對香港法治與新聞自由的攻擊，構成對全球的威脅。」

獄中的黎智英在全球範圍內獲得崇高聲譽。二〇二〇年十二月，「無國界記者」組織授予其年度新聞自由獎，「以此向在北京壓力下新聞自由空間日益收窄的香港獨立媒體表達支持」。二〇二一年六月，美國「共產主義受害者紀念基金會」將「杜魯門—雷根自由獎」頒授給黎智英，以表揚他畢生追求的自由和民主。同月，「保護記者委員會」向其頒發二〇二一年度「伊菲爾新聞自由獎」。「美國國家憲法中心」亦授予他「自由勛章獎」。同年十二月一日，「世界新聞出版協會」向黎智英及《蘋果日報》從業人員頒發「新聞自由金筆獎」。黎智英的兒子黎崇恩在頒獎儀式上指出，隨著《蘋果日報》的停刊和新聞行業持續遭受的打壓，香港「在黑暗的角落裡發光的人將越來越少」。

二〇二三年二月二日，美國四位重量級國會議員史密斯、默克利、麥高文和盧比歐宣佈，提名黎智英、陳日君、鄒幸彤、何桂藍、李卓人、黃之鋒等香港抗爭者參選二〇二三年諾貝爾和平獎。聲明表示，這六位民主人士獲得提名是因為他們是《中英聯合聲明》及《公民權利及政治權利國際公約》保證下的香港自治、人權及法治的捍衛者，也是數以百萬計和平抗議的香港人民的代表。

學者陳健民[41]前往監獄探視黎智英後表示，黎告知，「他的生命不屬於自己，如果當年遠走他鄉，他不能為香港做什麼多的事情」。一直重視穿著的黎智英，如今身穿囚衣，仍精神抖擻地說：「我活在上帝的恩典中！我相信上帝自有安排。」

二〇二二年四月二日，歐洲人權組織「查禁目錄」發表黎智英在獄中寄出的六封書信。書信內容顯示，黎智英追求民主自由的信念不屈不撓，在信仰和靈性上突飛猛進。

黎智英在第一封信中談及《蘋果日報》的停刊，香港當局的「野蠻鎮壓」看似奏效，但港人的憤怒不會消失。「鎮壓、憤怒、不信任的惡性循環，將使得香港成為一個牢籠，就像新疆那樣。世界，都為香港人而哭泣。」他提及幾位受累下獄的《蘋果》高層，特別擔心總編輯羅偉光[42]：「我確實內疚，他的十字架於他太沉重了，我很想為他分擔。一定有些什麼是我能幫忙的。我會不停想辦法。」他自己身陷囹圄，還要為他人而內疚，想方設法施予援手，這種捨己為人精神，實在是所有基督徒的表率。

第二封是寫給受到疫情衝擊的加拿大旅館員工：「我忙於閱讀聖經、福音、神學和聖人相關書籍……日子過得平靜而充滿啟發。當你把真相、正義和良善，放在自身舒適、安全和肉身福樂之上，必定要付出代價，否則你的人生就會是個謊言。我選擇真相而非謊言，為此付出代價。猶幸上主在這個代價中藏著，我深為感恩。」信中最後一段，他寫道：「若是經過教堂，請進去為我祈禱。」

第三封信中，黎智英表示，有了耶穌基督，他的獄中生活「充實」，精神上也平靜，自己「變了很多」。他擔憂妻子陷入哀傷而體重減輕，幸好她也有上帝相伴。

第四封信是寫給事業夥伴的，表達對家人最近前來探監的愉悅之情。他還提及，他讓自己十分忙碌，除了靈修和繪畫，還試圖提升英文寫作技巧。

第五封信，黎智英引述十五世紀德國修士托馬斯・厄・肯培（Thomas à Kempis）的《遵主聖範》，此為經典的基督教靈修著作。黎智英所引的兩段話，見原作卷二第十二章：「若你甘願背負十字架，它將背負你，領你達致你期盼的結局，那裡苦已終結，而這裡則否。若你不樂意負背，它在你就成了重擔，令你更覺辛苦，但你仍要繼續承受。」據說肯培一生最平靜快樂的時光，是獨自「在一個小角落，看一本小書」，彷彿這也是黎智英現在的生活。

黎智英目前被關押在香港赤柱監獄，地址：香港赤柱東頭灣道99號 電話：+852-2641-8893

41 陳健民（一九五九—）：學者，曾任香港中文大學社會學系前教授、公民社會研究中心主任，「佔中三子」之一。二〇一九年四月二十四日，陳仲衡法官判陳健民「煽惑罪」成立，入獄十六個月。

42 羅偉光（一九七四—）：記者、編輯、《蘋果日報》總編輯。因對香港當局違反基本法實行「白色恐怖」表達不安和抗議，呼籲國際關注，被香港國安處以涉嫌「串謀勾結外國或境外勢力危害國家安全和串謀發佈煽動刊物罪」於二〇二一年六月十七日拘捕。同案人包括壹傳媒集團創辦人黎智英、行政總裁兼《蘋果日報》社長張劍虹、《蘋果日報》副社長陳沛敏、執行總編輯林文宗、主筆馮偉光（筆名盧峰）和楊清奇（筆名李平）等。

11 王炳章：我願意做中國民主大廈奠基的碎石

王炳章，中國改革開放後首位在西方獲得醫學博士學位的留學生。從一九八二年開始，在海外從事致力於推翻中共的民主運動，創辦《中國之春》雜誌，創建中國民主團結聯盟、中國自由民主黨、中國民主正義黨和中國民主黨等組織和政黨。二〇〇二年，在越南被中共公安綁架，次年被以「間諜罪」及「領導恐怖組織罪」判處無期徒刑。

王炳章，一九四七年十二月三十日出生於遼寧瀋陽。文革期間曾當過紅衛兵，看到紅衛兵虐待老師，毅然退出。一九七一年，醫學院畢業後，因屬「黑五類」子女，被發配到青海省玉樹縣，在那裡觀察到中國最貧苦地區底層民眾的悲慘生活。一九七六年，調到河北醫學科學研究院，轉赴多家醫院工作，主治方向由普通內科轉為心臟血管系統。文革結束後，教育部遴選優秀科學人才出國，因專業及英語水平出眾，於一九七九年十月赴加拿大麥吉爾大學公費留學。一九八二年，獲醫學博士學位，論文主題為《高血壓研究》。

一九八二年秋，王炳章赴美國紐約洛克菲勒醫學研究中心工作，但他志不在此。據其早期合作者和支持者、當時在哥倫比亞大學留學的宦國蒼[43]回憶：「王炳章先生是帶著一個計畫來紐約的。他是《中國之春》的真正發起人。他提議為了繼承北京之春民主牆運動，這個組織應命名為『中國之春』。……我與王炳章長談了幾個小時，內容是對中國局勢的看法，王表示希望一起合作，在海外成立反對派組織，將國內被鎮壓的民運進行下去。」

十一月十七日，王炳章在紐約希爾頓酒店召開中外記者會，發表〈為了祖國的春天——棄醫從運宣言〉：「對我來說，拿個博士，僅為區區小志；臥薪三載，志在報國報民。」他堅信，儘管鄧小平鎮壓了西單民主牆運動，但中國當代民主運動並沒有倒下，將以更加成熟的姿態重現在中國和世界的政治舞台上。他宣稱：「未來民主大廈落成典禮時，我們可能不是典禮的剪彩者，不是民主大廈的享用者。但大廈的建成要由碎石先填平地面的坑穴，我們寧願做這樣的碎石，以便讓後來者有一個更高的起點！」由此，王炳章成為海外民主運動第一人。

這是中共一九四九年建政以來第一次有來自中國的學子登上國際舞台，公開要求中共政權結束專制、實現民主，體現了這一代留學生盡管經過幾十年的高壓專制，但仍未喪失追求正義的良知與向專制挑戰的勇氣。此消息幾如石破天驚，幾十家西方主流媒體記者到場，迎接中國民主運動的歷史性一刻。旅德學者錢躍君[44]評論說：「王炳章不負國內同仁重托，選擇了反叛：棄醫從運！像鬥士，像俠客，更

43 宦國蒼：一九七九年，曾在上海參與民主運動。留學美國期間，曾與王炳章合作，任《中國之春》責任編輯。後淡出民運。一九八七年，獲普林斯頓大學政治經濟博士學位。一九九〇年代，回中國經商，出任西方及中國多家金融企業董事、總裁、經濟分析師。

44 錢躍君（一九五九—）：德國魯爾大學流體聲學博士，曾任全德學聯主席，《歐華導報》社長兼總編。後轉向研究德國憲法、行政法、移民法與合同法。

像苦行僧，撐起了中國民主運動的大旗，走上了艱辛的爭取中國民主的道路。」

隨後，《中國之春》創刊號上發表了王炳章執筆的〈告海內外同胞書〉：「《中國之春》毅然舉起反封建專制，反官僚特權的旗幟，為在神州大地實現真正的民主與法治，自由與人權鳴鑼吶喊！」

王炳章在海外的反共活動，讓中共政權極為震驚。鄧小平在一九八二年的中共中央工作會議上說：「我們有個留學生叫王炳章，在美國辦了個《中國之春》，鼓吹資本主義。」在中國教育部和國安部聯合召開的「出國人員培訓會」上，通常有一個「保留項目」：播放譴責王炳章的紀錄片，指責王炳章「辜負了黨和人民的培養，不但不報效祖國，反而走上了反黨反華反人民反社會主義的道路」。另一方面，王炳章也得到台灣領導人蔣經國的關注和支持，蔣經國曾函電宋美齡：「關於王炳章『中國之春』舉動，我方早有聯絡，正進一步瞭解情況，並希望端其方向朝民族大義正確途徑發展。」

《中國之春》雜誌提出中國民主運動的口號：「徹底改變中國社會制度，實現民主法治自由人權。」並對中國未來的政治體制提出五項主張：一，廢除一黨專制，實行多黨制；二，黨、政、軍、法分開；三，立法、司法、行政三權分立，互相制衡；四，各級民意代表及各級最高行政首腦，應由人民直接選舉產生，人民有權監督選出的政府。人民應享有實際的言論、出版和新聞自由。五，實行聯邦制，制訂新憲法，解決祖國統一的問題。《中國之春》並對中共的「四項基本原則」提出尖銳批評，認為只有取消「四項基本原則」，中國的民主化前途才有希望。

一九八三年十二月二十七日至三十日，王炳章在紐約主持召開中國之春運動第一次世界代表大會，共有五十三人出席。大會通過成立中國民主團結聯盟（民聯），宣佈：「從根本上改變中國現行的政治制度」。這是中國民主運動在海外成立的第一個民間團體，明確定位為中共政權政治上的反對派。王炳章被選舉為第一屆主席，且規定主席任期兩年、最多連任一屆（王炳章連任兩屆後，由胡平繼任）。民聯一大決定以《中國之春》為機關刊物。當時正在美國留學、後來出任台灣軍情局副局長並與王炳章多有接觸的翁衍慶在《中國民主運動史》一書中指出：「『中國民聯』從此成為與中共政權對立的民運組織……不只追求中國的自由民主，正式提出『變革』中共的政治主張。並從海外發展到國內，彙集了國內、國外的民主力量，不斷揭露和衝擊中共專制體制，傳播民主思想，為中國大陸的民主運動，開創了全新的紀元。」

自此，王炳章效仿當年棄醫從革（革命）的孫文，為民主運動東奔西走，居無定所，「沒有在一個地方住滿三年就得搬家……大廳有桌子，但沒有椅子。睡房只有床墊」。然而，一九八九年一月，民聯總部召開「聯席會議」，內部發生嚴重分裂，王炳章被罷免常委職務，他逕自離開會場，「倒在雪地中痛哭了幾個小時」。隨後，他遭民聯開除，另行創建中國民主正義黨及中國民主黨。民聯的分裂給海外民主運動造成重大傷害。

一九八九年，中國爆發天安門民主運動。五月四日，王炳章試圖闖關回國，在運動中宣傳革命理念。但他被攔截在日本東京，日航屈服於中共壓力，拒絕載其飛往北京。革命家與一場不是革命的民主運動失之交臂，革命家未能將這場運動催化成「第二次辛亥革命」。

天安門民主運動被鎮壓後，大批學生領袖和民主派知識分子流亡海外，海外民主運動迎來一個重組和分化的階段。王炳章的風采被新來者蓋過，一時頗為落寞。

革命家必須尋找革命舞台。王炳章認為，只有國內組黨才能切實對中共形成壓力。一九九八年一月，他使用假護照潛入中國，推動國內籌組中國民主黨，兩週後被逮捕、驅逐出境。此舉受到民聯等民運組織的非議和批評。同年，他出版《中國民主革命之路——中國民主化運動百題問答》（原名《民運手冊》），以問答形式解答關於民主理念、民運策略、改良還是革命等基本問題。他在書中指出：「二十一世紀初葉全世界最偉大最壯觀大事件就是中國的民主化，中國的民主化定將改變整個世界。」

王炳章被視為海外民運中的激進派和革命派，他的個性、領導風格和運動策略存有頗多爭議，日漸被邊緣化。二〇〇〇年十月七日，他在長文〈放棄革命的權利就等於放棄了一切——南斯拉夫的革命昭示了我們什麼？〉中將主要政治主張做出集中論述。

王炳章指出，米洛塞維奇的倒台、南斯拉夫民主革命的勝利，其轉捩點是群眾攻佔國會大廈。佔領後，立即宣佈奪權成功，反對派領袖及時宣佈接管權力。相比之下，中國的八九民運毫無奪權意識。「主流運動壓根兒就沒想到『革命』，更沒有去想『奪權』。」當時，在解放軍三大總部的遊行隊伍走上街頭、支持學生、要求政治改革時，他即已看革命的時機已到，試圖聯絡在天安門廣場的民運朋友，讓其帶話給學運領袖，應當迅速佔領電台、電視台和人民大會堂。但當時學生們恪守「和平、理性、非暴力」原則，不予理會。

王炳章認為，民主運動要解決凝聚力的問題，至少應包括以下幾項內容：共同的信仰；共同擁護什麼樣的政治主張；共同擁護什麼樣的政治力量；共同擁護什麼樣的政治領袖。有時，還需要一個具體的、有擁護價值的「象徵」。八九民運時，天安門廣場成一個象徵、一個中心，但它缺乏權力上的象徵意義，充其量，只是一個「良心」的象徵。假如群眾攻佔人民大會堂，象徵意義和凝聚力就會大上十倍、百倍。因為，它代表著國家的權力回到人民手中。如果成立臨時政府、並加上及時而正確的政策宣示，不但對老百姓，就是對軍政人員，都會形成巨大的吸引和凝聚力量。

王炳章進而指出，奪權是公民的天賦人權，「推翻一個暴虐的政權，更替一個不喜歡的政權，或者說，從專制統治者手中奪取政權，這是公民的天賦人權，與生俱來，不可剝奪」。他宣稱自己是革命派，更正確的稱呼應當叫「兩手策略派」。換言之，「我呼籲改良，但不拘泥於改良。我希望專制者改良，但不奢望專制者改良。如果專制者不改，就行使革命的權利。此外，別無它擇」。他特別強調：「準備革命，不一定實行革命，可以引而不發，以此逼迫執政者改良，專制者改良了，也可放棄革命的進行，但，永遠不放棄革命的權利。革命，應當是一把永遠懸在專制者頭上的利劍，它改，就不砍下去；不改，則毫不猶豫，必砍無疑，是專制者迫使我們不得不行使革命的權利。」如果專制者拒絕改良，人民只有一個權利可以行使，那就是爭取權利的權利。「爭取權利的權利，就是革命的權利。放棄了這個權利，等於放棄了一切權利，因為，你放棄了爭取權利的權利，就等於給自己臉上貼上了一個標語：當那些普通的公民權利——如言論自由的權利——爭取不到的時候，只有坐以待斃。獨裁者看到這個標語，還願意放權嗎？」至於革命的方式和手段，他提出必須結合學運、工運與農運以及兵運，四者缺一不可。

王炳章認為，八九民運的真正教訓，是主流民運沒有認識到「推翻政府乃天賦人權」，以至當革命形勢到來時，「該出手時未出手」，錯失良機。思想上沒有推倒柏林牆，真正的柏林牆就不可能被推倒！他期許說：「下一次民運高潮到來時，不失時機地指導群眾發動革命，該出手時就出手，攻佔政府機關，攻佔電台、電視台，推倒中共貪污、腐敗、殘暴的專制，及時宣佈地方或中央臨時民主政權的建立，這才是對六四在天之靈的真正告慰，才是對子孫萬代負責的大德表現。」

八九之後，海內外知識界均流行李澤厚與劉再復的「告別革命」論，亂扣「激進主義」的帽子，自覺不自覺地配合了中共的「維穩」和「穩定壓倒一切」政策。王炳章逆流而上，倡導革命，不能不說是空谷回音。

為推動中國內部發生革命，王炳章不顧危險，赴越南活動。二〇〇二年六月，他與兩名隨行人員在越南廣寧省芒街遭中國公安綁架到中國。此一事件的諸多細節，至今仍是一個謎。

二〇〇三年二月十日，深圳市中級法院判決王炳章「間諜罪」及「領導恐怖組織罪」成，處以無期徒刑。二十八日，由廣東省高級法院定讞。

王炳章在法庭上辯稱，他不是間諜，亦從未策畫刺殺襲擊。中共給王炳章栽贓的罪名並不成立。首先，台灣方面明確否認王炳章是台灣間諜。二〇一三年十二月十日，台灣國家安全局正式發文宣佈：「經過調查，台國安局並無運用大陸人士王炳章及彭明[45]先生從事情報工作。」其次，中共當局指控王炳章組織恐怖活動，其唯一的一次活動是密謀爆炸中國駐曼谷大使館。但泰國警方出具書面文件說明，並未找到任何證據證明王炳章曾密謀爆炸中國駐曼谷大使館。

王炳章是一位孤獨前行的英雄，一位有爭議的英雄，一位未能得到充分肯定和公允評價的英雄，正如旅居澳洲的異議人士秦晉[46]所說：「王炳章博士，他的勇氣、智慧、才華、奉獻、胸懷和毅力不會輸給世人讚頌的曼德拉、昂山素姬和劉曉波等人中的任何一位，但是他得到的是最不公允的。王炳章博士開創的中國海外民主運動是上世紀和本世紀最偉大的事業之一，但是又如同荊山之玉不為人所識而被棄置在路旁無人問津。」

從二〇〇三年到二〇一三年底，王炳章被單獨關押在廣東省北江監獄，之後移至韶關監獄，看管人員六月一換，禁止與外界交流。在獄中，王炳章起初用兩、三年研究中國文字，之後則研究《老子》、《易經》和《聖經》，其手稿《神諭聖經憲法揭祕》後來在美國出版。二〇一〇年夏，他在獄中寫信給家人說：「粉身碎骨，不改志向；山崩地裂，不動初衷！」

王炳章的家人及海外民主人士一直嘗試救援他。王炳章的第二任妻子是來自台灣的寧勤勤，多年來，對丈夫不離不棄、奔走呼號。王炳章的兒子王代時律師亦呼籲說：「政治犯最怕的就是被世界忘掉，父親在牢裡已經中風至少三次了，他身體不太好，我們每天都擔心得到不好的消息。」二〇二二年十二月，《中國之春》創刊四十週年之際，王炳章家人在加拿大哥倫比亞省注冊非營利組織「中國之春

45 彭明（一九五六—二〇一六）：政治異議人士、企業家。一九九八年，組建中國發展聯合會，主張聯邦制，該組織很快被取締。二〇〇〇年，流亡美國，組建中國聯邦發展委員會。二〇〇四年，在緬甸被中國特工綁架到中國。二〇〇五年，被以「組織、領導恐怖活動組織罪」判處無期徒刑、剝奪政治權利終身。二〇一六年十一月二十九日，在湖北省咸寧監獄被迫害致死。

46 秦晉（一九五七—）：原名郁文龍，一九八八年赴澳洲，一九八九年投入海外民運，二〇二〇年獲澳洲雪梨大學社會學博士學位。現任民主中國陣線主席。著有《求索與守望——中國民運江湖回望錄》、《1989-2021——我所經歷的中國海外民運三十年》。

民主運動聯盟」，復刊《中國之春》，發行網路月刊，希望讓它繼續成為回顧、探討、展望、推動並參與中國自由民主進程的重要平台。

王炳章文集（博訊博客）：http://45.35.61.42/hero/wbz/
王炳章至今仍被關押於廣東省韶關監獄
地址：廣東省韶關市湞江區犁市鎮7號信箱14-3
郵編：512140

12 蘇曉康：劫後餘生，文字屠龍

蘇曉康：報告文學作家、政治評論家，電視政論片《河殤》總撰稿人。「六四」屠殺後，流亡美國，曾任普林斯頓中國學社執行主任、《民主中國》雜誌及網刊社長。近年來，以《鬼推磨》、《瘟世間》等新作批判中共極權體制，備受海內外讀者推崇。

蘇曉康，一九四九年生於浙江杭州，後隨父母遷居北京。其父蘇沛青年時代就讀武漢大學時參與左派學生運動，後加入共產黨，中共建政後，在中宣部工作，做過中共理論權威、「左王」鄧力群的副手，在文革中被陳伯達打成特務，險遭滅頂之災。蘇曉康成長於中宣部大院（北大舊址紅樓西齋），卻成了共產黨的反叛者。

一九八〇年代，蘇曉康任教於北京廣播學院，以報告文學《洪荒啟示錄》、《自由備忘錄》、《神聖憂思錄》、《活獄》、《烏托邦祭》等蜚聲文壇。報告文學是一九八〇年代中國文學的一個獨特門類，當時，思想解放運動方興未艾，當局的新聞控制依然密不透風，作家們只好暗度陳倉，以報告文學這種形式承擔新聞記者揭露社會真相的使命。學者謝泳指出，報告文學是知識分子對社會生活給予的一種主動的參與方式，以及對社會文化價值的獨特闡釋。蘇曉康是繼劉賓雁[47]之後最優秀的報告文學作家，其作品張揚民主和科學的大旗，除了伸張正義和主持公平之外，更將教育、婚姻、環保等民生議題提升到文化啟蒙和政治制度變革的高度上。其作品如梁啟超和柏楊般「筆端帶有情感」，加上哲學、政治學的深切思辨，讓經歷文革十年荒蕪的讀者如久旱逢甘霖、先睹為快。

隨後，蘇曉康更因執筆電視政論片《河殤》而名聞天下。《河殤》潑墨重彩地宣洩了「五四」以來以細微而至驚雷怒濤之不可遏制的激進和反傳統兩股思潮，而這正是中國現代化困境的癥結。《河殤》引起的文化大討論，在中國攪動幾億人的情緒，並被動地捲入上層政治鬥爭：左派軍頭王震斥責為「資產階級自由化的代表」，時任總書記的趙紫陽卻對其讚不絕口並指示央視安排在黃金時段播放。

如果沒有《河殤》和「六四」，蘇曉康應該已由北京廣播學院新聞系講師升任教授；他的妻子傅莉應該也由北京第四醫院內科主治醫師升為主任醫師。正是因為《河殤》，他雖未太深入捲入八九年的民主運動，卻被中共當局追究「六四」總賬時視為「六四黑手」之一，被中共中央政治局常委祕密列為七個最「反動」的知識分子中的第五名，上了通緝令的名單。

「六四」屠城前夕，蘇曉康感知殺氣已近，孤身逃往南中國，隱身於海南島數月，再由「黃雀行動」搶救到香港。在他抵達法國之後，又輾轉到美國東岸的普林斯頓大學，受余英時先生蔭蔽，成為普林斯頓中國學社之一員。他的母親為遠行的兒子牽腸掛肚，不久悲傷成疾，突發腦溢血去世，他卻不能回國奔喪。

一群舉世矚目、自恃「不學而有術」的流亡者，在普林斯頓小鎮一隅被他們戲稱為「狐狸窩」的居所，繼續指點江山、激揚文字。蘇曉康已然發覺氣味不對——在空間上逃離了共產黨統治之地，但身邊仍然瀰漫著共產黨的氣味，卻被牽扯其中、欲罷不能。

隨即，蘇曉康的妻兒赴美與之團聚，一家人在美國的自由生活徐徐展開。卻不料，一次出遊時遭遇嚴重車禍，妻子傅莉身負重傷，多年形同植物人。家逢劇變，天崩地裂。蘇曉康退出公共生活，悉心照顧妻子和撫養兒子。數年後，精誠所至金石為開，傅莉逐漸復原，雖身體殘缺，靠輪椅才能出行，思維卻比常人還敏捷；兒子也考上醫學院，學有所成，做了醫生。

真正的苦難是個人的苦難、家庭的苦難，並非經歷山崩地裂的歷史「大事件」。而且，苦難並不必然造就人、乃至成為豐富的「精神資源」。很多經歷過重重苦難的人，卻變得卑劣下流，甚至身不由己地與共產黨「精神同構」。「六四」流亡者中，幾乎沒有主動的流亡者，他們大都如同被強行移植的草木，在別樣的土壤上，各有其水土不服、艱難磋磨。數十萬因「六四」離開中國的移民，所經歷的苦難能與蘇曉康比擬者，屈指可數。如杜斯妥也夫斯基所說，「我怕我配不善我承受的苦難」，橄欖被榨，有的成渣，有的成油；成渣者是因為配不上其所受之苦難，成油者則是從苦難中蛻變升華、生命得以更上層樓——絕大多數流亡知識分子和學生領袖都是前者，蘇曉康則是屈指可數的後者，其自傳《離魂歷解自序》出版後，美國出版人伯恩斯坦在一篇書評中指出：「蘇以《河殤》鞭撻中國的方式，鞭撻自己

47 劉賓雁（一九二五—二〇〇五）：報告文學作家、記者。曾任《人民日報》記者、中國作家協會副主席和獨立中文筆會第一任會長。一九五七年，被打成右派。一九八六年，與王若望、方勵之一同被鄧小平點名為資產階級自由化典型，開除黨籍，隨後流亡美國。代表作有：《第二種忠誠》、《人妖之間》等。

的靈魂。……紐約州的車禍迫使他面對自己的命運，那不再是政治目標，而是承擔責任。他已經讓我們看到他被迫走上那條憂傷旅程所表現出來的堅忍。」

流亡和車禍的雙重打擊，讓蘇曉康陷入失語狀態，失去寫作能力，深受抑鬱症折磨。十多年後，他重新找回言說和思考能力，不僅修補自己支離破碎的人生，而且獲得俄羅斯宗教哲學家舍斯托夫（Yeguda Leib Shvartsman）所說的「第二視力」——舍斯托夫認為，經受過刑場和死屋考驗的杜斯妥也夫斯基具有雙重視力，即天然視力與非天然視力，正是後者，讓其看到了理性的虛妄、看到了人類「喜愛破壞勝於建設」、看到了「俄羅斯沉沒在血泊之中，俄羅斯正在發生世界上從未發生過的災難」。車禍發生三十年後的二〇二三年一月，蘇曉康在臉書上發文梳理其心路歷程：「三十年輪廓清晰：九三年車禍後，曾哭天搶地三年，然後移居德拉瓦，寂寞十三年，其間傅莉卻摔倒樓梯之上，我們第二次滅頂，這當中我還寫了兩本書《寂寞的德拉瓦灣》、《屠龍年代》。二〇一五年移居大華府至今，我其實還在喪魂失魄之中，不堪回首者，二〇一二年我已經六十二歲，卻仍舊咬碎牙根吞下肚裡。幾十年各種採訪每每問及車禍，夫復何言？然後思之竟得二味：生命何其堅韌，不屈不撓，似並非希望牽引之，而是茫然不肯放棄的不甘之心，在最暗黑之中匍匐爬行；劫後之生命，何其甘甜也！有享受不盡的韻味，所謂苦盡甘來。二〇一二年春傅莉從跌倒中漸起，一場春雨之後我的心境裡出現唐詩意境：『梨花一枝春帶雨』，回頭再去品味，彷佛又是一本書了，我的《離魂》難道可成三部曲？這本尚未脫稿的新書中，會有一章《靈動難眠》敘述『十年六書』：《離魂歷劫自序》、《寂寞的德拉瓦灣》、《屠龍年代》、《鬼推磨》、《西齋深巷》、《瘟世間》。」由此，他的文字成為「六四」後重重疊疊的幾代流亡者中最具深度也最感人的文字，宛如荒原中的野百合，在艾略特所說的「殘酷的季節」悄然綻放。

唯有對人性的理解達到深不可測的深度，對政治的理解才能達到同樣的深度，因為政治是所有關於人性的「科學」中最淺薄的一種。「六四」屠殺三十二週年之際，蘇曉康參加一次紀念大會，聽到滔滔不絕的言說，或是空洞無物的慷慨激昂，或是自憐自艾的老調重彈。他忍無可忍，說了一通不一樣的、難聽的話：「三十年過去了，我至今聽不到八九參與者，從當年的學生領袖、知識菁英、到黨內改革派，對這場政治衝突，向歷史和人民做出負責、清晰的真相說明，更沒有看到有一個人有像樣的反思；真相和反思的意義，第一是可以寬慰無數死者的親人，二是為討公道而釐清罪責，三是為今後的抗爭留下經驗教訓。可是，我看到的是所有人要不就是顯示自己當年的成功，要不就是推卸責任，其做法無非是曲解歷史、掩蓋真相。許多人的說詞，還是三十年前的，如『八九』引發了『蘇東波』、屠殺暴露了共產黨的殘暴，後一句幾乎是『兒童話語』，而如果是當年的參與者，至少也五十歲以上了吧。」

蘇曉康還點名批評三類天安門民主運動的當事人。第一類是廣場絕食總指揮——柴玲：至今沒有對當年堅持在廣場不肯撤退做出任何合理的解釋和反省；李錄：據稱是「不撤退」主張的最核心人物，逃出中國後，在美國拿學位並致富，然後又回頭去幫助中共；張伯笠：當年絕食指揮者中唯一的成年人，後成為牧師，在獲得信仰之後同樣未見其反省。第二類是知識精英——鄭義：八九年最早介入學潮的知識精英，自稱是「絕食傳授人」，後來只寫為學運辯護的文字；王軍濤，當年在廣場直接操作學運，出獄後到美國讀了政治學博士之後，並未見到對當年的「政治學行為」及其失敗給出一個清晰的解釋。第三類是改革派——趙紫陽：對「戈（戈巴契夫）趙會」上「拋鄧」而導致情勢失控，令鄧小平大開殺戒，致死沒有說明真相和原委，也絲毫沒有對民眾的歉疚，反而在自傳中流露對鄧小平的歉意。蘇曉康感嘆：「很多反對共產黨的人，在諱疾忌醫這一點上，與共產黨如出一轍。」

比起反對陣營的自我反省來，同樣重要的是思考「六四」之後的中國和世界發生了什麼？蘇曉康認為，「六四」就像黃河拐了個彎，中國從此走向自毀，現已毫無出路。他概括出「六四」後「魔幻三十年」的三件大事：大屠殺與中國經濟起飛；民族主義與中國霸權；國際綏靖與歐美衰退。他進而指出，「六四」的失敗，後果非常嚴重：第一、「六四」亡靈至今不得昭雪，長安街血跡未乾，天安門母親至今追討公義不成；第二、中國文明曾有的千載難逢的變革機遇被斷送，甚至中共可能的改革走向也永遠消失，中國人為此將付出的代價，幾百年後才看得清楚；第三、在「六四」的血泊上，中國由一個邪惡制度主導而崛起，以全球化擊敗西方文明，對世界的影響無法估計；第四、中國的崛起，令中華民族付出環境和道德兩大代價，幾代人都無法挽回。

二〇二〇年六月二日，蘇曉康獲美國國務卿蓬佩奧會見，向這位當代美國最反共的國務卿闡述一系列個人的觀察和分析：「六四」危機令中共「生死存亡」，卻「死而後生」，也塑造了一個新的極權形態，令西方至今束手無策。無論「三朝國師」王滬寧炮製多少讓人眼花繚亂的「理論」、「學說」、「思想」，諸如「路論」、「夢論」、「鞋論」、「三個自信」、「中國模式」，以及打通兩個「三十年」，眼花繚亂，其核心仍然是一個毛幽靈。

蘇曉康所有的文字，都隱然有一個相同的主題：「屠龍」。這裡的龍，既是指造成中原喪亂、黃河肆虐的「水龍」，更是指不惜挑動核戰爭讓中國人死亡一半的「人龍」毛澤東。譚嗣同說過，中國兩千年皆行秦政制，所有的暴君亦都是秦始皇的後裔。秦始皇別名祖龍，唐代詩人章碣有七絕〈焚書坑〉：「竹帛煙銷帝業虛，關河空鎖祖龍居。坑灰未冷山東亂，劉項原來不讀書。」毛尚未奪取天下時，曾親筆題寫此詩送給訪問延安的「五四」學生領袖、歷史學家傅斯年。果然，日後毛的暴政超過秦始皇百倍。他將一九八〇年代視為其「屠龍時代」，他的以廬山會議為主題的報告文學《烏托邦祭》就是第一次屠龍的嘗試。

進入二十一世紀，劫後餘生的蘇曉康在可以遠眺華盛頓紀念碑和國會山的華府郊區，再啟文字屠龍之事業。他以「少東家王朝」形容習近平時代的中國。「今天的中國人似乎忘記毛澤東了，可是他們想不到，有一個忘不了毛澤東的人今天來統治他們了，毛澤東住在此人心裡頭，而且他從小受毛的罪卻偏偏也要當毛澤東，這就是他落下的病。」對習而言，「肉身之父習仲勛，精神之父毛澤東」兩種身份一點也不矛盾。青年毛澤東在德國哲學家泡爾生的《倫理學原理》的批語中，有莫名而癲狂的一句：「我是極高之人，又是極卑之人。」蘇曉康評論說：「新中國最高權力者，卻是一個最卑劣者。此意即為光棍式人物竊得神器，則天下塗炭。『高』『卑』二字皆涵蓋也。」毛如此，習亦如此。

對於中共當局宣揚的「中國崛起」和「中華民族的偉大復興」，蘇曉康的解讀是：中國三十年高速發展一種資源耗竭型模式，山河破碎，道德淪喪，太子黨卻「絕不做亡國之君」，要在廢墟上「重整山河」。國家主義主導的「中國模式」已經成功，下一步要開疆拓土、資本輸出、萬方來朝，然後是「五步控制世界」：第一步統治全球的製造業；第二步一帶一路，控制「世界島」和沿途主要港口；第三步5G網路；第四步金融技術；第五步用人民幣取代美元。如果此戰略受挫乃至失敗，習近平會開啟試圖鎖死中國的未來模式，大致是四步：第一、繼續加強意識形態控制；第二、加大力度打擊一切具有公民社會特徵的組織性與非組織性力量；第三、進一步搜刮中高經濟階層，其中部分收益用以收買底層的安於奴役；第四、擴軍備戰，走軍國主義道路，在政權面臨嚴重危機時發動戰爭以解困。而西方過去三十年對中國的三個美好想像全都落空：第一，市場經濟並沒有開發中國的公民社會，反而被中共引向發展國家資本主義；第二，美國分享技術給中國，也被他們拿去升級對社會的全面控制，而且盜竊更先進的技術，反噬西方；第三，美國也沒有震懾中國放棄世界軍事野心，更沒能阻止他們在太平洋地區的步步進逼，甚至謀求取代美國的地位。

蘇曉康深刻揭示了中國模式的本質，中國是學者吳國光[48]所說的「反民主的全球化」的關鍵環節：中國變成資本主義，且在一個馬列政黨的封閉控制下高速增長，便預示了全球資本主義自誕生以來尚未出現過的一個新種。這是資本主義或曰市場經濟，與權力、廉價、貪瀆等等的一次可恥的媾合。這次運作的操作者，應以西方財團（助以西方民選政府）為主，而附以窮途末路的中共體制，由此製造了一次犧牲中國所有資源的高增長，也以低價劣質產品以及「沃爾瑪」方式，餵養了西方普羅大眾，並連同餵養了他們封閉自私的全球意識，這無疑是西方舊有消費文化的又一次沈淪，日用消耗的「海外製造」依賴，消解了六十年代以來形成的民權價值觀的普世性，而犧牲全球消費者的利益，也戕害市場本身，只是肥了國際跨國公司，這個新種，就叫「全球化」。那麼，被來自中國的武漢肺炎病毒（以及拼多多等廉價商品病毒、微信和抖音等卑賤的網路文化病毒和精神病毒）逆襲的美國和西方民主國家，如今亡羊補牢，還來得及嗎？

中國不是大熊貓，而是大紅龍。屠龍不是蘇曉康一個人的事業，而是所有自由人的使命。

蘇曉康臉書：https://www.facebook.com/xiaokang.su
台灣博客來網站可購買蘇曉康多種著述：《鬼推磨》、《西齋深巷》、《屠龍年代》、《離魂歷劫自序》、《寂寞的德拉瓦灣》、《晨曦碎語》、《瘟世間》等。
https://search.books.com.tw/search/query/key/%E8%98%87%E6%9B%89%E5%BA%B7/cat/all

48 吳國光（一九五七—）：早年曾在中共中央政治體制改革辦公室工作，為趙紫陽起草多份文件。一九八九年赴美留學，為普林斯頓大學政治學博士。先後任香港中文大學副教授、加拿大維多利亞大學教授、美國史丹福大學胡佛研究中心研究員。著有：《趙紫陽與政治體制改革》、《改革的終結與中國的未來》、《權力的劇場：中共黨代會的制度運作》、《反民主的全球化》等。

一九五〇年代人

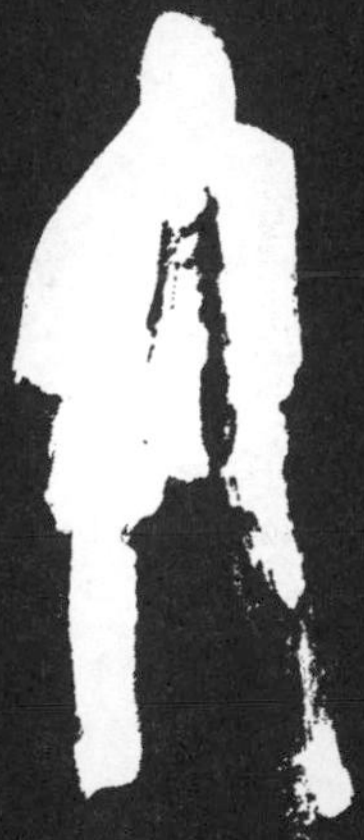

13 任志強：我們唯一的責任就是站起來把面前的牆推倒

任志強：企業家、「紅二代」，地產業先行者，曾任北京華遠集團黨委副書記兼董事長。常常在社交媒體上公開批評時政，有「任大炮」之稱。二〇二〇年，因批評習近平是「剝光了衣服也要堅持當皇帝的小丑」被捕入獄，隨後被以經濟罪名判刑十八年。

任志強，一九五一年三月八日生於山東省萊州市，兩三歲時，隨父母落戶北京。其父任泉生，早年為新四軍負責後勤的幹部，三十二歲出任遼寧省人民銀行行長，四十歲出頭已是商業部副部長。其母也是高級幹部，與金日成是同學，在一張照片中，金日成抱著襁褓中的任志強。

文革期間，父母被打成「走資派」後，剛成年的任志強於一九六九年一月被下放至陝西省延安縣農村，「接受貧下中農再教育」。不久，經其父親戰友介紹，「走後門」參軍入伍。在十幾年的從軍生涯中，獲得過一次二等功和若干次三等功。當兵期間，他無懼反抗惡權的素質已有所顯現：一九七六年，周恩來和毛澤東去世後，他和戰友們曾私下商量，如果「四人幫」上台掌權，他們會組織戰友「上山打游擊」，在返回北京時曾攜帶大量雷管、炸藥等爆破物。很快，「四人幫」在政變中被捕，他們才偃旗息鼓。

退伍後，任志強回到北京，先在農科院工作，後擔任北京市西城區下屬的華遠公司建設部經理。華遠起步時代，他的第一桶金是到廣東進貨，從皮貨到錄影機、影印機、傳真機，很多都是走私貨。他租用軍用飛機運貨，沒有軍方特殊背景，當然不可能做到。一九八四年，華遠介入西城區城市改造，涉足剛剛萌芽的房地產行業。當時，華遠只是北京市西城區國資委管轄下一家只有二十萬借款注冊資本金的小公司。

一九八五年，因華遠公司年底分獎金一事，任志強在他人舉報下第一次嘗到牢獄之苦，在看守所等處被關押了一年兩個月零六天。他以貪污罪被捕，卻以投機倒把罪被判有期徒刑二年，緩期執行三年。經過上訴，法院改判其無罪。他繼續在華遠公司擔任要職，主要專注於建設開發領域。

在一九九〇年代中國經濟飛速發展的大背景下，作為董事長的任志強帶領華遠集團，在商業地產開發的基礎上，將觸角伸向高科技、金融、國際旅遊、物業管理、商業、餐飲等諸多領域。華遠發展成為一家總資產超過七百五十億、擁有一千六百名員工的綜合性企業集團。

華遠是國有企業，任志強不是老闆，他在自傳中聲稱自己只是替國資委打工的「看家狗」，同時又是一個在「體制內、體制外同樣被誤解」的人。他聲稱，自己有多種身份：一是國有企業的管理者，「一紙公文的丫鬟」，要維護國有資產的增值保值，捍衛和保護國有資產，政府說什麼就要做什麼；二是人大代表或政協委員的社會職務，則要針對政府報告和政策提出不同意見、建議，包括猛烈的「攻擊」，以保護弱勢群體的利益和捍衛公民的權利；三是行業協會中的選民代表，當然要代表行業協會的利益、捍衛公民的權利並承擔社會責任；四是一個普通的社會公民，要捍衛個人在這個社會中生存的權利，因此要推動改革，甚至提出消滅自己所任職的國有企業，實現真正的市場經濟，以讓中國的經濟快速發展。

二〇一四年，任志強從華遠辭職，有更多時間投身公益事業，如致力於鄉村教育的樂平公益基金、治理阿拉善沙漠的SEE基金會等。他還主持中國金融博物館書院的讀書會，讀書會吸引了一批中國頂尖的企業家、知識分子和政府官員，書目包括托克維爾的《美國的民主》和漢娜・鄂蘭的《極權主義的起源》。他說，辦讀書會的目標是幫助年輕一代發展獨立思考意識，不盲目聽命於權威，「書院也許改變不了整個社會，公益活動也許改變不了整個社會，但卻能為整個社會的轉變起到思想動員的作用」。

任志強真正進入公眾視野，是因為他接受媒體訪問時直言不諱，以及利用新興社交媒體微博等對時政屢屢「開炮」。最初，他談論房地產行業，聲稱「買不起房就回農村去」，一時成為「全民公敵」。隨後，他因敢於說真話而在微博上擁有近三千八百萬粉絲，甚至成為「大眾情人」。他解釋說，堅持一種誠信的態度，是每個人天生都應固有的一種品質，但當今的社會卻讓說真話成為一種稀缺的資源，於是他才有了「任大炮」之稱，「說真話就如同放炮一樣的社會，缺少的是言論自由和誠信」。他還說：「我不是英雄，而只是敢於將自己的認識真實地表達出來，希望能引起政府和市場的重視，希望不要讓錯誤的政策影響市場與社會的發展，阻礙公民爭取自己的權利和自由，如果所有人都能全力地推動市場和體制的改革，才會在國家強大的同時讓所有的公民都更加富有、更加自由、更加快樂與幸福。」

任志強先後出版《任人評說》、《任我評說》、《任你評說》及《野心優雅：任志強回憶錄》等著作。他受到海耶克、傅利曼等自由市場經濟學家影響，認為政府的權力必須受到制約：「任何國家的權力都是貪婪的，都必須納入到民眾的監督之下，否則權力就會被濫用，並將讓所有人遭受損失。」二〇一二年之前，他的言論基本上在官方可容許的範疇內。比如，他曾認為中國「現階段不能實行民主」，也聲稱自己的理想是「做一個優秀的共產黨員」。

二〇一二年習近平上台之後，加強對網路言論的控制，用種種手段打擊已然是輿論領袖的若干網路大V，薛蠻子[1]事件即為其中典型案例。任志強屢屢受到警告，開始與習近平的施政方向漸行漸遠、乃至背道而馳。二〇一三年，中共十八前夕，他在北京大學演講，表示支持憲政，支持台灣的民主制度，對台灣的民主社會及公民爭取自身權利的做法給予肯定和讚賞，並號召學生「聯合起來推倒面前這道牆、重新建立社會民主制度」。他還感嘆說：「在這個社會上最缺的不是謊言而是實話。」二〇一五年二月，他在出席「中國經濟五十人論壇年會」時發言說，「政府過度強調了槍桿子和刀把子，反對西方的價值觀，文革之風又起來了」。他在微博上發表的言論還包括：「八榮八恥不符合現代的價值」、「習近平班子讓車輪倒轉，軍隊槍口對內」、「習近平連續出臭棋」、「當今體制是壟斷的皇權、中央集權」等。

二〇一六年二月，官媒央視在習近平前往視察時公開亮出「官媒姓黨」的口號以表忠誠，任志強公

1　薛蠻子（一九五三—）：原名薛必群，其養父薛子正曾任中共統戰部副部長。一九八〇年，赴美留學，後入美國籍，又到中國投資網路經濟，亦成為網路大V。二〇一三年八月，以「涉嫌聚眾淫亂罪」被捕，關押八個月後取保候審。《環球時報》承認：官方是通過抓嫖娼「整」薛蠻子，「這是全世界政府通行的『潛規則』」。

開批評說：「人民政府啥時候改黨政府了？花的是黨費嗎？徹底的分為對立的兩個陣營了？當所有的媒體有了姓，並且不代表人民的利益時，人民就被拋棄到被遺忘的角落了！」他還說：「教育重要的是思想自由化和胡思亂想，如果不允許胡思亂想，你怎麼會有科技創新呢？馬斯克不就是胡思亂想就創新了嗎？但是我們是不允許的，那怎麼行呢？」、「我很清楚說真話是要付出代價的，但是做人最高的追求是什麼？我至少不想喪失自己的尊嚴。」

任志強的很多言論，若換了普通的民間人士或異議人士來說，早就被有司治罪（劉曉波的判決書中就引用劉曉波說過的若干類似言論）。任志強能擁有這份特殊的「言論自由」，是因為其「紅二代」和「官二代」身份——儘管他本人屢屢否認這種身份帶來的保護傘作用。不過，他的父親只是副部級幹部，很早就去世了，並不能給兒子足夠的蔭蔽。任志強身處「太子黨」外圍，其安全得益於一個更特殊、更顯赫、更廣泛的關係網路：他父親曾是中共元老姚依林的副手，而王岐山是姚依林的女婿，任、王曾一起在延安當知青。任志強在自傳中說，近年來，他常常與王岐山通話聊天幾個小時。另外，中共元老陳雲的兒子陳元當年是西城區區長和華遠第一任董事長，算是任志強的伯樂。「紅二代」的「老大哥」、曾任政治局常委的俞正聲也很欣賞任志強，曾為其著作寫序指出：「他坦誠的直言，充滿哲理的論述，給我留下了深刻的印象。會後，我對有關同志講，你們不要對他——任志強——的發言反感，要認真研究其中合理的地方。」任志強還曾禮聘當年還是普通學者的劉鶴（後來出任副總理及習近平的經濟顧問）為華遠研究部兼職研究員。這些關係網路對任志強有強大的保護作用。

但是，隨著任志強直接針對習近平提出尖銳批評，其靠山逐漸與之保持距離——誰也不願意因為他而開罪習近平。任志強反對「媒體姓黨」，結果中共北京市西城區委給予其「留黨察看」處分，官媒也發動了對他的譴責。二〇一六年二月，「央視網」發表一篇題為〈任志強的拋物線還有多長〉的文章，隱然有不祥之兆。文章批評任志強「絲毫不顧作為一名共產黨員該有的言論底線」，其立場「徹徹底底出了問題」，已成為一個「帶路黨」。尤其是在「有網民挖出其行賄趙安歌一百九十萬元的違法行為，並已有一定規模的輿情圍觀態勢」下，任志強為了「引起國外反華政治團體的關注，最大限度地為自己積累反向的輿論博弈資本」，「唯有孤注一擲走到黨的對立面以各種反黨言論不斷擴充輿論影響力」。該文來自最高層的授意，其誅心之論顯示當局未來要將任志強的言論問題以經濟罪來治罪的處理方向。

二〇二〇年二月間，任志強親自署名的一篇名為〈人民的生命被病毒和體制的重病共同傷害〉的文章在網路廣為流傳。一開始，他只是給少數好友分享，但文章很快在私人聊天群被廣泛分享。文章強烈批評中國官方在新冠疫情爆發後未及時告知民眾，是一個渴望權力的「小丑」和共產黨對言論自由的鉗制加劇了疫情，「沒有了媒體代表人民利益去公告事實的真相，剩下的就是人民的生命被病毒和體制的重病共同傷害的結果」。此次災難證明他二〇一六年對壓制公眾批評發出的警告是正確的。文章寫道：「那裡站著的不是一位皇帝在展示自己的『新衣』，而是一位剝光了衣服也要堅持當皇帝的小丑。」雖未點出習近平的名字，但人人都知道「小丑」指的是習。文章呼籲，中國改革成功之路應是「黨政分開、政企分開」，強調要打破黨的領導：「讓人民自己說了算，自己對自己負責，同時對人民負責」。中共應「在這種愚昧中清醒」，並像一九七六年「打倒四人幫」那樣打倒阻礙它前進的領導人、結束文革動亂。

三月十二日，任志強六十九歲生日後第三天，他和兒子及祕書被警方帶走。四月七日，中共北京市紀律檢查委員會、北京市監察委員會發佈消息，稱華遠集團原黨委副書記、董事長任志強涉嫌嚴重違紀違法，目前正接受西城區紀委和監委的紀律審查、監察調查。七月二十三日，北京市西城區紀委、監察委發佈通告，稱任志強因嚴重違反共產黨五項紀律，構成嚴重職務違法，涉嫌貪污、受賄、挪用公款、國有公司人員濫用職權犯罪，宣佈開除任志強黨籍處分，同時取消其待遇，收繳違紀違法所得，涉嫌犯罪問題將移送檢察機關依法審查起訴，所涉財物隨案移送。公告專門提到任志強的觀點，「任志強喪失理想信念，背棄初心使命，在重大原則問題上不同黨中央保持一致，公開發表反對四項基本原則的文章，醜化黨和國家形象，歪曲黨史、軍史，對黨不忠誠、不老實，對抗組織審查」。可見，經濟罪是幌子，言論罪才是根子。

九月十一日，任志強案開庭審訊，任志強未聘請律師，自行就檢察官提出的指控及法官詢問進行自我辯護，面對絕大部分指控均拒絕認罪並給予反駁。九月二十二日，北京市第二中級人民法院對任志強案公開宣判，法院認定任志強非法獲利一千九百四十一萬餘元，濫用職權致使國有企業損失一點一六七億餘元，數罪併罰合併執行有期徒刑十八年，並處罰金四百二十萬元。任志強「承認所指控的全部犯罪事實，並自願接受法院判決」，外界分析是因為當局以他兒子為人質，他被迫屈服。

海內外均質疑此一判決。資深記者李大同[2]指出，任志強退任華遠董事長時，四次財產審計都沒有問題，其四大經濟罪名均為當局「栽贓」。《紐約時報》記者儲百亮評論說，「這一嚴厲懲罰的目的在於壓制異見」。當中國的外國記者日漸減少，而中國媒體也如任志強文中所說的「都姓黨」之時，沒有人會代表中國人民去揭發真相，結果將是「人民的生命被病毒和體制的重病共同傷害」，中國公安則會為了政治而「消滅惡毒勢力，不惜一切代價」。

任志強案彰顯了在極權主義變本加厲的習近平時代的三個特徵：首先，像任志強這樣的少數良心未泯的體制內菁英、既得利益者也對習近平的暴政忍無可忍，挺身而出，說出真話；其次，鄧小平、江澤民及胡錦濤時代「悶聲發大財」的經濟菁英，在面對新一輪「打土豪，分田地」的洗牌時，與中共的結盟或依附關係破裂；最後，習近平不允許出現任何對其個人的批評和質疑，其執政特色愈來愈毛澤東化和史達林化。

二〇二二年八月二十一日，任志強的一張獄中照片在推特中文圈流傳。照片中，任志強頭戴防塵帽，身著監獄統一配發的灰色橘領外套，拿著砂紙低頭研磨著木具，照片一角可看到他身旁坐著其他獄友。他氣色尚可，但表情相當凝重。

2 李大同（一九五二—）：記者、編輯。一九八九年，因組織記者參與民主運動，被撤銷職務並被閒置多年。一九九五年，創辦《中國青年報》之《冰點》特稿版，後擴展為《冰點》週刊。二〇〇六年一月十一日，發表學者袁偉時的文章〈現代化與歷史教科書〉，批評歷史教科書有「狼奶」問題，被中宣部勒令停刊。李大同在網上公開抗議。二〇一八年二月，發表公開信反對中共修憲（即取消國家主席任期限制）。

14

張戎：面對一個遠遠超出想像的邪惡，唯有秉筆直書

張戎：作家，歷史學家。一九七八年，成為文革後第一批赴英國留學的中國留學生之一，後獲英國約克大學文學博士學位，是中共執政以來第一位獲英國博士學位的中國人。其代表作《鴻：三代中國女人的故事》和《毛澤東：鮮為人知的故事》在西方成為超級暢銷書，大大幫助英語世界的讀者認識共產中國的真相。

張戎，一九五二年出生於四川宜賓高幹家庭，父母都是早年追隨中共革命的知識青年，其父官至中共四川省委宣傳部副部長——此一中共文宣幹部家庭的背景，跟蘇曉康、楊小凱、譚松等人頗為相似。

一九六六年，張戎十四歲時，文革開始，所有書都成為「毒草」，全國上下掀起燒書狂潮。其父被打倒，藏書被燒，陷入不可遏止的極度痛苦，以致精神失常。她親眼目睹，刻骨銘心。父母被關押後，她東躲西藏，曾在一個親戚家住過幾個月，那是一個知識分子家庭，可是除了《毛澤東選集》和毛語錄，只有兩本書：一本是毛允許的《蘇聯共產黨簡史》，另一本是《新華字典》。無書可讀的煎熬，促使她把《新華字典》背了下來。

文革期間，張戎做過農民、赤腳醫生、翻砂工和電工，她如此回顧在這段歲月：「我享受過特權，

也遭受過磨難；有過勇氣，也有過恐懼；見過善良、忠誠，也見過人性最醜陋的一面；在痛苦、毀滅與死亡之中，我更認清了愛及人類不可摧毀的求生存、追求幸福的能力。」中共聲稱將中國建設成天堂，她反問說：「如果這是天堂，地獄又是什麼樣子呢？」

一九七三年，張戎就讀於四川大學外文系。此時，儘管中國還完全封閉，她已得出結論，西方是個美妙的地方。讓她得出這個結論的，是毛澤東和他的政權。多年來，張戎天性中崇尚的東西被譴責為西方資產階級的罪惡：從花草書刊，到禮貌善良；從做人的尊嚴，到生活的自由。無處不在的控制管束，讓她難以忍受。從曾出過國的朋友講起的幾個小故事、官方出版物中挖出的隻言片語裡，她拼湊出一個接近其天性的西方形象。下意識裡，她嚮往著西方。

毛澤東死後，鄧小平開始「改革開放」。中國選派留學生到西方留學，張戎竭盡所能去爭取僧多粥少的名額。「幾年前，我的一個朋友告訴我一個故事。他是一九六四年從香港返回『祖國』的，回來就不准他離境了。直到一九七三年，由於尼克森訪華帶來的開放，他才獲准去香港探望他的家庭。到香港的當天晚上，他聽到他姪女打電話給東京安排到那裡去度週末。這段小事使我思緒萬千，從此一想起來就心神不定。這種我不敢夢想的自由，不斷地折磨我。因為出國簡直是聞所未聞，這願望就一直被牢牢地囚禁在我的下意識裡。」她以優異的成績考取了公派留學資格，她父親的平反通知與她獲准出國留學的通知同時送到家中。中國封閉幾十年，每個人都因缺乏新鮮空氣而感到窒息。張戎是其所在大學以及整個四川省（將近一億人口）一九四九年以來的第一個留學生。

一九七九年，張戎離開中國，那一年她二十七歲。她如此描述飛離中國的那一刻：「當我最後靠在飛機座位上時，我才意識到沒有好好摟摟母親。她是在成都機場為我送行的，幾乎不動什麼聲色，沒有流眼淚，我去到地球另一端似乎也不過是我們曲折多事的生活中的又一段插曲。……中國越離越遠了。我從窗戶看出去，只見銀色的機翼外是一個無邊的宇宙。我再看一眼過去，就開始憧憬未來。我一心想擁抱世界。」到英國後，「一旦『涉外紀律』這個緊箍咒隨著改革開放不久鬆弛，我便很快融入英國社會，在這裡感到如魚得水。文化不同不是障礙，而是趣事。西方生活方式讓我感到很舒服，沒有東西需要『適應』。」她進入約克大學專攻語言學，一九八二年獲博士學位，是中共執政以來第一位獲英國博士學位的中國人。她曾任教於倫敦大學亞非學院，為該院榮譽院士。

張戎在留學期間有了寫作家族傳記的想法。一九八八年，她母親來倫敦跟她住了六個月。母親生平第一次講起自己和姥姥的身世，以及與父親的愛情生活。母親有說不完的話。聽著聽著，一個童年的夢甦醒了：張戎意識到自己熱愛寫作，想做作家。這個夢多年來只是模糊的憧憬，藏在潛意識裡。在她成長的毛時代，作家大都遭到政治迫害，書和筆是危險的東西。她在一九六八年十六歲生日那天寫的第一首詩，在紅衛兵闖進家裡抄家時，被她撕碎沖下馬桶。但寫作的願望依然存在。隨後無論是當農民，還是做電工，一支無形的筆，總會在腦子裡划來划去。母親好像知道女兒從小懷著個不言的夢，要幫助女兒實現它。離開英國時，母親留下六十個小時的錄音帶。在此基礎上，張戎動筆寫《鴻：三代中國女人的故事》，只花了兩年多時間，在潛意識中積累多年的醞釀，經母親故事的啟發，滔滔湧出，很自然，很容易。把個人與歷史、兒女情與家國事揉合在一起，形成了張戎的風格。

寫作過程中也有困難，困難是回憶往事，特別是文革中涉及父親、姥姥的一些細節。張戎剛到英國時希望忘掉它們，現在為了寫書要重新回想，十分痛苦。但有先生喬．哈利戴在身旁，任何痛苦都不是不可忍受。他是張戎的感情支柱，也是其寫《鴻》不可或缺的幫手。英文不是張戎的母語，《鴻》要飛起來，沒有作為英國歷史學者的喬．哈利戴辦不到。張戎的弟弟張樸[3]也是她的得力合作夥伴，是《鴻》的中文版譯者。

《鴻》出版後，很快成為英語世界的暢銷書，被翻譯成三十多種文字，全世界總計出版一千三百萬冊。此書被譽為「理解二十世紀中國的重量級磅礴史詩」，也成為文革後西方人了解鐵幕後中國真相的入門參考書。張戎由此成為有史以來在西方最成功的華裔作家。《鴻》的成功是一個起點，讓張戎擁有普通作家夢寐以求的財務自由和寫作自由。

隨後，張戎與丈夫一起投入一項宏大的工程之中：窮十二年之精力，鉅細彌遺解開關於毛澤東的不為人知的歷史真相。張戎說：「寫毛澤東對我的家庭、我的國家乃至世界都太重要了。這麼一位二十世紀的重要人物，人們對他的了解又是最少的。我的家庭是在毛澤東時代組成的，經歷了沈浮的歲月，也是在他的統治下破碎不堪的，我們在恐懼中生活，但不知道恐懼的源頭，甚至我的父親因上書毛澤東，而在文革時被整死。那麼，當我寫完了以我的家庭為背景的《鴻》之後，最大的心願就是尋找這種革命年代真正的瘋狂是從那裡開始的，那裡是禍根。我便走進我奶奶的戰亂年代，走進我父親的革命歲月，

3 張樸：作家，記者。著有長篇小說《輕輕的，我走了》、《有一個藏族女孩叫阿塔》；短篇小說《換肝》、《一個妓女的六四情結》；政論文〈西藏不相信眼淚〉；特寫〈聶元梓印象〉等。

更走近我成長的每一頁歷史，這使我一步步瞄準了毛澤東，從這位政治大內高手的言行舉止，從他留下的文字材料，看見了他的真實面目，也看清了我們這個民族的悲劇原因。毛澤東的真實人生確實告訴了我，也告訴了人類，其實民族的災難是人禍，中國人是毛澤東要稱霸世界的野心的實驗品。我要替那些已經『奮鬥終生』的人發出些聲音。」

張戎夫婦走遍世界各地，訪問數百名毛的親友、與毛共事、交往的中外知情人、見證者及各國政要，包括六名總統、六名總理、四名外交部長、十三名前共產黨領袖。這些人物中，有美國前國務卿季辛吉、美國前總統福特、英國前首相愛德華・希思（Edward Heath）、達賴喇嘛、史達林與赫魯雪夫的翻譯、張學良、蔣緯國、陳立夫等。更走訪各國超過三十個檔案館，取得許多聞所未聞的史料，並加以認真嚴謹的考證。在此基礎上，完成了一部氣勢恢宏的毛澤東傳記《毛澤東：鮮為人知的故事》。她批駁了季辛吉的「毛澤東是追求平等的哲人」的說法，揭示了毛作為冷血的機會主義者和將個人權力看得高於一切的暴君的本質。

張戎說：「今天的中國，毛澤東的像仍然高掛在天安門城樓上，他的遺體停放在天安門廣場的中心。中共現任領導人自稱是毛的繼承者，竭力維持著毛的神話。真實的毛，依然鮮為人知。……我選擇傳主，是基於對他們的強烈興趣，有探索他們真相的強烈願望。而我的寫作原則是：講具體故事，用細節說話，準確明白，達意而已。」她在寫作毛傳時，搜集到越多資料，就越是深深感嘆說：「我面對一個遠遠超出想像的邪惡。」張戎寫道：「毫無惻隱之心是毛澤東最大的優勢。」她說，該書「是一個認識毛澤東的新的視野」，「希望給讀者提供一個嶄新的角度了解毛澤東」，「書中只是用事實說話，由讀者自己去感覺毛澤東值不值得批評或誇獎」。

張戎採訪和寫作過程，本身就比小說還離奇。一九九三年，張戎前往馬尼拉採訪伊美黛・馬可仕，這位菲律賓前第一夫人說：「我們也曾有過天安門事件，只是我們沒有開槍。」一九七四年，伊美黛同丈夫馬可仕訪華，毛澤東與之會見時，竟然捧起她的手吻著，並一直目不轉睛地盯著她豐滿的乳房。伊美黛與張戎談了五個多小時，滔滔不絕。說得興起時，她說，毛笑著稱她為「老鄉」、「湖南人」，對她完全信任。

張戎在香港一家酒店的理髮室偶遇流亡的前剛果總統蒙博托（Mobutu Sese Seko），抓住機會完成一次珍貴採訪。蒙博托告訴張戎，毛見到他時半開玩笑地說：「真是你嗎？蒙博托？你知道我花了多少錢來推翻你啊，甚至要把你幹掉。可你還是活著。」蒙博托的敘述有會見紀錄佐證：毛提起他曾資助的蒙博托的政敵，說：「我們給他們錢和武器，就是他們不會打，打不贏啊，那我有啥辦法啊！」後來，毛跟蒙博托和解了。毛大筆一揮，送給後者一筆鉅款，還給他派了名按摩師，帶一名翻譯，每兩年換一次。

毛傳的英文版頗受西方讀者好評，其中文版在台灣出版卻受阻——因張戎在書中批評國民黨將領胡宗南，胡宗南之子、時任台灣國安局長的胡為真利用公權力施壓，讓已簽約出版此書的遠流出版社放棄出版計畫（多年後，麥田出版社才推出台灣版）。該書中文版只好在香港出版（當時香港尚有出版自由）。出版者、香港《開放》雜誌總編輯金鐘[4]聲稱，毛死後三十年來，第一個十年有李銳的《廬山會

4 金鐘：資深媒體人，政論家，原名冉茂華，曾任香港政論雜誌《開放》及開放出版社總編輯，以尖銳批判毛澤東及中共政權聞名。

議實錄》；第二個十年有李志綏的《毛澤東私人醫生回憶錄》；第三個十年就是張戎夫婦的《毛澤東：鮮為人知的故事》，這是具有里程碑意義的。英國外交官、中國問題專家喬治・華爾頓稱：「張戎夫婦所講述的故事，既令人毛骨悚然，又具有迷人的魔力。在現代政治傳記中，這一部最具震撼力，最令人愛不釋手，揭示了最多的不為人知的故事。鮮有書籍注定能改變歷史，但這部書將改變歷史。」歷史學家賽門・蒙提費歐里（Simon Sebag Montefiore）稱：「這是第一本充滿真實細節的有關這個最大惡魔的政治傳記。」《時代週刊》評論說：「這本書的威力像原子彈！」

毛傳的出版，如一石激起千層浪。出版前，張戎曾一度期待有學術上批評與質疑，想像著基於對史料的不同解讀進行的辯論。結果卻讓張戎極為吃驚——若干海外多年研究中共問題的學者（包括身為台灣中央研究院院士的歷史學家許倬雲、陳永發）紛紛質疑說，這本書將毛寫得太壞了。批評者們出版了一本集子，標題是：《傳記還是杜撰？——海外學者評〈毛澤東：鮮為人知的故事〉》。對這些執意為毛辯護的人，張戎感到無語。已經有那麼多他們也並不否認的、血淋淋的事實公諸於世了，繼續在這個問題上進行辯論，就好像是爭論希特勒、史達林、波布（紅色高棉領導人）是好人還是壞人。參與編輯此書中文版的香港資深媒體人蔡詠梅[5]評論說：「這個極權社會的建立，血腥無比，殺敵人，殺無辜，殺自己的同志，殺得血流成河，天地變色，將中國的近現代倒退回到黑暗血腥的中世紀。毛澤東的紅色江山真真是鮮血染成的！而使得中共革命最後能夠勝利的毛澤東，誠如張戎所言，並非什麼理想主義者，而只是以共產主義革命起家而成就其霸業的皇權主義者。一些西方學者不能接受張戎毛傳中的主角是個邪惡之極的壞蛋，不能理解這樣壞的人為什麼能領導中國革命而獲得勝利，因此認為張戎有偏見。

這些學者可能對左派革命有一廂情願的同情，更主要的是不了解中國傳統文化。中國正統意識形態是儒家倫理，但在權力場中卻完全奉行權術、所謂『無毒不丈夫』、『可我負天下人，不教天下人負我』之類的冷血原則。……在中國的權力場中，最冷酷、最無情、最奸詐、最不講道義誠信者最有希望獲勝。」二〇二一年，《毛澤東：鮮為人知的故事》再版上市，此時習近平的「再毛化」政策如火如荼，西方世界瞠目結舌。因深切認識中國歷史而洞悉現實與未來的張戎，在新版序言中不無感慨地寫下：「十多年過去了，遺憾變得近乎絕望。名符其實的歷史研究已縮小到〇，實事求是成了罪名，對毛稍有評說就要遭殃。」

這本書的出版更讓張戎遭到海內外毛粉的猛烈攻擊，有的很惡毒，生命也一度受到威脅。中共御用文人甚至攻擊說張戎夫婦是得到英國情報機構的資助來寫這本反華書籍的。這些她都有思想準備，在和先生一道研究時，看到發掘出來的史料和歷史真相，就知道這本書很危險，會要付出代價。但她覺得應該秉筆直書——中華文化裡不是一向有「在齊太史簡，在晉董狐筆」的傳統嗎？

毛傳發行後，中國當局試圖阻止張戎去成都老家探望年邁的母親。二〇〇七年，英國政府幫助張戎從中國政府那裡爭取到每年回去探親兩週的承諾。但每次都要經過特別申請，過程總是困難重重，令人焦慮不安。回去後，每一天都在當局的嚴密監控之下，她再也無法採訪到敏感人士。習近平上台後更增加一層：人身安全的危險。習近平處處仿效毛澤東，自然不能容忍任何對毛的批評和揭露——因為，一

5 蔡詠梅：香港資深媒體人、政治評論員及作家，曾任《開放》雜誌副主編，著有《周恩來的祕密感情世界》。

旦張戎的讀者通過其著作認清了毛的暴君真面目，他們也就認清了習近平所作所為的來龍去脈。隨著中國局勢的惡化，這幾年，張戎已不再為到中國探親而努力了。這樣一來，母親病危、去世，她都不可能陪伴在身邊。「為了如實寫史，我付出的最大代價是，或許今生今世會再也見不到母親。」

之後，張戎又完成了《慈禧：開啟現代中國的皇太后》、《宋氏三姊妹和她們的丈夫》，與《毛澤東：鮮為人知的故事》合稱為「中國現代史及其核心人物三部曲」。她以筆為刺，將影響近代中國最深的三個王朝（滿清、蔣家與毛的共產中國）一一針砭。

張戎在英國生活四十多年，充實自在，她說：「這裡是我的家。」如今，人們想離開習近平統治的中國，是再自然不過的選擇。習想把中國拉回毛時代，非常可怕。張戎說：「我祝願離開了中國的人們，在西方生活愉快。」

台灣博客來網站可購買張戎的多種著作：
https://search.books.com.tw/search/query/key/%E5%BC%B5%E6%88%8E/cat/all

15 王力雄：以更勇敢的姿態，去面對仍然張狂於這個世界的邪惡

王力雄：作家，政治評論家，環保活動人士，環保組織「自然之友」創始人之一。代表作為政治預言小說《黃禍》、《大典》、《轉世》三部曲，提倡「遞進民主制」，亦對西藏、新疆等少數民族問題有深入研究。

王力雄，一九五三年五月二日生於吉林長春。父親王少林在文革前曾任長春第一汽車廠副廠長，一九六八年被打成「走資派」和「蘇修特務」，死於被拘押中，定為「畏罪自殺」。母親鄭荃是長春電影製片廠編劇。一九六九年，王力雄隨從「牛棚」釋放的母親下鄉插隊四年。一九七三年，作為工農兵學員在吉林工業大學汽車專業學習。畢業後分配到長春第一汽車廠工作，先在車間當工人，一年後成為技術員，後調到第二汽車製造廠。一九七八年，參與民主牆活動，並在油印刊物《今天》發表作品。一九八〇年，離開二汽，從此脫離官方體制。

一九八〇年代，王力雄一邊寫作，一邊環遊中國，曾獨自在青海藏區的黃河源頭用汽車內胎紮捆的筏子漂流一千兩百公里，橫貫黃河上游藏族地區，寫作並出版紀實小說《漂流》。

一九八八年，王力雄開始寫作政治寓言小說《黃禍》，三年後以「保密」為筆名在海外出版。這部政治寓言小說描繪了中國陷於政治、經濟、文化、人口與生態的重大危機，終於由高層內鬥引發整個社會總崩潰，難民大批衝出國境，危及世界和人類的存在。這部小說引起海外媒體追蹤報導，曾有香港走私船運整整一船的《黃禍》走私到中國，後來盜版超過百萬冊。

《黃禍》出版三十年後，部分預言成為事實。王力雄說，《黃禍》不再只是預言，而是近在眉睫的全人類生存議題。他寫《黃禍》是用極端的描寫發出告誡：不改變中國的專制政治，黃禍最終一定不可避免。中國發生動亂和崩潰，承受最大苦難的是中國人民，不是統治者。推動著他寫下去的動力是對中國社會深層危機的憂慮。中國的現實一是人口最多，二是人均資源最少，三是欲望最高，四是道德水平最低，這四項中的每一項單獨論都算得上夠嚴重的危機，四項湊在一起，可想而知會造成多麼巨大的失衡。這種失衡是中國最嚴重的危機所在。如今，《黃禍》中描寫的深層危機不僅沒有消失，還在發展，災難就仍有可能發生，只是由什麼引發和表現為什麼形式而已。

王力雄進而指出，今日中國除了政權以外，沒有任何因素可以在整體上整合社會。政治反對派、意識形態、國家化軍隊、宗教、公民社會等整合機制，不是已經死亡就是被鏟除，或是在壓制下無法生長。唯一的整體整合力量只剩下政權。中國社會在這種情況下前所未有的穩定一點也不奇怪，因為在這個社會當中，除了政權已經沒有任何力量能夠凝聚社會，引導人民，對政權形成挑戰，一切都只能在政權的指揮棒下運行。當今中國的基本狀態是：一方面是社會自由度擴大，出現很多新的空間，原來那種社會分子之間被強加的剛性連接逐漸解除，但並沒有新的組織化形式取而代之，隨之而來的是社會越來越散漫。另一方面，政權嚴密控制和管理整個社會。形象地形容，就是一隻政權的桶裝著十四億人的散沙。散沙內部進行著活躍而無序的分子運動，而桶因為失去信仰的凝聚也已「脆化」，從毛澤東時代的鐵桶變成今天的玻璃桶。散沙一般不會挑戰桶，哪怕桶是玻璃桶，但危險在於，萬一一次意外的震動使玻璃桶破碎了呢？唯一的整合就會喪失，社會就會失控，那時的中國將會怎樣？所有危機將一同爆發，桶裡的散沙漫天飛揚，無法收拾。

那麼，中共政權能永遠屹立嗎？王力雄的回答是否定的。世上沒有永恆的事物，中共也不例外。何況它的高度腐敗、意識形態缺失、喪失民心等，都已構成可能垮台的因素。出路只有一條，就是它以自覺的死亡挽救中國，然而現實沒有讓人看到此一前景的絲毫希望。今天面臨的狀況可能比過去任何時期都要絕望，今天的中國既失去了支撐社會的文化結構，又沒有能在最後關頭承托社會的生態底座，一旦政權垮掉，就可能落入碎片化乃至粉末化的墜落過程，最終的災難可能是毀滅性的。

此後，王力雄完成《溶解權力：逐層遞選制》、《遞進民主：中國的第三條道路》、《權民一體論》等政治制度設計專著，參考主流學術界的行文方式，提出自稱可克服西方代議制弊端並引領中國和平安全地實現民主轉型的「遞進民主制」，並對中國當前的經濟、生態、社會、政治危機進行深入剖析。他在二〇〇二年創辦個人網站「遞進民主」，推廣這一理論。他有著當年梁漱溟從事鄉村建設運動的熱忱，卻沒有梁漱溟那樣幸運——得到軍閥的允許，劃出一片區域來從事鄉村建設實驗。共產黨不可能讓王力雄在一個地區乃至一個小鄉村從事這種政治實驗。王力雄後來創作長篇小說《大典》和《轉世》，與《黃禍》形成「預言體三部曲」，在相當程度上都是用虛構文學的形式闡釋其「遞進民主」的理念和理想。

王力雄是當代中國少數能文能武，既可坐而論道，又可起而行道的異議知識分子。一九九四年，他與梁從誡（梁思成與林徽因之子）、楊東平[6]、梁曉燕[7]等人成立了中國第一個民間環保組織「自然之友」，策劃並親自參與數個長期項目。後來，由於他積極參與人權活動，因政府的命令，會長梁從誡將王力雄除名。（難怪梁從誡在其晚年哀嘆：「我們一家三代都是失敗者。」）

王力雄多年一直關注西藏問題。一九九五年至一九九八年間，他十次深入西藏和各省藏區，在藏時間累計兩年多，走遍所有藏區，完成專著《天葬：西藏的命運》。他先後四次到海外與第十四世達賴喇嘛見面交流，成為漢藏對話的代表性人物。二〇〇二年，他出版《與達賴喇嘛對話》，提出一個大膽設想：讓達賴喇嘛充當未來的民主中國的虛位元首。

同年，王力雄發起為四川藏區丹增德勒仁波切（俗名阿安扎西）[8]的簽名請願活動。王力雄、劉曉波等呼籲當局公正審理此案，並約請著名律師張思之[9]擔任此案的辯護律師。

二〇〇四年底，王力雄與擁有一半藏族血統的女作家唯色[10]結婚，更是心繫西藏。二〇〇七年七月，他與唯色合著的英文文集《Unlocking Tibet》在瑞士出版，書中收錄他研究西藏問題的多篇文章。二〇〇九年十月，達賴喇嘛在華盛頓授予其「真理之光」獎。

王力雄的好友劉曉波曾評論說：「正如力雄喜歡孤身一人的探險旅行一樣，足跡遍及中國那些人跡罕至的角落，他在精神領域也是個喜歡冒險的癡情探索者。他發表於《今天》上的早期小說《永動機患者》就是他的自畫像。只有他，能在十幾年前就寫出至今仍然暢銷的政治幻想小說，使「黃禍」成為常用的政治詞匯而進入人們的日常用語之中；只有他，能從整個中國和藏漢兩個民族的長遠利益出發，構想出讓達賴喇嘛作為未來中國的精神領袖；只有他，能夠形成『逐級遞選制』的方法論假設，並堅持不懈地探索、完善，二十多年如一日。」

一九九九年一月，王力雄赴新疆收集資料，準備撰寫一本關於新疆民族問題的著作。一月二十九日，他被新疆國安部門以涉嫌泄漏國家機密為由逮捕，關押四十二天後釋放。後來，他將這段經歷寫成〈新疆追記〉一文，在網上公開發表。

王力雄坦承，剛被拘捕時，心中充滿恐懼，突然意識到一直自詡為英雄主義者和理想主義者的自

---

6 楊東平（一九四九—）：北京理工大學教授，二十一世紀教育發展研究院院長，「自然之友」副會長、西部陽光農村發展基金會理事長。代表作為《城市季風》、《最後的城牆》，主編有《新公民讀本》。

7 梁曉燕（一九五七—）：原北京外語學院教師，「六四」時因支持學生而被停職審查。後成為民間教育學者及民間公益行動領袖，公益通訊《民間》的發起人兼主編，曾任西部陽光農村發展基金會祕書長。

8 丹增德勒仁波切（一九五〇—二〇一五）：西康地區深受民眾愛戴的高僧。二〇〇二年四月三日，成都天府廣場發生爆炸案，時任四川省委書記的周永康親手操辦此案，指控丹增德勒是策劃者。同年十二月，丹增德勒被判處死刑，緩期兩年執行，剝奪政治權利終身。二〇一五年七月十三日，在獄中被折磨至死。

9 張思之（一九二七—二〇二二）：律師，法學家。曾為鮑彤、魏京生、王軍濤等政治犯辯護。著有《行者思之》，創辦《中國律師》雜誌。他曾直言：「只要一黨專政還在，腐敗問題就不可能解決，中國政府不願接受任何形式的監督，不可能根治腐敗……他們說的維穩是穩住紅色江山，這是理解中國問題的關鍵。」

10 唯色（一九六六—）：全名茨仁唯色，漢名程文薩，藏人女詩人、作家。因揭露中共殖民西藏的真相，屢屢遭封殺、監控並被禁止出境。著有：《 劫》、《西藏火鳳凰：獻給所有自焚藏人》、《樂土背後：真實西藏》、《疫年記西藏》等，與王力雄合著有：《聽說西藏：發自西藏現場的獨立聲音》《圖伯特這幾年》。

已無比脆弱：「我無法判斷可能被判幾年刑。審訊者說按法律規定我犯的罪應判五到十年，如果數罪並罰，可能更多。……一想到將有那麼多年在監獄度過就感到恐懼，那恐懼在漫漫長夜深入骨髓，隨之而來的各種想像也異常活躍，具體而細微。」在無邊無際的恐懼和黑暗中，他中了國安官員的計謀，無意間說出幫助他辦「特約記者」證件的朋友的名字。

追悔莫及之下，王力雄決定以自殺來抗爭和解脫。他找出平時不太戴的近視鏡，掰下一個鏡片，放在腳下，用恰到好處的力量踩破。然後用玻璃殘片刺脖子，第一下玻璃沒有紮進去，力量不夠。第二下用的是猛勁，皮膚很輕易被紮破，玻璃片插進脖子裡面。「世上的生物只有人會自殺，因為只有人會追求活的尊嚴。從這個角度看，自殺不是恥辱，而是人性的光榮！」

王力雄的自殺沒有成功，看守發現後將他送到醫院搶救。之後，繼續將他關押在拘留所，強迫他簽署一份願意為國安服務的保證書，才將其釋放。他回到北京，與老母親見面後，決定寧願再次被捕也要宣佈那份保證書作廢。他分別致信江澤民和新疆國安部門負責人，並隨身攜帶日用品，準備隨時被捕。不過，國安並未來拘捕他。外界傳說，王力雄的獲釋及未再次被捕，是因為他母親給江澤民寫信，而他父親當年在一汽時曾是江的上級。但王力雄認為，這個說法並不可靠，他父母當年跟江並無直接交往，江也從未回覆他母親的求救信。

這段經歷成為王力雄人生中的一個轉折點。他在〈新疆追記〉中寫道：「從那時起我就做出明確決定，必須把我經歷的一切全部公開，只有那樣，我的內心才能得到寧靜。……有人需要反省，而反省首先就在於正視歷史，敢說真話。這樣的反省決不是庸人自擾，可有可無，如果一個社會的所有成員都敢講真話，那社會就既不用起義，也不用革命，再強大的專制暴政也會頃刻瓦解。中國之所以能夠如此長久地維持專制統治，很大程度就在於專制者成功地做到了讓人們不敢和不願講真話。……我知道這樣做可能付出的代價會有多麼沈重。然而專制權力就是這樣，怕它的人越多，它就越強大，人們反過來就會更怕它。要打破專制，就必須突破這種循環，而突破只能從我們每個人的自身開始。監獄的日子不好過，但是監獄總要有人去，自由是從監獄開始的，追求自由也就不能回避監獄。」這段文字，宛如中國版的《懺悔錄》，披肝瀝膽，血肉淋漓。

完成並發表此文，王力雄從屈辱和羞恥中得到釋放：「現在回頭再看新疆的經歷，距離和時間使我超越當初的激動與痛苦，開始感受到蘊含深層的收獲。它讓我在為尊嚴鬥爭的過程中徹底反省，把擺脫對權勢的依附變成自覺；它使我設身處地體驗到少數民族的情感，清掃掉我內心深處的國家主義殘餘；我以自身的經驗理解了人性脆弱，從而有了更多對恐懼與屈服的寬容，以及有了對專制暴政加倍的憎惡；生死邊緣走過一遭，使我萬事看開；我在那時向上帝祈求的勇氣，正在潤雨無聲地滲入我的靈魂；我不認為從此就會沒有軟弱，但肯定可以更少恐懼，更多堅強，讓我以更勇敢的姿態，去面對仍然張狂於這個世界的邪惡。」王力雄是最早脫離體制的一批知識分子，但身體的脫離並不意味著思想和觀念的脫離。長期以來，他的思考和寫作不由自主地帶有諫言和上書的味道，被「中南海中心主義」所束縛。新疆事件讓他脫胎換骨，徹底走向民間、走向自由、走向個體。

二〇〇七年，王力雄在台灣出版新疆問題專著《我的西域，你的東土》，此書成為其西藏問題專著《天葬：西藏的命運》的姊妹篇。書中收入〈新疆追記〉一文，另有此後四次重返新疆的見聞，包括對維族人士的訪談，以及如何解決新疆問題的思考。

二〇〇二年，北京當代漢語研究所授予王力雄當年度的「當代漢語貢獻獎」。同年，他在紐約接受獨立中文筆會授予的第一屆「自由寫作獎」。次年，他獲得美國「人權觀察」頒發的「赫爾曼—哈米特獎」（Hellman-Hammett Grants）。

二〇一九年十二月二十三日，王力雄在YouTube創建禁書朗讀頻道「絕地今書」。他指出，作家的生存方式是寫作和出版，但身為「禁書作者」，書被禁，人也被禁，意味著身處「絕地」，而「今書」意味著尋找一種突破禁錮的方式，就是將作品放在國際社交媒體上，自出版、自發行，自傳播。

王力雄「絕地今書」YouTube頻道：https://www.youtube.com/c/jidaibooks
王力雄電子書購買及下載：https://www.jidaibooks.com/donation/
王力雄推特：https://twitter.com/wlixiong

16 艾曉明：我願意做這個時代的拾荒人或守夜人

艾曉明：北京師範大學文學博士，廣州中山大學中文系退休教授。文學研究者，紀錄片拍攝者，人權及女權活動人士。

艾曉明，一九五三年十月出生，母親為民國軍閥唐生智的女兒，父親艾仁寬為唐生智的義子。文革爆發時，在同儕壓力下，十三歲的艾曉明寫大字報批判父親，後來深深為之懺悔。她下鄉當知青五年後，外公已在審查中去世，父親被定性為「內部矛盾」，她被招為工農兵大學生。一九七六年，考入華中師範大學中文系攻讀碩士學位，畢業後留校任教。一九八五年，考入北京師範大學中文系攻讀博士學位，成為文革後第一位女性文學博士。一九八八年至一九九四年，任教於中國青年政治學院。一九九四年之後，任教於廣州中山大學中文系。

艾曉明在中國青年政治學院的同事和好友王東成[11]回憶說，一九八九年學運初期，艾曉明表現得極為淡定和超然，「當整個北京城都成了史無前例的盛大『嘉年華』的時候，艾曉明還是一個人靜靜地在辦公室讀書和寫作」。但到了運動注定要失敗、要被鎮壓時，「艾曉明竟毅然去廣場了！……『萬花皆寂寞，獨秀一枝春』，『于無聲處聽驚雷』，似乎淡定、超然的艾曉明，一下子成了奔走呼號、慷慨悲歌的勇士！」鎮壓之後，當局秋後算帳，「她平靜地拒絕認錯，拒絕批判別人」。

世紀之交，艾曉明從書齋走向大地，從象牙塔走向民間。二〇〇三年，她創辦中山大學性別教育論壇，翻譯、導演了美國女性主義話劇《陰道獨白》。她成為倡導女性權益的代表性學者。當代中國的女權運動跟西方截然不同：西方愈來愈激進的女權運動是左派社運的組成部分，甚至淪為排他性的反自由敘事和馬克思階級鬥爭理論的翻版；中國的女權運動則是人權運動和維權運動的一部分，若在西方意識形態譜系中，會被歸入右派。

同年，艾曉明參與「孫志剛事件」，推動廢止「收容遣送制度」。次年，又創辦中山大學性別教育論壇影像工作室，與獨立製片人胡杰[12]合作拍攝紀錄片。工作室的宗旨是運用新媒體技術，製作有關公民運動特別是婦女維權的紀錄片。這一階段，艾曉明的工作尚在官方紅線之內，在公共領域得到一系列正面報導與肯定：被《南風窗》雜誌授予「為了公共利益良知獎」，亦被上海《東方女性》雜誌讀者投票選為「最有影響十大人物」之一。

長期以來，艾曉明的第一身份是文學教授和文字工作者，自從與胡杰合作之後，她逐漸「棄筆從鏡」，用攝像鏡頭取代紙筆，成為一名紀錄片拍攝者。多年後，她回顧自己在文字與影像間的抉擇時說：「我們大多數人都習慣將文字作為求知、表達的工具，但是在中國這種極權社會，宣傳術和洗腦術也是透過文字來實現的，它特別否定具象，否定人們的直觀體驗，而影像、紀錄片，它呈現的就是這些直觀、具體的東西。」而她逐漸發現自己有能力組織攝影機的語言、表達自己的想法。寫文章的人很多，但能去現場拍攝的人，拍完之後將其變成作品的人，卻很少。

二〇〇五年九月，廣州郊區太石村的村民因不滿村主任而舉行罷免，一度接管財務室，並成功舉行投票，但最終在警方暴力鎮壓之下屈服。艾曉明親至現場，作文字與影像記錄。她撰文指出：「小小的太石村，因為罷免引起的衝突一波波擴散開；不經意間，太石脈動已經成為對中國未來基層民主可能性的考量標誌。賦予太石重大意義的知識界，又該怎樣對太石的法制建設和平穩過渡伸出援手呢？」九月十五日，她發表公開信，請求時任總理的溫家寶出手干涉此事，釋放被捕村民，但無異於對牛彈琴。九月二十六日，她因參與調查太石村事件，遭當地警方和黑幫暴力圍攻。

二〇〇六年，艾曉明與胡杰合作拍攝紀錄片《天堂花園》。該片以湖南女教師黃靜被強暴致死案為主線，她希望通過紀錄片來為黃靜維權。紀錄片導演文海[13]指出，這是一部生動而深刻的學者紀錄片，「這是思想、觀念上的刺激，它顛覆、糾正、更新了我們習以為常的倫理觀念，幾乎可以用『意想不到的美』來形容這部影片。」艾曉明說：「推動我走上拍攝紀錄片道路的原因，就是這個婦女遭受暴力

11 王東成（一九四九—）：中國青年政治學院教授，多次被學生評為最受歡迎的教授。受洗成為基督徒後，退出中共。二〇一四年，因參與紀念「六四」二十五週年研討會，遭北京警方傳喚。

12 胡杰（一九五八—）：紀錄片導演，前新華社記者，因拍攝題材敏感的紀錄片被迫辭職。其代表作有：《尋找林昭的靈魂》、《星火》、《我雖死去》等。

13 文海（一九七一—）：獨立紀錄片導演。作品包括：《喧囂的塵土》、《夢遊》、《我們》、《西方去此不遠》、《凶年之畔》等，多次在國際電影界獲獎。著有《放逐的凝視：建政中國獨立紀錄片》。

案。我唯一的想法是：讓我們彼此看見。我們要看見，如花的生命怎樣遭受凌辱，又如何因社會對婦女暴力的漠視以及司法不公，死無葬身之所。」她的紀錄片，都有介入感、立場非常明確，是當事人事件的一部分，也是呼籲、倡導、行動的一部分。

這兩年，艾曉明還完成紀錄片《中原紀事》和《關愛之家》，描述因輸血感染愛滋病的患者悲慘的生活狀態和艱難的維權之路。她採納了高耀潔提供的很多數據和資料，事後她說：「如果不是有高老師，我們頭上可能會有很多頂帽子，有她十幾年的實踐來證明這個片子沒有講假話，（因輸血導致愛滋病氾濫）這一現象是存在的。」

二〇〇八年，四川發生大地震，天災很快演變成人禍。艾曉明深入現場，拍攝了五部「川震系列」作品：第一部是《我們的娃娃》，記載死於豆腐渣校舍的學生及家長的漫漫維權路。她將地震的日子視為國殤日：「今天是不能沈默的日子，其實每一天都是。那些無辜的孩子們，他們不應該那樣悲慘地喪生，且還要在我們的記憶中消失。他們曾經那樣頑強地保持了逃生的姿態，他們需要成年人呼出他們的聲音。」第二部是《公民調查》，記載譚作人等公民記者如何完成第一份公民調查報告。第三部是週年祭《忘川》。第四部是《花兒為什麼這樣紅》，記錄譚作人的被捕和一審過程。第五部是《國家的敵人》，記錄譚作人案二審判決前後三天的經過，影片講的是「一個人內心的故事，是我們對朋友、對友誼、道義的擔當」。

在拍攝過程中，艾曉明深切意識到，中國有那麼多災難，同時新聞又有那麼多禁忌、不自由，資訊傳播受到巨大的阻隔。資訊阻隔、新聞限制和缺乏真相，其實就是災難的一部分，也是社會問題、社會衝突頻發不能解決的一部分。在中國這個完全沒有章法、沒有底線、人身安全沒有任何保障、記者沒有人權的環境下，什麼東西最寶貴？發出聲音最寶貴，有影像最寶貴。所以，她倡議每個公民都拿起DV、拿起手機來拍攝「一個人的電影」，以此盡公民責任。

此後，艾曉明的拍攝重點轉向公民運動：「我關注的是維權事件，它是公民運動的過程。這可能和我的立場、身份有關係，因為我覺得我也是中間的一部分。」二〇一一年，她採訪維權人士王荔蕻[14]，由王荔蕻回溯「福建三網友案」，拍成紀錄片《讓陽光撒到地上》。二〇一二年，她拍攝烏坎村民維權抗爭的紀錄片《烏坎三日》。二〇一四年，又完成紀錄片《新公民案審判》，通過對許志永的辯護律師張慶方[15]及學者郭於華[16]、企業家王瑛[17]的採訪，呈現了公民對這場審判的質疑以及對「新公民運動」的

14 王荔蕻（一九五五—）：公民記者，退休後從事維權活動，被圈內稱為「大姐」。二〇〇八年，福建閩清縣年輕女子嚴曉玲遭輪暴慘死，當地公安不予立案。嚴母林秀英多次上訪，上訪過程中得到網友范燕瓊、游精佑、吳華英的協助——三網友卻被福建警方逮捕入獄，審判過程不公開也不公正，范燕瓊被判刑兩年，游精佑、吳華英被判刑一年。王荔蕻組織維權人士聲援三人，於二〇一一年三月被刑事拘留，判處監禁三個月。

15 張慶方：北大法學博士，北京漢鼎聯合律師事務所律師，許志永案辯護律師。許志永入獄後，他常常陪同許志永的家人探監。他曾在網上發文表示：「前兩年受到此案的一定影響外，總體上維持了正常的生活，有司經過調查發現志永的律師沒有做志永第二的念頭，也就不為已甚。」

16 郭於華（一九五六—）：社會學家，清華大學社會學系教授。主要研究領域為：農村社會學；勞工研究（包括農民工、失業下崗工人、勞工維權等）；特別關注二十世紀下半期中國農村社會生活口述歷史的搜集與研究。積極參與公民運動並對若干敏感社會議題發表看法。

17 王瑛（一九五三—）：中恒聚信投資基金管理有限公司董事長，投資基金管理人。曾是「世紀中國」網站創辦人之一，擔任過《東方》雜誌社長。提出「公民企業家」的概念，積極支持「新公民運動」。

理解。

二〇一七年，艾曉明完成歷史記錄長片《夾邊溝祭事》。這部長達六個多小時的紀錄片，呈現了大饑荒期間數千名右派被凌虐至死的「中國的古拉格」——甘肅夾邊溝勞教農場——的真相。在拍攝過程中，她屢屢受到當地政府的騷擾和打壓。艾曉明強調，「夾邊溝」不僅是一個歷史的故事，也是一個當下的故事——它的傷害延續到當下，圍繞它的抗爭延續到當下；人們對夾邊溝慘案的反思也將影響未來。「大量的人會認為夾邊溝不是一個新故事，但我覺得夾邊溝當下的遭遇還沒有影像跟進，而這個事件有代表性，象徵着夾邊溝事件的當下處境：抹除真相，打壓言論自由，摧毀記憶——這些都是當下的問題。我們怎麼看待過去的悲劇？這個時代怎麼看毛澤東時代？要不要守護我們有關歷史悲劇的記憶，我認為關係到當下中國向何處去。」王東成評論說：「遭受許多挫折、耗費巨大心力的《夾邊溝祭事》，是一部『配得上我們遭受的苦難』的卓爾不群的紀念碑式的大作品。這部作品，以令人驚悚的真實，展示了當代中國『悲愴的天空』和『苦難的大地』，向歷史和人性的法庭，向永恆的至高者，提交了一份確鑿無誤的呈堂證供。」此後，艾曉明應邀赴香港出席該片首映式，遭到警方扣留並遣返回廣州。

中共當局害怕影像甚於文字。在體制內，艾曉明逐漸被視為異類，「從拍紀錄片到協助解決問題，再到問題解決不了，自己成為監控的對象……你介入這個問題就會站在受害者一邊，和另一邊利益集團有衝突，那個利益集團就把你當作眼中釘」，「個人在社會發展過程中被邊緣化，並不是一個個案，實際上是一個必然的過程」。其發聲渠道一一被封，對社會的介入愈發困難。在課堂上，她的很多權利被剝奪，能開的課程愈來愈少，也有過應邀到名校演講卻突然被取消乃至演講剛進行一半就有校方保衛處人員衝進課堂、將電腦強行關機的遭遇。她被限制出境，日常生活處在監控狀態下。國保指揮派出所片警控制她的行蹤，她抗議說：「你這都沒有法律依據，幹嘛和你說我要到哪裡去，你少管我的事，你去管周永康去，不要管我。你們領導殺人放火的事都敢幹，你管我幹嘛？我有不是罪犯。」但從另一個角度看，她也獲得某種自由——不再以一位名牌大學教授的身份發言，而是「作為一個女權主義的行動者，作為一個公民權益的倡導者」的身份發言，「以個體的行動力產生影響」，「想想處境比我更困難的人，我也就沒有什麼壓力了，我的處境比他們要好多了」。

二〇一〇年一月，艾曉明與律師郭建梅[18]共同獲得法國的西蒙波娃獎，中共當局扣押她的護照，不允許她前往法國領獎。她在書面獲獎感言中寫道：「在寒流滾滾的冰封季節，一朵五月之花從天而降，它帶給我久違的尊敬、友好的祝福……它讓我和我的親人、朋友們知道，在族長（馬奎斯小說中的獨裁者，暗指中共黨魁）的狂想、普遍的麻麻痺痺、戒備和孤立之外，有更多的友善、支持和關懷，有我們共同的、對遊魚的自由、對大海一樣波瀾壯闊的人類尊嚴之熱愛。」

世俗的道理是，「水往低處流，人往高處走」；艾曉明卻選擇了一條反向之路——從受人尊敬的教授變成長期遭受警察騷擾的對象：拍攝《國家的敵人》的她，不知不覺成了「國家的敵人」之一員。

---

18 郭建梅（一九六一—）：公益律師，女性平權活動人士，先後創立北京大學婦女法律研究與服務中心、北京眾澤婦女法律諮詢服務中心（後來都被關閉），幫助數以萬計家庭暴力、職場性別歧視、性侵、性騷擾受害者。二〇〇七年，獲頒全球女性領導者獎；二〇一一年，獲頒國際婦女勇氣獎。

她的選擇，只是力圖擺脫苟活和恥辱的生存狀態，她在為北師大校友劉曉波撰寫的一篇百日祭文〈我期待一次盛大的告別〉中感嘆，偌大的一所名校，只有四個人敢公開說出「讓劉曉波自由」：「當異見者被隔絕，只有穩控專班或者不穿警服的便衣客服經常與之言笑晏晏，那就是斯德哥爾摩綜合症見效的時刻。強姦變成順姦變成同謀共犯，施害和受害共存於無是非原則的禮節寬待中，這種恥辱深深地刻入我們的生命。我說我們也許不確切，但至少不會是我一個人的獨特經歷。」

對於拍攝工作的危險性，以及與之對應的這項工作的價值，艾曉明有充分的評估：「我和警察這麼說：我說如果你認為我違反了法律，我知道有一〇五條顛覆國家罪，你要抓我，我可以跟你們走。因為我不能否認那些作品不是我拍的，那些作品的確是我拍的，而且是我想對這個社會說的話。這是非常清楚的，沒有疑義，也沒有任何可含混之處。但是我很清楚，也許三十年，也許更短；全中國所有的大學都會放映我的作品——這點我很清楚。你要把我抓起來，你就給我的作品做了一個太大的廣告，可能很多人就會來看，就會來想：這一切究竟是為什麼。這完全不是抓人可以解決問題的。因為這些問題存在著，即使我不說，還是會有很多人來說。」

艾曉明強調，只有到了現場，才能戰勝恐懼。恐懼是人放大的想像。「到了現場，你就會發現沒有那麼恐懼。」但她又說：「我不希望這個時代因為衝突而出現英雄，更不希望這是一個林昭的時代。每個人應從關心公共利益開始做起，每個公民都能做一點點事，社會就會前進一大步。」

艾曉明指出，真正的問題在於，極權社會壓抑了人們的公共意識。每個人都有關心公共利益的激情，因為這不止是責任，還有自我實現的樂趣。但極權統治者希望每個人都待在自己的網格裡，不得越過個人生活的狹小界限，去關注他人。因為那樣人們就會集聚，形成自己的利益群體並開始抗爭。顯然他們就沒那麼容易被控制了。另一方面，極權社會的一個統治方式是反細節的，它對所有人與事的理解都抹殺其細節與具體性，而以架空的概念、純粹的文字去替代現實。你不能跟它就任何一個細節進行討論。比如一個人蒙冤而死，那麼要追問很多具體的細節，才能進入公正，而公正當然是要有具體的問責和賠償。

在這個時代，人們無法迴避生活中的尖銳性，因為這些尖銳性直接威脅著人們的日常生活。艾曉明呼籲，現在雖有幾十個、幾百個獨立紀錄片，但太少了，中國需要成千上萬的紀錄片，需要大量的公民記者。她對新媒體給公民運動力量堅信不疑，她的自我期許是：「也許可以做一個拾荒者或者守夜人，把那些即將消逝的故事保留下來。這個民族、這個社會是在嚴重失憶狀態裡。例如，很多事情不能提。像三鹿奶粉的問題，你要跟它沒完，要調查問責，結果你倒先進了監獄。在暴力面前，大量的人被迫退而卻步。迫於生存壓力，誰願意去拼命？這個時候，記憶大抵是弱者的武器。先把事情記下來再說，以免失傳。我相信，哪怕是經典如《荷馬史詩》，其動力也是如此。失傳與流傳，關乎人類的精神生命。」

艾曉明推特：https://twitter.com/ai_xiaoming
艾曉明工作室紀錄片簡介及影片鏈接：https://groups.google.com/g/lihlii/c/Fy7pMuC62JI

17 胡石根：監獄是磨刀石，將我磨礪成鋒利的鋼刀

胡石根：民主人權活動人士。北京大學文學碩士，北京語言學院前講師。「六四」屠殺後，因從事反對運動，三度入獄，服刑長達二十四年。

胡石根，一九五四年十一月十四日生於江西南昌郊區武溪公社。其父是農村基層幹部，一九五九年大饑荒時患肝病去世，母親艱難的養育五個孩子。剛上中學，他便趕上江西推行「共產主義勞動大學運動」，所有中學生都被下放到農村勞動。此後，他被分配到江西汽車廠當了八年工人。

一九七九年，胡石根通過自學考上北京大學中文系。他母親聽到這個消息後，不僅沒有感到高興，反而悲痛欲絕。胡石根從小就是孩子頭，常常闖禍，母親知道他容易闖禍，再加上離家遠，她不放心，又是讀中文系，文科容易惹禍上身，所以憂心忡忡。兒子離家北上那天，母親連門也沒出，扶著門框流淚。多年後，他感嘆說：「我自一九七九年來北京，這三十多年大多時間是在牢裡度過的，看來當初母親對於後來發生在我身上的事情是有預感的。我的母親在一九九九年去世，我被關押在北京二監，家裡

人向獄方申請我參加葬禮，沒有獲準。家人就一直瞞著我，直到有一天我弟弟在探監時，說露了嘴，我才知道，回去痛哭一場。」

胡石根考上北大中文系時已二十五歲，比大部分同學年長，老成持重，刻苦己身，專注學業，在同學中頗有威信。多年後，一位同學以筆名「橡溪」發表了一篇題為〈隔壁宿舍的胡石根與胡春華〉的文章，生動地寫道：「每天晚上熄燈前洗漱時，都會在水房相遇，不時聊天打趣。胡石根身材矮壯，很注意鍛煉肌肉健美，宿舍熄燈後，就帶著同樣矮壯的同屋、小他八歲的胡春華同學，及趙清治等，在尚有燈光的樓道裡，舉啞鈴、杠鈴，再進水房，把洗臉盆灌滿冰涼的北京地下水自來水，兜頭澆下，發出野獸般的吼叫，無論冬夏，四季如此。」

一九八六年，胡石根從北大中文系碩士畢業後，任教於北京語言學院。一九八九年學運期間，在「四二六」大遊行之前，他就在語言學院學生樓前發表演講。後來學生絕食，他又組織教工簽名、遊行。部隊戒嚴後，還組織學校師生在五道口附近徹夜堵截軍車。一九八九年六月三日，他騎自行車到木樨地橋下，親眼目睹軍隊屠殺抗議民眾。隨後，他回到學校，為被殺害的學生舉辦追悼會，在大雨中發表演講：「當權者已經舉起屠刀，向我們大開殺戒……」結果被潛伏的特務錄了音。「六四」後，他被追責，被停職反省及行政記過處分。

在被審查期間，胡石根被要求不得離開學校大門，在研究所的圖書室看了一年多書。他接觸到歐洲社會民主黨的政治思想，開始在頭腦中醞釀組黨活動。他反省「六四」的經歷，覺得「六四」之所以失敗，關鍵原因在於沒有一個民主政黨來領導這場運動，如今必須打破黨禁，成立一個民主政黨，就著手做組黨的事情。他剛開始做時就有一種犧牲奉獻的念頭，「覺得自己這一條命是撿回來的，戒嚴部隊沒開槍打死我，這條命留下來就是為了跟他們幹了」。他後來強調說：「中國不需要什麼英雄主義！中國需要的，是每個中國公民都拿出點良知和勇氣來，拿出點公民精神和公民責任感來，都能夠『從我做起』積極行動起來，那麼，我們的國家必定大有希望，我們的民族必定大有可為！」

在中共一黨專制的中國，成立反對政黨或組織，是一件最危險的事情，中共必然施以辣手鎮壓。當時，其他民主人士如李海[19]等人不贊同組黨，建議先以鬆散的聯誼會、讀書會的形式聯絡同道。但胡石根明知山有虎，偏向虎山行。他首先發現北京語言學院有一個名叫王國齊[20]的印刷工人，此人是一九八九年民主運動的深度參與者。他約王談組黨之事，王欣然同意。在北京，還有一些人也在考慮組黨，包括陳衛、劉京生[21]、康玉春[22]等人，胡石根一一與他們建立聯繫。

一九九一年初，胡石根說服陳衛、劉京生、康玉春、王天成、陸明霞[23]、陳青林[24]等人參加中國自由民主黨。年底，他又同劉京生、王國齊、高玉祥[25]等人成立作為自由民主黨外圍主席的中國自由工會。

為了紀念「六四」三週年，他們做了很多事情，有人給國家機關寄送公開信，有人去街頭刷宣傳標語，陳衛還冒險到北大三角地貼傳單。他們做事情時非常謹慎，張貼標語時帶上手套，不留下指紋；去一些樓房貼傳單時，還要換鞋，避免留下鞋印。

一九九一年底，一位姓溫的北京大學生，「六四」參與者，坐了一年牢出來，得直腸癌去世了。胡石根等人在西直門的人民醫院成功地舉行了一場公開聚集，悼念逝者。外電報導，這是「六四」鎮壓之後北京活動人士舉行的第一次公開抗議。一九九二年四月底，他們又組織「香山散步」，大概有三、五十人，實際上是一次公開的示威活動，有十多位外國記者隨同。

他們在豐台東高地開了一個滷鴨店，前院賣滷鴨，後院除了做滷鴨，還有一台日本超霸速印機。那台機器當時要花幾萬塊，非常貴，他們用來印刷反共傳單。在「六四」三週年前夕，他們策劃用航模飛機在天安門廣場撒傳單，找來專家幫忙，投入十幾萬經費。然而，航模飛機還未做好，就被人告密。五月二十五日，警察來到滷鴨店，掀開簾子一眼就看見速印機。但警察當時並未動手抓人，而是要放長線、釣大魚。

---

19 李海（一九五七—）：一九八九年學運期間為北大研究生，擔任「北京大學學生自治會」聯絡部部長。一九九〇年六月一日，因策劃、組織「六四」一週年紀念活動，被北京市公安局「收容審查」兩百零九天。一九九五年，以「泄露國家機密罪」判處有期徒刑九年、剝奪政治權利兩年。

20 王國齊（一九五三—）：北京語言學院印刷廠工人，因與胡石根一起組建中國自由民主黨，被判刑十一年。二〇〇三年出獄。二〇〇七年，在北京五道口街頭賣光碟，被以涉嫌非法經營罪刑事拘留，後取保候審。二〇一一年，突發腦溢血住院，無錢支付醫藥費。二〇二一年，因貧病交加而流落街頭，屢遭警察騷擾。

21 劉京生（一九五六—）：工人，民間刊物《探索》編輯。因與胡石根一起組黨，被判刑十五年。二〇〇四年，獲提前釋放。

22 康玉春（一九六四—）：醫生，中醫博士，因發起組建中華進步同盟，並與胡石根組建中國自由民主黨，被判刑十七年。二〇〇三年，獲提前釋放，後從事醫療工作。

23 陸明霞（一九六八—）：一九八九年天安門學運期間，為人民大學法律系學生，北高聯財政部負責人。「九二組黨」運動的重要參與者，被警方傳喚。後從事證券業。

24 陳青林（一九六八—）：一九八九年天安門學院期間，為北京氣象學院學生。「六四」鎮壓後，繼續參與民主運動，兩度入獄，連累支持他的父親也被關押一年。二〇一四年，流亡美國。

25 高玉祥（一九五六—）：當時為個體戶，因參與胡石根發起的組黨活動，被捕入獄兩年。出獄後，從事水產批發工作。

滷鴨店老板想把速印機藏起來，殊不知早就被警察盯住，就看他們往哪裡藏。二十七日，他們打電話告訴胡石根：「東西藏在某處了。」胡問：「你們還沒走啊？情況很危急，我們趕緊通知人，什麼也不要幹了，快快躲起來再說。」

五月二十七日晚，胡石根到宣武區西便門附近跟高玉祥見面，發現有人跟蹤，趕緊分手。多年後，他回憶被國安人員祕密綁架的場景：「我騎自行車從天寧寺橋往北走，穿過南禮士路，剛到兒童醫院後門，有一位騎自行車的男子從後面撞過來，沖我喊：『哥們，問你點事。』當一聲，連人帶車把我撞倒在地，緊接著，兩輛吉普車一左一右把我夾在中間，車上下來很多警察，其中還有女警察，手裡拿著電棍。他們不由分說，用黑頭套把我的頭蒙住，我大喊『強盜！土匪！』，他們不顧我的抗議，強行把我塞進吉普車，襯衣還掛了一個口子。上車之後，警察一左一右把我夾在中間。手銬銬得很緊，我要求他們放鬆點，一位說『好嘞滿足你的要求』，喀喀緊上兩扣。我知道碰上了混蛋，就不再說什麼了。」

然後，胡石根被送到豐台大紅門南路北京市國家安全局看守所。他在那裡從五月二十七日一直被關押到六月十日，之後轉到秦城監獄。後來他才知道，這次抓捕，把他們整個組織的成員全抓了，光北京就抓了七、八十人，上海、廣州、新疆、成都、內蒙等地也有很多人被抓。

胡石根在秦城監獄被關了三個多月，又轉到半步橋北京市公安局看守所關了三年。一九九四年十二月，他被以「組織領導反革命集團罪」和「反革命宣傳煽動罪」兩項罪名開庭審判，前者判刑十三年，後者判刑十年，兩罪合併執行二十年，剝奪政治權利五年。這是中國有期徒刑中最長的刑期。可見，中共對組建反對黨最為忌憚，一定要處以最重的刑罰，以收殺雞儆猴之效。在北京，與他同案被判刑的人多達十五人，在海外媒體和國際人權機構的文件中，被統稱「北京十五人」或「北京十五君子」。其中，康玉春獲刑十七年，劉京生獲刑十五年，王國齊獲刑十一年，王天成，陳衛、陸志剛[26]、張純珠[27]獲刑五年，芮朝懷[28]獲刑三年，李全利[29]兩年管制，陳青林、王佩忠[30]、邢宏偉[31]、張國鈞[32]、許東嶺[33]等被「免予刑事處罰」——實際上他們也已被羈押了兩年多。在外地，安寧[34]、孟中偉[35]等人亦被捕並被判刑。

其他受此案牽連，被警方傳喚和受到其他形式騷擾的人還有很多，包括尚紅科、王建平、史孝蓮、

26 陸志剛（一九六六—）：原北京大學學生，因參與組黨活動，判刑五年。一九九七年出獄，後從事多媒體工作。

27 張純珠（一九五四—）：原運輸個體戶，因參與組黨活動，判刑五年。一九九七年出獄，後從事商品零售工作。

28 芮朝懷（一九六九—）：原北京理工大學學生，因參與組黨活動，判刑三年。出獄後從事電腦業，後流亡美國。

29 李全利（一九五一—）：原機關幹部。取保候審三年，後從事職介工作。

30 王佩忠（一九六六—）：原中國石油大學研究生。被拘押三年，一九九五年出獄，後流亡美國。

31 邢宏偉（一九六六—）：原四川大學學生。被拘押三年，一九九五年出獄，後從事寫作和翻譯工作。以筆名「阿信」，寫作或翻譯多部西方傳教士傳記，如《用生命愛中國：伯格理傳》、《山雨：富能仁傳》、《客旅：瑞典宣教士在中國西部的生死傳奇》等。還與余杰合作有「基督與生命」系列訪談之《人是被光照的微塵》、《從今時到永遠》。現為成都秋雨聖約教會會友，因堅持聚會，多次被警察拘押。

32 張國鈞（一九六二—）：原飯店老闆。被拘押三年，一九九五年出獄。

33 許東嶺（一九五六—）：原印刷廠工人。被拘押三年，一九九五年出獄。

34 安寧（一九六六—）：北京大學考古系學生，因參與天安門學運，一九八九年七月被捕，半年後獲釋。與胡石根等籌組反對黨，參與撰寫「中華進步同盟」草案。一九九二年，被捕後未經審判關押三年多。一九九五年十月，在法庭上主動承擔所有責任，為同案其他兩人辯護，被判刑五年。一九九九年一月，因公安騷擾而失去工作。

35 孟中偉（一九六六—）：原中央戲劇學院學生，被判刑五年。一九九七年出獄，後從事法律工作。

李海文、張瑞、王來兵、羅顯發、李保生、周傳利、趙昕、王茂偉、陳遠、馬紹華、梁景錄、白東平、孫英斌、張前進、楊安順、陳明心、王懷斌、陳佳若等人。

二〇〇五年和二〇〇八年，胡石根獲得兩次減刑，服刑十六年三個月之後，於二〇〇八年八月底被釋放。

胡石根出獄後告訴朋友，他在獄中遭到頻繁的毆打和虐待。每年六月四日，他都會以絕食紀念死難者。回顧漫長的牢獄生涯，他說：「在不同國家、不同歷史時期都會有監獄。但監獄是社會的縮影，有什麼樣的社會就有什麼樣的監獄。我在監獄十六年，最深刻的就是感受到當年魯迅所說過的一句話：中國的監獄恐怕是世界上最難坐的。當然，也許是最有意思的。現在我回過頭來看，監獄裡度過的十六年零三個月，對我的人生起到了非常重要的磨練作用。因為在坐牢前，我很是有些浪漫想法的，覺得沒有坐過牢的人不是完人，既然要成為一個完人嘛，應該坐牢去試試。但是，一旦坐牢了，尤其是開初的時候，那真的是非常痛苦！……過去我還有一些天真的想法：共產黨訂的法律，他們自己總是應該遵守的吧；共產黨的監獄，總還是要講點人性的吧。但是一坐牢之後，我立馬發現，這些個想法都太天真了。我們很多搞民主維權的朋友，可能都對專制的邪惡，缺乏足夠的估計。只有親身體驗到，才會發現：要跟專制周旋，必須要比它更清醒，而且要比它更靈活更堅定。監獄是一個磨刀石，如果你是人渣，那一磨就磨掉了；如果你是一塊好鋼，你就能磨礪出一把無比鋒利的鋼刀。」

在家庭方面，胡石根付出的代價更為慘重。他妻子堅持了十多年，還是在他出獄前跟他離婚了。女兒不理解他，在他出獄後不願見面，盡管就在咫尺之遙的北京師範大學讀書。胡石根裝作陌生人，到學校裡遠遠地偷看女兒。

胡石根出獄後的中國，與十六年前入獄時的中國相比，早已面目全非。且不說當年與他同屋的小兄弟胡春華成了副國級「黨和國家領導人」（隨後被習近平冷藏），就是與他同時分配到北京語言學院的本科、碩士同班同學崔希亮，也已爬到北京語言大學校長。有老同學希望崔看在同學情份上，好歹幫幫師兄，崔回信說，不認識胡某人。

二〇一〇年八月六日，胡石根由北京家庭教會領袖袁相忱[36]及其二兒子袁福聲牧師施洗成為基督徒。他在家庭教會聚會並帶領團契，並成為教會長老。

二〇一四年五月三日，胡石根因參加「六四」二十五周年研討會，被刑事拘留一個月，同年六月五日被取保候審一年。

在長期的民主運動實踐中，胡石根歸納出中國社會進步的「三階段路線圖」：第一階段為「中國憲政民主啟蒙運動階段」。這一階段，上可溯源於清末民初的啟蒙思想運動，中可溯源於西單民主牆運動，下可溯源於八九民運後的公知啟蒙運動。第二階段為「公民權利運動階段」。他經常宣講：「最起碼，我們必須破除當局的邊緣化策略與自我邊緣化趨向。我們為工人維權，就獲得工人的支持！我們為農民維權，必獲得農民的信任！我們為民工維權，將獲得民工的響應！我們為市民維權，必獲得市民的

36 袁相忱（一九一四—二〇〇五）：中國家庭教會牧師，因拒絕參加官方三自教會，先後被打成右派和現行反革命，被逮捕並判處無期徒刑，關押二十一年。一九七九年，獲釋回家，繼續帶領家庭教會，被譽為「中國家庭教會運動的卓越人物」。

尊重！我們為商家企業家維權，必獲得企業家階層的理解！我們為軍警維權，必獲得軍警的同情！我們為知識份子維權，必獲得知識階層的歸向！我們為信仰自由維權，必獲得信仰群體的感懷！我們為計生教育醫療養老維權，必獲得國人的認同！因為，沒有政治權利就沒有其他權利！歸根結底，憲政民主制度就是為了保障維護每個公民的一切合法權利。」第三階段為「真相與和解運動階段」，在追求真相與正義的同時，也力倡和解與寬恕。

胡石根還持之以恆地倡導「推牆運動」，就是要推倒中共既得利益集團所塑造的種種有形無形的「柏林牆」，以使全體中國公民獲得自由與解放，不再成為中共既得利益集團的奴隸與人質，不再成為中共既得利益集團所愚弄利用的犧牲品。推牆運動理論特別重視以下幾大效應——倍增效應：每個公民每年喚醒一人，憲政民主可期；蟻穴效應：千里專制長堤，必將潰於蟻穴；蝴蝶效應：一隻蝴蝶搧動翅膀，也可席捲千里；剔縫掏磚：讓人們知道柏林牆上有金磚，再高再厚的牆壁，也必被自動掏空；同頻效應：一起協同大步前進，必將震垮專制長橋！疊浪效應：寧可十年不將軍，不可一日不拱卒；骨牌效應：多米諾骨牌的全然倒塌，始於一個小牌的倒下。

二〇一五年，在中共當局對維權律師群體的全國性圍捕中（「七〇九」案），胡石根再次被捕。二〇一六年七月十五日，天津市檢察院第二分院對周世鋒[37]、胡石根、翟岩民[38]、勾洪國[39]等四人以涉嫌顛覆國家政權罪，向天津市第二中級人民法院提起公訴。同年八月三日上午，天津市二中院判決胡石根觸犯「顛覆國家政權罪」，判處有期徒刑七年六個月，剝奪政治權利五年。

據新華社報導，胡石根利用「非法」教會組織「散佈顛覆國家政權思想」。八月五日晚，央視

《焦點訪談》以〈「推牆」推倒了自己〉報導胡石根案。節目一開始，是胡石根在法庭上說「與其坐以待斃，不如揭竿而起」，還詳細介紹胡石根所說的「公民力量壯大、統治集團內部分裂、國際社會介入」的「國家轉型的三大因素」，以及「轉型、建國、民生、獎勵、懲罰」的「建設未來國家的五大方案」。這些都是其提出的「國家和平轉型」的主要內容。胡石根在法庭上「認罪」說，他對於顛覆國家政權罪這個指控完全接受，他就是想顛覆這個國家的政權。

二〇一六年十一月十五日，在獄中的胡石根獲得獨立中文筆會頒發的第七屆劉曉波寫作勇氣獎暨第十一屆獄中作家獎。

胡石根先後三次被捕，坐牢及被非法軟禁的時間加起來超過二十四年，與曼德拉坐牢二十七年接近。然而，胡石根在中國未能成為曼德拉，不是因為胡石根的勇氣和智慧不如曼德拉，乃是因為中共極權專制的嚴酷程度遠超當年半民主、半威權的南非；而且，中國也從未形成像「非國大」這樣強大的反對組織。

37 周世鋒（一九六四—）：北京鋒銳律師事務所創辦人，代理大量人權案件。「七〇九」大抓捕首批受害者。二〇一六年，以「顛覆國家政權罪」判刑七年，剝奪政治權利五年。他出獄後得知，炮製「七〇九」案的原公安部副部長傅政華、孫力軍早已垮臺。他發表聲明說，將重新對「七〇九」案提起控告，「正義永遠是戰勝邪惡的，無非是時間長短的問題」。

38 翟岩民（一九五一—）：北京鋒銳律師事務所工作人員，參與多項維權案件，被稱為「訪民經紀人」。二〇一四年，因支持香港「佔中」運動，被刑事拘留。「七〇九」案中被抓捕，以「煽動顛覆國家政權罪」判刑三年，緩刑四年，剝奪政治權利四年。

39 勾洪國（一九六一—）：網民「戈平」，基督徒，企業家，長期宣傳自由民主思想、幫助弱勢群體維權。「七〇九」案中被抓捕，被以「煽動顛覆國家政權罪」判刑三年，緩刑三年，剝奪政治權利三年。

然而，央視嘲諷胡石根「『推牆』推倒了自己」，並非事實。胡石根沒有倒下，他的「推牆」的事業的後繼者絡繹不絕。沒有人有資格嘲笑推石頭上山的西西弗斯，也沒有人有資格嘲笑一生「推牆」、無怨無悔的胡石根。終有一天，高牆會倒下，自由會降臨，他的努力與付出，必將被後人紀念和傳頌。

二〇二三年三月二十三日，胡石根刑滿獲釋。但直到三天之後，他才回到家中，仍被警方嚴密監控，連手機都是警方提供的，對外聯繫極為困難。

18 譚作人：我不是英雄，我是崇尚英雄主義的普通人

譚作人：環保及人權活動人士，紀錄片拍攝者。二〇一〇年，因反對彭州石化項目和揭露四川地震中倒塌的豆腐渣校舍真相，被中共當局以「煽動顛覆國家政權罪」判刑五年。

譚作人，一九五四年五月十五日生於四川成都（比習近平小一歲、比劉曉波大一歲），父親譚英華為四川大學歷史系教授（反右運動中被劃為右派），母親于均褘是醫生。

一九七二年至一九七五年，譚作人在四川省石棉縣回隆公社當知青。同樣是知青一代，他日後走上與習近平背道而馳、與劉曉波並肩而行的道路。一九七六年，進入川醫衛校學習，畢業後任華西醫大附一院外科麻醉師。

一九八九年四月二十日，譚作人在川大參與悼念胡耀邦的活動，遭到逮捕，一天後獲釋，後被省政府通報批評。五月二十日至六月十日，他到北京參加廣場民主活動，親眼目睹大屠殺發生。此後，他辭職脫離體制，成為自由職業者。

譚作人是中國早期民間環保活動人士。一九九八年，發起創辦環保NGO「綠色江河」，任副祕書長；一九九九年，前往可可西里、青藏高原等地做義工，發起建造「長江源環保紀念碑」。此一階段，他與官方及主流媒體尚有良性互動——二〇〇一年被成都媒體評為「成都市文明市民」。

一九九〇年代以來，譚作人從事諸多文化活動，自籌創辦大型民間刊物《文化人》任副社長兼總編輯，及參與創建民間社團「成都讀書會」。

為了在夾縫中做事，譚作人多年來對「六四」期間的經歷閉口不談。直到二〇〇七年五月十五日五十三歲生日那天，在網上看到香港民建聯主席馬力公開揚言「六四」沒有屠殺、沒有坦克碾壓，忍受了十八年的傷痛和憤怒，他忍無可忍，拍案而起，以親身經歷及日記為素材，寫下〈一九八九：見證最後的美麗——一個目擊者的廣場日記〉一文，反駁馬力。他寫道：「十八年來，你無數次衝動著寫作的念頭，無數次提起筆來，卻寫不下字。因為長期以來，你只是一個用腳來寫作的行動者，而不是一個寫作者和講述者。你對寫作，沒有自信。……但是這次，你要寫要說了。這要感謝一位叫馬力的香港先生，因為二〇〇七年五月十五日，他用一些不負責任的言論，侮辱了你的智力，踐踏了你的記憶。他讓你想到了惡，而不是美。」

這篇文章，加上二〇〇八年參加陳雲飛[40]發起的紀念「六四」十九周年的獻血活動，以及用雅虎郵箱與王丹通信，構成「煽動顛覆國家政權罪」的罪證。二〇一〇年二月九日，譚作人被成都市中級法院判刑五年、剝奪政治權利三年。其實，撰寫文章揭露「六四」真相的人很多，譚作人獲罪的真正原因是發起反對彭州石化項目的環保活動和調查四川地震死難學生真相。

二〇〇八年，譚作人發現，將極大影響城市發展戰略、城市定位和發展方向的超級項目——彭州石化基地，靜悄悄落地在天府之國核心區的成都市郊區。成都可能被改變成為一座石油城。在彭州以下，已無排污環境容量的沱江，將會因為石化基地排污，變成名符其實的化工河，並產生一批新的癌症村。如此宏觀的環境影響，與環境影響關聯密切的主城區一千多萬成都市民，竟然毫不知情。「這猶如一種偷襲，成都市民的知情權和環境權益，在此被人悄悄拿掉了。」他撰寫了〈關於彭州石化的公民建議書〉，送交有關領導和機構。他先後兩次參與彭州石化基地、市委宣傳部、市環保局領導見面溝通，並在本人博客和外媒上發表文章〈關於問題工程的問題〉。

四川「五一二」地震之後，譚作人參加了地質科學家楊勇組織的綜合科考隊，對地震災區尤其是極震區水電設施受損及次生災害情況，進行了調查走訪。期間對於在主震區建設的水電設施和化工設施受到損害，產生次生災害的情況，進行專項調查。比如什邡瑩峰化工和宏達化工，都因震後爆炸燃燒，發生化學煙霧以及有毒氣體洩露，造成人員傷亡等直接間接的次生災害。

譚作人更進一步發現，彭州石化基地項目是周永康兒子周濱的一塊禁臠，周永康集團在四川和石油系統的大小官員都有分潤。反對這個項目就是反對周永康集團，環保議題很快上升到政治問題層面，

40 陳雲飛（一九六七—）：天安門學運參與者，人權捍衛者，環保工作者。二〇〇七年「六四」十八週年當天，在《成都晚報》上刊登「向堅強的六四遇難者母親致敬」的廣告，被監視居住半年。二〇一五年三月二十五日，組織維權人士到成都市新津縣為「六四」死難學生肖傑、吳國峰掃墓，被捕並被判刑四年，獄中受盡酷刑折磨。二〇一九年，因支持香港「佔中」運動，被刑事拘留。二〇二一年，再次被捕並被判刑四年。

譚作人成為國保警察騷擾的對象。他不畏強權，與同仁發起「和平保城」行動。二〇〇八年十月二十二日早晨七時，他在關天、和訊、凱迪、麻辣社區等四個博客上，貼出〈和平保城計畫〉（又名「白色行動」計畫），倡議關注此事的成都市民，在一個約定的時間（暫定為十一月十一日上午十一時），與約定的朋友一起走上街頭，手持一張不著一墨的A4白紙，公開表達對於彭州石化的訴求和意見，以保衛成都的城市特性和發展前景——在二〇二二年冬「白紙抗議」運動之前十四年，譚作人就有了用白紙來表達抗議的創意。當局如臨大敵，將他從家中帶走審訊，強迫他刪去帖子。

譚作人在環保活動中認識到，類似於彭州石化這樣的項目強行上馬，暴露出在公共決策中，利益部門一家獨大，不尊重科學，不遵守法律，系統性的體制機制監管完全缺失。這些社會性弊病，被極少數人充分利用，用以損公肥私，危害企業，危害社會，危害國家。另一方面，對於某些事關公共利益，影響深遠的重大項目，公共傳媒卻集體缺位失聲，甚至反向而行，為利益集團和公害項目保駕護航，越大的項目越是如此。近些年愈演愈烈的各類重特大事故足以證明，真話與真相，新聞自由，資訊公開，才是真正有效的防災減災措施。對於任何天災人禍，公共媒體不能失明失聰失聲，不能有意缺位，更加不能反向而行，欺騙社會，壓制民意。媒體姓公，不姓私不姓官也不姓黨。

在地震災區調查環保議題的同時，譚作人也開始以公民身份獨立調查大量校舍倒塌真相及遇難學生人數。他認為，「五一二」校難公民調查的時代背景，「是政府職能部門失能，以及公共傳媒集體失位失聲。……我們只是在大災大難面前，不願意抱團裝睡的一群普通人。我們是災民，是倖存者，自以為還是公民，但我們沒有僥幸心理，也鄙視幸災樂禍的以喪事為喜事的投機心理。本來這應該是政府部門的職能要求，應該政府來作的事，但是政府出現了結構性的功能障礙，不僅不做事，還要反其道而行之。我們不過是實在看不下去，忍不住走了幾步喊了幾聲而已。或許因為稀缺，正常反應就成了高大上。其實我們都是罪人。國家成這樣，我們都有罪。」他進入災區共十二次、二十七天，累計行程上萬公里。採訪範圍包括主災區十八個縣市八十個鄉鎮、四十五所中小學校及幼兒園。其中現場重點採訪及取證二十所學校，訪問並記錄了一所學生公墓，入戶訪問五十八戶，採訪學生家長八十多名，現場採訪災民三百多人。

在中國，每一項天災背後，都有人禍在作祟。震後第一百天，譚作人協助艾曉明拍攝紀錄片《我們的娃娃》，記錄下被細弱鋼筋和劣質水泥掩埋的學生。他從死難學者家長的講述中，知悉北川一中新教學樓在修建過程中，早已出現施工問題，北一中的孩子們一直在危險建築中上課學習。直至地震到來，教學樓瞬間脆性垮塌，致使兩千多在校師生中一千兩百五十人喪生、近千人傷殘。他揭露說：「從我們獲取的各類證據足以證明，北一中教學樓的豆腐渣工程問題確實存在，事實清楚，證據確鑿，具有標誌性意義。北川中學是此次巨災中，最為典型的天災與人禍的完美合成。如果哪一天國家準備兌現承諾，查清問題，追究責任，安撫災民，應該可以從這個清晰的個案開始。」隨後，他起草〈五一二學生檔案倡議書〉，呼籲民間進行汶川大地震中遇難學生校舍的工程品質調查，以「確認每一個班級、每一所學校、每一個鄉鎮、每一個縣市、每一個地區遇難學生的數據」。

譚作人南人北相，留著絡腮鬍子，言辭斬釘截鐵，行動雷厲風行，但他從未將自己定位為反對者或顛覆者，一直以建議者和諫言者自居，對中共當局存有善意，甚至不乏天真的幻想。他為溫家寶所說的「多難興邦」而感動，也認為某些地方政府可能會依法行事，建議失去孩子的「五一二家長」群體「在司法的軌道內解決問題」，以「上訴」代替「上訪」——上訪會變成「維穩事件」，而上訴是一個合情、合法、合理的事件，「我們每一個擁有民事訴訟權利的公民，都可以去上訴」。但幾乎所有法院都拒絕家長們的訴狀，不予立案，並且不給不予立案決定書，也不寫不予立案理由。即便如此，譚作人仍主張「低對抗」，而非「強對抗」——不是那種「搞得大家你死我活的」，而是「充分考慮時間、機會、對方的立場和考量，如果對方考慮合理的，我們也接受」。

然而，譚作人在災區調查時，有身份不明人士闖入他家中，殺害他的家犬，擄掠走他搜集的資料。調查報導發表前夕，警察破門而入，將其抓捕入獄，關押近半年後才開庭審理、近一年後才被判重刑。譚案辯護律師浦志強[41]和夏霖[42]在辯護詞結論部分指出：「控方所指控的譚作人的涉案言論及行為，無一滿足我國刑法一百〇五條煽動顛覆國家政權罪的犯罪構成。意圖以本罪指控譚作人先生，在事實上缺乏證據、在法律上毫無邏輯、在政治上不夠正確、在社會影響上將陷黨和中央政府於不義。」此辯護不為法院採納。

譚作人對被重判早已有所預料，他在呈交法庭的〈最後的陳述中〉中說：「為家鄉人民坐牢，是一種少有的榮耀，我將此視為我對家鄉的回報。」法官宣判之後，他在會見浦志強時親手寫了上訴書，主體部分是十二個字：「我無罪，我不服，我抗議，我上訴。」他的妻子王慶華告訴媒體，譚作人一開始想寫「老子無罪，老子不服，老子抗議，老子上訴」，然後改為「兄弟無罪，兄弟不服，兄弟抗議，兄弟上訴」，最終覺得太過江湖氣，改為雲淡風輕的「我」。這個細節頗為傳神，呈現出四川人「袍哥人家，絕不拉稀擺帶」的性情。

炮製譚案的法官劉菡、李光輝、袁彩君、譚勇，檢察官陳世體、王一洪等人，踐踏法治，甘作鷹犬，終將被歷史和正義所審判。艾曉明在一封致譚案審判長李廣輝的公開信中譴責說：「大錯由你親手鑄成，如此判決，何能服眾？你的行為，令憲法蒙羞，良知受辱。」

譚作人為人低調樸實，在一次受訪時說：「我個人可能是個英雄主義者，但是我不太認同英雄，我覺得我就是一個普通人。」艾曉明說，譚作人在當今中國「重建著某種正在崩塌的東西」。作家冉雲飛評論說：「他在死者枕藉的北川中學廢墟上近乎哀嚎，他深夜在開裂損毀的紫坪鋪水庫大壩上接到死難學生家長陸世華的求救短信，和著酒精痛哭，這些都令知情的朋友們慨嘆並敬佩。他在獄中給妻子女兒回信，所表達的歉疚和情意——『你們，是我的眼淚』——令木石動容，真可謂傷心豈獨譚作人，這句簡單而深情的話，在我看來有流傳千古的力量。」

譚作人在獄中服刑時，炮製譚案的各級官員——從「政法沙皇」周永康到成都市委書記李春城、彭州市長杜湝等數十人——均在政治鬥爭中失勢，鋃鐺入獄，被判處比譚作人更重的刑期。但譚案並未

41 浦志強（一九六五—）：天安門運動學生領袖之一，維權律師，受理過若干人權案件。二〇一三年二月六日，公開實名舉報前中共中央政治局常委周永康。二〇一四年六月十三日，因參加紀念「六四」二十五週年的活動被捕。二〇一五年十二月，被判有期徒刑三年、緩刑三年。

42 夏霖（一九七〇—）：維權律師，曾代理鄧玉嬌案、艾未未案、譚作人案、郭玉閃案等。二〇一六年，被以「詐騙罪」判刑十二年，二審改判為十年。

平反，譚作人並未被無罪釋放，仍坐滿刑期才出獄，還被國保強行送到其岳父母家，變相軟禁。沒有周永康的維穩體制，仍高速高效運轉。出獄後的譚作人承認，未來維權更難，但他仍要繼續這條光榮荊棘路。「因為當初一個『不公正』套著另一個『不公正』，而不公正繼續壓在我們的頭上。」譚案辯護律師浦志強、夏霖先後以莫須有的罪名被捕入獄。譚作人發表〈歷史在這裡嘆息——關於浦志強言論案的思考〉，為曾替自己辯護而如今身陷牢獄的浦志強大聲疾呼：「通觀浦志強言論構罪案，《起訴書》在浦志強的個人微博中，抽出過往的三十六條微博言論，來提出控告，這不僅侵犯了當事人的合法權利，毫無法律上的正當性和必要性，即使在政治利益和社會效果上，也是得不償失。……無論什麼樣的時代，無論什麼樣的經濟奇蹟，如果存在言論罪和文字獄，如果還有因為思想和言論而坐牢的政治犯，這樣的社會，不可能自信。無須抹黑，事實不證自明。資訊時代的道路以目，不可能成為中國好風景。」

二〇一六年二月十日，譚作人在辦完岳母的喪事後，打印出早已擬好的〈關於開展五一二校難國家調查的公民建議書〉，並當場面交有關單位，請求代為呈送轉達。他強調：「五一二事件是社會的痛點，是歷史的錨點，因此也應該是社會轉型的拐點。在這件事上，體現或者不體現公平正義，對於這個社會究竟還能不能找到最大公約數，其社會意義和歷史意義，十分重大，不可估量。」

二〇一九年五月十一日，因持續向中央及地方各有關部門及國家領導人投寄〈公民建議書〉，建議啟動「五一二」地震校舍問題的國家調查，搞清校難真相，以及某次祭掃「六四」死難學生墓地，譚作人被四川平昌縣公安局國保大隊刑拘三十一天、取保侯審一年。這是他第二次入獄。

「五一二家長」的命運與「天安門母親」一脈相承。天安門的大屠殺，與十九年之後的校難，有同樣的源頭，那就是不受憲法和法律制約的掌權者的腐敗、專橫與殘暴。從「六四」血泊中走過來的譚作人，願意終身陪伴「五一二家長」，他發出擲地有聲的誓言：「現在看來，從根本上解決『五一二』校難問題的必要的社會條件，包括頂層的決策決心，中層的社會支持，底層的維權意志，正在越來越少，解決之道，似乎遙遙無期。然而這並不能構成放棄公民權利的理由。道義的堅持，良知的持守，正是人類精神的永恆星空。只要人在，星光就不會滅。」

譚作人臉書：https://www.facebook.com/profile.php?id=100053657109412
譚作人協助艾曉明完成的紀錄片《我們的娃娃》：見公民行動影音記錄資料庫：https://www.civilmedia.tw/archives/10114
艾曉明拍攝的譚作人案紀錄片《國家的敵人》：見公民行動影音記錄資料庫：https://www.civilmedia.tw/archives/10122

19 譚松：手中吸滿鮮血的筆，一定要書寫出民族的不幸、暴政的血腥

譚松：作家，歷史學者，曾任重慶師範大學副教授及《重慶與世界》雜誌主編。因致力於研究右派及土改歷史，受到國安部門的拘押及恐嚇。二〇一七年，流亡美國。

譚松，一九五五年十一月二十六日生於重慶市。出生不到兩年，其父親、時任重慶團市委宣傳部長的譚顯殷到北京參加共青團第三次全國代表大會，在會上發言說：「這次大會缺乏民主。」由此被打成右派，下放長壽縣長壽湖勞改。譚松從小作為右派子女，嘗盡歧視和羞辱。

一九七四年，譚松高中畢業後下鄉當知青三年。文革結束，恢復高考，他先後就讀於達縣師範學院和四川外語學院，畢業後任教於重慶建築高等專科學校，一九九一年，破格提升為副教授。一九九二年至二〇〇六年，離開高校，先後擔任《渝州世界》報主編、《重慶與世界》雜誌和《中華手工》雜誌主編。因在抗戰陪都專輯中指出抗戰中心是重慶而非延安，不符合中共官方立場，被迫辭職。

譚松的父親譚顯殷平反後，出任重慶市委宣傳部副部長及重慶市人大教科文衛委員會主任。作為官

二代，加上譚松的才華和勤奮，無論走學術之路，還是下海經商，一定能功成名就、養尊處優。然而，他滿腔熱血、滿身正義、同情弱者、追求真相，在一個正常的、民主的社會，這是優秀的公民素質，但在一個不正常的、專制的社會，這些品質讓他一步步成為「國家的敵人」。

由於父親曾被關押在長壽湖勞改農場，譚松對這段被遮掩的歷史產生了興趣。毛澤東是反右運動總指揮、鄧小平是急先鋒，數百萬知識分子遭遇滅頂之災，還禍及家人，但中共從未徹底否定反右運動，只是猶抱琵琶半遮面地宣稱，反右運動的失誤在於「擴大化」。譚松耗費三年調查長壽湖勞改農場的歷史，寫成將近五十萬字的調查報告《長壽湖：一九五七年重慶長壽湖右派採訪錄》。二〇〇二年七月二日，重慶國安部門指控其居心叵測、「收集社會黑暗面」，以「煽動顛覆國家政權罪」將其抓捕，祕密關押和持續審訊十八天後，送入看守所——在看守所，每天必須完成四千個頭痛粉盒子的工作量。後來，經親友營救，以「取保候審一年」的名義釋放。

面對國安部門的殘酷迫害，譚松仍未放棄追索歷史真相的努力。二〇〇三年，他又開始對川東地區土改歷史進行調查研究。此前，他在農村當知青時，曾親眼目睹對所謂地主、富農的殘酷鬥爭，對其心生憐憫。觸發譚松調查和研究土改問題的契機，是有一天他在川東雲陽縣彭氏莊園偶然聽說，土改時，一個「地主婆」被四個民兵用鐵條捅下身，子宮破裂而死。當時，他感到非常痛苦，以前埋藏心底的念頭變作按捺不住的衝動：「遺忘，讓被扼殺的生命又遭受一次不幸——一種比肉體生命消亡更深刻的不幸。然而，面對地主的苦難，豈只是生命的虐殺和虐殺之後的遺忘？！地主富農們在付出了財產和生命之後，還要背負著『罪該萬死』的罵名，被貼上『遺臭萬年』的標記，這才是更深刻的不幸，最大的不幸。人世間的大不公，莫過於此！」那一刻，他決定不顧一切地進行採訪，為中共暴政下數百萬受難者發聲。說「不顧一切」，是因為當時他還處在「取保候審」的「服刑期」。

川東，指原四川省所轄的重慶市、萬縣市、涪陵市和黔江地區，即今天重慶直轄市區域。從一九五〇年底至一九五二年底，與中國其他地方相似，川東進行了土地改革運動。這一運動是人類有史以來規模最大的財產重新分配和集體化，中國農村結構進行了一次前所未有的大改造，地主與富農受到嚴酷迫害和肉體消滅。至今，中國官方仍然堅稱土改是中共建政之初的一大功績，不容置疑。除官方敘述之外，極少有學者敢於觸碰這段歷史。

譚松不辭辛勞、風餐露宿，走訪十二個縣市，訪問一百多名土改親歷者，包括土改工作隊隊員、民兵、地主子女和知情者、受盡酷刑而活下來的地主，所有採訪均做錄音、錄影，最後完成了一部四十六萬字的專著《血紅的土地》。

在調查中，譚松發現，長期以來，執政當局運用強大的國家力量，徹底妖魔化地主，也打造了一個不真實的「土改豐碑」。文學家、藝術家們根據當局的旨意，編造大量謊言，如四川大邑縣劉文彩莊園的泥塑《收租院》就是徹頭徹尾的虛假編造。

譚松指出，土改造成諸多惡果：摧毀了中國農村的菁英階層和鄉村的文化藝術，讓不少痞子型的人登上舞台；破壞了鄉村的和諧，使殘暴和血腥在鄉村大行其道；改變了農村貧富價值觀，樹立了一種新的扭曲的價值觀——以窮為榮，以富為惡；把不勞而獲、搶劫瓜分別人財物的土匪行為當作反剝削、反壓迫的革命行動。土改對中國歷史進程和社會各方面的影響極其巨大，它不僅改變了中國幾千年的土地制度、改變了中國鄉村的社會結構和生態平衡，而且改變了人們的價值觀甚至基本人性，可以用「天翻地覆」來描述。土改使農民淪落為無法自由遷徙的農奴，為中國帶來長遠的惡劣後果。現在中國面對的不少社會問題，都可以從那場運動中找到原因。

二〇〇八年至二〇一七年近十年間，譚松先後受聘到西南大學育才學院和重慶師範大學涉外商貿學院任教，他是學校最受學生歡迎的教師之一。二〇一三年，他應邀在香港中文大學發表題為〈川東地區的土地改革運動〉的演講，對外公佈部分調查研究成果，引起廣泛關注，也因此受到學校的約談和警告。譚松在香港中文大學演講時，提及土改的若干具體個案，有一位當地女性教授花容失色、全身顫抖，脫口而出說：「不要再講了！」譚松正色道，自己講的全是真實的歷史，就像在奧斯維辛集中營發生的大屠殺一樣，不容迴避。確實，如果大部分香港人都能更早知道這些慘絕人寰、駭人聽聞的中共迫害史，或許就不至於天真幼稚地相信「民主回歸」和「一國兩制」的謊言，就能更早作出抵抗中共暴政的準備。

二〇一七年四月，武漢作家方方[43]的小說《軟埋》因觸及土改而遭到左派圍攻，該故事的背景正是譚松採訪的川東地區。六月二十一日，譚松發表文為方方辯護，認為小說中談及的土改情況基本符合歷史事實：「方方的小說最可貴也是最有價值的，就是它是這幾十年來少有的不是按照官方的調子而是根

43 方方（一九五五—）：作家，曾任《今日名流》、《長江文藝》主編。二〇一六年，發表一部講述土改歷史的長篇小說《軟埋》，引發文學界關於土改的爭論與官方的批判，該書被查禁。中國武漢肺炎病毒肆虐、武漢封城期間，每天發表日記，批評官方防疫政策，後彙編成書在海外出版，因此遭到官媒批判和五毛謾罵。

據歷史事實而創作的作品。比如小說中寫到的亂打亂殺地主，寫到的那種恐怖，都是歷史的真實。如果要說我的調查同方方的小說有什麼不同的話，那就是，川東土改真實的慘烈程度，百倍於小說！」兩個星期之後，譚松被學校解聘，他在網上發表一封給學生的告別信。同年九月二十九日，《紐約時報》中文網發表長篇報導〈重慶教師多年調查土改真相，十九大前突遭開除〉，介紹了譚松搶救歷史的工作。

此後，譚松處於祕密警察嚴密監控之下，著作無法公開出版、調查訪問無法進行、失業八次後找不到可養家糊口的工作。中國之大，居然沒有一張書桌可以讓他伏案寫作。二〇一七年十一月，六十二歲的譚松得知劉曉波、楊天水[44]等政治犯死於獄中的消息，覺得如果自己被抓進去很可能會在獄中「被死亡」，便決定逃亡到美國。為避免連累家人，在去國前夕，他忍痛提出與妻子離婚。

二〇一九年，譚松榮獲獨立中文筆會自由寫作獎。他在〈答謝辭〉中直抒胸臆：「什麼是『自由寫作』呢？我想，就是本著自己的良知和認知，真實地寫出自己的所見、所聞、所感、所想。這在民主自由的國家裡，是一件十分正常的事，當然也是十分安全的事。可是，在不自由的專制國家，『自由寫作』卻是一件高風險的行為，輕則被警告處罰，重則可能丟了身家性命。縱觀中共統治中國七十年的歷史，這類案例實在太多了，比如林昭、比如遇羅克，等等。」

譚松認為，在不自由的環境當中，要本著良知真實地寫作，首先要克服內心的恐懼。他在《長壽湖》後記中寫道：「共產黨最『偉大』的治國韜略之一就是：它成功地把一張鋪天蓋地的恐怖大網嚴嚴實實地籠罩在神州大地上，讓每一個人都生活在恐懼中。久而久之，外在的恐懼幽靈內化為奴性的行為自覺。」就他本人而言，恐懼伴隨他多年，當抓捕他的國家安全局一次次叫他去「喝茶」時，當聽到突然的敲門聲時，那恐懼實實在在刻骨銘心。在專制的威壓下，他曾想過退縮、放棄。但在調查中，他看到發生在這片土地上的冤屈、殘暴和不公，一件件真實的案例，一個個悲痛的講述，讓他心中充滿悲憤。這種極其強烈的悲憤讓他產生勇氣、克服內心的恐懼。他引用記者和歷史學者楊繼繩[45]的一句話來自勉：「保衛民族記憶，是當代知識分子不可推卸的責任，就是赴湯蹈火，也應在所不惜！」

自由寫作，本是天賦人權，但在不自由的國家裡，卻像一個罪犯的地下活動。譚松永遠難忘這些年來偷偷摸摸採訪和寫作時的那種緊張和恐懼，永遠記得把手稿和錄音像贓款一樣四處藏匿的狼狽和慌亂。多年的這種經歷，讓他心中充滿憤怒——他們，憑什麼？！同時，累積的苦難記憶，更讓他內心堅定不移——手中吸滿鮮血的筆，一定要書寫出民族的不幸、暴政的血腥！他也產生強烈的願望：一定要爭取自由寫作的權利，要爭取免除恐懼的自由，讓人人都能自由地言說自由地寫作，這是天賦人權，也是揭露邪惡防止暴政的一個重要利器。

二〇二一年十一月，譚松的一些朋友在網上為旅居拉斯維加斯的譚松慶祝生日。譚松發表了一番批評中共政權的講話，又惹惱中共當局：第二個月，他的養老金就被停發。當年，譚松常常失業，經常用

44 楊天水（一九六一—二〇一七）：原名楊同彥，異議作家，中國民主黨蘇皖黨部籌組人。北京師範大學畢業，曾任公務員。「六四」後籌組「中華民主聯盟」，被判刑十年。二〇〇四年，被拘押二十天。二〇〇五年，第三度被捕，判刑十二年。二〇一七年八月，被查出患腦瘤，十一月七日在監禁中病逝。

45 楊繼繩（一九四〇—）：新華社退休高級記者，曾任《炎黃春秋》雜誌副社長。代表作有：《中國改革年代的政治鬥爭》、《墓碑：中國六十年代大饑荒紀實》、《天地翻覆：中國文化大革命史》等。《墓碑》先後獲美國海耶克圖書獎、瑞典史迪格·拉森獎、哈佛大學尼曼基金會路易斯·里昂獎。

生活費交社保，沒有想到自己的血汗錢再度被中共侵吞。但他一點也不覺得奇怪，他太了解中共了——他採訪過的無數地主們，不僅財產被中共搶了，生命也被中共扼殺了。

多年來，譚松的採訪皆為自費，出版著述基本沒有稿費收入。到美國後，他寫了《殘破的美麗：我的工藝之旅》和《我的採訪之路》兩部書、兩篇小說和一些散文，完成紀錄片《難忘的歲月》（四集）、《我的採訪之路》（十集），《驚天動地收租院》（七集），《我的流亡之路》（五集）和《泰北，最後的老兵》（三集）等。他旺盛而頑強的生命力和創作力，在美利堅自由的天地中，宛如飛流直下三千尺的瀑布，汪洋恣肆，聲勢浩大。

譚松臉書：https://www.facebook.com/song.tan.3591

20 廖亦武：一本書怎樣對抗一個帝國

廖亦武：作家、詩人、中國古典音樂演奏家。一九八九年，因創作長詩〈大屠殺〉及策劃拍攝以「六四」為主題的電影而被捕入獄，此後長期在警察監控下從事地下寫作。二〇一一年，流亡德國，迅速成為有史以來在德國最受歡迎的中文作家。

廖亦武在一份寫給國保警察的自述中說：筆名老威，一九五八年八月四日年生於四川省鹽亭縣，一歲多遭遇大飢荒，差點成為近四千萬餓殍之一；七歲多遭遇文革，父母被關押批鬥，因家破人亡淪為流浪兒。鄧小平主政，高考恢復，因失學太久，四次高考均名落孫山。此後，當過大型貨車司機，專門跑川藏公路，如同美國「在路上」的文青。一九八〇年代，混成先鋒詩人，籌辦地下詩刊，四處流浪。一九八九年六月四日淩晨，熱血上頭，在收音機傳出的陣陣槍聲和慘叫中朗誦詩歌〈屠殺〉，並與友人籌拍電影《大屠殺》，釀成數十人入獄的大案，被判定為「政治犯」，以「反革命宣傳煽動」的罪名，坐牢四年。反革命標籤一旦貼上，就撕不下來。

「總理一傷風，人民必須咳嗽，戒嚴令一次次下達，老掉牙的國家機器壓向膽敢反抗疾病的人們，手無寸鐵的暴徒成千上萬地倒下，職業殺手披掛鋼鐵在血海裡游泳，在緊閉的窗戶下縱火，用死姑娘的裙子擦軍用皮靴，他們不會顫抖。」這就是廖亦武的長詩〈大屠殺〉中的句子，用他那鬼哭狼嚎、撕心裂肺的聲音誦讀，讓人毛骨悚然、魂飛魄散。當時，廖亦武在加拿大漢學家戴邁河的協助下，朗誦這首詩，製作成磁帶，傳播到二十多個城市；接著又「糾集烏合之眾」，試圖將另一首長詩〈安魂〉拍攝成藝術電影。一九九〇年三月十六日，廖亦武與攝製組多名「同夥」一起被捕，戴邁河被驅逐出境。

「進到監獄，那些人一上來就把你扒個精光，拿一根筷子插進你的肛門，在裡面攪，看有沒有藏東西，」多年後，廖亦武表示，在牢裡嚐盡酷刑比「六四」帶來的影響更大，牢房完全是叢林世界，文人的尊嚴被徹底打垮。他輾轉關過四座監獄，都是重慶最惡劣的監獄，他在獄中自殺過兩次。「我最怕被反銬。」兩手反銬在背後，想撓撓都辦不到，手腕最後化膿。真受不了，他跳去撞牆，撞得滿頭是血。沒想到反而被獄友嘲笑，「他們卻說，要撞就要撞太陽穴」。太陽穴是要害，狠狠撞，腦漿才會一齊迸出來。求死不能，就只能「活著，而且記住」，他由求死轉而求生，地獄般的生存環境反而激發了他的創作靈感。他在獄中悄悄用劣質紙張寫作，一張巴掌大的紙上密密麻麻寫上萬字，每個字都只有螞蟻那麼大，多年後他寫了一本名為《輪迴的螞蟻》的回憶錄，並給女兒取小名為「螞蟻」。

出獄後，廖亦武開始寫作「底層訪談」系列。中國文人自古以來與底層社會油水分離，居高臨下的「哀其不幸、怒其不爭」，廖亦武是千年一遇的浸淫於底層、真正與底層社會「同呼吸、共命運」的作家。作家冉雲飛在〈滄海橫流卻是誰？〉一文中寫道：「中國是一個大糞坑，一群蛆在互相表揚，甘之如飴，唯獨廖亦武要將其曝露出來。他在《證詞》裡說：『為了透徹準確地瞭解一種事物，你必須像蒼蠅一般叮上去，嗡嗡聲很討厭，你得提防著吃巴掌。但你生來就是幹這種髒活的，猶如遠古的醫生，通過嚐人的糞便而知道時代的宿疾。』他通過這樣的方式來瞭解個人、國家乃至民族的宿疾之所在，並盡情展示給大家看。一個人肉體如此顛沛流離，飽受折磨，靈魂卻如此沸騰不止，從來沒有停歇過，真可謂不同尋常。」

「六四」之後沒過幾年，中國民風丕變。廖亦武在《六四，我的證詞》一書中描寫有一次在成都龍泉驛撞見的奇觀：一個偷桃子的瘋女孩，被幾個大漢沿街拖行羞辱，在夏日滾燙的瀝青路面上，這女孩屁股燙得冒青煙，還遭性侵，有兩百餘人參與這場荒謬的鬧劇。同樣的群眾，就在不久前，上街抗議示威遊行，設路障燒軍車，與解放軍對峙。一場屠殺徹底擊垮他們，目睹鮮血和屍體之後，很多人放棄了道德倫理底線，爭先恐後加入加害者隊伍之中。廖亦武寫底層，與善惡交錯的底層民眾一起哀哭，他的筆下沒有單向度的「好人」，每個人都有趨於癲狂的面向——廖亦武自己身上何嘗沒有痛徹肺腑的隱疾？寫了太多人間慘事，他沒有瘋掉，已然是一個奇蹟。

廖亦武說，他人生四位老師是：飢餓、羞恥、流浪和監獄。從地獄般的監獄歸來，廖亦武已然卑賤得不能再卑賤，生活中遭遇的一切皆不再以為苦，如冉雲飛所說：「廖亦武在監獄裡經歷了非人的生活，他幾乎用盡一切手段，僥倖活著出來，於是他開始跟邪惡勢力比賽。他的比賽方式與眾不同，每天堅持洗冷澡，晚上堅持跑五公里。鍛煉身體，比哪個活得更長。……他從小邊緣化的經歷和苦難的歷程，使得他將僅存的英雄主義情結反諷化。他不相信別人是英雄，當然也不會相信自己可以成為英雄，他認為那麼多製造出來的英雄，使英雄像冥幣一樣超級貶值。」當廖亦武與底層社會血肉交融時，他來寫底層，就如同照鏡子，得心應手。他遊走於紀實與虛構、歷史與現實之間，如同荷馬，如同司馬遷，如同格林兄弟，如同凱魯亞克（Jack Kerouac）。他是罕見的講故事的高手，有如《一千零一夜》，他的故事永遠講不完，你剛讀完一個人的故事，以為此人就是世上最悲慘的人，卻不料，下一篇故事中，還有一個更悲慘的人等待著你。與廖亦武的中國底層相比，雨果的《悲慘世界》簡直像天堂般美好。廖亦武不是代言者，他只是記錄者，在底層訪談系列中，處處可讀出卡夫卡與卡繆的聲音，卡夫卡和卡繆藏身在引車賣漿者之中，藏身在監獄、看守所與勞改營之中。

一九九九年春，廖亦武主編並出版了《沉淪的聖殿：中國二十世紀七十年代地下詩歌遺照》一書，這本地下詩歌史是「六四」後十年來他在中國公開出版的第一本書，也是他為當代中國詩歌所詠唱的一曲輓歌。前一年夏天，他在北京熱火朝天地為此書組稿和做訪問，尚未完稿，就被警察趕出北京。書稿由個體書商投資，在新疆青少年出版社出版——那個時代，新疆等邊疆民族地區的出版社反倒管理寬鬆，可隨意賣「書號」給個體書商，在內地無法出版的書籍，反倒在邊疆可以出版。十多年之後，這個最後的縫隙也被堵死了。同年初夏，《中國邊緣人採訪錄》也殺出重圍，正式出版。但新聞出版署很快宣佈兩本書都是「反動書籍」，警察查抄印刷廠，將庫存書籍沒收焚毀——跟納粹的做法一模一樣。二〇〇一年初春，廖亦武以「老威」為筆名，重新出版《中國底層訪談錄》刪節本，卻還是沒有逃過查抄，推薦此書並發表廖亦武與盧躍剛[46]對談的《南方週末》亦遭整肅。從此，廖亦武在中國的公開出版之路完全斷絕。

通過劉曉波等友人的推薦，廖亦武將作品傳到西方媒體和文學刊物發表，靠微薄的稿費維持基本生計、養家糊口。二〇〇七年，他的文稿登上西方文壇重要刊物《巴黎評論》，當期只有兩位作家的作品，彼此交相輝映（另一人為《魔鬼詩篇》的作者魯西迪——他們兩人都是獨裁政權追殺的對象。後來，廖亦武訪美，在紐約與魯西迪會面，相見甚歡、惺惺相惜）。

在廖亦武逐漸引起西方文壇關注的同時，他在中國的生存環境並未有所改善。他的第一讀者往往是監視他的警察。他住在父母家時，「警察幾乎每天上門巡視我。他們沒收過三次我的創作手稿，而每一次，我都重新再寫一遍」。一九九四年，他出獄後不久，第一任妻子不堪警察騷擾，與之離婚，帶走女兒。後來，他在東躲西藏的旅途上結識了作為火車列車員的第二任妻子——就在兩人的婚禮上，作為新郎的廖亦武被警察抓走，新娘強忍悲痛，獨自撐過婚宴應酬。此後，好幾次警察上門抄家，都是妻子勇敢地將丈夫的書稿藏在內衣中帶出家門。然而，這場婚姻維持十多年後，還是如同綳得太緊的琴弦一樣斷裂了。廖亦武寫了太多苦難與黑暗，心中隱藏著一頭蠢蠢欲動、狂暴瘋魔的野獸，他無法扮演一個循規蹈矩的居家男人，他不斷地離開、上路、遠遊。隨後，他遠走雲南邊境地區，如同遊吟詩人，邊走邊唱，在獄中向一名老和尚學會的吹奏古簫成為其謀生絕技。

在中國如同農民工（盲流）般流浪的廖亦武，在西方出版多部作品後，成為各大文學節競相邀請的嘉賓。但在中國警察眼中，他始終是威脅國家安全的犯罪分子，當局先後十六次阻止其出境。二〇〇

46 盧躍剛（一九五八—）：記者、報告文學作家。曾任《中國青年報》經濟部副主任、新聞編輯中心副主任、《冰點》週刊副主編，《冰點》週刊被禁後，與李大同一起抗議禁令。代表作有：《大國寡民》、《長江三峽：中國的史詩》、《在底層》、《趙紫陽傳》等。劉曉波曾稱讚說：「盧躍剛的名字大寫在新聞良知榜上。」

八年，他寫了四川大地震實錄《地震瘋人院》，同時利用戶籍管理的漏洞，拿到人生中第一本護照。二〇〇九年，他取得德國簽證、準備參加法蘭克福書展，卻被警方軟禁在家。次年，他應科隆文學節之邀，突破重重封鎖，在北京首都機場登上飛機，卻在最後一刻被一隊全副武裝的武警從飛機上押解下來，短期拘押後帶回成都軟禁。後來，在德國政府斡旋下，他被放行到德國參加文學活動，活動結束後很快回到中國。鑒於他在德國「大鳴大放」，警方宣佈從此不准他出境。

中國的形勢繼續惡化。在另一本新書即將在德國出版前夕，國保警察赤裸裸地威脅廖亦武，若此書出版，將再次把他關進監獄。他不願成為警察的傀儡，下決心逃離中國。二〇一一年七月二日，他悄然通過中越邊境，三天後到達河內，再從河內登機，經波蘭轉機，於六日清晨飛抵柏林。這一路，步步殺機，處處陷阱，若非他江湖經驗豐富，早已淪為階下囚。隨後，幫助廖亦武逃離中國的作家和人權活動人士李必豐[47]被捕並被判重刑。

二〇一二年五月，在柏林國際文學節開幕典禮上，廖亦武高聲提醒各國作家關心藏區層出不窮的自焚事件，「西藏人不間斷地自焚，作為長期關注西藏的中國作家，一種憤怒和內疚夾雜的情感，讓我迫不及待想做點什麼」。同年十月，在德國書業和平獎頒獎典禮上，他稱中國為「滅絕人性的血色帝國」、「地球災難的源頭」和「無限擴張的垃圾場」：「我在這裡發佈這個帝國的死訊。因為它屠殺孩子，所以必須分裂。……以國家統一為名，中國歷史上的血案數不勝數。國家統一，領土完整——獨裁統治的終極王牌，多少罪惡藉此而公然大行其道。……為了全人類的和平和安寧，這個帝國必須分裂。」他的這些觀點，那些聲稱反共的中華民族主義者也絕不願接受。

有些作家離開母國和母語環境之後，很快喪失寫作能力，長久處於某種失語狀態。但廖亦武很快在自由世界如魚得水，一本接一本的新書如泉水般汩汩流出。他在中國多年從事底層訪談，積累了大量第一手資料，可整理出若干本新書。他在海外亦不斷發掘新的寫作題材，在訪美期間，他混入紐約和加州華人偷渡客群居的家庭旅館，記錄下數十名非法移民九死一生的偷渡故事。

廖亦武的每一本新書都在西方引起轟動，從未有一個華人作家在德國取得如此顯赫的成功。他描寫中國地下教會的《上帝是紅色的》一書，獲美國《當代基督教》雜誌二〇一一年「最佳圖書獎」；《吆屍人：來自中國底層的真實故事》被波蘭文學大師卡普欽斯基譽為「一本偉大的報導文學」，並獲二〇一二年度卡普欽斯基國際報導文學獎；自傳式長篇小說《螞蟻的輪迴》被《明鏡週刊》譽為「一部荒誕的、中國式公路電影似的小說……充滿極其高超的幽默，而老威在當中扮演了一個妙不可言的反英雄」；《子彈鴉片》記錄了武文建[48]等數十位不為外界所知的「六四暴徒」的故事，他們是工人及普通市民，不為國際人權組織和國內民眾所知；描寫武漢封城慘劇的《武漢》一書，揭露了「武漢病毒如何

47 李必豐（一九六四—）：詩人、小説家，著有長篇小説《天空的翅膀》，獲第十八屆柏林國際文學節隆重推介。曾任職綿陽市税務局，因參與天安門民主運動，於當年七月五日被捕，以「反革命宣傳煽動罪」判刑五年。出獄後經商，後加入家庭教會，成立「華人良心關懷行動組織」。一九九七年七月，向「中國人權」提供綿陽紡織廠工人上街遊行的消息，被捕並被判刑七年。二〇一一年九月，第三度被捕，判刑十二年，二審改判為十年。二〇二〇年四月七日，提前獲釋。

48 武文建（一九七〇—）：十九歲時參與「六四」抗爭，上街喊口號、貼標語，被捕並判刑七年。出獄後成為畫家，創作大量以「六四」為題材的作品。他在推特上表示：「我們體諒懦弱，但沒必要上升到審美的高度去理解；我們讚美鐵骨剛強，並不是希望別人去當英雄或烈士，而是激勵出我們的勇氣和反省懦弱。」

走向全球化時代」之真相，《每日鏡報》評論說，「廖亦武可能是當代中國最全面的編年史家」。廖亦武靠一部部厚重的作品，獲獎無數，如德國圖書行業協會紹爾兄妹獎、德國廣播協會最佳廣播劇獎、法蘭西文學和藝術軍官獎章、德國阿夏芬堡公民勇氣獎、法國穆昂—薩爾圖（Mouans-Sartoux）書展抵抗詩人獎、前東德祕密警察監獄政治犯基金會霍恩舍恩豪森獎、美國紐約瓦茨拉夫．哈維爾圖書基金會無懼危難作家獎等。

二〇二三年一月十八日，廖亦武在德國斯圖加特市政廳發表演講，題為〈看不見的戰爭——一本書怎樣擊敗一個帝國〉，他指出：「一個人與一個帝國的賭博看起來力量懸殊，但我不一定就會輸。因為國家記憶是一種抽象的、容易改變的東西，為了政權的需要，構成歷史的原始物證可以被不斷塗改、偷換和銷毀。而個人恥辱的記憶將滲入血液，本能地影響他的言談舉止——這種烙印是永遠抹不掉的。」他毫無流亡者的悲情與沮喪，渾身上下洋溢著抗爭者不屈的勇氣和必勝的信念：「一個罪惡政權看似強大，但打開幾千年歷史一看，他們都算不了什麼。因為他們的罪行都被記錄下來了。我們在記錄時感覺自己很渺小，但是我們留下來的見證，從歷史長度來看，要比任何一個罪惡政權都歷時久遠。從這個角度，他們實在不值一提。這些年來，在國際舞台上鼓吹中國崛起的，都是些鼠目寸光的政客、昧著良心撈錢的生意人和戲子。但是這些政客、生意人和戲子轉眼也會消失。而人類歷史一代傳承一代，將不可磨滅。」

十多年來，即使遠離中國，廖亦武仍不懈記錄著那塊土地上發生的苦難，以一己之力對抗極權中國。他表示，自擺脫獨裁之地那天起，便不抱有回去的希望。他稱中國已不是其祖國，德國才是祖國：

他在德國重新組建了幸福的家庭，有了可愛的女兒，女兒是德國出生的德國公民，母語是德語，而且，他最大的讀者群在包括德國在內的自由世界。「我在德國出版了十多本書，我在德國擁有最大程度的言論自由，對一個作家來說，他的最大讀者群在哪，他的故鄉就在哪。」不被鄉愁所牽扯的作家，才是真的勇士和英雄。

廖亦武說，現在統治著中國的強人們有一顆骯髒和醜惡的心。他提醒德國人，中共政權比納粹還要納粹，這讓那些庇護他和幫助他的德國政客和文人都感到難以接受——對德國人而言，納粹是一個特定的名詞，是專屬於德國的，若拿其他的極權政權與納粹相比，似乎構成了對德國的冒犯。但廖亦武從來不怕冒犯他的「恩人」們，當德國成為中國在歐洲第一大貿易夥伴時，當德國被中國市場「鎖定」時，只有廖亦武發出先知式的嚎叫——災難近了！

廖亦武臉書：https://www.facebook.com/yiwu0619

一九六〇年代人

21 余茂春：中共之事乃是全球之事

余茂春：美國加州大學柏克萊分校歷史學博士，美國海軍學院教授，研究方向為中美外交史、軍事史。曾任川普政府國務卿蓬佩奧的首席中國問題顧問。在國務院工作期間，努力促使美國政府改變了長期的對華綏靖主義政策。

余茂春，一九六二年八月八日生於安徽，兩個月後被父母帶到重慶永川。其父余益瑾是解放軍二野部隊幹部，隨軍入川，隨後在地方工作，卻因為歷史問題被長期「掛起來」，在四川省江津地委所在地永川縣信訪辦任閒職，每天都有冤屈者到其辦公室和家中申訴，給少年余茂春留下深刻印象。文革中，全家被下放到農村，其母在璧山縣獅子區獅子公社的供銷社工作，晚上必須接受政治學習和改造，經歷了不少類似電影《活著》中的悲慘事件。其父一生鬱鬱不得志，文革後獲得平反，調到重慶市檢察院工作，很快因年齡而離休，不久就去世了。早年的生活經歷，讓余茂春對中共本質看得都很清楚，從未對中共產生「錯覺」。他說：「我從小就深切地了解到中國官場的腐敗、社會制度的不公平、人民的疾苦以及信訪制度的形同虛設。」

一九七九年，余茂春以永川縣文科狀元的優異成績考入天津南開大學歷史系世界史專業。在大學期間，發現中西學術研究之巨大差異，以及學術不自由給中國人思想行為造成的巨大扭曲，深受震動。一九八三年，考取南開大學美國歷史方向的研究生，更加意識到馬列教條對中國學術界致命的約束，對自己在中國的學術前途感到絕望。一九八五年，他赴美留學，渠道是「校際交流」，中國政府沒有出資，而是美方與南開大學互派學生對等免費交流。

余茂春先在賓州史瓦摩爾學院獲得碩士學位，又在加州大學柏克萊分校獲得博士學位（師從著名中國問題專家魏斐德）。他在重慶長大，從小耳濡目染中共文宣中妖魔化的中美合作所、渣滓洞（國民政府軍統局看守所）等故事，這一主題引發他的學術興趣，其博士論文研究二戰期間美中情報合作，後來以《美國戰略情報處在中國》為名出版，還原了美國在情報戰領域幫助中國抗日的歷史真相。他還著有《美國間諜在中國——美國檔案館絕密檔案》、《龍之戰爭：盟軍行動與中國的命運，一九三七—一九四七》，主編有《海軍歷史的新解釋》等。

多年後，余茂春在接受媒體訪問時談及，當年到美國留學的直接原因是從美國之音中聽到雷根總統的演講，雷根說「在這個上帝眷顧的國家，你們的夢想，你們的希望，你們的追求就是這個國家存在的理由」，這讓他為之而神往。更深層原因是，他讀文科，主要在意的是視野與資料性問題，在中國研究美國，資料有限，且隔靴搔癢；到美國研究美國議題，獲取資料很方便，學術也很自由。

到美國後，因為有了比較的角度，余茂春對中共的認識有了「昇華與提高」。比如，當年中國人人都覺得戶口制度不合理，對人身自由加諸巨大限制，他到美國後對此有了更進一步領悟。在美國沒有戶口制度，人們享受到自由的喜悅，「會感覺到作為一個自由人和一個不自由的人之間，差距是多麼巨大」。又如，中國的計畫生育政策，人民在感情上覺得這非常殘酷，但又承認國家要人口的均衡發展，可能有它的考量。「等到在西方生活之後，就會覺得那個殘酷的程度不可言喻。」

余茂春在柏克萊求學期間，中國發生天安門屠殺。與大部分在美國的中國留學生一樣，他積極支持天安門學生的民主活動，譴責中共的大屠殺，幫助逃離中國的學生在洛杉磯定居。一九九〇年六月七日，他參加中國自由民主黨北美組黨籌備會，舉辦中國論壇，邀請吳弘達[1]、方勵之[2]等人權活動人士到柏克萊演講。

「六四」改變了余茂春的一生，他從歷史研究中關注政治現實，並斷絕了回中國之路，從此留在美國。他回顧說，「六四」是歷史上標誌性的事件之一，如一九一九年的「五四」運動、一九五六年匈牙利的自由運動、一九六八年捷克的布拉格之春。它不僅僅是一個大事件本身，而是影響了一代人生活的基本定向和重新定向的里程碑。「六四」也標誌著一代人的覺醒。

余茂春認為，中國人不是不熱愛自由。他指出：「天安門運動的七個星期是中國老百姓自共產黨上台以來最自由、最沒有恐懼的七個星期。天安門運動的根基就是自由，不管如何短暫，人民基本上沒有什麼恐懼。廣場上的這種脫離恐懼的自我表現，對我來說是一個非常重大的震撼，因為在中國生活過的人，不管是在國內還是在國外，都活在一個莫名的有形或無形的恐懼中。……你生存中的方方面面，你所做的很多事情都跟共產黨隨時可以控制你、懲治你的那麼一種無形的壓力有關係。而天安門運動就擺脫了這一點。……天安門的勇士們展現了人性的真正復歸，是對共產黨政治人格的勇敢挑戰。這個對我來講是一個非常大的震動。我和那些學生基本上是同一代，只大幾歲，但是我對這些年輕人非常佩服，他們給了我去追求自由的勇氣。看到中國政府對於這七個星期的自由那種殘酷而血腥的鎮壓，我是非常的震怒，而且重新認識到一個做人的最重要的東西，就像氧氣一樣不可缺失，那就是擺脫恐懼的自由。」

一九九四年，余茂春獲得博士學位後，任教於美國海軍學院，為上千名未來的海軍軍官教授東亞史、中國史和軍事史。他的很多學生後來在美國國防部、國務院和其他重要部門擔任與中國事務有關的關鍵職務，仍尊稱他為「余教授」。他說，「教導美國自由和民主的捍衛者既是榮幸又是特權」，「它完全滿足了我在一九八〇年代初受雷根啟發的思想追求。」

在川普總統任期內，余茂春出任國務卿蓬佩奧的中國政策規劃首席顧問，距蓬佩奧辦公室僅幾步之遙，成為美國外交政策的頂層人物，對美國對華政策的根本性轉變起到舉足輕重的作用。他將中國重新定義為美國最重要的戰略對手，促成華府開啟了「原則性現實主義」對華新政。對於在國務院三年的工作經歷，他最感到自豪的是說服一大批技術官僚，從理念上闡述了美國對華政策的一些基本和具體的

---

1 吳弘達（一九三七—二〇一六）：人權活動人士。大學期間被打成右派，關押勞改長達十九年。一九七九年移居美國，一九九二年創建「勞改基金會」，致力於揭露中國的勞改真相，成功讓「LaoGai」在英文詞典中成為類似「Gulag」（「古拉格」）的專有名詞。

2 方勵之（一九三六—二〇一二）：物理學家，人權活動家，最早在中國倡導保護人權，被青年學生推崇為一九八〇年代「四大啟蒙導師」之一。曾任中科大副校長，被鄧小平點名為「資產階級自由化」代表人物，開除黨籍。「六四」後，遁入美國駐華大使館尋求庇護，後赴美，長期任教於亞利桑那大學。

原則。他早年對中美關係及軍事情報合作歷史的研究，讓他在制定政策時如虎添翼、洞若觀火。他的成功絕非偶然，在短暫參與海外中國民主運動之後，扎根於主流學術界，在華府外交政策圈中享有崇高地位，故而被蓬佩奧選中成為顧問。機遇從來不會降臨到沒有準備的人身上。

長期以來，美國制定對華政策團隊中一直缺乏真正洞悉中共政權本質的人士，致使美國對華政策被中國牽著鼻子走。余茂春的加入改變了這一不利狀況。蓬佩奧讚揚余茂春「是我團隊的核心，在面對中共挑戰時，這個團隊對我提出建議，以及如何保障我們的自由」。國務院亞太事務助卿史達偉也對其推崇備至，讚揚「余茂春先生是國寶」，並說「他了解民主與專制統治之間的區別，並且能比我認識的任何人更好地解釋它」。白宮方面，國家安全副顧問博明（Matthew Pottinger）說余茂春是川普政府外交政策團隊的「寶貴資源」，「在極權主義下成長的經驗，使他成為極權最有力的敵人之一」。

余茂春指出，美國政府自一九七〇年代與北京建立關係以來，華府對影響兩國關係方向的能力顯得過分自信。美國對華政策的另一個重大缺陷是政治和政策菁英未能正確衡量北京的弱點和脆弱性，並採取相應合理政策。「實際上，中共政權的核心是脆弱而軟弱的，它害怕自己的人民，偏執地臆想來自西方特別是美國的對抗。」

余茂春更指出，「六四」對自己參與制定美國的對華政策影響非常大。「六四」給美國的對華政策提供了一個最根本的基點。在他進入美國高層政府圈子時，大家對中共有一個重新估價，原因之一是由於習近平把美中關係搞得非常緊張。有相當大一部分人，覺得美中關係最糟糕的時候是習近平上台後，言外之意是，習當政之前中共好像還可以。他反駁這個看法，認為美中關係基本點不應該是在二〇一二年習近平上台之時，而應該是一九八九年。一九八九年是在中共執政歷史上第一次大規模的中國人民和中共之間尖銳對立的衝突。運動初衷是中國民眾出於一種人性對自由的渴望和對國家負責的主人翁感受，提出一些訴求，這是老百姓起來反對共產黨獨裁專制的一種最原始、最真誠的表現。劉曉波有一句話很有前瞻性，「未來自由中國在民間」，天安門運動是民間追求自由，追求未來的最佳體現。而美國的對華政策一定要著眼民間，著眼未來。一九八九年是一個非常重要的轉折點。天安門運動不僅是美中關係的基點，而應該是美國外交政策的一個主要基點。美國應重新定義天安門事件，把它反映到外交政策上來。

二〇一九年六月三日，蓬佩奧發表了一份余茂春起草的紀念天安門民主運動三十週年的聲明，這是美國政府自天安門事件以來最重要、最全面且最長的一個聲明。蓬佩奧代表美國政府「向三十年前在天安門廣場勇敢地挺身而出爭取自身權利的中國人民的英雄們致敬。他們大無畏的榜樣一直激勵著後代在世界各地發出要求自由和民主的呼聲」。蓬佩奧毫不含糊地指出：「在那以後的幾十年裡，美國曾希望中國融入國際體系能夠帶來一個更開放、更寬容的社會。但這些希望破滅了。中國的一黨制不容忍異見，而且在任何符合其利益的時候都會踐踏人權。」

這一轉變可謂亡羊補牢。為何「六四」屠殺之後，美國和西方沒有徹底改變對華政策？余茂春認為有兩個重要原因：第一，蘇聯、東歐共產黨的垮台。政治學者福山在《歷史的終結》一書中提出，西方的民主自由的普世價值已取得完全勝利，似乎不把中共當回事。這代表西方社會普遍的樂觀情緒。實際上，共產主義並沒有玩完，還存在和壯大著。第二，中共變了調子，說中國只搞經濟，用經濟利益換取西方對其政治制度的默許。這在很大程度上緩和了西方對「六四」鎮壓的憤怒。之後，中國市場對美國公司開放，美國公司遊說美國政府，將人權和貿易脫鉤。此後二十多年，中共的紅色基因繼續增能，到習近平時共產專制制度更加牢固。經濟上強大的中共，政治上仍是一黨獨裁，進而對美國的體制和價值形成重大威脅。

余茂春幫助美國朝野認識到中共的本質：中共掌權到現在一直為兩件事不斷折騰。首先是想證明中共是偉大光榮正確的，這個黨不可能有錯誤，即使犯下滔天大罪，死掉幾千萬人，黨中央發幾個歷史問題的決議就沒事了。其次是要證明社會主義制度比資本主義制度優越。中共掌權以來，所有政治運動都圍繞確認這兩個主題。如今，中共的威脅不再侷限於地區，而是全球性的，其對人類自由的迫害更甚於前蘇聯。這股威脅的根源，是受意識形態驅使、以建立全球霸業為目標的共產主義暴政。在誇言「中華民族偉大復興」願景的同時，中共也利用種族滅絕、歐威爾式監控、鎮壓、審查、祕密警察和意識形態洗腦等手段，殘害本國人民。

拜登執政以後，余茂春返回美國海軍學院繼續從事教學工作，並兼任哈德遜研究所資深研究員、胡佛研究所客座研究員以及二〇四九計畫研究所資深研究員，仍活躍於國務院、國防部及華府各大智庫的各種研討會。他不認為中美關係會出現戰略緩和，「中共不徹底改弦更張，棄暗投明，放棄獨裁，擁抱自由和民主，很難有真正的緩和」。

二〇二二年十二月二十三日，中國外交部發佈聲明，對余茂春、美國國會及行政當局中國委員會副主任托德·斯坦恩實施制裁。中國官媒「環球網」發佈一篇題為〈這次制裁將余茂春釘在歷史恥辱柱上〉的社評，形容余茂春被制裁「相當於臉上被中國官方蓋了一個戳」。

這個遲到的制裁說明已不在其位的余茂春仍然讓中共寢食難安。余茂春表示，被制裁是「中國人民的敵人北京政府再次授予榮譽徽章」。他指出：「中共是一個精於制裁的政權。每一個中國人都時時刻刻在中共的制裁和懲罰之列，不喜歡你就制裁你。外國人也在此列。所以對我的制裁並不奇怪。奇怪的是他們沒有膽量具體列出制裁的原因，因為一旦列出，就會很尷尬，會把中共政權置於道義和正義的對立面。……中共的這種統治方式和古代、和近代中國天朝上國的井蛙國策沒有什麼根本區別。」

中國制裁余茂春，聲稱是對美國制裁中國官員的回應。余茂春評論說：「美國對中共政府有惡行的官員和企業的制裁是系統性的。這些制裁對維護普世價值和美國的世界聲譽很重要。其實真正最終受惠的是中國人民。中共和中國人民是敵對的，制裁中共核心份子及其幫兇是幫助中國人民一把，這一點已成美國全國共識。」

中共不敢與余茂春正面論戰，就用潑皮無賴方式羞辱之。比如，其母校重慶市永川中學將余茂春的名字從狀元名錄石碑上刮掉，安徽余氏家族將余茂春的名字從族譜剔除。余茂春一笑置之：「把我的名字從一個我從未聽說，也從未關心過的族譜上刪除，這似乎很奇怪。」

隨後，一尊余茂春銅跪像在中國網路上流傳，跪像下有一段文字：「當代秦檜，漢奸第一人。美對華霸淩政策的背後『操刀手』……六親不認，助紂為虐。背叛家國，數典忘祖。」銅跪像鑄造者胡天墨，自稱自由職業者。余茂春在推特調侃回應，「我想買下這件共產主義宣傳品」，並指出，這是共產黨政治文化和鬥爭哲學的具體反應，共產黨慣用手法就是會對理性批判他們的人進行人格羞辱和人身攻擊。這個目的是誘發人性中本能的、嬰孩期式的原始情感，煽動大眾仇恨情緒，把嚴肅的話題庸俗化，企圖轉移焦點，以完全迴避世人對中共的理性批判。這種「理屈詞窮、低級趣味」的手法，在中共統治下有驚人的歷史連貫性，是共產黨治國的一大法寶。

余茂春是極少數從全球視野和歷史縱深的層面高屋建瓴地評估中共危害性的華裔學者。二〇二三年四月二十一日，他罕見以中英雙語發出同樣內容，力陳「台灣之事是全球之事」、「中共之事是全球之事」。他在其推特上轉引了韓國總統尹錫悅的最新講話，「台灣問題不僅僅是中國和台灣之間的問題，就像朝鮮問題一樣，台灣之事是全球之事」。他接著指出：「同樣地，中共問題不僅僅是美國和中國之間的問題，就像台灣問題一樣，中共之事是全球之事。」

22 王天成：我的志向是為中國的民主轉型提供必要的理論支持和知識儲備

王天成：曾任北京大學法學院講師，中國憲政轉型和民主化問題最重要的研究者之一。一九九二年，因參與組建中國自由民主黨及中國自由工會，被捕並被判刑五年。二〇〇八年，赴美任哥倫比亞大學訪問學者。二〇一七年，組建中國民主轉型研究所。二〇二三年，推出《中國民主季刊》。

王天成，一九六四生於湖南雙牌，此地屬於柳宗元當年流放的永州。他父親是一名基層公務員，長期從事財務工作，後調入縣法院做法官。他是家中唯一的兒子，上有兩個姐姐，下有三個妹妹。一九七八年，考上一所中專，畢業後工作兩年，克服重重困難，再考入湖南師大外語系，最初想將來做一名翻譯家。但很快改變主意，決定報考法律系研究生。在大學圖書館，第一次接觸到批評史達林主義的「內部出版物」，也第一次看到法國《人權宣言》。在準備研究所考試期間，閱讀了北大教授龔祥瑞的著作《比較憲法與行政法》，講述三權分立、政黨政治、法治等，受其影響頗大。

一九八六年秋，王天成考入北大法律系，攻讀憲法專業行政法方向的碩士學位。他很快開始發表論文，早期作品〈憲法的脊樑：憲法的法律性初探〉曾獲北大法律系校慶九十週年優秀論文獎。一九八八年夏，參加在哈爾濱舉行的全國憲法學年會，在大會上發言批評中國憲法是專制主義的，整個會場都驚呆，一時鴉雀無聲。回到學校，他被導師、當時的北大副校長羅豪才嚴厲批評。

一九八九年，天安門學生運動爆發，他忙於碩士論文寫作，且自我定位為學術研究者，並未深度捲入。且在導師的庇護下，得以留校任教。然而，「六四」的槍聲已讓其人生道路和選擇驟變，他決定參與推翻中共暴政的政治活動。為打破屠殺之後的恐怖、沉悶氛圍，一九九一年初，他與胡石根、王國齊、劉京生、高玉祥等人組建中國自由民主黨並任常委和宣傳部長，該組織的成員最多發展到三百人左右，是當時中國國內最大的地下民運團體。當時還有一個地下民運團體，是康玉春、李海、安寧、薛野[3]等人組織的中華進步同盟。兩個組織的主要成員相互認識，就商量合併凝聚成一股力量。在合併之前，先互相加入對方，一起做事。後來，王天成坦然承認，包括自己在內的異議人士受共產黨特色的黨文化影響很深，組建反對黨時，基本組織架構都從共產黨那裡沿襲而來。該組織成立後，發表過一些關於中國人權狀況的文稿，散發過一些傳單，還曾試圖推動工人運動，成立「中國自由工會籌備委員會」。一九九二年「六四」三週年前夕，他們策劃用遙控的航模飛機在天安門廣場上空撒傳單。五月二七日，警察動手抓人。十月三十日，王天成在赴德國做訪問學者前夕被捕，是這批人中最後一個被祕密抓捕的。

被超期羈押兩年多後，此案才開庭審判。其中，包括王天成在內的十五人在北京被審判，王天成被判入獄五年。後來，他回憶說：「庭審時，胡石根正氣凜然，為整個案子辯護，王國齊、陳衛鐵嘴鋼牙，大顯『二進宮』風采，我很為他們驕傲。被宣判時，大家齊呼口號『自由民主萬歲』。」在監獄裡，他拒絕勞動改造，每天上午、下午看書，晚上休息，並完成六萬多字的書稿。

一九九七年十月二十九日，王天成刑滿釋放。但警方不給他身份證和戶口，將近三年時間他都是祖國的「黑人」，有一次在北京西客站受到警察盤查，差點被當成「盲流」送到昌平挖沙子去了。沒有身份證，很多事情都辦不了，這是警方刻意保留的一種控制方式。二〇〇〇年夏，他到北大抗議，這才有了身份證件。此後，他在朋友開的文化公司打過工，但因警察的騷擾、破壞，每次工作都做不長。他只好在家從事文字翻譯工作，與友人合譯有艾德蒙・柏克《自由與傳統》、阿克頓《自由的歷史》、路易斯・博洛爾《政治的罪惡》等西方學術名著。

一九九九年五月，王天成用此前的化名寫了一篇如何紀念「六四」十週年、開展消極抗爭的文章，被警察追查出是他寫的。他躲避到北京郊外西三旗一間小平房中，用幾個月時間完成長篇論文〈論共和國〉。寫這篇文章，首先是因為中國的國名為「中華人民共和國」，可惜它根本不是名副其實的「共和國」。但大多數民眾對「共和」的概念一無所知。王天成指出，共和的基本觀念和精神是共治、共有、共享，是和平、溫和、平衡。現代共和政體是國家權力分別授予幾個相互獨立和牽制的部門執掌、由人民選舉產生的代表和官員管理的政府。民主並非共和的代名詞，它只是共和的因素之一。共和中有民主，但共和中的民主是受節制的民主。為了自由，民主必須受節制。民主共和國是最符合共和精神的共

3 薛野（一九六九年）：北京大學經濟學院畢業，一九九〇年代在貴陽創辦西西弗書店，後擔任立人鄉村圖書館理事長，並參與若干公益事業。二〇一四年，因散布台灣「太陽花學運」及香港「佔中」運動資料，與法學者、立人鄉村圖書館副總幹事柳建樹一起被拘留，一個月後取保候審。

和國。共和主義是與一切集權政體相對立的一種政體，無論是個人、寡頭，還是多數的集權。共和主義組織政府的一個基本原則是分權制衡，反對分權制衡也就是反對共和政體。共和政體需要公民美德、公共精神，需要良好的道德習俗來支撐。此後，他又以對話體的形式寫了續篇〈再論共和國〉。這兩篇文章是中國學者較早系統闡述共和主義的作品，流傳甚廣，已成為漢語界在該領域的經典之作。

二〇〇五年十一月，王天成公開指控武漢大學教授、博士生導師周葉中所著《共和主義之憲政解讀》一書，嚴重抄襲其〈論共和國〉、〈再論共和國〉兩篇論文。周葉中是中國憲法學研究會副會長，曾到中南海給胡錦濤、溫家寶等中共政治局成員講課。《中國青年報》「冰點週刊」率先對此事做了報導，卻遭中宣部整肅，二〇〇六年初被暫時停刊。王天成到法院對周葉中提起侵權訴訟，《新京報》報導法院立案的消息，五位編輯、記者遭到處罰。二審時，王天成邀請經驗豐富、地位尊崇、已八十高齡的律師張思之律師加盟律師團隊。然而，白紙黑字、證據確鑿的案子，經過一審、二審，王天成先後敗訴。據說一名常委對此案做出批示：「不能讓異己分子損害黨和法律工作者的聲譽。」

在中共不公不義的統治下，御用學者可公然宣稱「抄襲有理」，司法機關為之保駕護航；異議學者則無法捍衛其著作權，一旦挺身捍衛，立即招致打擊報復。經過此案，王天成在中國的生存境遇急遽惡化。二〇〇八年一月，他在「受難學者機構」、「學者拯救基金會」和哥倫比亞大學、西北大學幫助下，來到美國做訪問學者。

到美國後，王天成一度積極參與海外民運。二〇一〇年三月，他受王軍濤邀請，與王有才[4]一起發表聯合公告，宣佈中國自由民主黨與中國民主黨共同組建中國民主黨全國委員會。四月，他出任執行長。然而，海外民運的運作方式與他的初衷相差甚遠，他無法認同某些人利用為偷渡客辦理假政治庇護來賺錢的做法，認為這種做法嚴重損害海外民運的聲譽。二〇一三年一月，他毅然辭職，回歸學術研究領域。

在學術自由的美國，王天成大量閱讀西方一流學者關於民主化問題的著述，眼界大開，在國內遇到的種種疑惑逐一加以破解。在此基礎上，他完成了《大轉型：中國民主化戰略研究框架》一書。這本書是在研究當代數十個民主轉型案例基礎上撰寫的，反思、剖析了過去二十餘年來中國知識界盛行的、似是而非的漸進改革主義，進而提出新的、關於中國民主化的戰略思考框架和操作方案。他認為，漸進主義「慢的就是穩的」的假定並不成立，相反，快速、不失時機進行重大、關鍵變革才能減少轉型過程的不確定性；未來中國憲法應該採用議會制而不是總統制；非暴力抗爭是促使期盼已久的民主轉型發生的惟一可靠動力。該書主要章節從二〇一〇年底開始分十六期在《中國人權雙週刊》連載，是中國國內讀者上網、翻牆尋找的熱門作品，作者本人也入選網友發佈的「二〇一一年百位華人權勢榜」。法律學者蕭瀚[5]評論說：「王天成的《大轉型：中國民主化戰略研究框架》，是我見過的談政改問題最真誠和智

4 王有才（一九六六—）：北大物理系研究生，天安門學運領袖，「六四」鎮壓後被捕，判刑三年。一九九八年，發起組建中國民主黨，被捕並判刑十一年。二〇〇一年，以保外就醫名義赴美。在美從事民主運動，並獲伊利諾伊大學物理學博士學位，後在花旗銀行工作多年。

5 蕭瀚（一九六九—）：本名葉菁，法律學者，專欄作家，中國政法大學副教授，發表過大量批判中共專制極權的評論文章，曾被國保警察在北京鬧市區用黑頭套綁架、拘禁、恐嚇。

慧的嚴肅作品，在我目力所及，也是近二十年內中國政治學領域最重要的作品。」

在這本力作及相關訪談中，王天成特別指出，要在中國走向民主，必須克服對於民主轉型的「想像的恐懼」。他指出：「在當代中國，一方面，人們渴望民主、自由，另一方面，許多人又害怕民主政治、民主轉型。一提到民主轉型、民主政治，許多人立即想到的是可能會引發難以收拾的動蕩、紛亂。……它構成了許多人忍受、屈從甚至支持一黨專制的重要心理基礎。當代中國盛行的、只主張小改小革、不要求開放黨禁和全國直選的偽漸進主義，也是這種心態的體現。」他反駁了這一看法，並樂觀地指出：「應該對中國人民有信心。盡管現在社會矛盾尖銳，有許多問題需要未來的民主政府去應對，但像許多國家的民眾一樣，中國的民眾也是有理智的，會懂得並非所有問題都會隨著民主政府的建立而一夜之間消失，民主只是為建立一個公平、正義的社會提供了必要的政治前提而已。民眾也會忍耐暫時的困難，將希望寄托於未來。」他更提出「民主工程學」的概念——根據中國目前的現實需要，以及中國作為一個大國轉型的複雜性，特別有必要發展一門新學問，不妨稱之為「民主工程學」，或者「自由工程學」、「憲政工程學」。「這樣一種學問，它的主要任務是研究民主轉型的發生原理、動力機制，探討民主轉型的戰略、模式、路徑、步驟、節奏；研究民主政體的制度設計、憲法選擇，探討民主轉型完成後如何鞏固民主、提升民主的品質、使民主持之久遠；預測民主轉型過程中有可能發生的政治經濟危機，尋求化解危機的策略、方法。」

二〇一七年四月十五日，王天成發起成立非盈利性研究和教育機構中國民主轉型研究所並出任所長。他對媒體表示，成立該所的目的在於通過研究、出版、教育等活動，為中國的政治經濟轉型提供必要的理論支持和知識儲備，並促進不同群體的溝通、對話，為提升民主轉型成功的機率盡一份責任。「研究所將主要研究民主轉型的過程如何管理，選擇何種民主架構有助於民主的鞏固，這是關注中國民主轉型的海外學者現在必須考慮的問題。」研究所設有「轉型研究」、「民主學院」、「普林斯頓中國沙龍」和「E閱覽室」等項目。

二〇二三年一月，王天成與友人創辦《中國民主季刊》。他在發刊詞中指出，創辦此刊物，出自與啟蒙思想家孟德斯鳩相同的看法，即「我們的知識不應受所出生的國度限制」。不止如此，也延續孟德斯鳩及許多先賢對專制的反對、對自由的渴望，並將在一種國際性視野下提供知識與見解。他呼籲說：「在本刊創辦的當下，中國正在經歷極權主義的重建。這是一種新極權主義，其目的既是為了應對一黨專制所面臨的危機，也是為了滿足最高領導人的個人野心。一些曾長期將民主的希望寄托在自上至下改革的人，在期望幻滅之後而變得對未來悲觀。也有些人認為正在發生的倒行逆施，會加速共產黨一黨專制的崩潰、終結。經驗一再表明，獨裁者經常高估自己的力量。歷史上幾乎所有獨裁政權，在它們沒有倒台之前，都相信自己還有足夠的控制力，生活在其下的許多人們也往往覺得它們太強大、似乎會永遠存在下去，但當倒台發生的時候，其速度之快，彷彿一切只是『一夜』之間的事。當然，另一方面，這也是反覆被經驗所證實的：如果沒有足夠多的人採取實際行動，一個臭名昭著的獨裁政權也可能長期存在下去。回顧歷史，從晚清到當代，中國發生的、爭取自由民主的每一次重要努力，知識分子都有著特殊重要的作用。既然當今中國最重要的事務莫過於實現民主憲政，為此而探索、寫作，以及傳播相關的知識和思想，便是知識分子的第一責任。」

近年來，王天成致力於新書《新政府論：民主政制的經驗檢視與未來中國憲法設計》的寫作，中國晚清曾發生過民主轉型，不幸的是辛亥革命後建立的半民主政體失敗了，後人不得不重新出發爭取民主自由。在該書中，他嘗試解釋辛亥革命以來中國民主崩潰的原因，然後展望未來——討論中國未來選擇什麼樣的民主政府形式更有助於民主的鞏固持久。書中檢討了洛克、孟德斯鳩以來的自由政府實踐，比較了不同民主政府類型的成敗及其制度邏輯。他警示說，當下一次民主轉型的機會得來時，中國人不僅需要建構民主，還要使民主鞏固持久。他的研究工作，填補了此一領域的空白，對中國未來的民主轉型具有重要的參考價值。

王天成推特：@wangtiancheng01
中國民主轉型研究所網站：https://chinademocrats.org

23 冉雲飛：我要寫出自由是什麼狀態

冉雲飛：作家、歷史學者、公共知識分子。在二〇一一年的「茉莉花事件」中，因在網上轉發相關資訊，被捕並被關押半年。基督徒，成都秋雨聖約教會成員。言論自由和宗教信仰自由的捍衛者。

冉雲飛，一九六五年生於重慶酉陽的一個土家族貧苦農家，其父早年迫於生活壓力，遺棄妻兒，外出打工，從此不歸。母親一人將孩子們拉拔長大。直到冉雲飛四十多歲時候，他才意外地尋找到多年渺無音訊的父親。冉雲飛在這片未被儒家專制主義馴化的山水間奔跑著長大，渾身上下充滿與象牙塔中的文士截然不同的「匪氣」，故而外號為「冉匪」。青年時代好勇鬥狠，與人鬥毆，頭顱上留下了一個大疤痕。

自四川大學中文系畢業後，冉雲飛任職於《四川文學》編輯部。與他同住四川作協院內的前輩詩人流沙河[6]描述說：「他一身衣著像個打工仔，示人以土，毫不惹眼。卻又君子自重，不肯隨便迎合他

6 流沙河（一九三一—二〇一九）：詩人、學者，反右運動中遭毛澤東點名批判，被打成右派，勞動改造近二十年。晚年轉向古文字研

人，尤其是所謂的名人。他那時蓄長髮，傲然過市，似承襲了魏晉名士遺風。……他曾星期日抱著吉它放歌街頭，扯起圍觀圈子，公然賣唱，就像流浪歌手那樣。他還曾喝醉酒在庭院中痛哭罵世，作了今日之賈長沙，藉以抒散一腔抑鬱。」即便長期生活在大都市成都，冉雲飛仍像沈從文那樣保持著「鄉下人」的拙樸率真，一點也沒有變成矯揉造作的「城裡人」。

一九八九年，天安門民主運動席捲全國，成都也是一個重要「戰區」。剛剛參加工作不久的冉雲飛，積極參與這場運動。鎮壓之後，文教部門人人審查過關，他被放逐到四川藏區一年。那段時間，他在高原上漫遊，似乎回到了自由奔跑的少年時代，其詩歌創作迎來了一個高峰。他為無法出版的詩集取名為《在血泊中奔跑的詩歌》，其中有「母親啊，如此貧困而瘦弱的孩子／怎樣面對湯湯撲來的血泊」這樣痛徹心肺的句子。

冉雲飛才華橫溢，手不釋卷，觸類旁通，寫詩歌、小說、文學評論、雜文，樣樣拿手——縱論中國古典文學及西方現代文學，查考梳理地方歷史文獻，研究迫在眉睫的教育問題，在諸多看似風馬牛不相及的領域皆可娓娓道來，自成一家。他曾量身定制一個浩繁的寫作計劃——多卷本的《中國告密史》。僅僅搜集資料（含各類檢舉、揭發、誣告、誹謗、奏折、坦白書、悔過書、具保書、交心材料、挑撥離間案例等），就耗費十多年功夫。他在〈告密三篇〉一文中開宗明義地寫道，告密是中國人繼火藥、指南針、造紙術、活字印刷之後的「第五大發明」。

一九九二年，鄧小平發表「南巡講話」，中國人爭先恐後地奔往發財之路——也是遺忘之路。一九九〇年代前期，冉雲飛與同為成都文化界活躍人士的譚作人一樣，是官方竭力拉攏的文化名流，他當過成都市人大代表，經常在電視上侃侃而談，諸多地方官員和企業家邀請他擔任文化顧問。如果冉雲飛畫地為牢，將自我約束在「安全圈」之內，乃至甘當「花瓶」，以他的才華和少數民族的身份，一定可以在體制內混得風生水起，如同藏族小說家阿來那樣名利雙收。學余秋雨，還是學劉曉波，這是中國文化人選擇的兩條截然不同的人生道路，學前者的人多，學後者的人少。冉雲飛偏偏選了一條少有人走的路，從安全地帶一步步走向危險地帶。

一九九八年，冉雲飛開始上網，發現網路是踐行言論自由的風水寶地。他開始每天寫一篇博客，號稱「每日一博」，從不間斷，聲稱這是學習胡適的「日拱一卒，功不唐捐」。以一人之力，連辦三份電子週刊——冉氏新聞週刊、冉氏評論週刊、冉氏掮客週刊，要與新華社比個高下。他的「匪話連篇」博客在天涯網站關閉前，累計點擊量達六百萬，每天五萬五千流量。而他的牛博在被封鎖前，也有每天五萬五千點擊數，他堪稱第一代「知識分子網紅」。當他在網上批判時政的力度不斷升級，與「主旋律」遂漸行漸遠乃至背道而馳。

冉雲飛剛剛開始寫批評政府的博客時，心裡也常打鼓，「生活在這樣一個國家，人人心中有廣電總局，腦子裡有中宣部，思想上有檢查官」他痛恨這種狀態，「媽的，總要試一試。」他開始對公共時政的嚴厲評論，用勇敢見證自由。「沒有人要求我做這些事，我不怕別人的指責，我批評是來源於我內心中的不安。」寫了六年的博客後，他發現，「最大的收獲是進步，開心」。他找到了自己的自由心態與

究，批評中共主導的漢字簡化運動。與夫人吳茂華同為《零八憲章》第一批簽署者。

創造力。博客寫作就是不斷衝破禁忌達到自由的心理過程。寫博客首先是解放我自己！他說：「我要寫出自由是什麼狀態！」更重要的是，「正因為我可能有偏見，我要做一個不為偏見所束縛的動物。我要治療自己」。他在〈用你的改變做見證〉一文中呼籲網民從小事做起，做不危險的事改變中國。做好事不要有施恩的心態，受打壓也不要認為不得了。這樣公民努力自己才會有滿足感，不會受傷害。

通過網路，冉雲飛的影響超越了成都和四川這一地理範圍，而在整個中文世界贏得無數粉絲。網友寄盧評論說：「因為自由，所以有膽有識；因為獨立，所以不偏不倚；因為批判，所以切中要害；因為建設，所以勇於負責。以常識破除迷信，以事實捶打謊言，以韌性鑿穿頑固，以深愛化解隔膜，以文化人的蒼生情懷貢獻天地間的真摯溫暖。中正、平和、理性、按事實說話，不造神，不把自己置於絕對正確的境地，這是學人之所以為學人的立足點。真誠、勇敢、有擔當，直面現實，不阿諛粉飾不歌功頌德，不以個人得失為安身立命說話作文的出發點，這尤其是當下文化人的生存要義。這個世界多一分理性，多一句真話，多一份擔當，就會減少一份無恥，減輕一份罪惡，減低一份苦難！」更以藏頭詩一首相贈：「冉冉物華天地空，雲間鷹隼自豪雄。飛騰踔厲千鈞力，好似金剛懲惡兇。」

二〇〇八年，四川地震之後，冉雲飛積極參與救災工作，並發現政府一系列荒腔走板的做法，寫了一篇〈最不可辜負的是民心〉的文章：「這回四川大地震，我想政府應該知道民心的力量，但遺憾的是，他們似乎又走上了辜負民心的老路，還在使用早該唾棄的宣傳手段與拙劣的自我表揚。」此文發表後，他遭四川省作家協會批評教育以及斷網封殺等打壓。同年十二月，他第一批在《零八憲章》上簽名，從此更直接和更頻繁地受到國保警察騷擾。在毒奶粉事件中，他寫下〈有這樣的政府是我們的國恥〉，譴責「一個國家不把自己青少年的健康成長當回事，這樣的國家還有什麼未來可言？一個民族給自己的下一代造成許多災難，這個民族還有什麼復興之期？一個納稅人所養的政府不為自己國家的孩子做正當有益之事，這樣的政府其合法性何在？祖國的花朵卻是地道的國家棄兒，這樣的國家你怎麼能愛得起來？」

二〇〇八年，冉雲飛應邀赴港參加香港大學新聞研究中心舉辦的「新媒體時代的公民話語力量」研討會，十月三日卻在成都機場被公安拘留九小時，被阻止赴港。他只好提交一篇書面發言，在這篇發言中，他對中國網路博客的生存狀況與公民社會的發展做出論述。他以童年時代在故鄉常常探索的地下溶洞為比喻，解釋自己為什麼要長期寫博客、且每日一博：「如果我們不持續發聲，我們不保有自救的信心，那麼營救者也不知你在什麼地方，不能使多股力量有效地組合起來，那麼在黑暗的深淵裡我們會遭遇滅頂之災。每個人都發聲，哪怕微弱，弱小者也能得到互相鼓勵。暗夜裡的一點燭光，我們把它點起來，就可以照亮更多的人，使得大家減少一點恐懼。所謂同聲相應，同氣相求，就像衣衫單薄的人，在大冬天挨著互相取暖，減少寒冬的威力。如果所有人都不發聲，萬馬齊喑，將會讓那習慣製造資訊孤島，搞人為遮掩和消滅真相者，剝奪起你的利益來更容易得逞。我每日一博只不過為了持續地向外界喊話，說這個深淵裡有人，大家救救我。或者深淵裡馬上有人回應說，『我也在這裡』，更多的人也慢慢回應說，我也在。

原來一起在深淵裡，還願意與我共同發聲的朋友還不少，因此自救或他救之策漸漸成形，並付諸緩慢的行動，但這一切要建立在資訊自由流動、觀點多元、方法多樣的基礎上，才能逐步實現。」他進而解釋資訊的自由發佈和傳播為何如此重要：「那是因為只有資訊的自由流佈和傳播，才能給大家理智判斷的基礎，活在真實中才能使人有更加理智的思考，而不為官方的欺騙所左右。有資訊的自由流播才有可能在思想上結社，互相驅除各自因弱小而產生的天然恐懼感。那些曾經互不知曉的力量，才有機會融合起來，共同發力。極權者為何要阻撓資訊的自由流通呢？不只是便於他們搞資訊壟斷，好實行愚民統治，減少巧取豪奪他人利益時的反抗壓力與成本。更重要的是，讓大家處在資訊孤島中，每個人都被關在被阻隔了的資訊黑屋子裡，沒法在資訊上互通有無，使個體的反抗不能得到他人的應和，顯得勢單力薄，不能形成共同利益訴求，便容易像被切割的原子個體，受盡屈辱，卻只有自生自滅。換言之，個體被緊蒙雙眼，作為像被麻布口袋單獨運送的土豆，大家朦朧地略有所知，但卻永遠無法將自己被盤剝而造成的傷痛，形成共同的利益訴求，對壓制和剝奪你的人或者機構造成強大的壓力。這就是我為什麼要用博客來加入資訊自由流播人群的一個原因。」

有很多人問冉雲飛，你做這一切有什麼用？你批評了這麼多年，這個社會有改變嗎？他回答說：「我不能誇大自己的作用，但說一點用處也沒有，那又不符事實。我服膺人生是個過程的說法，而不是急功近利、成王敗寇的信徒，所以請你不拿類同於毒藥的、昧著良心也要追求所謂成功的方式來衡量我，我根本不服這包藥。人都有七情六欲，是人都有局限，但重要的是，你在按照自己的理念，做人做事堅持有底線地活著。」

二〇一〇年，揭露地震災區豆腐渣校舍的譚作人被以「煽動顛覆國家政權罪」判刑五年，冉雲飛引吭高歌，將歌手韋唯在北京亞運會上演唱的膾炙人口的歌曲《我們亞洲》的歌詞改為：「我們亞洲，一點不自由，沒有權利和民主，活著不如狗。亞洲不好玩，亞洲人都想去歐洲。」歌聲穿雲裂帛、催人淚下。當時在座諸人沒有想到，譚作人尚未出獄，冉雲飛就入獄了。

二〇一一年二月中旬，為響應阿拉伯之春運動，有人在網上匿名發起「茉莉花革命」。二月十六日，冉雲飛在推特上跟貼了八個字：「我們飯醉（犯罪之諧音），我們獻花。」並轉發相關推文。二月二十四日，冉雲飛被警察上門抓捕，且被以「涉嫌煽動顛覆國家政權罪」刑事拘留。三月二十八日上午，冉雲飛的夫人王偉稱，成都市公安局發來通知，該局於三月二十五日以「涉嫌煽動顛覆國家政權罪」對冉雲飛實施逮捕並押於都江堰看守所。當局對此案逐漸升級。在被關押期間，冉雲飛受到持續審訊，不讓睡覺，且與家人不通音訊。

冉雲飛案震動了知識界。他並未從事政治反對運動，只是一名擁有體制內身份的敢言知識分子，卻被加諸令人談虎色變的罪名。他的辯護律師冉彤[7]感嘆說：「我的這個兄長長期以來一直履行他作家的職責，就和他本人說的一樣，他手上沒有任何武器，唯一的武器就是寫作。」艾曉明寫道：「如果你認識冉雲飛，你就認識了一個勇敢誠實的中國公民。如果你容不下冉雲飛，你就是真正在禍國殃民！」資深媒體人翟明磊[8]指出：「冉的事，我覺得不僅是對維權界的，也是對中國知識界的污辱。」作家慕容

7 冉彤：維權律師，承辦過漢源事件、成都鏈子門、冉雲飛案、丁矛案等案件。受「七〇九」大抓捕事件波及，律師執照年審長達半年未獲通過。二〇一六年一月八日，在羅湖出境赴香港時被攔截。

8 翟明磊（一九七三—）：曾任《南方周末》記者。二〇〇五年，創辦《民間》雜誌。同年九月，開辦博客《壹報》（www.1bao.org），發刊辭指出：「壹報是一個人的報紙，中國缺少的是健全的個人主義者，因此壹報將成為個人主義的媒體，裡面或有偏見，或有任

雪村[9]拍案而起：「我平時是一個特別溫和的人，很少發脾氣，但溫和的人往往有倔強的一面，冉雲飛被抓真的把我激怒了，記得我當時在雪梨大學做訪問學者，聽到冉雲飛被抓後，我馬上訂機票回國，並往他家裡送了點錢，自此以後，我就成了比較堅決的制度批判者。」

半年後，冉案柳暗花明、峰迴路轉。二〇一一年六月二十七日，冉案被成都中院以證據不足退回檢察院。八月九日，被關押半年的冉雲飛無罪獲釋。他是近年來罕見的被以「顛覆國家政權罪」逮捕、卻無罪釋放的異見知識分子。對於他的家人和朋友來說，這是喜出望外的結局。不過，受此案影響，冉雲飛所著的一本以歷史考據為主、並不涉及現實政治的新書《古蜀之肺：大慈寺傳》雖已印刷完畢，卻被出版社封存並銷毀。他出獄後筆耕不輟，但此後所有著述都無法公開出版。

二〇一六年，冉雲飛受洗成為基督徒，成為王怡創辦的秋雨聖約教會的會友，開始研究公共神學並捍衛宗教信仰自由。二〇一八年十二月九日，成都警方抓捕了王怡牧師等多名秋雨聖約教會成員，冉雲飛多次被傳喚，與教會主要同工一起遭受警方嚴密監控。他堅守信仰，毫不退縮，教堂被關閉後，開放自己的家作為查經班，召集部分會友到家中學習聖經，為教會保存薪火。二〇二〇年十一月三日，他應邀在「瘟疫中的福音」網路佈道會上做〈中國文化的本質〉講座。次日晚，他原計畫繼續講〈中國人的義和團心態與文化淵源〉，講座尚未開始即遭警方傳喚，被扣押六個小時後才獲釋。他回家後跟大家報平安說：「我被帶走本身就是福音事件。」

冉雲飛博客「匪話連篇」：https://waldoboro15.rssing.com/chan-8947964/latest.php

性，但絕無謊言」。因報導胡佳事件，三次被屏蔽。編有《中國猛博：新媒體時代的民間話語力量》。

9 慕容雪村（一九七四—）：原名郝群，著有長篇小說《成都，今夜請將我遺忘》、《天堂向左，深圳往右》及非虛構小說《禁城：武漢傳來的聲音》等。因揭露武漢封城真相，受警方騷擾和恐嚇，二〇二一年八月流亡澳大利亞。

24 丁家喜：我要做一隻不停搧動翅膀的蝴蝶，一定會引發社會變革的颶風

丁家喜：人權律師，「新公民運動」主要活動家之一。二〇一三年，被捕並於次年以「聚眾擾亂公共場所秩序罪」判刑三年六個月。二〇一九年，再度被捕，一直關押到二〇二三年四月十日，才以「顛覆國家政權罪」判刑十二年，剝奪政治權利三年。

丁家喜，一九六七年八月十七日生於湖北宜昌宜都縣香客巖村。那裡是鄂西貧窮的山區，他小時候村民還在用三國時期發明的水翻車澆地，玉米、小麥都是用石磨等原始工具處理。

丁家喜的人生堪稱一部波瀾起伏的「四重奏」，是文革之後四十多年來中國政治經濟劇變過程的縮影，也是當代中國知識人追求真理和正義的奮鬥之路的縮影。他放棄了人人爭先恐後而他本人已然走得風生水起的名利之路，轉而走上一條少有人走的、艱難峻嶒的、甚至需要犧牲最寶貴的自由的道路。

丁家喜人生「四重奏」的第一樂章，是科學救國之路。這是文革後一九八〇年代進入大學的那一代青年普遍的人生理想。文革期間殘酷的政治鬥爭，大部分倒霉的知識分子都是文科出身，這讓中國人對學文史哲及法律、政治等望而生畏。文革後的改革開放和現代化，又以科技開路。所以，那一代人對理

工科，尤其是尖端科技趨之若鶩。丁家喜曾說：「我總是希望學那些難、但又非常實用的東西。我不想學那種難、但是不實用，或者實用卻不難的東西。而航空發動機是中國到現在也沒能解決的一個技術難題。」一九八六年，他以優異的成績考上北京航空航天大學，在大學期間得過三次一等獎學金，很多課程都是滿分。

大學畢業後，丁家喜被分配到瀋陽發動機研究所（六〇六所）。兩年後，被保送回北航讀研究生。讀到一半，轉到飛機設計系。他的興趣本來是做研究，但他發現，體制內大部分研究人員的心思並不在做研究上，而是賺錢、往上爬；而且，以當時的研究環境，中國在飛機設計和發動機領域很難取得重大突破。他厭倦了每天與數據、設備打交道，有了轉型的想法，在業餘時間考取了律師資格。研究生畢業後，他在北京的中國航天科工三院三〇四所工作了一年多，就辭職「下海」了。

丁家喜是「六四」一代，在大學校園裡經歷了天安門民主運動。他完全認同學運中「反官倒、反腐敗、要求民主、打倒老人政治」等訴求，「說遊行去，我們就跟著去；別人喊口號，我們也跟著喊；天安門廣場上靜坐，我們也去靜坐」。他在天安門廣場最長的一次待了整整三天三夜。運動後期，因為父親意外身亡，他趕回老家奔喪，與後期的學運擦肩而過。之後，他的「六四」情結蟄伏多年，直到二〇一一年到美國做訪問學者，接觸到大量關於「六四」及之後中國反對運動的資訊，這才重新喚醒青春時代的記憶，此後每年「六四」紀念日都穿黑衣並絕食紀念——即便在獄中也堅持絕食。但他坦承：「我並不認為我的生命的選擇與天安門學生運動有直接的聯繫。那是一個水到渠成的結果。」

丁家喜人生「四重奏」的第二樂章，是做民商律師。一九九六年六月，他從研究所辭職，轉入律師這個嶄新的職場。初期，他參與做過刑事案件，卻發現法官通常很強勢，律師難有作為，逐漸放棄刑辯這一塊。他有技術背景，做民商有優勢，漸漸形成了公司併購重組、投資、破產法律事務、知識產權保護等方面的專長。二〇〇三年四月十六日，他創建了德鴻律師事務所。第一年，事務所的收入是兩百萬；到二〇一二年年底，已增長到兩千五百萬。二〇一一年，他被評選為北京市十佳知識產權律師。他還擔任一系列有頭有臉的社會職務：北京律師協會企業重組專業委員會委員、北航創業家協會祕書長、中關村國際孵化軟體協會法律委員會主任等。

二〇一三年四月十七日，丁家喜因參與「新公民運動」而被抓，此時離他創建律師事務所正好十年。他成為一名成功的民商律師的十年，正是江澤民時代後期及胡錦濤時代，中國加入世貿，搭上全球化快車，利用龐大的勞動力和消費市場，吸引來自西方及港台的投資和技術，迅速成為「世界工廠」和僅次於美國的全球第二大消費市場。在此期間，數千萬計城市新興中產階級產生並茁壯成長，享受著毛時代的中國人想都不敢想的、可以媲美西方發達國家民眾的豐裕的物質生活。丁家喜從事的民商法律事務，尤其是知識產權事務，是中國實施「對外開放」政策並與西方法治文明部分接軌的產物。他成為這個時代的既得利益者，過著食有鮑魚海參、出有豪車、每年花十萬打高爾夫球的優越生活。很多北上廣一線城市的中產階級上層，大都滿足於此，春風得意，歲月靜好。

丁家喜卻不以此為滿足。跟他打交道的大都是公司董事長、老總，跟這個階層接觸，讓他有了很更寬的視野來看待社會。但他還是會遇到各種各樣不公平的案例，由此思考案例背後的共性是什麼，用什麼樣的辦法能改變這種現實。他最初的一個選擇是加入所謂「八大民主黨派」之一的「中國民主同盟」，並在二〇〇二年至二〇〇七年間任民盟中央法制委員會委員。他期望通過民盟的渠道，將自己對社會和法治問題的看法提交到政協或人大，以溫和、漸進、改良的方式推動社會進步。

丁家喜加入民盟後，曾在一年間提出八個提案。例如，毒奶粉事件發生後，他提出關於加強奶粉品質監管的提案。然而，即便此類並不危及中共統治的提案，往往也如石沉大海。二〇〇三年，孫志剛事件發生後，也在民盟中央法制委員會的許志永因提出廢除收容遣送制度的提案，被逐出民盟。當時丁、許並無深交，但此事讓他意識到民盟就不是正常的「政黨」，它是比共產黨更左、更僵化的小圈子，連太監都不如。後來，他就不再參加民盟的活動了。

商業上的成功，並不能彌補丁家喜在社會和政治參與上的挫折。他發現，在中國，所有的規則往源頭追，到最後只有一個根本問題：一黨專制。這個問題不解決，所有規則上的死結都解不開。此時此刻，丁家喜對民商律師的工作失去了興趣，希望改變大學畢業以後二十年的選擇。他聯繫了一個到美國紐約福德翰姆大學的訪問學者計畫，在美國大半年的時間，像海綿一樣沉浸在自由世界的自由資訊中。此前，他雖是八九一代，但對八九之後中國民間反抗運動知之甚少。這時，他才發現中國國內一直存在著綿綿不絕的反對運動，心潮起伏，用他女兒的話來描述，「爸爸那時候天天在房間裡踱步」。在此期間，他完成了數萬字的〈歷史的比較〉等文稿，他雖不以著述見長，但從這些尚未整理完稿的文字中可以看出，他通過比較近代以來中美的不同走向，發現美國強大的根源在於自由經濟和民主政治，如今自由經濟和民主政治不再是美國的專利，而是全世界人民包括中國人共享的文明成果，他要將這些文明成果從美國帶回中國去。

丁家喜人生「四重奏」的第三樂章，是在未徹底放棄民商律師身份的同時，以「業餘」身份做人權律師和公民權利活動者。二〇一一年十月，他從美國回到中國，再次與許志永會面、長談，兩人惺惺相惜，成為「新公民運動」中極具互補性的雙峰。丁家喜後來接受「改變中國」主編曹雅學[10]採訪時說，他與許志永是互相合作、取長補短：「許志永做了多年的抗爭，非常有經驗。他有非常清晰的理念，也有非常堅定的意志。而我是個做律師的，律師的特長就是實際操作。我的實際操作能力正好給了許志永一個很好的補充。」

隨著丁家喜對人權活動愈來愈深的參與，警察的騷擾也愈來愈劇烈。他第一次被警察帶走審訊時，妻子羅勝春嚇得渾身發抖。家人都勸丁家喜減少活動，他卻說：「怎麼不去勸壞人別做壞事，而是勸好人別做好事？」他也意識到危險迫近，敦促妻子帶孩子辦簽證去美國工作和生活。

二〇一二年十二月九日，丁家喜和許志永等人發表了一封致新任中共中央總書記習近平等中共領導人的公開信，呼籲包括習近平在內的二百零五名中共中央委員率先財產公示。他積極聯絡各地公民，組織了多個城市要求官員財產公示的活動。他們希望推動人大立法實現這一訴求，這完全是法律許可範圍之內的事情。然而，這個運動打到中共要害，直接動搖了中共政權的統治合法性。丁家喜後來自豪地表示：「當局給了我這個業餘活動者一個很高的評價。預審告訴我說，許志永做公民活動做了十年，你在裡面就混了一年，弄成這個局面，我們不弄你，能行嗎？」

二〇一三年四月十三日，就在丁家喜辭去律所主任、陪妻子去申請簽證的第二天，他被警方從家中帶走。十七日，警方以「非法集會」罪名將他刑事拘留。幸運的是，他的妻子和兩個女兒順利赴美，獄中的丁家喜不用像後來的王宇等「七〇九」律師那樣，因受中共將家人作為人質加以威脅，不得不做出「電視認罪」之舉。

二〇一四年一月，「新公民」諸案件陸續開庭審理。原定於二十四日開庭的丁家喜、李蔚[11]案，因故延至二十七日與袁冬[12]、張寶成[13]案一同開庭。出庭的多位律師都表示，庭審過程極為不公正，律師們在質證過程中的發言頻頻遭到法官打斷。二〇一四年四月十八日，北京海淀區法院判決，丁家喜被以「聚眾擾亂公共場所秩序罪」判刑三年六個月。二〇一四年七月十八日，北京市第一中級法院對丁家喜、李蔚案進行二審，以書面而非開庭審理，宣佈維持原判。

丁家喜在法庭上作了名為〈我要做一隻蝴蝶〉的最後陳述：「因要求全國人大對財產公示立法，我卻成了欽定的罪犯。要求財產公示是犯罪——殺一儆百，扼殺中國興起的公民運動。但是，財產公示不會因這場審判沈寂，只會更多人開展。……我的行動微不足道，我也不後悔，這是良心告知我應該做的事。我要做一個有態度、有聲音的中國公民。我要做一只蝴蝶。蝴蝶不停搧動翅膀，一定會引發社會

10 曹雅學：一九九〇年代初留學美國，後定居美國，從事翻譯、寫作，創辦《改變中國》網站，專門報導中國的民主人權活動。

11 李蔚：北京維權人士。積極呼籲官員財產公示，參加公民聚餐、營救關押在黑監獄的訪民等活動。在「新公民」案中，被以「聚眾擾亂公共場所秩序罪」判刑兩年。

12 袁冬：北京維權人士。二〇一三年三月三十一日，袁冬與馬新立、侯欣、張寶成在北京西單鬧市區拉橫幅要求官員公示財產，被警方強行帶走。在「新公民」案中，被判刑一年半。二〇一六年，流亡美國。

13 張寶成（一九五九—）：人權活動人士，一九七八年和二〇〇六年兩度被捕，判勞動教養三年及入獄三年。二〇一三年三月三十一日，在北京西單進行「要求官員財產公示」演講，被捕並判刑兩年。二〇一九年，再度被捕，判刑三年半。

變革的颶風。將來的社會，必然是一個公民享有言論、集會、結社自由的社會。正義屬於我們！自由萬歲！」

後來，律師傳出的與丁家喜會面時的照片，丁家喜身穿囚服，消瘦許多，但神采奕奕，笑容滿面。他臉上綻放出來的笑容卻如春花般燦爛，他哪裡像是在中共條件極為惡劣的監獄中，而像是與家人一起在夏威夷甜蜜的海風和陽光中休假。很多被中共關進監獄裡的人，要麼憂憂愁愁，要麼憤懣不已，極少有人臉上能綻放出丁家喜式的笑容，那絕對不是偽裝出來的笑容，而是從心底裡湧出來的笑容。這種笑容神祕而高貴，有這種笑容的人，不是世間的任何暴政所能征服和摧毀的。

二〇一六年十月十六日，丁家喜刑滿出獄，隨即被國保送回湖北老家。此後，他繼續與許志永等人一起推動公民運動，同時申請簽證赴美探視妻子和兩個女兒。二〇一七年九月，他赴美與妻兒團聚了兩個月，關於這兩個月的生活，羅勝春後來回憶說，丁家喜當了兩個月的好丈夫和好父親，那是他們一家度過的一段最美好的時光。她還說，丁家喜之前多少有大男子主義的毛病，但自從他從事公民運動之後，他也在不斷反省與改進自己，這個過程不單單是對暴政的挑戰，更是對自我的進化與升華。後來，丁家喜就急著回中國，她屢屢勸說無效，「他要回去，是上帝在選擇他……丁家喜不屬於我們這個家庭，他屬於這個社會，他屬於中國這個大家庭，他不是我能把他關得住的」。羅勝春寫丁家喜，如同陳明先寫劉賢斌，情深意切，催人淚下。

在第一次被捕之前，丁家喜對中國越來越黑暗的現狀早有深刻認識，他一點也不傻、不天真。在二〇一七年錄製的一段影片中，他談及早在二〇一三年，為判斷中國的走向，他與友人設立了三個指標：

抓不抓（因「南都」事件上街抗議的人士會不會被抓）；放不放（劉曉波獲諾貝爾和平獎之後會不會被釋放）；殺不殺（已被最高法院核准死刑的抗暴者夏俊峰[14]會不會被執行死刑）。結果，不僅「南都」事件參與者被抓，許志永和丁家喜等人也被抓，之後又發生「七〇九」大抓捕；劉曉波在獄中被關押至死，最終未被允許到西方治病；夏俊峰和賈敬龍[15]先後被執行了死刑。很明顯，中國的發展方向不是民主自由，而是與公民社會背道而馳。即便如此，丁家喜還是要如飛蛾撲火般回中國，如同當年譚嗣同進了日本使館又出來主動殉道，也如同當年劉曉波已在美國做訪問學者又回中國參與天安門運動，正如他自己所說：「人生就是這樣。當你發現和找到一個和自己的理念最契合的東西的時候，你會有一種愉悅感。所有的困難，所有的痛苦都不再是問題。」

丁家喜人生「四重奏」的第四樂章，是他在二〇一七年冬從美國回到中國，開始一種他自己所說的「全新的生活」，就是他對自己的定位——「職業活動者」。他認為，自己前五十年所做的一切都是在為這一階段做準備。他說自己並無政治野心和抱負，之所以選擇做「職業反共者」，是因為他從認識上、從心理上、從生理上對專制獨裁反感，共產制度與他的生命格格不入。「討厭他們那種形象，討厭

14 夏俊峰（一九七六—二〇一三）：與妻子在瀋陽以擺攤為生，二〇〇九年五月十九日，遭城管申凱、張旭東、張偉暴力執法，持刀抗暴，將申凱、張旭東刺死，將張偉刺成重傷。被捕後被判處死刑，於二〇一三年九月二十五日執行。

15 賈敬龍（一九八六—二〇一六）：石家莊市北高營村農民，因住宅被強迫拆遷、婚禮被取消，上訪無果，購買並改裝射釘槍，將主導拆遷的村官何建華射殺。被捕後被判處並執行死刑。行刑前，表現坦然，其律師甘元春說，賈敬龍一再強調，如果何建華在他把婚結了後再拆房，就不會結下如此怨恨了。賈敬龍並作詞〈沁園春〉與親友告別，「一任孤擲，賈在高營，惟是泯仇愧澤酬。但已矣，恨有幸人來，淚與君別」。

他們那種話語，討厭他們加於你的那種生活方式等等。跟它沾邊你馬上就覺得很噁心。」雖然在美國逃離了這一切，但他無法忍受還有十四億中國人被這種東西所奴役。

二〇一九年十二月二十六日晚九時左右，丁家喜在北京朋友家被山東警方非法抓捕，警方在執法過程中未出具任何法律文件。律師彭劍與警方會面，要求會見當事人，遭到警方拒絕。因為點名批評習近平，丁家喜這次被捕後受到酷刑折磨。後來，他通過律師透露，在長達六個月的「指定居所監視居住」期間，他曾遭遇酷刑折磨：包括被連續七天的二十四小時剝奪睡眠、疲勞審訊，連續十天二十四小時不間斷地最大音量播放紀錄片《習近平這五年》，以及半個月內每天半個饅頭、六百毫升飲水，還有長達六個月見不到陽光，有兩次連續八天被綁在「老虎凳」上。這些酷刑曾讓丁家喜腳踝腫得像饅頭，還令他身體極度虛弱，兩度昏厥。

被祕密關押三年多之後，二〇二三年四月十日，丁家喜以「顛覆國家政權罪」被判刑十二年，剝奪政治權利三年。法庭同樣不准他自我辯護，也不予公佈判決書。但他起草的名為〈專制必亡〉的陳述在網路上廣為流傳、振聾發聵：「避免轉型時期的社會動蕩和人民的痛苦，一直是我們的真誠願望，我們確信和平理性非暴力是中國轉型的最為穩定的模式。面對很多質疑，遇到很多困難，遭受很多挫折，以及個人被酷刑折磨，都不會改變我堅守的理念。所有關心民族前途的中國人，都需要擔起我們這一代人的歷史責任，這個責任就是根除專制，建設美好中國。這需要我們克服心中的恐懼，大聲地發出正義的吶喊，堅決地反對獨裁者，堅決地反對特權利益集團，拒絕他們的專制統治。只要我們一起努力，自由之光，民主之光和法治之光一定會照亮神州大地！」

丁家喜的妻子、旅居美國華府郊區的羅勝春在接受袁莉「不明白播客」採訪時，沒有半點悲悲慘慘戚戚，她對丈夫的愛和信賴充滿著她說的每一句話，似乎每一句話裡都綻放著丁家喜標誌性的如花笑靨：「從他被帶走開始到今天為止，整整十年了，非常非常的痛苦。我們的生活大起大落，我每次都是浴火重生。我是這麼定義一個人的人生意義的：你對你來到世界上的目的和意義看得越清楚，你活得就越有價值。從這個角度來說，丁家喜把我從一個懵懂無知的人變成了一個對這個世界看得非常清晰透徹的人。我是在這個過程當中越來越體會到丁家喜的價值，越來越愛他，越來越堅定的去走我自己該走的路，越來越找到了人生的價值所在。」她身體弱小，精神卻與丈夫一樣強大，在他們夫婦面前，習近平宛如螻蟻、蜘蛛般微小猥瑣：「許志永和丁家喜他們作為重要的維權人士，他們的事跡，他們的精神，他們的思想都已經寫在歷史。他們這樣的英雄人物、先驅人物，他對世界、對時代的影響，對人心的影響是深刻和潛移默化的。有的時候，你看不到有人受到許志永和丁家喜的鼓舞，然後就做出什麼大事。這種東西不是立竿見影的，它會潛移默化，就像一九八九年的坦克人，像四通橋的彭立發一樣，他會不斷地去感染很多人，然後在某一個時刻就會影響人們的選擇，人們的行動。而且也不應該用成敗論英雄，他們現在在坐牢，但是歷史上有很多重要的人物，他們都沒有看到勝利的那一天，沒有看到他們奮鬥的成果，但是這個不重要。許志永和丁家喜，他們並不是說看不到結果，他們就不做了。他們是為了良心，為了自己的良知去做這些事情。」

丁家喜法庭自辯詞：https://www.chinesepen.org/blog/archives/190528

羅勝春〈丁家喜與阿爾弗雷德〉，見改變中國網站：http://45.35.61.42/hero/xuyy/

羅勝春聯繫方式：signal、telegram、what's App為同一個號碼607-968-4016

羅勝春推特帳號：@luoshch

羅勝春臉書帳號：Shengchun Sophie Luo

25 周鋒鎖：我就是要像石頭般拒移半步

周鋒鎖：一九八九年學運期間，組建「學運之聲」廣播站，任「北京高校學生自治聯合會」常委。「六四」鎮壓後，遭通緝，被捕入獄一年。一九九五年，赴美就讀於芝加哥大學商學院，獲碩士學位。二〇〇三年，受洗成為基督徒。曾任中國民主教育基金會會長。二〇〇七年，發起創辦「人道中國」，隨後出任主席。二〇二三年，出任「中國人權」執行主任。

周鋒鎖，一九六七年十月五日生於陝西省長安縣的貧苦農民家庭。母親從河南逃荒到陝西，父親是殘疾人，比他大十二歲的姐姐是村裡第一個大學生。他從小被譽為神童，卻發現雖然什麼事都能做得很好，卻難以改變身為劣等公民——農民——的事實。上高中時，他因經常吃不飽，多次昏厥。

一九八五年，周鋒鎖被保送入北京清華大學物理系。一九八八年，他在物理系發起系學生會選舉，同學們非常投入。他發現，參與民主政治乃是人類的本能，並不需要經過太多訓練。

一九八九年四月十五日，胡耀邦去世，當天清華校園就出現大字報。次日，周鋒鎖組織同學去天安門廣場悼念，他們是第一批抵達廣場的大學生。《北京青年報》作了報導，清華學生的活動第一次進入公共視野。四月十八日，他在校內「自由論壇」發表演講說，中國憲法不是人民制訂的，真正的民主原則來自美國《獨立宣言》，政府的成立必須由人民授權。在此期間，他在清華校內推動「校園民主建設」，包括直選校學生會、學生自由辦報、全面開放成立校園社團等。

「四二六」社論發表後，學生在天安門廣場發起絕食抗議，周鋒鎖與同學張銘[16]建立「學運之聲」廣播站。該廣播站成為天安門廣場後勤救助的骨架，維護了絕食學生和抗議群眾的醫療和安全。當時，廣場上有幾百萬人來往，有幾千人絕食，每幾分鐘都有救護車通行，在如此紛亂中，廣場上沒有出現任何事故，絕對是一個奇蹟。他多年後回憶說：「絕食的人沒有一個人在現場死亡，醫療救護可以迅速到達，這是很多人工作的結果，我很高興是其中一分子，讓它能成功。」與活躍在前台的學生領袖相比，他相當低調，更重視團隊建設——他甚至沒有一張在廣場上振臂高呼的照片。

六月三日晚，軍隊開槍鎮壓，周鋒鎖前往廣場組織同學撤離，清華學生走在最後。他被衝上來的軍人用槍托砸到背部。到了紀念碑底層時，他看到坦克駛過來。他在廣場東南邊等候半個小時左右，回去時在木樨地的醫院看到車棚內躺了很多屍體，其中有一個名叫鍾慶的清華同學。

「六四」鎮壓之後，在當局發佈的二十一名學生領袖的通緝令中，周鋒鎖排名第五。他笑稱，「我第一次上報紙，是報紙上發表的通緝令上有我的照片」。至於排名為何如此靠前，一是因為他在天安門廣場建立了「學運之聲」廣播站。另一個原因或許是，他曾組織同學去公安局抗議，要求釋放抓捕的工自聯代表沈銀漢等人。當時，周鋒鎖堅持要對方簽收一份抗議書，公安局負責人要求他也簽名。他就在上面簽名，寫了名字，還寫了在哪個系、住哪個宿舍。

六月十三日，回到西安的家中躲避的周鋒鎖被捕並被押送到北京。官方宣傳，是他姐姐和姐夫向政府揭發舉報、大義滅親。實際上，是他的姐姐和姐夫被工作單位西安空軍工程學院及當地警察欺騙利用，誘捕了周鋒鎖。之後，他在秦城監獄被關押一年，頭三個月一直戴著手銬，關押在黑暗的囚牢中，食物粗糲且難以裹腹。之後，他被流放到河北陽原一年。

一九九五年，周鋒鎖赴美，就讀於芝加哥大學商學院。一九九八年獲碩士學位，並獲優等畢業生獎。此後，他在金融行業工作，並積極參與各項人權活動。

二〇〇八年至二〇一二年，周鋒鎖任中國民主教育基金會會長。這是一家一九八五年在舊金山注冊成立的非盈利組織，所有人員都是熱心公益的志願者。基金會設置獎金獎勵促進中國民主法治、維護人權自由的人士或活動，即年度中國傑出民主人士獎。與此同時，他還與張前進[17]、吳倩[18]等發起成立「主佑中華團契」，組織多次以「基督徒的社會參與及文化關懷」為主題的研討會，還與成都秋雨聖約教會及維權人士黃琦[19]合作，參與四川地震災區的救助和重建工作。

16 張銘（一九六五—）：清華大學汽車工程系學生，「北高聯」常委，攔堵軍車活動組織者。「六四」後，被捕並判刑三年。出獄後在上海經商。二〇〇二年，以涉嫌「危害公共安全罪」被捕，次年以「職務侵佔罪」判囚七年。

17 張前進（一九六四—）：一九八九年為北京語言學院學生，積極參與學生運動，「六四」後被捕入獄，在秦城監獄被關押兩年。後成為基督徒及傳道人。二〇〇四年，因紀念「六四」十五週年被短暫拘押。後赴美攻讀神學，在北美華人教會任牧師。

18 吳倩：作家、詩人、基督徒，一九七九年參與「民主牆」活動，後移居美國，繼續從事民主活動。

19 黃琦（一九六三—）：一九九八年成立「天網尋人事務所」，次年設立「六四天網」網站。二〇〇八年，因揭發四川大地震中倒塌校舍的工程問題被捕並被判刑三年。二〇一六年，再度被捕。二〇一九年，被以「故意泄露國家祕密罪」及「為境外非法提供國家祕密

二〇〇七年，周鋒鎖與趙京[20]、徐剛[21]兩位友人在舊金山創立「人道中國」組織，後有葛洵[22]等資深民主人士加入。周鋒鎖從二〇一七年起擔任主席。該機構章程規定：「本組織的特定目的是建立一個平台和渠道為中國因社會、政治和宗教原因遭受不公義對待的受害者提供人道支持和援助。」其工作重點包括：幫助公民社會成長、救助政治犯以及家人、幫助一些剛來美國的良心犯安頓，如在天安門大屠殺中失去雙腿的方政[23]等人。「人道中國」每年向一百多人提供救助，不定期發起專項募捐，曾出版維權人士劉飛躍[24]所著的《中國精神病院受難群體錄》一書。「人道中國」還積極與其他非政府組織合作開展特別倡導項目，包括設立「中國維權律師日」（七月九日）。從二〇一九年開始，隨著「反送中」抗議運動在香港展開，「人道中國」擴大了對一百多名在香港和海外面臨困難的香港民主活動人士的援助。

多年來，「人道中國」一直是一個全部由義工分擔工作的機構，運作費用極低，只佔救助支出的大約百分之一，因而深受捐助者信賴。資深媒體人程凱[25]曾在撰文介紹說：「『人道中國』創建以來，營救多名中國政治異議人士的子女來美國，給這些孩子一個良好的生活和學習環境。有的孩子來美國後才真正認識父輩為之奮鬥犧牲的民主事業對於中國的意義，他們結成了一個『小政治流亡者』群體，每年參加『六四』紀念活動，及參加關注中國人權的活動。」他還評論說：「『人道中國』理事會成員全都是靠薪水過日子的人，他們中，有白領，有藍領，在全美生活費用最昂貴的舊金山灣區，連中產階級的日子都過不上。『人道中國』是個窮困的組織，籌募每一筆人道救助款都不容易。遇到有重要的救助項目，他們的理事，就有人把自己的積蓄捐獻出來。……當代中國，是無道中國，所以美國舊金山就有了一個『人道中國』。『人道中國』每營救一位政治異議人士或他們的妻子兒女，每救助一位政治異議人士的家庭，都是穿透無道中國的一縷人道之光。海外民運和人權組織之多，不知凡幾，但我從沒見過有哪個組織，像『人道中國』這樣，為了那一縷縷人道之光透進無道中國，如此竭盡全力，如此無私奉獻。」

二〇〇七年、二〇一〇年和二〇一四年，周鋒鎖先後三次利用中共出入境管理的漏洞，或合法取得簽證，或以轉機方式，冒險回到中國，探視良心犯及其家人，還到木樨地、建國門、天安門廣場等當年

罪」判刑十二年，剝奪政治權利四年，沒收個人財產二萬元。在獄中傳出健康狀況惡化，但當局多次拒絕其保外就醫申請。

20 趙京：清華大業物理系畢業，後留學日本，因發起支持天安門運動的遊行，被取消國家教委的獎學金並注銷中國護照。後移居美國，為「人道中國」共同創辦人，還主持「中日美比較政策研究所」。

21 徐剛：一九八九年時為在海外支持民主運動的留學生，後在美國從事高科技行業的工作。

22 葛洵：一級汽車技工，前「美國中國學生學者自治聯合會」理事會主席，亦曾任「人道中國」主席。二〇一二年，回北京奔母喪期間前往探望丁子霖，遭中國國安人員扣押、毆打、逼供、強行遣送出境。他在美國的家成為人道救助中心，先後向多名流亡者提供免費食宿，幫助其度過最初的生活難關。

23 方政（一九六六—）：一九八九年時為北京體育學院學生，「六四」當天為救一名女同學，雙腿被坦克碾斷。一九九二年，在中國全國殘疾人運動會贏得男子標槍及鐵餅冠軍。一九九四年，原本準備參加在北京舉行的遠東及南太平洋殘疾人運動會，但因為其殘疾原因是「六四」事件，中國政府拒絕讓他參加。此後長期遭到迫害。二〇〇九年初，流亡美國，在慈善人士幫助下安裝智能義肢。他亦任中國民主教育基金會會長。

24 劉飛躍（一九七〇—）：維權人士，非暴力主義者，維權網站民生觀察創辦人。二〇一六年被捕，二〇一八年被以「煽動顛覆國家政權罪」判刑五年，剝奪政治權利三年，沒收個人財產一百〇一萬元。

25 程凱：曾任《海南日報》第一任總編輯。因支持八九民運被停職審查。一九九〇年，流亡美國，此後在自由亞洲電台、法國國際廣播電台擔任記者及專欄作家。

的屠殺地點祭奠死難者。最後一次入境中國，一天後即被中國警方發現，並於六月四日當天遣返回美國洛杉磯。周鋒鎖表示：「能夠在這個時間回到北京，還是非常激動。對我來講，能夠重新在這個時間踏上那片土地，在那個地方悼念自己的朋友，也是非常難得。」他認為，跟坦克人站在一起還是跟坦克站在一起，選擇自由、選擇良知還是選擇利益、選擇跟專制在一起，這是一條非常清楚的底線。

二〇一五年夏，中國官媒《環球時報》發表題為〈二十六年潮來潮去，他們像沉入河底的石頭〉的評論員文章。文章指出，周鋒鎖等「八九一代們」不能進入「美國主流」，「依然在政治上跟中國政府糾纏」，有如頑石。周鋒鎖回應說，他願意為中國的民主和自由作一塊石頭：「能夠像石頭一樣，在中國發動的邪惡浪潮面前，『拒絕移動半步』，這非常的好。」他還說：「我很為我在美國所做的推進民主和人權的工作自豪。美國社會給我提供了自由表達的空間，我能做這些事情，非常感謝美國給我的這個機會。要說不得志的地方，我覺得是做得還不夠好。」《環球時報》的文章還說，留在中國的絕大多數「八九一代」已經「刷新了對那段往事的認識」，在各行各業釋放活力和能量，其「集體胸懷和格局」甩周鋒鎖好幾條街，還勸周鋒鎖做美國人要「做的有尊嚴些」。對此，周鋒鎖說：「我的尊嚴就在於挑戰中共暴政，就在於維護良知，就在於繼續關注所有中國國內在反抗的人們，去關注八九民運和『六四』屠殺的真相，去關注所有受害者。」

周鋒鎖對「六四」永誌不忘。他在自己位於新澤西的家中建立了一個私人「六四紀念館」，收藏了一九八九年天安門廣場抗議活動的文物。紀念館約有一百件收藏品可通過預約參觀，其中包括：學生使用過的帳篷；一面旗幟，上面有九十多個大學和其他機構代表的簽名，甚至有北京警察；一名解放軍軍官穿過的血衣，她因參加抗議遭到毆打；藝術作品，包括一幅描繪在廣場遇害的最年輕的人（九歲）的作品；以及報導天安門抗議活動的中國和香港的報紙。他與諸多前天安門學運領袖和民主人士等合作，在紐約曼哈頓籌建「六四」紀念館。他與雕塑家陳維明[26]合作，在南加州創建「自由雕塑公園」，作品包括「六四紀念碑」、「坦克人」、「牢籠中的劉曉波」、「吹哨人」等。他還從香港運出數萬本《香港國安法》實施後被禁的書籍，其目標是建立一個中文禁書圖書館。他委托藝術家製作劉曉波的青銅半身像，現永久收藏於布拉格DOX當代藝術中心。他還贊助在台灣和布拉格創制和安裝「國殤之柱」雕像的兩件複製品（該雕像是丹麥藝術家高志活創作，原件多年來安置於香港大學校園內，二〇二一年十月被校方強行移走，現被香港警方國安處扣押）。「六四」之後數十年來，很多參與者已然淡忘、沉默，被通緝的二十一名學生領袖之中，亦有不少人深陷醜聞、與當年的理想背道而馳、乃至返回中國與高官顯貴把酒言歡。周鋒鎖是少數因低調、謙卑、務實、奉獻、數十年如一日堅持而享有普遍讚譽的「六四一代」。

二〇二三年一月二十六日，位於紐約的非政府組織「中國人權」理事會宣佈任命周鋒鎖為新一屆執行主任。理事會主席威廉・伯恩斯坦在公告中指出：「周鋒鎖因其出色的領導能力和腳踏實地的作風、以及對人道工作和對社會變革的包容性眼光而在人權活動界得到廣泛認可和尊重。周鋒鎖在民主和人權活動方面的工作成績斐然，令人印象深刻。他將秉承『中國人權』一九八九年建立之初的理念，立

26 陳維明：華人雕塑家，紐西蘭公民，創作有若干以「六四」屠殺為主題的大型雕塑作品，還曾親身赴敘利亞戰區支持反對派人士。

足當下，繼續本組織三十多年來支持中國維權人士的努力，追究官方責任，為中國民眾討還公道。我們相信，在當前中國的至暗時刻，他將帶領中國人權以創造性的方式，激勵人心，奮力前行。」周鋒鎖在一份聲明中寫道：「今天紐約的人權組織『中國人權』任命我為執行主任，這是一個光榮的責任。『中國人權』成立於八九民運之際，是最早支持天安門母親群體和中國良心犯的組織，在國際倡導方面尤其有影響。現在也面臨很多嚴峻挑戰，我接受這個職位，一定會把『中國人權』的事業堅持和發展下去。……中國民主化，是個世界性挑戰，人道中國和中國人權都是可以有效推動的平台。」

隨後，周鋒鎖在接受自由亞洲電台訪問時，特別指出「中國人權」未來的工作重點之一是支持追求民主自由的海外中國留學生：「白紙運動再一次顯現海外留學生的重要性。彭立發在四通橋高呼之後，海外有大規模的集會抗議，喊出『習近平下台』的口號，也回饋到國內。白紙運動中在中國被捕的人士，有不少是海外留學回去的。儘管在疫情之前小粉紅的影響看似非常大，但留學生也有不少希望的種子，這些是未來中國社會改變的力量。『中國人權』的目標是為他們服務，讓他們真正享受美國的民主自由，讓他們成為未來中國民主化的動力。」他幫助一位因公開抗議中共暴政而受中國特務學生暴力威脅的留學生報警及接受媒體訪問，推動聯邦調查局對多名替中國政府工作的海外華人及留學生進行調查，並逮捕了部分涉案人員。

這個世界上，確實有人像石頭一樣堅硬——而在堅硬的背後，是愛的力量。周鋒鎖說，他有了孩子之後，更能體驗到「天安門母親」們失去孩子和為孩子聲討正義的心情。是愛和柔軟，讓他更加堅強，「我相信，不管現在狀況多麼黑暗，總會有對中國民主有信念、有勇氣的人在堅持，也會找出新的抗爭辦法。在黑暗的時刻，我們一定要充滿希望」。

周鋒鎖臉書：https://www.facebook.com/fengsuo.zhou/
周鋒鎖推特：twitter.com/zhoufengsuo?lang=zh-Hant
「人道中國」官網：https://h-china.org/%e4%b8%ad%e6%96%87/
「中國人權」官網：https://www.hrichina.org/cht/guan-yu-wo-men

26 傅希秋：英雄是理解自由帶來之責任的人

傅希秋：牧師，「對華援助協會」創始人，長期致力於推動中國的宗教信仰自由，及救助受中國政府迫害的基督徒和其他信仰者群體。

傅希秋，一九六八年七月十二日出生在山東省高密縣一個貧苦農民家庭。在毛澤東的大饑荒中，他母親被丈夫逐出家門，帶著兩個幼兒四處乞討，得到一名在附近村子當會計的駝背男子接濟——他後來成為傅希秋的父親。

一九八七年，傅希秋考入山東聊城師範學院英語系。他在大學遇到幾位美國外教，他們有時會在課後拿出一樣被中國學生稱為「小紅寶書」的東西——那是一本袖珍版《聖經》，被用來跟中國學生分享福音。他發現，這些美國人與眾不同：喜歡開懷大笑，跟學生談話時總是直視學生的眼睛。

一九八九年，傅希秋與女友海蒂（後來成為他的太太）一起積極參與學運。「六四」鎮壓之後，他受到學校審查，被朋友出賣，被迫寫悔改書，被取消報考研究生的資格。他經歷了對人性的失望，看到人生的虛無。「無論怎樣的口號，科學，民主改革，都無法救我們脫離自我中心的罪惡深淵。中國有句俗語，『江山易改，本性難移』。我切身體會到了那種無助。」正是在一九八九年秋天那些難以名狀的空虛的日子裡，他迎來人生的變革。他讀了《席勝魔傳：儒生和基督徒》這本書，講的是中國山西的一個知識分子在苦於無力戒除鴉片癮的過程中接受基督教信仰。這本書幫助他接受了福音，決心成為基督徒。

一九九一年，傅希秋以第三名的成績考入中國人民大學國際關係學院，攻讀雙學士學位。他在校園裡建立團契，傳播福音。畢業前夕，他與海蒂在北京舉行婚禮，證婚人是北京家庭教會領袖袁相忱牧師。袁牧師告訴他：「如果你想在中國成為一名忠實的牧師和信徒，你應該學習『監獄神學』。在監獄裡，你比任何地方都更了解上帝和他的信實。監獄是上帝在中國為祂的教會做準備的地方。」

畢業後，傅希秋任教於中共北京市委黨校，同時在家庭教會中帶領聚會。白天，他為未來的共產黨幹部教授英語；晚上，他為家庭教會教授聖經。他笑稱自己為「雙重間諜」，這後來成為作為其自傳《上帝的雙重間諜》的書名。在此期間，他認識了從美國到中國宣教的神學家、教會史家趙天恩[27]牧師，在其帶領下學習神學和從事宣教活動，他們一起去最貧困的農村培訓教會領袖。

一九九六年，傅希秋與妻子因涉嫌「非法傳福音」被捕，並被警察抄家。他被持續審訊三天三夜、監禁兩個月。獲釋後，受到兩名偽裝成學生的便衣警察貼身監視。兩個月後，被中共北京市黨校開除，

27 趙天恩（一九三八—二〇〇四）：神學家、教育家。一九七八年，在香港創立中國教會研究中心；一九八六年，在台灣成立基督教與中國文化研究中心；一九八七年，成立中國福音會，倡導「中華民族福音化、中國教會國度化、中國文化基督化」的「三化異象」。主要著作為《扶我前行：中國福音化異象》、《洞燭先機：中共宗教政策及三自會論評》，並與莊婉芳合著有《當代中國基督教發展史》。

在人民大學讀研究生的妻子也被學校開除。警察在其公寓門口設置崗哨。

一九九六年九月，傅希秋與妻子逃離中國，經過泰國抵達香港，祕密住在趙天恩牧師家。當時香港主權即將移交，在主權移交之前三天，柯林頓總統寫信指示美國駐港領事館幫助傅希秋一家人到美國。他們從此告別故土，那時第一個孩子才兩個月大。

到美國後，傅希秋赴費城西敏神學院求學。求學期間，繼續關注中國宗教信仰自由狀況。當聽到有五名中國教會領袖要被判處死刑，他在趙天恩牧師幫助下創辦「對華援助協會」（ChinaAid），展開救援活動。該組織是一個致力於在中國促進宗教自由和法治的國際非營利基督教人權組織：「宗教自由是第一自由，是為所有其他基本人權奠定基礎的自由。對華援助協會通過曝光權力濫用，鼓勵被虐待者，從精神上和法律上培訓相關領袖維護自己的信仰和自由，致力於促進人人享有宗教自由。」該組織的三大核心使命和工作包括：曝光迫害、幫助受害者和培訓教會領袖。

二〇〇四年，對華援助協會從費城搬到德克薩斯小城米德蘭。同年，向因印刷聖經而被捕的北京家庭教會領袖蔡卓華[28]牧師提供法律援助，使蔡卓華案由一審的十五年改判為三年；還向被迫害的蕭山家庭教會提供法律援助。二〇〇六年，該組織幫助成立中國基督徒人權律師協會，發佈第一份《中國家庭教會受迫害狀況年度報告》。二〇〇八年，該組織發起要求中國政府釋放維吾爾族基督徒阿里木江·依米提[29]的運動。二〇〇九年，組織中國律師代表團在美國國會「蘭博托斯人權委員會」的聽證會上作證。二〇一二年，陳光誠逃到美國駐北京大使館之後，他代表陳光誠在國會聽證會上作證，在國會以手機與陳光誠取得聯繫，幫助陳光誠及其家人前往美國。二〇一三年，協會安排前副主席科迪·奈斯

（Kody Kness）與德拉・馬庫斯（Devra Marcus）博士前往中國，試圖探視持不同政見者朱虞夫[30]的家屬。二〇一四年，通過發佈一千五百份中文新聞稿和兩百多條原創英文新聞報導，暴露了中國侵犯宗教自由和相關的侵犯人權行為；並向二十個遭受虐待的人權捍衛者家庭提供支援和資助，向超過一百位中國人權律師提供資金，直接資助了四十多宗宗教自由和人權案件的法律救援工作。

二十多年來，對華援助協會如實爆光中共政權嚴重侵犯人權的行為，促使國際社會對中國人權狀況產生強烈關注。協會憑藉少量員工和忠實支持者，孜孜不倦地推動中國宗教自由和法治，大大鼓勵了受迫害的信仰團體及個人。傅希秋靠著虔誠的基督信仰、說出真相的勇氣、流暢的英文及出色的演講和組織管理能力，成為極少數被美國主流社會接納、認可的中國宗教自由和人權活動家。他參與營救和幫助了上百名中國維權人士及其家人逃離中國、來到美國，包括高耀潔、陳光誠等人。他如同美國南北戰爭之前開闢營救南方黑奴的地下通道的人權活動者，經常潛入東南亞國家幫助中國異見人士及其家人赴

28 蔡卓華（一九七一—）：北京家庭教會牧師，北京麥子文化藝術公司經理。因印刷基督教書籍五十多種、二十多萬冊，二〇〇五年，被「以非法經營罪」判刑三年、罰款十五萬人民幣。

29 阿里木江・依米提（一九七三—）：維吾爾族，家庭教會牧師。一九九五年，由伊斯蘭教改信基督教。二〇〇八年一月十一日，被喀什市公安局拘留。由於「犯罪」證據不足，長達兩年未宣判。二〇〇九年十一月二十五日，被以「向外國機構非法提供國家機密或者情報罪」判刑十五年，剝奪政治權利五年。

30 朱虞夫（一九五三—）：早年投身杭州民主牆運動，創辦民刊《四五月刊》。一九八九年，支持學運，散發《中國民主黨浙江籌委會成立公開宣言》，被抄家、拘禁和監視居住。一九九九年，以「煽動顛覆國家政權罪」判刑七年，二〇〇六年出獄。次年，再度被捕，以「妨害公務罪」判刑二年。二〇一一年，受「茉莉花事件」波及，以「煽動顛覆國家政權罪」判刑七年。

美。這是一件風險巨大的工作，中國政府經常派遣特工到東南亞國家綁架反共人士，一旦被綁架回中國，面臨的將是漫長的刑期乃至被虐待致死的命運。

在傅希秋參與的傳奇式拯救工作中，最驚心動魄的個案是：幫助維權律師謝陽[31]的妻子陳桂秋及兩個未成年女兒逃離中國，成功抵達美國。陳桂秋原為湖南大學環境工程系教授，在丈夫被帶走之後，與其他「七〇九」被捕者的妻子一同發聲，受到國保警察死亡威脅。二〇一七年二月十九日，陳桂秋帶著兩名未成年女兒走上逃亡之路。

整個營救過程，傅希秋是總策劃和總指揮，親自在曼谷安排每一段行程。陳桂秋與兩個女兒輕裝從湖南長沙祕密來到西南邊境，再通過地下通道，在無證件的情況下，輾轉經過其他兩個東南亞國家進入泰國。沿途通過各地救援人士，用接力的方式，一程程將她們接送到泰國。這一路走了五天，非常不易，稍有不慎，即前功盡棄。她們曾飢寒交迫，無處過夜，沒有食物，好幾天只有行囊內的巧克力充飢。

陳桂秋和兩個女兒剛剛抵達曼谷，三月二日，泰國警方突然登門，因為沒有入境簽證，三人被視為非法入境，被帶到移民監獄。第二天，泰國移民法官宣佈將陳桂秋一家遞解出境。在監獄外邊等待她們的，是中共派出的安全人員以及前來勸說其回國的親友，包括陳桂秋的父母弟妹、陳所在大學的校長。傅希秋形容說，湖南和長沙方面的公安和安全當局等「一大批人馬全都殺到曼谷」。

傅希秋立即將此一危機報告美國國務院及國家安全委員會。當時任職國安會的博明，見事態緊急，敲開川普總統橢圓辦公室的大門，直接向川普總統報告此事。川普總統聽完匯報之後，立即指示：「必須將這一家人接到美國。」謝陽的小女兒在謝陽求學美國期間出生於美國，其身份證件經過認證確實，因此美國政府保護美國公民及其姐姐和母親，乃是順理成章的。

傅希秋披露，美國駐泰國大使派遣外交官和海軍陸戰隊成員一起前往移民監獄，等到陳桂秋一家剛從移民法庭出來，就將她們接上車，一路奔赴機場。中國派遣的便衣特工及泰國警方在後面緊緊跟蹤。一路飛車，堪比警匪大片中扣人心弦的場景。到了機場，即將出關時才發現，中共將陳桂秋一家放在國際紅色通緝犯名單上，導致她們無法出泰國海關。美、中、泰三方在此緊張「對峙」。隨後，美方把母女三人拉到使館裡保護起來。美國外交官甚至專程到中國為兩個小女孩購置中文教材。幾週後，川普總統命令美軍通過特殊通道，將母女三人祕密運出泰國、抵達美國。

傅希秋說，這次行動，是多年來他參與救助中國異議人士行動中「最快的一次，川普政府非常果斷」。此一事件有力反駁了某些美國左派和反川普的所謂民運人士對川普「漠視中國人權問題」的攻擊，川普做得比說得更多。與之形成鮮明對比，在人權問題上說得天花亂墜的歐巴馬，從來不曾如此賣力地拯救人權活動人士。

傅希秋有學者的才華，更有行動者的實行能力，在西方世界成為受逼迫的中國家庭教會及追求宗教信仰自由的中國信徒的代言人。二〇〇七年，他獲美南浸信會頒發約翰・利蘭（John Leland）宗教自由

31 謝陽（一九七二—）：維權律師，代理多個人權案件。二〇一五年，在「七〇九」大抓捕中被帶走，被控「煽動顛覆國家政權罪」和「擾亂法庭秩序罪」。二〇一七年一月，陳建剛律師公開的筆錄顯示，謝陽在羈押期間被施加酷刑。十二月，法院宣判「煽顛罪」成，但免予刑事處罰。二〇二二年一月十一日，聲援「被精神病」的教師李田田，被國保帶走並刑事拘留，成為「七〇九」被抓捕的維權律師出獄後再次被捕的第一人。

獎。二〇〇九年「六四」三十週年紀念日當晚，美國國家民主基金會向其頒發二〇一九年民主獎。德州共和黨籍聯邦眾議員麥克考指出：「對華援助協會創辦人兼主席傅希秋，我必須說他也是一位德州人，他代表著德州精神，他不願放棄追逐自由中國的夢想，且追求讓所有宗教可在中國自由地被信仰。」二〇二一年，又獲「寇爾森中心」頒發的威伯福斯獎（威廉·威伯福斯〔William Wilberforce〕為英國廢奴運動先驅，被譽為「英國基督徒的良心」）。二〇二二年九月三十日，榮獲弗蘭克·沃爾夫國際宗教自由獎（弗蘭克·沃爾夫〔Frank Wolf〕為維吉尼亞資深聯邦眾議員，長期為中國等專制國家的人權問題大聲疾呼，被譽為眾議院的「人權冠軍」和「國會良心」）。該獎項評委會指出，此次頒獎「旨在表彰一位傑出的領導者，他追求宗教、信仰或良心自由，勇敢抵抗壓迫」。沃爾夫在頒獎典禮上引用諾貝爾文學獎得主鮑勃·迪倫（Bob Dylan）的名言「英雄是理解自由所帶來之責任的人」，向傅希秋致敬，並指出：「傅希秋在幫助中國面臨宗教迫害的人方面所做的工作可能比我認識的任何人都多。我非常欣賞他的出色工作。」

隨著中國人權和宗教自由狀況日益惡化，傅希秋肩頭的重擔愈來愈重，需要幫助和營救的受害者愈來愈多。二〇一九年，深圳改革宗聖道教會（五月花教會）的六十多名會友，不堪中共迫害，在牧師潘永光帶領下，出走韓國。在當地尋求政治庇護未果，又於二〇二二年八月輾轉到泰國，在居留簽證過期的情況下，一度有被遞解回中國的風險。傅希秋獲知此訊息後，立刻展開救援工作。他聯繫了美國國務院國際宗教自由辦公室、美國國際宗教自由委員會跨黨派專員及多位重量級國會議員、非盈利組織「宗教自由研究所」和「尋求自由國際組織」，眾志成城，群策群力，終於讓這個陷入絕境的流亡教會的前途出現轉機。美國國務院向教會成員發放人道主義簽證，泰國政府亦同意讓教會全體成員赴美。由於教會成員中有一位女子即將臨盆，其家庭四人暫留泰國，其餘五十九人分別乘坐四個航班，於二〇二三年四月七日抵達美國德克薩斯州達拉斯市，獲得了自由。集體抵達美國的這五十九人，也是為了逃避宗教迫害從中國合法流亡美國的人數最多的群體之一。傅希秋在迎接這群流亡者的現場感慨地說：「自由獲得了勝利。這是一次巨大的超越黨派國際合作成功的典範。我們真的很榮幸能成為這個奇蹟的一部分。在中國完全實現宗教自由之前，我們將不會休息。上帝保佑美國和受迫害的教會。」

傅希秋臉書：https://www.facebook.com/bob.fu.1460
「對華援助協會」官網：https://www.chinaaid.net/

27 師濤：讓我們所有的人為自由而勇敢地吶喊

師濤：作家、詩人、記者。二〇〇四年，因撰文批評中宣部嚴令媒體不得報導有關「六四」的消息，被捕並判刑十年。因雅虎公司（Yahoo!）配合中國國家安全部提供用戶師濤的個人資料，使得「師濤案」舉世矚目。

師濤，一九六八年七月二十五日生於寧夏鹽池。一九八六年，考入上海華東師範大學經濟系，後轉入政治教育系。大學期間，積極組織文學社團，在多份文學刊物發表作品。

一九八九年，民主運動爆發後，正在大學讀書的師濤積極參與其中。「六四」成為他一生的傷痛，他曾在詩歌〈六月〉中寫道：「所有的日子／都繞不過六月／六月，我的心臟死了／我的詩歌死了／我的戀人／也死在浪漫的血泊裡／六月，烈日燒開皮膚／露出傷口的真相／六月，魚兒離開血紅的海水／遊向另一處冬眠之地／六月，大地變形、河流無聲／成堆的信札已無法送到死者手中」

一九九一年七月，師濤大學畢業，被分配到西安慶安宇航設備公司子弟校，擔任政治課教師，這當然不是他喜歡的工作。一九九四年，他辭職後，到《消費者導報》當記者。一九九五年，轉到《華商報》做記者、編輯。一九九九年，再轉到《各界導報》、《勞動早報》及《西安商報》工作。之後，他到湖南《當代商報》任總編助理、編輯部主任。在此期間，他曾報導當地官員貪污腐敗的消息，因而受到當地政府的打壓。

一九九〇年代末的中國，經濟迅猛發展，政治已然停滯。人們忘卻了昔日的理想和信念，唯有掙錢是萬能的，新聞界也迅速商業化。但師濤仍然停留在那個純真的時代，記者的身份一點也沒有讓他發財致富。他熱愛寫作，是記者，也是作家、詩人，在新聞工作之餘寫作大量的詩歌、散文和時政評論。他如劉曉波所說的那樣，雖然生活在沒有創作自由的國家，卻假裝自己生活在已經實現創作自由的國家，秉筆直書，無所畏懼。他曾在海外網站、由民主人士洪哲勝[32]主編的《民主論壇》發表過多篇非常尖銳的評論文章，如〈跟隨勇敢的心——「六四」十五週年祭〉、〈復活——寫給「天安門母親」〉、〈黑馬回家——寫給被囚禁中的劉曉波〉等。師濤北人南相，一副白面書生的模樣，文靜內斂，文質彬彬，骨子裡卻充滿任俠、剛勇之氣。

二〇〇四年四月二十日，中共中央辦公廳和國務院辦公廳聯合下發《關於當前穩定工作的通知》（即「十一號文件」），當時由《當代商報》領導口頭傳達到所有中層幹部當中。這份通知要求各媒體單位不得報導有關「六四」事件、法輪功和普通群眾群體上訪等內容。師濤對此義憤填膺，將文件內容

32 洪哲勝（一九三九—二〇二〇）：台灣獨立運動及中國民主運動的長期參與者和支持者。一九六〇年代在美國留學期間，參與海外台獨運動，曾擔任台灣革命黨總書記。一九九〇年代，投身中國民主運動，在紐約設立民主亞洲基金會，主編《民主通訊》，創立文摘網站《民主論壇》。

摘要並加以點評，通過雅虎的個人電子郵件，發給海外網站《民主通訊》。

此消息在海外引發較大反響。中國當局惱羞成怒，祕密調查消息來源。十一月二十四日，山西省國家安全局聯同湖南省國家安全局，在山西太原將師濤抓捕，並未出示任何文件，同時沒收了他的個人電腦和文件。次日，師濤被刑事拘留。十二月十四日，被正式逮捕。

為了給師濤治罪，中國國家安全部向雅虎香港控股有限公司發文要求提供師濤的個人資訊。雅虎提供了師濤的電郵帳號、登陸記錄和郵件內容。這些資訊作為證據被法庭採納，出現在判決書中，支持了當局給師濤定罪。雅虎是最早進入中國的美國網路公司之一，為了保住在中國市場的領先地位，全盤接受中國政府的網路審查，並在師濤案等若干類似案件中扮演了助紂為虐的角色。

二〇〇五年三月十一日，長沙市中級法院首次開庭審理師濤一案，以「非法向境外提供國家機密罪」將師濤判刑十年，剝奪政治權利兩年。同年六月，湖南省高級法院二審維持原判。

二〇〇五年十月，國際組織「保護記者委員會」將本年度「國際新聞自由獎」頒給獄中的師濤。二〇〇六年三月，師濤獲本年度瓦西爾．斯圖斯自由寫作獎，同年十一月獲世界報業協會頒發的自由金筆獎。二〇〇八年為北京奧運年，澳大利亞雪梨筆會、瑞士德語筆會和獨立中文筆會代表國際筆會發起「國際筆會詩歌接力」聯合行動，將師濤的詩歌〈六月〉翻譯為一百多種語言，並全球接力朗誦，與奧運火炬傳遞平行，傳遞中國言論自由火炬，為期近五個月。

師濤入獄後，新婚一年的妻子遭當局以失業威脅，被迫與之離婚。他在獄中被強迫從事打磨寶石的工作，工作時間很長。由於粉塵大，很多囚徒的肝、胃等都受影響，更易致癌。原本胃不好的師濤，病情更嚴重，經常要母親送藥。

師濤的母親、退休教師高琴聲，為方便探望兒子，從陝西獨自搬往兒子被關押的湖南赤山監獄附近一處地下室居住。她要求獄方為兒子換工作、檢查身體，但獄方一直不同意。她與兒子見面時受到獄方嚴密監控，只能通過耳機和電視螢幕見面，對話經常被卡斷。有一次，她畫了一個圈，豎起大拇指，傳達「全世界都在支持你」的意思，螢幕立刻被黑掉。

二〇〇七年，高琴聲赴南非開普敦代兒子領獎歸來，途徑香港，召開記者會，公開講述兒子被迫害的現狀。她說，十年重刑毀了年青有為、單純善良的師濤：「毀了他的前途，毀了他的家庭。」她強調：「我兒子無罪，我堅信我兒子無罪，我要不懈地為他申訴，要將雅虎的官司打到底，不是為了師濤，為了今後更多的人不要無辜受害，促使西方大國補上這個法，一定要約束這些外國公司不能再害人。」

當時，高琴聲委託香港大律師何俊仁[33]向香港私隱專員公署上訴，但私隱專員公署作出裁決，指雅虎香港公司沒有侵權，稱「雅虎所提供的電郵非私人資料」，「中國的雅虎是一個獨立的運作，而非受到香港雅虎公司的領導和支配」。回歸十年後，香港司法和行政部門已趨於中國化，不可能秉公執法，但民間還有聲援中國人權受害者的空間。

33 何俊仁（一九五一—）：香港民主派代表人物，執業大律師，曾任支聯會主席、民主黨主席、立法會議員。曾被黑幫暴徒當街暴力傷害。二〇二〇年後，多次被捕。最近一次被捕入獄是二〇二三年三月二十一日。

隨後，在美國人權組織「勞改基金會」及其創辦人吳宏達幫助下，高琴聲及另一名同樣因雅虎提供資料而入獄的政治犯王小寧[34]的妻子俞陵，在美國加州對雅虎提起法律訴訟。二〇〇七年十一月八日，美國國會舉行聽證會，處理雅虎公司是否在師濤案上向國會提供不實資訊問題。雅虎執行長楊致遠被傳召到國會，在議員們輪番追問和抨擊下，如坐針氈、狼狽不堪。楊致遠在聽證會開始時向坐在其身後的高琴聲、俞陵致歉，但仍不願直接允諾賠償受害者。

委員會主席、美國唯一一名身為納粹集中營倖存者的國會議員蘭托斯（Thomas Peter Lantos），當場痛責楊致遠：「我簡直不敢相信美國最優秀、最輝煌的公司竟然參與中國臭名昭著的、殘酷的政治鎮壓。你是科技及財富上的巨擘；但在道德上，你是個侏儒！」蘭托斯表示，他對楊致遠極端失望，國會將永遠支持雅虎的受害者及家人。聽證會結束後，蘭托斯未照聽證會慣例，走下主席台與楊致遠握手，而是無視其存在，徑直與高琴聲、俞陵握手。在聽證會後，高琴聲憤怒地向記者表示，楊致遠沒有誠意，他的道歉是侮辱。

聽證會後，雅虎股價在七日和八日持續重挫。在市場、輿論和國會的壓力下，雅虎以高額賠償金了結此案，並拿出一筆巨款建立「雅虎人權基金」，幫助中國人權活動受難者。但雅虎從未真正走出蘭托斯「經濟巨頭、道德侏儒」之命名，道德上破產，經營上亦每下愈況。

一九九四年，雅虎成立時，楊致遠解釋其名字來自於《格列佛遊記》中的Yahoo（耶胡）——一種與人類長得一模一樣的牲畜。果然，一語成讖，雅虎確實是一家只有人類外形而無人的靈魂與良心的企業。二〇一六年，連年經營不善的雅虎的大部分網路業務被威瑞森通訊公司收購。雅虎作為一个獨立實體走向終結，原雅虎集團放棄網路領域，成為控股公司，並且更名為「Altaba」。當年，雅虎全盛時期，可輕而易舉收購正在成長中的谷歌、臉書、推特；但如今雅虎的剩餘資產，不到谷歌、臉書、推特的零頭。此後，雅虎信箱兩次遭遇駭客襲擊，導致資訊泄露，第二次襲擊影響十多億用戶。從二〇二一年十一月一日起，雅虎不再對中國使用者提供服務，等於基本退出中國市場（雖然它還持有阿里巴巴公司股份）。

二〇一三年八月二十三日，師濤提前十五個月獲釋。總部設在紐約的「保護記者委員會」發表聲明指出，師濤在監獄中被關押的每一天都是「嚴重的不公正」，「他根本就不應該被逮捕」。

十年的牢獄生活沒有打垮師濤，更沒有消滅他對言論自由的渴望。他在一首名為〈守住〉的詩中寫道：「成為了最大的受害者／守住最後一棵樹、最後一片葉子，／守住自己的孩子，／——假如可以守住的話。／守住凝望星辰的尊嚴，哪怕鐵窗／被永久焊死。／守住一個詞：希望。守住／傳播希望的聲音。／守住監獄，因為／它必將用良知的繩索，／捆住那些正在施虐的人。／守住靈魂，／不要讓他在這寒風中顫抖。／守住愛情，／哪怕他僅僅是一縷幻影。／守住喉嚨，／讓他們隨時準備吶喊！／守住一切可能成為罪惡的東西，／最終和他們同歸於盡。／守住內心孤獨的寂照，／那才是一切希望的淵源。」

34 王小寧（一九五〇—）：「六四」事件中腿部中彈，後被北京西城區警方列入「國內反動份子」名單。撰寫有《中國民主社會主義的政治宣言》等長篇論著，並獨立編輯網刊「星星之火可以燎原」。二〇〇三年九月十二日，以「煽動顛覆國家政權罪」判刑十年。判決書指出，雅虎公司向公安機關提供了王小寧的電郵資料。

雅虎的垮掉與師濤寫作〈守住〉，時間上剛好重疊在一起。或許，善與惡早已注定結出不同果子。曾幾何時，師濤是一名如同螞蟻般卑微的囚徒，雅虎是一個如同大象般偉岸的跨國公司。然而，師濤守住了真理、良知和自由，其文字穿越時空，走向永恆；而雅虎失去了道義，失去了創新能力，在商業競爭中節節敗退，像茅草一樣夭折了。

師濤出獄後，有了新的婚姻，也有了孩子。他經常在臉書和微信等社交媒體上針砭時事。他發文支持王藏、張展、周世鋒等仍在獄中的人權捍衛者。二〇一五年六月五日，師濤的微信被定點屏蔽，沒有任何組織和個人聲稱對此事負責。他發表聲明，強烈抗議微信運營商的不良行為，「微信這套社交系統已可恥地淪為權貴們的幫兇」。他表示，將盡最大可能學習和使用各種通信手段，保證言論的暢通，保證自由獲取資訊的權利不再受到任何侵犯，又建議各位親朋好友利用各種手段，抓緊收集和儲存所有相關資訊和資料，以應對越來越惡劣的資訊及輿情控制。他還建議大家利用所有合法手段和技術手段，依法搜集各地各級貪官污吏涉嫌違法犯罪證據，以保證今後依法予以清算，並繼續關注熱點新聞，打破資訊封鎖，尋求事實真相，維護社會公平正義。

師濤在聲明中表示，中國言論自由被打壓，自二十一世紀以來已進入最嚴厲、最殘酷、最激烈的階段，歷史事實證明，從來沒有賞賜的自由，只能靠每一個人、每一張鍵盤、每一部手機、每轉發的一張帖子去爭取、去抗爭，今天的所有付出與犧牲，是為了讓子孫後代不要為這一代人的懦弱與苟活而感到羞辱。言論自由是大家平等相處的基礎，是大家在權貴們傲慢而強硬的高壓之下唯一的尊嚴，「寧鳴而死，不默而生。讓我們所有的人為自由而勇敢地吶喊！」

二〇〇四年十二月六日，師濤剛剛被捕時，劉曉波撰寫了一篇題為〈師濤沒有祕密〉的文章，為之呼籲。劉曉波寫道：「第一次認識師濤是通過詩歌，他曾托余杰帶給我他的詩集。後來，和他通過幾次電話，大都是關於在公開信上簽名的事，為杜導斌[35]、為六四難屬、為六四正名……他曾在電話中對我說：『以後再有此類簽名聲援，你不必每次都徵求我的同意，你就代我直接把名簽上就是了。』他的豪爽，令我吃驚；他的信任，讓我感動。在官方刻意營造的歌舞升平和玫瑰色小康之下，師濤深知這僅是一種被恐怖逼出的故作狂歡，獨裁者們的權力恐懼仍然籠罩著中國，逼迫著人們向自己的良心說謊，將太多的人置於恥辱生活的深淵。正如師濤曾說：活在獨裁體制下，本身就是一種恥辱。但『僅有恥辱是不夠的』，必須『化恥辱為力量』，才有『做人的資格』。所以，師濤選擇了洗刷恥辱的生活：『拒絕沈默』和『跟隨勇敢的心』。為此，他寫下了獻給林昭、丁子霖、蔣彥永等民間英雄的文字。在此意義上，師濤沒有祕密，而只有公開的良知！構陷良知的警察政權，才是獨裁得以苟延殘喘的最大祕密！」

二〇一七年七月十日，劉曉波去世前四天，旅居雲南大理的師濤在海外媒體上看到亦師亦友的劉曉波已是骨瘦如柴、奄奄一息，悲從中來、心如刀絞，寫了題為〈敵人——寫給劉曉波〉的詩歌：「我的敵人，在一張／空蕩蕩的椅子上／等著我／不讓我發出一絲微弱的呼救聲／我的敵人，在一張／空蕩蕩

35 杜導斌（一九六四—）：異議作家。二〇〇三年，被湖北孝感警方抓捕。次年，以「煽動顛覆國家政權罪」判刑三年，緩刑四年，剝奪政治權利二年。他不服判決，多次申訴，被法院取消緩刑，予以實際執行。

的病床上／等著我／不讓我離開這裡／我的敵人，只是一個簡單的詞：／自由／它就在我面前，卻不讓我靠近／它的敵意只是一個／冷冰冰的微笑／在酷熱的七月／默默地把我拉進／一個水墨般的夢魘。」

師濤文集（博訊博客）：http://45.35.61.42/hero/shitao/
師濤推特：https://twitter.com/shitao1989

28 劉賢斌：我走過了一條漫長的坎坷的抗爭之路

劉賢斌：人權活動家和異議作家。一九八九年，投入天安門民主運動，「六四」後仍積極從事反對運動。一九九一年被捕，次年被判刑兩年半。一九九九年，再度被捕，判刑十三年。二〇〇八年，提前獲釋。二〇一一年，第三度被捕，判刑十年。

劉賢斌，一九六八年十月二日出生於四川省遂寧市，父親為工人，母親為農民。一九八七年，考入中國人民大學。一九八九年，胡耀邦逝世後第三天，劉賢斌將〈反思中共歷史〉一文張貼在人民大學校園內，後被人轉抄和張貼於其它高校。文章的理論遠遠超越了當時普遍著眼於悼念胡耀邦和反腐敗的大字版，指斥中共為「一代奸黨」、「一個即將潰敗之組織」。其後，他又書寫、張貼許多大、小字報，並參加北京、上海等地的遊行、絕食和堵截戒嚴部隊等活動，還醞釀建立反對黨「中華民族先鋒黨」。「六四」鎮壓後，劉賢斌回到遂寧，與友人陳衛、歐陽懿[36]等創辦地下刊物《民主論壇》。當年

36 歐陽懿（一九六八—）：在川北教育學院求學時參與八九學運，曾擔任初中教師，是被查禁的中國民主黨成員及獨立中文筆會會員。

秋，回到人民大學讀書後，他與出獄的人民大學學生領袖馬少華[37]、原北大學生李海、北京氣象學院學生陳青林、北京語言學院教師胡石根、異議人士康玉春等聯繫上，共同推動民主事業。一九九一年四月十五日，被北京市公安局逮捕，關押在秦城監獄，遭受持續二十多天的連續審訊。一九九二年十二月二十八日，被以「反革命宣傳煽動罪」判刑兩年六個月，剝奪政治權利一年。審判長為張存英，審判員為任連財，代理審判員為王燕。

一九九三年十月，劉賢斌刑滿出獄。直到一九九九年再度入獄，其間六年，是「六四」後他最長的一段自由光陰——當然，警察的監控與騷擾每天都如影隨形，他仍身處一座大監獄之內。一九九五年，他與中學女教師陳明先結為伉儷，後來有了女兒陳橋。此後，陳明先與丈夫聚少離多，卻對丈夫情深似海、不離不棄。

劉賢斌認為，「現實中國需要有甘願受累的職業人權活動人士」，他親身實踐這一主張。在被北京、成都、遂寧等地公安傳喚、拘押、監視和跟蹤夾縫中，從事大量人權保障和人權改善活動。他寫有〈中國農村社會的困境與出路——川中地區農村社會調查報告〉、〈現代民主運動的一般經驗〉和〈後鄧時期與鄧後時期的中國政局〉等文，確立人權民主信念，認同「公開、理性和非暴力」的抗爭道路，倡導和平、多元的社會變革方案。他還起草許多公開信、建議書、呼籲書，推動全國和地方人權狀況的改善。他更廣泛接觸各界人士，深入調查研究，扶助獄內、獄外朋友及家庭。

一九九八年，中共當局簽署《公民權利和政治權利國際公約》、地方官員疑慮觀望之際，劉賢斌發表文章〈組黨成功與否不重要，合理衝撞有必要〉，並向四川省民政廳遞交「中國民主黨四川委員會」

注冊申請，領導了爭取組黨權利的新高潮。十月二十六日，劉賢斌和佘萬寶[38]等成立「中國人權觀察四川分部」和籌辦《公民論壇》。當「中國人權觀察總部」負責人秦永敏[39]被捕後，劉賢斌在家中成立「中國人權觀察臨時總部」，宣佈接替全部工作，參加和領導全國二十三省市二百一十四位政治異議人士的「百日絕食活動」，抗議當局對徐文立[40]、秦永敏、王有才的迫害。

一九九九年一月、二月，劉賢斌先後經重慶、湖北、湖南、浙江、山東、北京等地，從事調研，籌建「中國民主黨全國籌備委員會」和籌劃「中國民主黨第一屆全國代表會」。他草擬了《中國民主黨章程》（草案），明確提出「建立憲政體制」、「確立分權領導」等。旅途中，他數次避過警察對他的圍

中共十六大前夕發表聯名公開信，呼籲重新評價「六四」。二〇〇二年十月，被抓捕。二〇一三年三月十六日，被成都市中級法院被判處有期徒刑兩年、剝奪政治權利兩年。

37 馬少華：一九八九年學運期間，任「人民大學學生自治聯合會」常委。「六四」鎮壓後，繼續參加民主運動，多次被捕入獄。

38 佘萬寶（一九五四—）：曾任廣元農業銀行副行長和信用聯合社主任。一九八九年，因參與民主運動被判刑四年。一九九八年，參與成立中國民主黨四川籌委會，並參加秦永敏主持的「中國人權觀察」。一九九九年，以「危害國家安全罪」判刑十二年，剝奪政治權利三年。

39 秦永敏（一九五三—）：中國民間反對派領袖，中國民主黨創建人之一。先後被抓捕、拘禁三十九次，三次判刑共計二十五年，最後一次判刑是二〇一八年被武漢中級法院以「顛覆國家政權罪」判刑十三年，剝奪政治權利三年。他是鄧小平時代以來中國坐牢時間最長的政治犯之一。

40 徐文立（一九四三—）：民主牆運動主要組織者，中國民主黨創黨領袖之一。一九八一年被捕，次年以「反革命宣傳煽動罪」判刑十五年。一九九三年，假釋出獄。一九九七年，提出「結束一黨專制、建立第三共和、重塑憲政民主、保障人權自由」的政治綱領和「公開、理性、和平、非暴力」的政治路線，並於次年發起中國民主黨組黨運動，再度被捕，判刑十三年。二〇〇二年，保外就醫，流亡美國。

追堵截，直到在北京被抓住並投進昌平收容所。四月，他被押解回遂寧並被刑事拘留。

一九九九年七月七日，劉賢斌再度被刑事拘留，一個星期後被正式逮捕。八月六日，四川省遂寧市中級法院接受檢察院的起訴（檢察員為陳建新、李秀華，代理檢察員為胡邦勇），以「顛覆國家政權罪」判處劉賢斌有期徒刑十三年，剝奪政治權利三年。審判長為劉澤斌、審判員為鄧永太和李德昌。入獄之初，他被強迫從事超強度重體力勞動，身體浮腫，後經多方呼籲，才暫停強制勞動。

劉賢斌的妻子陳明先寫過一篇感人至深的文章——〈我和劉賢斌的聚散人生〉，此文在民主化之後的中國值得被選入中學國文、歷史或公民課本。陳明先寫道：「一九九九年的六月十三日，孩子滿兩歲了，我們照了張全家福，這是我們一家三口唯一的一張滿載幸福和快樂的照片。二十日，賢斌抱著孩子合影，但誰也不會想到這將成為他今生的懷抱溫暖過孩子的唯一證明。七月七日，警察闖進家門，簡陋的家頓時狼藉滿地。孩子幼小，無甚驚恐。賢斌被帶走時，緊緊地擁抱了一下孩子，就像以前每次離家和我的永別（他總是在告別，但對我而言，他每一次的告別都是永別）。」此後，在漫長的十年中，陳明先和孩子一次次擠火車乘大巴在前往大竹監獄的崎嶇山路上狂奔。「因為山高路險，大巴車開得險象環生，每次我都是緊緊地抱著孩子猶如去奔赴死亡的約會。在那個偏僻的山中小縣城，我們住過八元的旅館，吃過最簡單的飯菜，我和賢斌的母親及孩子相依為命。」孩子七歲那年，在一次探監時。她歡天喜地地跑進玻璃罩擁抱了爸爸，然後對媽媽做了一個鬼臉：「媽媽，你們倆也擁抱一下吧！」於是，「我和賢斌遲疑地站在兩邊的門口，不約而同地望了一眼管教幹部，好不容易邁出一步，完成了夫妻間的十年一抱」。

二〇〇八年十一月六日，劉賢斌獲釋出獄，繼續反對運動。他批評二〇〇八年四川「五一二」地震中倒塌的「豆腐渣工程」，聲援為揭露真相而入獄的譚作人和黃琦，發起要求釋放維權人士陳雲飛的「黃絲帶行動」，也是《零八憲章》首批簽署人之一。在這一年半的獄外生活期間，他撰寫了大量代表其思想成熟期的政論文章。他在〈走出東方專制主義藩籬〉一文中寫道：「中國幾千年來一直是一個專制國家，這在人類歷史上算得上是一個奇怪的現象。究其原因，根深蒂固的專制文化及其衍生的奴性可以說起到了決定性的作用。……我們民族的所有災難並不完全是專制統治者強加給我們的，我們的民族性格、我們的文化本身也給專制主義的滋生發展提供了肥沃的土壤。……不受制約的專制強權是二千多年來中國社會一切災難的總根源，中國社會要想走出災難—毀滅—重建的怪圈，必須從文化的根基上建立起對權力的不信任和制約機制，必須設定統治者的權力和人民的權利之間的明確界限，必須從西方文明中引入和吸納憲政民主的理念，必須確保每個人的自由和尊嚴不受權力的侵害。只有憲政民主的理念內化為中國文化的一個組成部分，變成所有國民的基本觀念，我們才能從根本上剷除專制主義得以滋生的土壤，我們子孫後代的幸福才能得到根本的保障，中國社會才能最終走出東方專制主義的藩籬。」

二〇一〇年六月二十八日，劉賢斌在與友人陳衛喝茶時，被遂寧國保警察帶走傳喚，並於當日以涉嫌「煽動顛覆國家政權罪」刑事拘留。從遂寧市公安局的起訴意見書中可看出，在劉賢斌被釋放一個多月後，便被遂寧市公安局立案偵查，並由局長王華明親自負責。檢察院全盤接納公安局的起訴意見書，在起訴書上署名的是檢察員李虹志和賴紅軍。二〇一一年三月二十五日，劉賢斌被遂寧市中級法院以「煽動顛覆國家政權罪」判處十年有期徒刑，剝奪政治權利兩年零四個月。判決書顯示，審判長為徐昌輝，審判員為危曉和鄧剛。

在遂寧市公安局的起訴意見書、遂寧市檢察院的起訴書和遂寧市中級法院的判決書中，都提及劉賢斌所寫的〈出獄一百天〉、〈以哈維爾之眼看中國〉、〈街頭運動是民主運動的重要形式〉等文章，還羅列出其主要政治觀點：中共「一直奉行高壓恐怖統治」；中共當局「就靠赤裸裸的暴力」；《新聞聯播》「是當局進行愚民宣傳的重要喉舌」；中國人生活在「政治警察的恐怖統治之下」，「像奴僕一樣機械地生活」；「中共當局和我們打交道的具體官員，他們一直在充當這部反人性國家機器的幫兇」；必須「營造一個強大的反對派組織」；「當人民的政治熱情被喚起之後，才是組織和公佈綱領的最佳時機」；「要求每一個反對派人士持續不斷地進行公開抗爭」，「一旦時機成熟，迅速成為一個有戰鬥能力的政治組織」，「在大規模的街頭運動中發揮關鍵性的作用」等。

劉賢斌第三度被判重刑後，中國國內和國際輿論予以嚴厲譴責。陳衛在〈行者劉賢斌〉一文中寫道：「我曾認為，英雄不能改變中國，需要英雄是一個時代的悲哀。但是高尚的人格怎麼能見容於這個畸形的時代？而這個墮落到底的社會恰恰需要英雄，需要擔當道義的殉道者。這是對正義的拯救，也是對時代、對國家、對我們的社會和民族的拯救。劉賢斌個人並不能顛覆政權，只是這個制度背棄道義扼殺道義，斷送了國家的希望，最終才會葬送自己。當局以為將劉賢斌這些堅持良知的人送進監獄，他們的政權就穩固了，他們的制度就長久了。錯了，正像我曾說的，這是愚蠢的。抵抗他們的不是劉賢斌、劉曉波，而是良知本身。」

貴州人權活動者陳西[41]在〈公民劉賢斌——我的摯友〉中悲憤地寫道：「公民劉賢斌僅僅因為『曾

經想像一個人或者像一個公民那樣去生活』，僅僅因為他『具有誠實、正直和勇敢的天性』，去捍衛作為一個公民最後的底線——言論自由權，讓人活得有尊嚴，就被中共四川當局以『煽動顛覆國家政權罪』判處有期徒刑十年，剝奪政治權利兩年零四個月。……除了文章外，再也沒有什麼證據能說明劉賢斌有罪。要像一個人那樣生活得真誠、正直、具有社會責任感有罪嗎？！要像一個公民那樣生活得有思想、有誠實的語言、有良知有罪嗎？！成為享有尊嚴的公民，勇敢地捍衛自己公民的基本政治權利有罪嗎？！」

劉賢斌的好友歐陽懿指出：「結識劉賢斌先生的人們說：他最具人道精神；他最具無私的獻身品質；他對於人權民主的理解十分深刻；他對人權民主的實現的經驗最為寶貴和豐富；他是國內最堅定的人權民運人士；他是自一九八九年以來發展得最成熟、最優秀的人權活動家；他的實踐和智慧是國內國際人權和和平演變應當高度重視並加以研究的……也正因為如此，他遭到最惡意的迫害。」歐陽懿在詩歌〈如我們想念之深之深沈——致劉賢斌先生〉中寫道：「為自由終成一代獄王的獄王啊／你端坐牢獄深處／你與世界的聯繫／密如蛛網和細雨／密如我們彼此的思念／國王、槍兵和高牆不能阻隔／以及風雨，也不能阻隔。」

41 陳西（一九五四—）：一九八九年，組織「沙龍聯誼會」，成立「貴州愛國民主聯合會」聲援學運，被判刑三年，剝奪政治權利三年。一九九五年，組織「中國民主黨貴州分部」，再次被捕，判刑十年，剝奪政治權利五年。出獄後，繼續從事民主活動，參與舉辦「貴州首屆公民國際人權研討會」。二〇一一年，第三度被捕，以「煽動顛覆國家政權罪」判刑十年，剝奪政治權利三年。其三度入獄的經歷與劉賢斌如出一轍。

二〇〇九年，劉賢斌獲中國青年人權獎時，曾回顧參與民主運動二十年的經歷，「六四」後大部分時間他都在獄中，但他奇蹟般地參加了所有重大的民運活動，例如「九二組黨」運動、《和平憲章》運動、一九九五年簽名運動、「九八組黨運動」和「零八憲章運動」等。他沒有居功自傲，反倒謙卑地表示，「由此我接觸和認識了許多為自由民主理想奮鬥的民運人士，見證了黑暗時期中國民運先行者們的種種探索和努力」。他在獲獎答謝詞中寫道：「雖然這二十年來，我一直在惡劣的環境下與中國的專制統治者進行著不懈的鬥爭並因此而屢受當局的打壓和折磨，但是我始終覺得我所做的這一切只不過是一個正直、勇敢的公民所應該做的。……作為一個沒有失去良心的中國公民，我不可能對專制統治的各種罪惡熟視無睹，我不可能與黑暗勢力同流合污，我必須吶喊，必須抗爭，必須誓死捍衛公民的尊嚴和行使我自有永有的人權。二十年來，我走過了一條漫長的坎坷的抗爭之路，但這是我自己自覺的選擇，我求仁得仁，無怨無悔。」

二〇二〇年六月二十七日，劉賢斌刑滿釋放。回到遂寧後，他每天被八個便衣和一輛小車跟蹤、監控。如今，他與妻子陳明先在鄉下租房租地，當上了農夫。

陳明先〈我和劉賢斌的聚散人生——謹以此文獻給所有異見人士的妻子〉，見中國人權網站：https://www.hrichina.org/cht/crf/article/5662
劉賢斌文集（博訊博客）：http://45.35.61.42/hero/lxb/

29 陳衛：一介平民也可蔑視龐大的極權體制

陳衛：人權活動人士。大學期間，積極參加天安門學生運動。「六四」屠殺之後，因繼續從事反對運動，三次被捕入獄，失去自由的時間加起來長達十五年之久。

陳衛，一九六九年二月二十一日生於四川遂寧。父親是退伍軍人，終身職業是司機，母親是紡織工人。中學時期，相信科技和工業救國，報考北京理工大學並以優異的成績被錄取，不出意外，他未來會成為一名工程師或者科技官僚。

一九八九年春，胡耀邦去世引發學生運動。剛上大學一年級的陳衛，第一個在學校食堂用毛筆寫下挽聯：「改革受阻，山也哭，水也哭，痛悼書記；污吏橫行，進不是，退不是，只因無能。」他迅速發起「北京理工大學胡耀邦治喪委員會」，四月二十一日動員四千多名同學前往天安門廣場追悼胡耀邦。隨後，他組建名為「京工自治聯合會」的學生自治組織，當選常委、祕書長。四月二十六日，鄧小平主導的「四二六社論」將學生運動定義為「動亂」。次日，學生及市民發起「四二七」遊行，反對此社論。遊行之後，陳衛跑到重慶的高校串聯，手書傳單張貼於各校並發表演講。隨後，回京參加對話代表團會議。五月十二日晚，他從北師大得知學生絕食抗議消息，當晚書寫《北京理工大學絕食宣言》，第一個簽名。第二天，他帶領五十五名報名絕食的同學到廣場參加絕食活動。

六月三日晚，軍隊進入北京，沿途射殺無辜學生和市民。陳衛回校動員同學前往支持廣場上留守的學生，在街頭頂著冒火的衝鋒槍阻攔軍車，看見多輛坦克呼嘯而過，也親眼目睹一名女學生被車牌號為「V05—1147」的軍用吉普車內的軍官對著頭部開槍殺害。他從長安街走過，看到了遍地的鮮血和牆上的人形血印，痛心疾首。多年後，他如此回憶說：「橫衝直撞的坦克裝甲車、噴射著火苗的衝鋒槍以及倒在我身邊的學生將我從夢中驚醒。從此我對中國的認識發生了翻天覆地的變化。在當局極力掩飾的背後，我發現了真理：所謂的人民當家作主其實是一黨獨裁的本質，民主不外乎是一塊遮羞布。」

「六四」屠殺之後，陳衛逃回家鄉遂寧，在電視裡看到北京各大學校長慰問戒嚴部隊的畫面，憤而寫信譴責，這封信被校方轉交公安局，後來成為其三大罪狀之一。七月四日，陳衛結識了同為遂寧中學畢業生的中國人民大學學生劉賢斌，兩人一見如故，當即商議成立「地下高自聯」的事宜。然而，陳衛的一舉一動早已在警方嚴密監控之下。第二天，他即被警察上門逮捕，警方到他家中抄家，抄走了他精心保存的大量「六四」屠殺的資料和證物。他被關押在遂寧四十天後，又押送到北京，關押在戒備森嚴的秦城監獄。關押一年多後，他與另一名學生領袖馬少方[42]一起，被以「反革命宣傳煽動罪」首輪被起訴並開庭審理。由於若干證詞被推翻，加之國際社會的壓力，他於一九九〇年十二月獲釋，但被學校開除學籍，再也無法完成學業。

獲釋後，陳衛在北京郊外租房，在海澱圖書館外擺地攤賣襪子、皮帶等小商品維生，並廣泛聯繫同道，探討社會變革路徑，將異議人士以及社會事件向國際媒體公佈。他還到東北、西北與志同道合者交流探討，發表關於時局的聲明，及聲援獄中難友。一九九一年，陳衛與胡石根等人密切商議成立「中國自民黨」等組織，計畫在一九九二年「六四」三週年紀念日期間在天安門廣場用航模飛機散發傳單並向全國各地投寄傳單。此事被國安機關破獲，數十人在全國各地被抓捕。隨後，陳衛被以「反革命宣傳煽動罪」判刑五年，剝奪政治權利兩年。一九九七年五月二十八日，刑滿釋放，回到遂寧家中。

剛剛獲得部分自由的陳衛（還處在剝奪政治權利期間，受警察密切監視），聽到綿陽工人罷工的消息，立即趕赴罷工工人家中探訪。其後多年，凡是川渝地區的工人維權活動，他都盡力收集資料，或幫助聯繫律師，或將消息傳遞給海外媒體。陳衛和劉賢斌團結了許多具有憲政民主意識的人士，在川渝地區以讀書會、茶聚、同城「飯醉」等形式進行交流。因為他們，遂寧這個川北小城市被中國民運界譽為「中國民運的亞中心」。

一九九七年底，因不堪遂寧警察騷擾，陳衛再度赴北京打工。北京國安多次引誘他作為線人，並許諾讓他在北京做生意賺錢，但他不為所動，被遣送回老家，並遭行政拘留十五天。他以非法拘禁為名起訴警方。該行政訴訟案件打了兩年，雖敗訴（警方出示的證據是根據北京三份祕傳電報的指示處理

42 馬少方（一九六四—）：北京電影學院學生，一九八九年學運中任北京高校學生自治聯合會常委，是被通緝的二十一位學生領袖之一。一九九〇年，被判刑三年。

的），卻是同類案件立案成功的第一例。

回到遂寧後，陳衛曾擔任《遂寧文化報》執行主編，因登載高行健獲得諾貝爾文學獎的消息而被辭退，連帶報紙也被封停。他又參與廣告業，當選為遂寧廣告協會常務理事，但由於不搞潛規則和國保的阻擾，這項新職業也無法長久做下去。儘管謀生艱難，他始終沒有忘記身負的使命：「二十多年走來，雖有困苦，雖有迷茫，但是我從來沒有後悔和退縮，這不是出於我的勇敢或者崇高，我只是想用我的一生來證明一個平民也可以堅持對龐大的專制體制的蔑視，我只是想用我畢生的堅持來救贖我那已經非常弱小的良心。沒有恐懼，不是威脅的消除，而是在我的心裡恐懼遠遠不能跟良心的譴責相提並論。當我在『六四』後被捕我對自己的要求就是面對大是大非，我可以不說全部真話，但我不能說一句假話，一句昧著良心的話。不管是在監獄，不管是生活多麼艱難，即使因為交不起開同學會的份子錢而借故溜走的困頓，我都覺得無所謂。我無力解救中國的所有人，但是我解救了自己。因此我坦然，我立於不敗之地。」多年來，他在境外中文媒體發表大量關於憲政民主的文章，也積極從事各項民主活動，與劉賢斌一起在「公開、理性、非暴力」的民主運動準則下提出川渝行動準則——「深挖洞、廣交友、不幻想」。

二〇〇八年，劉曉波發起「零八憲章運動」，陳衛與劉賢斌、歐陽懿等「遂寧三傑」成為第一批簽署者。

二〇一〇年六月，劉賢斌再度被以「煽動顛覆政府罪」抓捕，陳衛和朋友們組織了聲勢浩大的「公民接力絕食聲援營救劉賢斌」活動，中國國內至少十六個省市以及香港、美國、法國、泰國等地紛紛成立「我是劉賢斌」關注組，每個關注組成員姓名公開，組長電話公開。從二〇一〇年八月一日起，每天都有至少兩人接力絕食聲援，絕食二十四小時，節省下的生活費捐給「良知的守望者」劉賢斌的家人。貴州維權人士陳西、張重發[43]等人因為絕食活動被當地警方傳喚。陳衛將聲援劉賢斌的活動視為一次「精神起義」。警方抓捕並重判劉賢斌，本為殺雞儆猴，卻不料陳衛逆流而上、逆風而行，讓警方對其恨之入骨。

二〇一〇年底，若干阿拉伯國家發生「茉莉花革命」，多個看似穩如泰山的獨裁政權被推翻。二〇一一年二月十八日，中國網路上出現「茉莉花集會」的消息——呼籲人們帶上茉莉花去城市中心地帶「散步」。北京王府井等處出現數百人集會。很多人在推特或QQ上轉發此消息，陳衛是其中之一。隨即，警方在全國各地展開大抓捕，被捕和被傳喚者多達數百人。美國學者林培瑞指出：「茉莉花還未盛開，春天就遭到了摧殘。缺乏自信的中共政權開始大肆抓捕理想主義者，對他們監禁、羞辱、毒打、刑訊逼供，剝奪基本的生活需要。」

二月二十一日，陳衛歷經傳喚、抄家、審訊，然後被正式逮捕。十二月二十三日，陳衛被控「煽動顛覆國家政權的罪」，獲刑九年，剝奪政治權利兩年，成為「茉莉花事件」中判刑最重的受刑者。審判長為劉澤斌，審判員為危曉、鄧剛。陳衛在法庭陳述中，最後以一篇〈沙漠的童話〉明志：「當綠楊成林，草場成片，沙漠不再是狂風恣行的遊樂園，而是孕育希望的發祥地。」法庭不允許他宣讀陳述，他

43 張重發：一九九九年，因與王炳章創建的「民聯」聯繫，以「間諜罪」判刑四年。出獄後，參與「貴州人權研討會」活動，常年受監控和軟禁。

在被強制帶離法庭的瞬間，大聲高呼：「我無罪！專制必亡！憲政必興！民主萬歲！」

陳衛發表的〈制度之疾與憲政之藥〉、〈民間反對派的成長是中國民主化的關鍵要素〉、〈和諧的陷阱與公正的缺席〉、〈人權日絕食的感悟〉等四篇文章成為被定罪的依據。判決書中指出，陳衛在文章中寫道，「人們被剝奪了思想和信仰」，「中國共產黨利用暴力機器對人民進行控制」，「一黨專制的喪鐘已經敲響」，「必須改變這個制度」。陳衛很早就意識到，六四鎮壓之後，中共黨內不再有改革派和溫和派，對此存有幻想，實在是與虎謀皮：「中國一黨專制一直是獨立於原共產主義國家的，中國的皇權專制具有很深的傳統，而中國的經濟改革也在發展經濟的同時形成了一個非常強大的權貴利益集團，這就為民主變革設立了很高的障礙。而所謂『新權威主義』在八十年代就已經被『六四』事件粉碎了。八十年代知識分子對『新權威主義』的認同在很大程度上解除了進行民主要求的學生和市民的武裝，這個教訓不可謂不深刻。時至今日我仍然為當初的善良和幼稚感到羞愧。」所以，中國的民主轉型，只能靠民間的反對派的成長。他強調說：「民間反對派是民主變革的關鍵因素。縱觀世界民主化浪潮，我們可以看出獨立、倔強的民間反對派是民主化的主導力量。民主和專制不僅僅是意識形態的對立，同時也是利益之爭。只不過民主要求的是在正義的基礎上的公平分配，而專制則將社會利益集中在少數人手裡。所以專制集團絕不會主動去進行這種變革，只有當他們覺得壓力足夠大無力為繼時才會半推半就的做出一些讓步。」

陳衛原本學理工科，對人文社會科學尤其是政治和法律理論頗為陌生，曾自嘲在這些領域是「白丁」，但他熱愛讀書，即便在獄中也手不釋卷，跟獄方鬥爭的一個重要議題就是希望讀到更多書。他是少數兼有思考力和行動力的民主人士，他的文章從不閉門造車，將理論與現實緊密結合，提出獨到的觀點。比如，他曾提出對中國民主運動的四個看法：第一，「我贊成與所有支持憲政民主改革的人合作，但是我絕不贊成在統治者陣營中假想出一個所謂的改革派。」第二，「獨立、倔強的民間反對派是民主化的主導力量。」第三，「爭取言論自由充當了衝擊專制和進行民主改革的先鋒。」第四，「反對黨的成立切不可操之過急。我們數十年來許多組建政黨和祕密結社而慘遭打壓的教訓，以及其它國家民主化經驗告訴我們，衝擊黨禁必須要等時機成熟才行。」這些既是寶貴的經驗，也是先知式的洞見。

陳衛第三次入獄後，妻子王曉燕獨自經營一家小茶館，收入甚微，卻不敢懈怠對女兒的撫育。女兒在學校遭到同學霸凌，同學辱罵說：「你爸爸是反革命！」聽到女兒的哭訴後，王曉燕對女兒說：「你的爸爸是英雄。」王曉燕第一次帶女兒去探監，在會見中，也許女兒無法適應父女間這樣的相見，又不能享受父親的愛撫，在電話中，聽不清父親的講話，茫然中流露出無措和生疏。這是陳衛最刻骨銘心的時刻。

親人們用「善意的謊言」瞞著陳衛年邁的老母親：「陳衛出國了，幾年都不能回來照顧你。」躺在病榻上的老人默默地傾聽著家人為之編造的童話，其實對真相心知肚明。陳衛的父親過八十歲生日，陳衛的朋友們組織上百名親朋好友祝壽，藉此表達對獄中的陳衛的支持。陳衛的母親見到兒媳和孫女，拉著兩人的手不由得眼淚汪汪，一切盡在不言中。

陳衛有一個同卵雙胞胎弟弟陳兵[44]，兩兄弟無論正面、背影、側面、坐立行走的姿態甚至舉手投足

44 陳兵（一九六九年—）：一九八九年，就讀於西南石油大學的陳兵與哥哥陳衛一樣參與學運。後來，兄弟二人有過一個協定，陳衛為理想奮鬥；陳兵侍奉雙親。一人為國盡忠，一人盡人子之孝。一九九二年，陳衛第二次被捕後，陳兵從河北任丘油田辭職，回到遂寧，以經商維持生計，贍養父母和補貼哥哥一家，還經常捐款支持民主人士。二〇一六年「六四」前夕，與友人集資六千元，設計並

都一模一樣。後來各自成家，但兄弟二人仍不由自主選擇同樣的裝束，點同樣口味的飯菜。最重要的，是兄弟二人信奉同樣的價值理念，有著心有靈犀的共同追求。二〇一六年，陳兵因捲入「銘記六四酒」案，被捕並獲刑三年半。這三年半時間，他與哥哥同時在獄中。

二〇二〇年二月二十一日，陳衛刑滿獲釋。前後三次入獄，加起來失去自由超過十五年。獲釋當天，他在接受採訪時用一句話來表達自己的感受：「我還是原來那個陳衛！」他告訴媒體，他在獄中堅持不認罪，一直處於二級嚴管，這意味著不能減刑，消費額度也是最低的，但他從未屈服。他在獄中練書法小有所成，但始終拒絕給獄方題字。

出獄後，陳衛更求知若渴，買了許多書籍研讀。他對朋友說：「雖然我們現在幹不了什麼，但是我們得充實自己，只有自己明白了，才是對專制最大的反擊。」這正印證了他在一首題為〈路〉的詩中的宣告：「路本是直的，彎曲的是你猶豫的腳步。」

陳衛文集（博訊博客）：http://45.35.61.42/hero/chenwei/

銷售以「六四」為主題的紀念酒。六月二十一日，被成都警方抓捕，後取保候審。七月六日，再次被捕。二〇一九年四月四日，因拒絕認罪，被更新罪名，以「尋釁滋事罪」判刑三年六個月。

30 伊力哈木・土赫提：我從來沒有發現自己內心居然這麼強大

伊力哈木・土赫提：維吾爾族學者，中央民族大學副教授，經濟學家、社會學家及民族學家。為了推動維吾爾族與漢族之間的交流、對話，他創辦了中文網站「維吾爾在線」。二〇一四年，他被中共當局逮捕並被以「分裂國家罪」判處無期徒刑。

伊力哈木・土赫提，一九六九年十月二十五日生於新疆阿圖什一個維吾爾族幹部家庭，自小在維漢混居的政府大院長大。其父親是共產中國培養的第一代維吾爾知識分子，在文革中被迫害致死，年僅二十八歲。當時，伊力哈木僅兩歲，弟弟只有十一個月，當汽修工人的母親辛苦拉拔四個孩子長大。他的大哥、二哥都在地方政府和公安系統中任職，後來受他連累升遷受阻，提前退休。

一九八五年，十五歲的伊力哈木考入中央民族大學預科，在東北師範大學和中央民族大學先後完成學士和碩士教育。一九九一年，他在中央民族大學留校任教，後曾赴韓國、巴基斯坦等國訪學，精通中文、維吾爾語、英語、韓語、日語、烏爾都語和俄語等多種語言。二〇〇三年，調入中央民族大學經濟學院國際貿易系，講授《國際貿易事務》、《國際結算與信貸》、《新疆人口，資源與環境可持續發展戰略研究》、《中亞政治，經濟社會與文化》等課程。

阿圖什人被稱為「維吾爾人中的猶太人」，極具經商天賦。伊力哈木曾在業餘時間經商，廣泛遊歷中亞、俄羅斯、南亞等地區，目睹大量民族衝突仇殺、政治動蕩、社會轉型失敗等鮮活案例，這些見聞，讓他逐漸產生了研究新疆問題和中亞問題、避免境外悲劇在中國上演的強烈願望。為此，他自費進行大量社會調查，並開始系統性地進修和自學社會學、民族學、地緣政治學。由此，在經濟學的視野之外，有了更廣闊的視角和分析工具。他致力於研究新疆社會、經濟和文化的發展，致力於民族間的交流和溝通，致力於探索現代轉型社會中民族和諧相處之道，「我的這項事業選擇，源於我出身的環境，源於母親的教誨，源於我受的教育和成長經歷」。

從一九九四年起，由於經常直言批評新疆地方政府的工作失誤等原因，伊力哈木的教學工作不斷受打壓。自一九九九年起，他的論文再無發表機會，他在民族大學的教學工作一度被終止。隨著他越發專注於新疆問題的研究和調查，不但其個人工作生活受到的壓力越來越大，他在新疆的親戚、家人受到的壓力也越來越大，他們經常苦苦哀求他少說話、少管閒事、悶聲發大財。但同時，他發現新疆的民族問題越來越嚴重，民間醞釀的仇恨在不斷加劇，他憂心忡忡並仗義執言：「我知道，我們民族像我有良好教育、開闊視野和豐富閱歷的人不多，我們國家像我這樣在新疆問題和中亞問題上有各種天然優勢的人不多，在這個領域，有真知灼見，有責任感的誠實正直的學者極為罕見，而中國社會將來要面臨的考驗卻是如此險峻，因此，頂著壓力繼續從事我認為最有價值的事業，是我義不容辭的責任。社會責任的召喚和牽連家人受累，使我備受煎熬。」

二〇〇五年，伊力哈木創辦中文網站「維吾爾在線」，讓維吾爾族和漢族人在一個平台上平等討論交流。他認為，「爭議分歧不可怕，可怕的是沈默中的猜疑和仇恨」。「七五」事件發生後，為突破仇恨和猜疑的堅冰，他曾設想通過民間方式發起「民族和諧日」（或「民族和解日」），以「七五」悲劇日為紀念日。他強調：「應當以理性、忍耐、寬容、溫和、尊重歷史、尊重現實、面向未來的態度探索民族相處之道，一開始是基於我受的教育和訓練所產生的理性認識，而在不斷的踐行過程中，這種態度已經逐漸成為我發乎自然的情感。」

在題為〈我的理想和事業選擇之路〉的文章中，伊力哈木寫道：「作為一個維吾爾族知識分子，我天然對自己的民族心懷強烈的感情，尤其是歷史和環境的原因，她的落後，她的困苦，使我時刻無法心安。我對自己的國家，同樣心懷強烈的感情，尤其是當我遊歷了幾十個國家後，才更能體會，強烈的家國情懷早已溶入我的血液。無論是我的民族還是我的國家，她的痛苦她的榮耀，就是我的痛苦我的榮耀。我深信，只要有面對未來的智慧和胸襟，有直面現實的勇氣，中國一定能探索出一條尊重中國歷史、符合中國國情、在國家的統一完整和民族自治之間取得一種理想平衡的民族自治的路徑。」正是這種情感和使命感，支撐著他的學術研究和現實關懷：「我長期而持續關注的問題，是新疆和中亞兩個領域。關於新疆，是轉型期新疆社會、經濟、文化的發展，是新疆多民族的相處之道，是中國國情下，探索國家主權統一完整與地方自治之間的平衡。……關注和研究新疆問題，我有義不容辭的責任，因為它早已不僅需要的是知識和專業，而首先是一種勇氣。」他進而指出：「『七五』事件的爆發以及此前拉薩的『三一四』事件，無疑告訴人們這樣一個事實，在劇烈轉型時期的中國，探索出一種民族和諧相處之道，是極為迫切的任務。中國習慣了講政治，尤其是政治道理，而甚少真正從完善法律法規和政治藝術的角度，去完善和創造民族和諧相處的環境，此外，關於民族和諧相處的技術性問題，國內不但幾乎沒有人涉及，甚至沒有這樣的意識。」

二〇〇九年的「七五」事件後，新疆維吾爾自治區主席努爾．白克力在七月六日的電視講話中宣稱：「『維吾爾在線』大肆進行煽動宣傳，傳播謠言。」（具有諷刺意味的是，十年後，白克力被以「貪污受賄罪」判處無期徒刑，刑期與他曾攻擊的維族同胞伊力哈木一樣重。）七月八日淩晨，伊力哈木與外界失聯。七月十三日，長期研究新疆問題並多次與伊力哈木交流的作家王力雄發出《關於維吾爾學者伊力哈木．土赫提遭拘押的呼籲》，數百人參加連署。八月二十三日，伊力哈木獲釋回家，他在接受採訪時表示，與外界失去聯繫期間，他和家人被軟禁於北京郊區。

二〇一三年十月，伊力哈木指出，中共政府嚴格控制維吾爾人的根本原因是「漢人不信任我們，這一點對人們在新疆的生活產生了根本性影響」，且「事情正在變化，越變越糟」。十一月二日，他開車帶孩子及妻子外出時，遭到三名守候在社區外的國保便衣駕車衝撞車尾部及恐嚇。肇事國保不斷威脅他，且髒話連篇，他的家人和孩子的生命受到威脅。他在接受媒體訪問時表示：「要是因為我替我的民族說話，而我受到生命威脅，我就讓他們放馬過來，要是所有的警察，所有國保都這樣，這個國家沒有未來，我們維吾爾人也沒有未來。」

二〇一四年一月十五日下午三點半左右，伊力哈木與母親被警察從家中帶走（其母親當天晚些時候被釋放回家）。「維吾爾在線」也被封鎖。三十多名警察搜查他的住所，並拿走四台電腦、三個手機、活動硬碟、上課教案、學生試卷和論文、書籍等。與他一起被捕的還有八名少數民族學生。在酷刑折磨下，三名學生在央視上身穿囚服，譴責導師炒作民族關係問題、煽動分裂。其中，一名彝族學生羅玉偉指控，伊力哈木曾威脅他，如果不繼續從事網站設計，就不會把學位證書給他。而在影片中出現的維吾爾學生帕哈提·哈力木拉提的母親在接受《紐約時報》訪問時說，「他在電視上說的那些事沒有任何意義」、「他從沒說過老師的壞話」。

二〇一四年九月二十三日，伊力哈木「分裂國家」案一審正式宣判，新疆維吾爾自治區烏魯木齊市中級法院以「分裂國家罪」判處其無期徒刑，剝奪政治權利終身，沒收個人全部財產。判決書指，伊力哈木與境外「東突」勢力勾結，利用互聯網鼓吹「新疆獨立」，利用講堂煽動暴力，「推翻政府」、從事分裂活動。中共當局從未公佈判決書，為《環球時報》撰稿的「輿情專家」王德華在評論文章略有披露：伊力哈木犯分裂國家罪的證據，僅判決書就六十多頁，宣判時念了三個多小時。「伊力哈木為達到其分裂國家、尋求新疆獨立的目的，有組織、有計劃地撰寫、編輯、翻譯和轉載百餘篇分裂國家內容的文章，大肆傳播分裂思想，惡意攻擊國家的民族、宗教、經濟、計劃生育等政策及措施等等，證據確鑿、歷歷在目，西方還要紅口白牙狡辯。」王德華還說，西方眼中的「溫和派伊力哈木」，和激進暴力派沒有本質性區別：「激進派主張的是立竿見影式的行動，所謂的溫和派其實是潛移默化的影響或者不露聲色的行為而已。但最終目的還是要分裂國家。法庭公佈的證據，證明了伊力哈木企圖分裂中國的意圖並鼓惑別人。」

伊力哈木在法庭上否認分裂國家的指控，並稱自己沒有支持新疆獨立，「我的自治觀點很明確」、

「我是自治派」、「我希望新疆以聯邦的形式留在中國」。九月二十四日，伊力哈木口述、李方平律[45]師記錄的伊力哈木對維吾爾社群、家人和國家發出的《判後感言》在網路公佈。全文包括九點感言——之一：我是為我們的民族吶喊，更是為中國未來吶喊。之二：進來前我一直擔心自己承受不了嚴酷的環境。我擔心自己會出賣我的良心、事業、朋友和家人。我挺過去了。我要對伊力哈木說：你是好樣的！之三：未來的監獄生活我沒有經歷過，但這將就是我的生活、我的經歷。我不知道自己的人生能持續多久，我是勇敢的，我不會那麼脆弱，如果傳出自殘、自殺，肯定是虛假的。之四：看到判決書的內容，我反而認為自己應該肩負更大的責任。之五：我雖已離去，但我依然期待陽光、期待未來。我堅信中國會更好，維吾爾人的憲法權利必將得到尊重。之六：和平是上天贈送給維、漢人民的禮物，唯有和平、善意才能創造彼此的共同利益。之七：我二十四小時戴著腳鐐、八個月只有三小時放風、有六個漢族已決犯陪監。境況不能說不嚴酷，但相對我的學生，還有很多被控分裂國家的同族被告們，無疑我又是幸運的，我有自己委托的漢族律師出庭辯護、家屬可以旁聽、我說出了我想說的話。我希望通過我的案件推動新疆法治化，哪怕是一點點。之八：我昨晚睡了一個八個多月來最好的覺。我從來沒有發現自己內心居然這麼強大。只是老母親不能告訴她，你叫家裡說判了五年就行了。昨晚旁邊監室帕哈提（學生）在撞門、大聲悲嘆，我也聽到有不斷提押的腳鐐聲，或許他們也判了。之九：（與妻書）我的愛人：為了我們的孩子，你要堅強，不要哭泣！不久的將來，我們還會擁抱在一起。你保重！愛你的哈木。

伊力哈木被捕後，他的好友、媒體人黃章晉[46]在〈再見，伊力哈木〉一文中寫道：「伊力哈木一直堅持認為，維吾爾人追求平等自由的願望，完全不能脫離漢族人實現自由民主的進程，兩者必須是緊密結合的。維吾爾人今日的處境，正是整個中國缺乏民主，缺少自由的產物，只有漢族人也實現了自由民主的願望，維吾爾人才有可能獲得自由民主。」伊力哈木不認為自己是政治活動人士，他只是以學者身份對中共部分政策做出溫和的批評意見，「伊力哈木自信是在為中央政府、為黨操碎了心」，這一立場，類似於一九八〇年代報告文學作家劉賓雁的「第二種忠誠」。然而，習近平和中共政權連一點逆耳忠言都聽不進去，自己堵死了和平轉型之路。

在父親被捕之前一年，伊力哈木的女兒菊爾・伊力哈木即赴美留學，當她公開為父親的冤案辯護之後，再也無法返回中國。二〇一七年之後，菊爾在中國的家人再也無法探視她父親。她最後一次得知父親消息是二〇一七年，「當時他體重掉了很多，但精神狀況大致還行。家人探監時，只能與他聊小孩的近況跟生活瑣事。他們無法讓他知道全世界有多少人在支持他。而根據一名見過他的獄友的說法，我父親當時被單獨監禁，牢房內擺著一台小電視，二十四小時都在播放中國共產黨的政策」。她還記得父親被抓走前跟她說的最後一句話：「別哭！我們維吾爾姑娘是勇敢的！」二〇二三年初，菊爾得知奶奶病逝的消息，但不知道具體時間。此前，她奶奶受伊力哈木案刺激，身體狀況愈來愈不好。過去一直照顧她奶奶的是堂姐努爾麗亞・亞力昆，後者本是一名護士，二〇一七年在街上過檢查站時，被查出手機中有伊力哈木的照片跟文章，被逮捕並判刑十年。伊力哈木的兒子、菊爾的大弟弟因為戶口原籍是在新疆

45 李方平（一九七四—）：人權律師，代理過被歧視的乙肝患者、毒奶粉受害者、被教師性侵的江西七幼女等案。為陳光誠提供法律幫助，遭暴徒毆打入院治療。曾代理胡佳、伊力哈木案，這兩位受刑者均榮獲歐洲議會頒發的沙卡洛夫獎。

46 黃章晉：資深媒體人，先後擔任《鳳凰週刊》主筆、《華夏時報》評論員、《青年參考》副主編、網易新聞中心副總監。

的緣故，沒辦法在北京上高中，被送回老家上學。

在美國的友人搜集了伊力哈木從二〇〇五年到二〇一四年發表的部分文章、講演和媒體採訪記錄，翻譯成英文，匯集成《我們維吾爾人沒有發言權》一書出版。「族裔之間平等對話，加強相互交流和理解以和平方式解決問題，消除族群之間的仇恨甚至殺戮」，這是伊力哈木一直推動的志業。他被判無期徒刑，是習近平時代以鐵血方式處理少數族裔問題的標誌性信號。隨後，數百名維吾爾知識人失蹤，超過一百萬穆斯林（絕大多數是維吾爾人和哈薩克人）被關押，維吾爾民族權利被進一步剝奪。極權制度對社會的規訓使許多人長期習慣於被灌輸和被權力馴化，而平等對話是培養獨立思考、思辨能力的重要媒介。伊力哈木致力於打造和平對話平台，這對維漢民間尤為重要。他認為，「只有這樣才可能消除政權造成的族群之間的仇恨甚至殺戮」。他指出，「在集權、沒有民主、人權和法治的國家，最需要做的是對極權主義意識形態和民族沙文主義進行長期的抵抗」。像劉曉波一樣，他將希望寄予民間中國，而非官方中國。另外，針對一些漢族學者認為維、漢面對的問題基本上是一樣的，他同意維、漢人民應共同爭取人權、法治和民主，但又強調「維吾爾族還面臨一個特別的問題，就是社會資源問題，還要面對民族歧視和宗教等問題」。

伊力哈木入獄判刑後，連續獲得多項國際人權獎項：二〇一四年，榮獲美國筆會芭芭拉・戈德史密斯「自由寫作獎」；二〇一六年，獲馬丁・恩納斯人權獎；二〇一七年，獲國際自由聯盟頒發的自由獎，德國魏瑪市亦向其頒發該市的人權獎；二〇一九年，歐洲議會向其頒發「沙卡洛夫獎」。

伊力哈木・土赫提文集：維吾爾在線

https://chilanbagh.wordpress.com/category/ilham-tohti%e6%96%87%e9%9b%86/

一九七〇年代人

31 王宇：我的力量很微弱，但我不懼怕

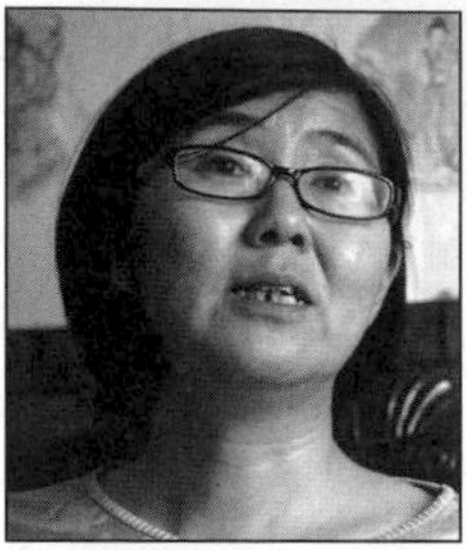

王宇：被譽為「中國最勇敢的女律師」，為諸多人權活動人士、學者、法輪功學員、農民和上訪者辯護，是二〇一五年「七〇九」大抓捕中第一位被捕者。中共當局以王宇的丈夫和孩子為要挾，強迫其電視認罪。此後，她雖獲釋，但律師資格被取締，常年受到當局嚴密監控。

王宇，一九七一年五月一日生於四川成都，四歲時隨父母遷居內蒙古自治區興安盟烏蘭浩特市。其父親原為解放軍軍官，轉業後在烏蘭浩特市公安局和政法委擔任負責人。她在中國政法大學成教部法律專業畢業後，在當地的老幹部局工作，同時做兼職律師。

二〇〇四年，王宇借興安盟「機關幹部區外謀職」的政策到北京做民商律師，主要處理民商類案件和為一些中小企業做法律顧問，並在北京置業，生活算是歲月靜好。

二〇〇八年五月，王宇因與車站售票人員發生爭執，被打傷後報警，投訴鐵路警察不作為，卻於十二月被天津鐵路警察跨省抓捕，以「傷害罪」被判三年有期徒刑。在張凱[1]、唐吉田[2]、劉巍[3]等律師幫助下，上訴後改判二年六個月有期徒刑。這段親身經歷成為其人生的轉折：「一個國家部門竟擁有一

整套的司法系統，抓人、批捕、公訴、審判、定罪都由本系統人員完成，它自己做自己的法官！完全有違司法公平。當時我根本找不到任何法律救濟的途徑，這讓我深刻認識了司法的黑暗以及權力的傲慢，也讓我逐步地走上維權道路。」

二〇一一年六月，王宇出獄後重新執業，開始關注公益案件、人權案件，此後她代理的多數是所謂「敏感案件」（在法治國家，是沒有「敏感案件」的）：劉巍訴北京公交一卡通押金違法案件；海南萬寧幼女性侵案，並推動廢除嫖宿幼女罪；遼寧劉剛「被精神病」案；葉海燕[4]被行政拘留後行政復議、行政訴訟案件；九江猥褻女童案；南京幼童餓死案；北京曹順利[5]「尋釁滋事」案；蘇州范木根[6]「故意傷害」案；伊利哈木分裂國家案（偵查階段、審查起訴階段，並通過抗爭成功會見伊利哈

1 張凱：維權律師，長期代理各類人權案件，特別是基督教家庭教會被迫害案件，被譽「中國十字架的捍衛者」。「七〇九」事件中被抓捕並關押六個月，受酷刑折磨並電視認罪。

2 唐吉田（一九六八—）：維權律師，為土地被非法徵用受害者、愛滋病受害者、法輪功信仰者、捍衛言論自由、捍衛公民政治權利以及其他弱勢群體提供法律幫助。二〇一〇年，被吊銷律師執照。二〇一一年，「茉莉花事件」中，被警方綁架並酷刑折磨。二〇二一年，前往日本探望留學期間患肺結核病重的女兒，被禁止出境，被國保警察長期軟禁在吉林老家。

3 劉巍：維權律師，曾在網路上公開簽名為西藏民眾提供法律服務，為愛滋病患者和法輪功學員辯護。二〇一〇年，被吊銷律師執照。

4 葉海燕（一九七五—）：網名「流氓燕」，長期關注性工作者與愛滋病，曾創辦「中國民間女權工作室」。二〇一三年，海南萬寧校長官員性侵幼女事件曝光，五月二十七日，葉海燕在萬寧第二小學門口舉牌「校長，開房找我，放過小學生」抗議，被警方拘留。

5 曹順利（一九六一—二〇一四）：北京大學法學碩士，因從事維權活動，數次被捕及被勞動教養。在朝陽看守所拘押期間，健康狀況急遽惡化。二〇一四年三月十四日，被折磨致死，屍體去向不明。

6 范木根：蘇州市虎丘區通安鎮嚴山村村民。二〇一三年十二月三日，反抗暴力拆遷，他本人及妻兒被暴徒打傷，他持刀刺死兩名暴徒，被捕並被判刑八年。

木）；張寶成「尋釁滋事」案（後被取消辯護資格）；建三江律師被抓案（建三江黑監獄，即黑龍江省農墾總局建三江管理局青龍山農場「法制教育基地」，大量法輪功學員被祕密關押在此。二〇一四年三月二十一日，江天勇[7]、唐吉田等律師及被關押人員家屬，前往此處要求釋放被關押的公民，被警方抓捕，並處以行政拘留。全國律師及公民前往聲援。四月十八日，此黑監獄悄然關閉）；建三江被抓公民李桂芳[8]「破壞法律實施」案；河南常伯陽[9]「尋釁滋事」案；湖北尹旭安[10]「尋釁滋事」案；北京吳淦[11]「尋釁滋事」案；「女權五姊妹」案中的李麥子[12]案。期間還代理大量法輪功、基督徒信仰案件（如曹縣教案、平陽教案等）。上述案件無一不被公權力嚴密監控，辯護律師都成了公權力忌恨、打壓、迫害的對象。在這些案件中，王宇總是和受侮辱、受侵害的人站在一起，總是和追求公平、正義、民主、法治、人權、自由的人們站在一起。

王宇被中共當局視為「死磕律師」代表人物，官方媒體辱罵她是「咆哮法庭」的「潑婦」。實際上，那是二〇一四年，她接替陳健剛律師，與王全璋[13]律師一起到瀋陽，為法輪功信仰案件開庭。剛開庭，當事人陳英華強烈要求說出受酷刑的情況，但法官不讓當事人說話，還指使多名男法警去將其按住。王宇非常氣憤，請求法官制止，但法官置之不理，施暴一直持續。王宇憤而離開辯護席，直接去跟法警交涉。法警不聽，還對其蠻橫回應。王宇回到辯護席，指責法警說：「你們這樣做就是流氓！」後來，這一段錄影被剪輯後，在電視台滾動播出，當局以此抹黑王宇。王宇被法警暴力拖出法庭、像垃圾袋一樣扔到大街上的經過卻不為人所知。王宇對此問心無愧：「我做事情憑我的良心，雖然能力和水平有限，但我是用心做，為當事人著想，我不擔心被抹黑。」

多次與王宇合作辦案的陳建剛律師指出：「中國律師界中鮮有不知道王宇的，想到她總會想到一些詞語，比如勇敢，堅韌，急公好義，不知疲憊，不計名利，富有同情心，同情弱者，富有法治理念，意志堅定，四海奔波……。在中國人權律師中，王宇律師有兩個稱號，一個稱號是『鐵人』，另一個稱號是『戰神』。她同時具備勇敢和堅韌的品質，龍潭虎穴她敢去闖，並且她不灰心、不泄氣，明知不可為而為止，明知無益而為之。……她是一個拿法律『當真』的人，反而公權機構恰恰都不拿法律當真。王

---

7 江天勇（一九七一—）：人權律師，曾參與愛滋病感染者的救助維權、山西黑磚窯案件、北京律師直選、陳光誠案、高智晟案、法輪功個案等多起維權案件。二〇一七年十一月二十一日，被長沙市中級法院以「煽動顛覆國家政權罪」判處有期徒刑二年，剝奪政治權利三年。刑滿釋放後，長期被軟禁在家。

8 李桂芳：法輪功學員，建三江黑監獄受害者之一。被關押兩年後釋放。

9 常伯陽（一九六九—）：前八九學生，基督徒，公益維權律師。曾代理多起涉及信仰自由、組黨、藏人等敏感案件及反歧視、「被精神病」等案件。二〇一四年五月二十八日，接受委託去看守所會見因二〇一四年二月的「六四」公祭而被逮捕的當事人時，被刑事拘留，拘押六個月後獲取保候審。

10 尹旭安（一九七四—）：上訪人士和人權捍衛者，二〇〇七年以來多次被拘押。二〇二一年七月二十一日，被大冶市法院以「尋釁滋事罪」判處有期徒刑四年半，在獄中多次中風病危。

11 吳淦（一九七三—）：網名「超級低俗屠夫」，維權人士，北京鋒銳律師事務所行政助理。參與若干維權案件。二〇一七年十二月二十六日，被控「煽動顛覆國家政權罪」，被判處有期徒刑八年、剝奪政治權利五年。

12 李麥子（一九八九—），真名李婷婷，女權活動人士。曾策劃「受傷的新娘」、「佔領男廁所」等活動。二〇一五年國際婦女節前夕，與其他四名女權活動人士（韋婷婷、武嶸嶸、鄭楚然、王曼，合稱「女權五姊妹」）因組織公交車反性騷擾行動，被警方拘留二十七天。

13 王全璋（一九七六—）：人權律師，大量代理異議人士案、法輪功學員案、農民土地案、基督徒案。「七〇九」大抓捕中被抓，杳無音訊超過一千天，成為「七〇九案最後一人」，曾遭電擊等酷刑。二〇一九年，被以「顛覆國家政權罪」判刑四年六個月，剝奪政治權利五年。刑滿釋放後，常年受到警察監控和騷擾，在北京租屋被房東單方面取消租約、斷水斷電。

宇的勇敢和執著，這都成了她招致忌恨的原因。」引發王宇被捕及「七〇九」律師大抓捕的，是黑龍江慶安案件——訪民徐純合被警察射殺於火車站，當律師介入此案時，卻被當地警方行政拘留。數十名律師赴慶安聲援，並有六百六十多名律師簽署公開信抗議，創造了二十一世紀以來中國律師最大規模的一次集體行動。

二〇一五年七月八日深夜，王宇送走赴澳大利亞留學的兒子和陪送孩子的丈夫、同為人權律師的包龍軍。隨後，她再也打不通丈夫與兒子的電話——若干天後，她才知道他們在機場被抓捕（隨後，兒子在天津一個連鎖酒店被單獨關押三天，再送到其奶奶家）。次日凌晨四點，她家的燈突然滅了，網路也被切斷，她聽到門口有電鑽在鑽門。她正要打電話求救，有人已闖入，厲聲說：「不許動，我們是北京公安局的。」隨後，幾十個人魚貫而入，宛如影視劇中特警抓捕恐怖分子的場景，而王宇只不過是一個身體瘦弱的女性。幾個人將她按倒在床上，上了背拷，套上黑頭套。這期間，似乎有一個天津口音的人說：「我們是天津市公安局的。」這些比匪徒更可怕的警察，將她拖到樓下，塞進一輛車中。

王宇被帶到一處祕密地點拘押和審訊。便衣女警告訴她，只能待在房間中紅色油漆劃好的小方框裡，不能出方框，否則就會構成危險，武警戰士有權力對其採取行動，而且她做任何事情都必須打報告。她們還命令她「脫光衣服轉三圈」，她拒絕之後，幾名年輕女警不由分說，一擁而上把她按在地上，扒光全身衣服，她赤裸地暴露在一群女警和數個監視器之下，感到有無數眼睛盯著她。她心中充滿屈辱和憤怒，卻無力反抗。後來她回憶說：「也許因為我是一個特別保守的傳統女性，我一直對這次暴力扒光我全身衣服的行為視為最大的侮辱和酷刑。這也是我心靈上受到傷害最為嚴重的一次。」

王宇向一名自稱「隊長」的人控訴說：「你們這樣做，完全是違法的，《看守所條例》和《憲法》都有規定，這是侵權行為，我要向你們的駐檢控告。」這位「隊長」沒等她說完，就轉身離開，然後帶著一名打手模樣的男子回來。打手目露兇光，手中拿著一堆鐵鏈。「隊長」喝道：「給她戴上！」打手惡狠狠地拽過王宇的手和腳，給她戴上手銬腳鐐，都是特製的大號生鐵鐐銬。剛戴上時，她幾乎無法行動。

王宇被祕密抓捕關押期間，她事先委託的律師李昱函[14]、文東海[15]多次與當局交涉，卻始終無法會面當事人。後來，這兩位律師都遭受嚴重的打擊報復。這是中共當局連環迫害的典型案例：人權律師被抓捕後，代理其案件的人權律師緊接著被抓捕或取消律師資格。

當局向王宇施壓，讓她上電視認罪，但她一直扛著不肯。七月三十一日，警察將王宇送到央視，王宇仍拒絕錄影。有一個花枝招展的、女主播模樣的女士對她說：「王律師，你要是不想錄影，我們也不強迫你，你就先回去吧，以後要是想錄影的話，我們一直等著你。」王宇說：「你不用等我。我肯定不想錄。你們等的話，也會白等。」警察就把她送回去了。之後，聽預審說，這個女主持是央視著名主持人張泉靈。

到了十月的一天，半夜時分，警察將王宇喊醒，給她看兩張紙。一張是雲南省公安廳給內蒙古公安

14 李昱函（一九四九—）：人權律師，代理多起法輪功學員、基督教徒的案件，並代理王宇案。二〇一七年，被捕並非法羈押多年，在看守所受虐待，身患多種嚴重疾病，得不到醫治。
15 文東海（一九七四—）：人權律師，代理法輪功學員案及王宇案。二〇一八年，被吊銷律師執照。

廳的傳真，說雲南公安機關在邊境抓到幾個偷越邊境的人，其中一個是原籍內蒙的包卓軒。第二張紙是包卓軒的一張照片，照片是孩子靠著牆，牆後邊有刻度，就是犯罪嫌疑人在拘留所的那種照片，上邊寫著：犯罪嫌疑人包卓軒（當時年僅十六歲）。

一看這些資料，王宇就昏過去了。他們找人搶救，她醒了後，預審人員說：「妳兒子被人拐走了，現在救回來了，但還是屬於偷越國境，抓起來了。」並說：「妳想不想救兒子？妳要是想救兒子，就要表個態，譴責『反華勢力』將孩子帶走，然後給公安部領導看一下，公安部領導如果覺得妳還挺有立場的，就會把孩子給放了。」王宇問：「你不是給我放在電視上吧？」對方說：「肯定不是放電視。」王宇就答應拍了一個影片，預審人員當時還加了一句：「妳看，用的是審訊的監視器，沒用正規的攝像機。」

之後，警察不斷給王宇做工作：「妳想讓你兒子出國，就要先出去，妳要是不上電視，就不可能出去。」王宇思考了很長時間——自己判幾年無所謂，但要想辦法讓孩子出國。為了孩子、為了老公，最後她同意了上電視認罪的要求，按照當局的安排，背誦寫好的稿子。

王宇獲釋後才知道，因為她和丈夫都被捕，兒子被送回內蒙姥姥家，但警察日夜監控的環境非常不利於孩子的成長。海外人權組織「人道中國」、「對華援助協會」等知道了這個情況，安排維權人士唐志順[16]、幸清賢[17]帶孩子逃離中國，卻在緬甸邊境被中國公安跨境綁架。之後，孩子在雲南和烏蘭浩特一共被關了十多天，且備受折磨。王宇後來寫道：「一個十五六歲的小孩，又那麼瘦小，怎麼會跑哪？那麼多警察看押。他們怎麼就忍心給孩子戴上手銬腳鐐？我心中一直有特別的陰影。」孩子後來告訴姥姥說，在雲南公安局，他們讓孩子誣陷帶他逃亡的維權人士，孩子不同意，警察就搧孩子耳光，還拿一根很粗、很長的棒子打孩子，從後腰開始打，一直往上打，一直打到後背，說：「你不按照我們說的寫，我們就一直打你的腦袋，把你腦袋砸碎了。」打得孩子求饒了，說：「你別打我了，太疼了，我受不了了，你說什麼，我給你簽字不就行了嗎？你隨便寫。」

王宇取保後，全家被送回烏蘭浩特，國保給他們一家三口租了一間房子，對面是他們的辦公室，二十四個小時看守。王宇一家在三樓，樓道裡有三個監視器、三個人臉識別，樓下樓門裡邊一個監視器、樓門外邊一個監視器，圍著她們一家住的那棟樓，前後左右有幾十個監視器。王宇和包龍軍不管幹什麼，就連扔垃圾，警察都跟著下樓。每天，早上兩三個警察接兒子上學，晚上再送他回家。教室裡對著孩子安了三個監視器，班級走廊裡也有攝像頭，學校裡還有一個專門監視孩子的監控室。還有幾個國保，在學校院裡來回巡視。孩子在這種環境下生活了兩年，心態非常不好。王宇帶兒子看醫生，醫生說孩子有一些抑鬱。王宇就想，不能再讓兒子在這種環境下生活下去了，否則孩子就徹底給毀了。她再三與當局交涉，被要求公開拒絕西方頒發給的人權獎項，當局這才同意放她兒子出國留學。兒子離開中國後，她才真正睡了一個安穩覺。此後，王宇夫婦長期處在當局嚴密監控之下，她和丈夫無法重新做律

---

16 唐志順（一九七五—）：北京維權人士。因幫助包卓軒逃離中國，遭中國公安跨境綁架。二〇一六年五月四日，被天津市公安局以「組織他人非法偷越國境罪」正式逮捕，後取保候審，流亡美國。

17 幸清賢（一九六六—）：維權人士，公民記者。二〇〇九年二月二十三日，組織成都冤民以鐵鏈鎖手在成都中院抗議，被捕並被判刑兩年。因幫助包卓軒逃離中國，被捕並被控「組織他人非法偷越國境罪」，後取保候審。

師，即便以公民身份向他人提供法律咨詢，也遭到重重攔阻，當局甚至通過將其「健康碼」改變顏色來限制她出行。

二〇一六年，王宇獲得歐洲司法界頒發的路德維希—特拉里奧（Ludovic Trarieux）國際人權獎，該獎評委會讚賞她「身為女性不畏危險、敢於發聲的精神，寧願讓自己陷入險境，也要勇敢捍衛女性、兒童和受迫害的少數民族權益」。同年，美國律師協會將首屆國際人權獎授予王宇，「以表彰她對中國人權、正義和法治的奉獻精神，以及她對中國民權和公民自由的貢獻」，在頒獎典禮上，美國律協主席波萊特·布朗讚揚王宇為中國許多「受邊沿化且脆弱的群體」擔任辯護律師，「是中國人權活動社群的象徵性人物」。二〇二一年三月八日，王宇獲美國國務院頒發的國際婦女勇氣獎。

王宇推特：
https://twitter.com/wangyulawyer?s=21&t=QCykb3H0w2eKNeXAZEEeVg&fbclid=IwAR1LITPabqZ2xb0HjZQm79QojKQzQofgaugwBvlHbpQ-FsFoZ3GQ8YV1CPc

32

陳光誠：維權和求生一樣，應該是人的一種本能

陳光誠，盲人維權人士，自學法律知識，幫助村民與殘疾人士維權。因揭露計劃生育、強制墮胎的暴政，受中共當局殘酷迫害，入獄四年零三個月、關押黑監獄三個月，之後被軟禁在家。二〇一二年春，在友人幫助下，逃入美國駐華大使館，之後與家人一起赴美，在美國繼續揭露中共暴政、捍衛人權。

陳光誠，一九七一年十一月十二日生於山東省沂南縣東師古村一個貧苦農民家庭，五、六個月時生病高燒，在農村得不到基本醫療，導致雙眼失明。他後來回憶說：「是共產主義造成了我的失明——或是更具體地說，是那持續橫掃這個國家數十年虛假而空洞的宣傳浪潮使然。……我們缺乏最基本的醫療照料，任由病痛宰割，死神經常找上門。」

陳光誠十八歲才上小學，但他聰明且刻苦，一九九四年，考上青島市盲校。一九九六年寒假，因臨沂當地政府違反《中華人民共和國殘疾人保障法》中殘疾人士可減免稅收的規定，他與當地政府多次交涉未果，到北京上訪。隨後，臨沂地方政府接到上級批示，停止向殘疾人士徵稅。一九九七年，東師古村村委會實行「兩田制」加重村民的負擔，陳光誠通過官方的《半月談》雜誌了解到中央政府不允許搞

「兩田制」，於一九九八年夏到北京上訪，終於制止了村裡違法的「兩田制」。

一九九八年，陳光誠從青島市盲校畢業，考入南京中醫藥大學。一九九九年，他在收音機中收聽美國自由亞洲電台由韓東方[18]主持的節目，與之取得聯繫並得到第一筆資助，因此受到國安部門的調查和威脅。二〇〇〇年，他在中國法學會發起並負責「殘疾人維權項目」。在此期間，他了解到家鄉東師古村的河水嚴重污染，當地官員無所作為，遂聯繫英國使館的扶助項目，為村裡打深水井，解決村民日常用水問題。二〇〇三年，陳光誠與外語教師袁偉靜結婚，袁偉靜成為丈夫最堅定的支持者。

陳光誠在大學期間自學法律。二〇〇一年，大學畢業，受「上醫醫國，中醫醫人，下醫醫病」這句話影響，決心自學法律，以法律知識幫助更多人。於是，他放棄成為一名中醫執業醫生，選擇走向維權事業。

陳光誠發現，計劃生育政策對農民傷害巨大，就開始研究這個問題。聽說東師古村出了一個「盲眼律師」，許多深受計劃生育暴政傷害的農民紛紛前來尋求幫助。通過一個接一個的案例，陳光誠了解到，臨沂市地方政府在時任市委書記李群主導下，野蠻執行計劃生育工作，比如強行對育齡婦女進行絕育手術、對生二胎的孕婦強行墮胎和引產、隨意抓捕親屬並逼迫家人交納鉅額罰金等。計劃生育人員和醫生甚至直接扭斷嬰兒的脖子，或是丟到水中淹死。陳光誠一接到求助電話，即便深夜也立即出門前往調查。有一次，袁偉靜還在懷孕中，攙扶著丈夫步行數公里，還涉水穿越一條漲水的小溪。隨後，在郭玉閃[19]、李和平[20]、江天勇等學者和律師幫助下，經過廣泛調查，陳光誠發現，臨沂市下轄九個縣和三個市轄區，都普遍實行集中非法強制墮胎行動，在一年多時間內，有多達五十二萬人遭受騷擾、罰款、拘留或虐待；多達十三萬人被迫墮胎或做絕育手術。他聯繫受害者並發起訴訟，還向媒體和有關部門揭露真相。

當地政府官員震怒，將陳光誠軟禁在家，切斷與外界的通訊。陳光誠逃到北京，向《華盛頓郵報》記者講述其遭遇。當地政府派出兩百多人到北京，將陳光誠暴力綁架、帶回東師古村。當局軟硬兼施，軟的一手，承諾他只要閉嘴，就可得到上百萬元補助；硬的一手，設置「親情組」、「統戰組」和「堵截組」，佈置天羅地網，將其困在家中。

二〇〇六年三月十一日，陳光誠被臨沂警方從家中帶走。六月十一日，陳光誠家人收到其被刑事拘留的通知書，指控其擾亂交通秩序、破壞公共財物。八月十八日，沂南縣法院開庭審理陳光誠案。這次庭審引發極大爭議：辯護律師張立輝[21]及袁偉靜不被允許進入法庭；另一名辯護律師許志永前一天晚上

18 韓東方（一九六三年—）：原為北京鐵路局工人，一九八九年組織北京工人自治聯合會，「六四」後被捕，關押二十二個月。一九九四年，在香港創辦《中國勞工通訊》，推動中國工運，並在自由亞洲電台主持節目。

19 郭玉閃（一九七七—）：北京大學政治經濟學碩士，傳知行研究所創始人、所長，《第一財經》特約評論員，《新青年・權衡》雜誌執行主編。二〇一四年十月九日，公開支持香港「佔領中環」行動，被北京警方以「涉嫌尋釁滋事罪」傳喚和刑拘。二〇一五年一月三日，轉以「非法經營罪」正式逮捕。同年九月，獲取保候審。

20 李和平（一九七〇—）：人權律師，代理多宗異見人士、基督教家庭教會、法輪功學員案。「七〇九」大抓捕中被捕，祕密監禁期間遭受酷刑折磨。二〇一七年四月二十八日，天津市第二中級法院以「顛覆國家政權罪」，判處有期徒刑三年、緩刑四年，剝奪政治權利四年。

21 張立輝：長期從事農民法律援助工作，承辦過兩百多起類似案件。因擔任陳光誠的律師，多次受到臨沂當地政府威脅、騷擾。二〇〇九年，北京市司法局不予通過其律師證審核。

被沂南公安以偷竊為藉口羈押，在庭審結束後才獲釋；法庭臨時指派兩名辯護律師，沒有為陳光誠做任何辯護；陳光誠明確拒絕法庭指派律師，法庭並不依照法律規定進行休庭。

八月二十四日，沂南縣法院以「故意破壞財產罪」和「聚眾擾亂交通罪」，判處陳光誠有期徒刑四年三個月。二〇〇七年一月十二日，臨沂市中級人民法院維持一審判決。在獄中，陳光誠屢屢受到獄卒和牢頭獄霸虐待。他出獄後，有一名上門騷擾他的司法所官員叫囂說：「看你幹的好事！這幾年地方上多出生了九萬人！」他將這句話當做榮耀的冠冕——四年三個月的刑期換來九萬條生命，是值得的。

二〇一〇年九月九日，陳光誠出獄，被警車接送回家，此後一直被軟禁在家。當地政府稱陳光誠的問題屬於「敵我矛盾」，每年投入數千萬維穩費用。陳光誠家被安裝了監控攝影機、手機屏蔽器、強光燈，他和妻子被禁止外出，他家周圍由數十人輪流把守，禁止外人來往，其生活用品只能由陳光誠的母親帶入，鄰居若提供幫助即被威脅警告。在此期間，從全國及世界各地前去看望陳光誠的中外人士包括志願者、NGO工作者、記者、律師、學者等，無一例外受到攔截、毆打、凌辱、搶劫和強制遣返——好萊塢著名演員、「蝙蝠俠」扮演者克里斯汀．貝爾乘車八小時來到東師古村試圖探望陳光誠，亦在村口遭到不明身份者阻攔。國際媒體形容說，「蝙蝠俠在極權中國無用武之地」。在網上，東師古村被形容為「黑暗之心」。實際上，東師古村並非中國唯一的「法外之地」，它與中南海互為表裡，極權中國沒有一方淨土。

為避免被軟禁至死的厄運，二〇一二年四月二十日，陳光誠實施逃亡計畫，趁監視者換班之際，爬過院牆，途中扭傷了腿，此後只能爬行。他爬過小巷、田地、防洪堤壩、陰溝，逃到鄰村，得到村民幫助，打電話聯繫上外地朋友。這段逃出生天的路，比電影《刺激1995》（*the Shawshank Redemption*）中的情節還要驚心動魄。在郭玉閃、何培蓉[22]等四位朋友協助下，陳光誠進入北京美國駐華大使館。經中美兩國政府的艱難談判，他與家人於五月十九日離開中國，抵達美國紐約，被紐約大學接納為訪問學者。

二〇一二年六月，陳光誠發表聲明稱，紐約大學因設置上海分校、接受來自中國商人的鉅額捐助而受到中共當局的壓力，對其言行設置種種障礙。歐巴馬政府祕密指令，部長級官員不得與之會面。他應邀訪問國會，紐約大學負責接待他的孔傑榮教授打電話直率地表示：「我不高興。」他在華盛頓演講時，翻譯故意略去他提及的「上帝」以及反對墮胎的觀點。他的朋友、一名民主黨重要捐款人幫助聯繫與時任副總統的拜登見面，拜登回話說，不能見陳，否則「中共會瘋掉」。後來，拜登在領取蘭托斯人權與正義基金會的人權獎時聲稱：「我從來不會放過任何一次與人權捍衛者交流的機會。」陳光誠是前一年的獲獎者，就坐在台下，很想站起來反駁：「拜登先生，我們此前沒見過面吧？」這些遭遇讓陳光誠認識到，中國對美國政界、大學和媒體的滲透到了何等可怕的程度。他抓住一切機會大聲疾呼，努力喚醒美國社會，警惕中國水銀瀉地般的紅色滲透。

22 何培蓉（一九七二—）：網名「珍珠」，英語教師，曾六度前往東師古村探望陳光誠，多次遭毆打、拘押。因幫助陳光誠出逃而被公安拘留六天，始終拒絕透露任何救援細節。二〇一二年，獲頒中國青年人權獎，主辦方稱，「儘管何培蓉過去一年承受巨大壓力，以至不得不辭去教職，健康也每況愈下，但她對自己的行為表現出令人尊敬的淡然和謙卑，並自認只是個普通人」。二〇一三年，成立非政府組織「新葉公益服務中心」。

二〇一三年，陳光誠移居華盛頓郊區，成為威瑟斯龐研究所（Witherspoon Institute）、美國天主教大學訪問學者、蘭托斯基金會高級顧問。他致力於推動美國國會通過一個懲治專制國家迫害人權的兇手的法案，禁止這些人權惡棍及其直系親屬入境美國，凍結他們本人及直係親屬在美國的財產。這項法案後來被改得面目全非，與已有的《馬格尼茨基全球人權法案》（*Magnitsky Act*）一樣僅具象徵意義，但他仍不氣餒，與數十個人權組織和團體密切合作，繼續此種努力。

多年來，在風雨兼程的人權之路上，陳光誠獲得的榮譽和獎項包括：二〇〇六年，入選美國《時代》雜誌年度百大人物；二〇〇七年，獲英國人權組織「查禁目錄」言論自由獎，及麥格塞塞獎「突出表現領袖」；二〇一二年，獲美國「人權至上」組織年度人權獎，及美國國會蘭托斯人權獎；二〇一三年，獲英國議會威斯敏斯特人權獎，及美國「對華援助協會」捍衛自由勇氣獎；二〇一五年，獲杜魯門—雷根自由獎章。

二〇二〇年八月二十六日，在安德魯．梅隆禮堂，陳光誠應美國共和黨全國黨代表大會之邀，戴著墨鏡、手摸盲文，以英語發表一篇簡短講話。中國異議人士在美國主要政黨的全國代表大會發表致詞的情況非常罕見。陳光誠的講稿是他親自撰寫的。他指出，中共是人類公敵，不僅恐嚇自己的人民，也在威脅世界的福祉。美國必須用其自由、民主和法治的價值觀，集合其它民主國家來共同阻止中共的侵略，「站出來對抗不公平的現象並不容易，我深知這一點，川普總統也知道，但他已經表現出領導這場鬥爭的勇氣，投票給他，為他而戰，為了拯救這個世界而戰」。

這番講話在美國主流社會及中國流亡者社群中引發頗大爭議，一些左派人士因陳光誠支持川普而對其發出惡毒攻擊。陳光誠表示，他看重的是發聲的平台，若民主黨全國代表大會邀請他去發言，並且像共和黨一樣不會審查他講什麼、不講什麼，他非常樂意去，但民主黨從未發出此類邀請。他直言不諱地指出，跟川普勇敢地扭轉美國長期對華綏靖主義外交政策相比，歐巴馬和拜登是說一套做一套的虛偽政客。他的一些左派朋友，表面上說尊重言論自由，但當他說出一些跟他們的立場不同的話時，卻打電話給他向他施壓，讓他刪去推特上的言論。他斷然拒絕，並對此深表遺憾——這種做法，跟共產黨有什麼差別呢？

二〇二一年，陳光誠入籍成為美國公民。二〇二二年五月十八日，美國天主教大學為陳光誠舉辦了一場來美十年紀念活動。當年營救陳光誠的關鍵人物、美國國會及行政當局中國委員會主席克里斯・史密斯（Chris Smith）議員說：「十年後回顧陳光誠逃出中國的經過，仍然讓人難以置信。毫無疑問，這是團隊的努力。但我確實相信這是祈禱的力量、正確的策略還有實施的勇氣。陳光誠和他的愛妻從未放棄，繼續見證中共暴行的真相。」史密斯議員指出：「習近平等施暴者和中國共產黨的暴行總有一天會結束的。我們不知道什麼時候，希望盡快實現。但正是因為一些英雄，中國人民值得擁有比中國共產黨所給的更好的待遇。當中國人民自由了，可以充分發揮他們的人權和自由時，他們會找到像我身邊的這個人，陳光誠，這樣的領導者。陳光誠的妻子和其他人。正是這些人讓這樣的轉變發生。」

陳光誠表示：「我們一家獲得的自由並不僅僅是我們一家的自由。這個案例本身就說明，我們自由世界，我們有正義和良知的人只要攜起手來一起去努力，就能夠戰勝邪惡，就能夠取得我們想要的勝利，得到我們想要的自由。」在美國安家的陳光誠，沒有忘記其初衷，仍繼續推動中國人權和宗教信仰自由。他在公開場合表示，希望美國運用科技推倒中國的網路防火牆，幫助中國人隱藏ＩＰ地址並從海外獲得資訊。他呼籲美國政府中斷中國官媒在美國的間諜和宣傳活動，以回應中國政府派流氓騷擾國內報導事實的記者。他還說，美國應當利用《馬格尼茨基全球人權法案》，取消犯下人權罪行的中國官員的美國簽證，讓他們不能來美國。他還呼籲拜登政府調查疫情源頭，徹底拋棄對中共的綏靖政策。

二〇一五年，陳光誠出版了英文版回憶錄《赤腳律師：一個在中國爭取公正和自由的盲人》。（此書之中文版名為《盲眼律師：在黑暗中國尋找光明的維權鬥士》，二〇一五年由台灣八旗文化出版）陳光誠的朋友，眼科醫生桑德拉·羅拉·克雷默斯（Sandra Lora Cremers）說，她給自己的孩子講陳家的故事：「美國和世界各地的所有孩子都需要聽到這個故事。我們無時無刻不將我們的自由視為理所當然。而陳家人為自己和整個世界的自由而戰。自由並非唾手可得。無論在哪裡，我們都必須珍惜和捍衛自由。」

陳光誠近期的一項重要工作，是建立名為「惡人榜」的網站。他在一篇評論文章中指出，在共產黨壟斷一切的社會環境裡，想要獲得利益就要加入中共，要成為中共黨員就要符合它的標準。如此，每個加入中共的黨員都如同上了賊船一樣，只能跟隨中共作惡。所以，他與來自多國的團隊和個人合作，推出名為「惡人榜」的網站，公佈作惡者的罪行，以此提高作惡者作惡的代價，震懾中共及其幫凶。「所有在共產黨系統中參與迫害人權、打擊良善，阻礙推動憲政法治和民主進程的惡棍，他們的個人資訊都將被不斷收錄上榜，無論是決策者還是執行者。除了使得他們的罪行昭告天下外，我們還會定期或不定期的把一些人權惡棍的名單，配上他們的個人資訊，結合犯罪證據送交美國政府，要求他們按照《瑪格尼茨基全球人權法案》進行制裁。人權迫害者一旦被上榜，將永遠被釘在人類的恥辱柱上；一旦被制裁，將無法拿到來美國的簽證；已經轉移到美國的其名下財產，也無法參與商業活動（甚至被凍結），美國的公司企業將不得與他們或者他們的家人或者代理人進行商業往來……」該網站剛剛上線，就讓中共驚懼不已，以舉國之力發動網路攻擊，使網站癱瘓、無法登陸。隨後，網站運作團隊重新設置了具有更高安全保障的網站。

美國好萊塢電影中有各種各樣的英雄——蝙蝠俠、鋼鐵俠、蜘蛛俠、超人、美國隊長……而陳光誠是現實生活中真正的英雄，一位舉世矚目的「盲俠」。

陳光誠臉書：https://www.facebook.com/ChenGuangchengHumanRights
陳光誠推特：https://twitter.com/iguangcheng
「惡人榜」網址：https://www.fiendlist.info/

33 唐荊陵：公民不合作運動是一場自我徵召的永不停歇戰鬥

唐荊陵：維權律師，致力於通過非暴力行動改變中國，中國公民不合作運動的首倡者和主要推動者。多次受到警方及惡勢力毆打、綁架、非法拘押、酷刑折磨，並被以「煽動顛覆國家政權罪」判刑五年。

唐荊陵，一九七一年十二月十五日生於湖北荊州彌市鎮姚家村（原江陵縣），名字取自荊州和江陵。一九八九年，考入上海交通大學應用化學系高分子材料專業。

唐荊陵是「六四」的遲到者，他進入大學時，天安門運動已經被血腥鎮壓，但他深受「六四」的震撼，由此走上追求自由之路。他曾寫道：「『六四』英烈他們先知一般的吶喊穿透了時代的沈寂。他們短暫而光輝的生命如同流星劃破天際的黑暗。他們在這大地上灑下的鮮血是我們民族的良知和勇氣未曾徹底沈淪的證據，並為後代昭示自由的未來。我們正接力探尋、保存和發揚他們所遺留的薪火，要釋放奔突於大地之下的岩漿。我們的存在頑強地打破一小撮專制者的幻夢，讓他們不得不尷尬地面對這一事實：他們的權力既未經人民合法授權，而且行使又遠非正當。」多年後的二〇〇七年四月，他發起

「六四靜思節」行動，倡議中國公民或者支持人士通過自行接受「六四」為個人紀念日，並努力通過各種必要和合宜的方法推廣該行動直到「六四」成為國家的紀念日為止。

大學畢業後，唐荊陵到廣州一家工廠擔任工程師，本可過上中產階級衣食無憂的生活，他卻毅然放棄原有的專業和收入優厚的職業，轉行做律師，希望以法律幫助更多人維權。一九九七年，他參加汕頭大學法學院法律培訓，同年十月通過律師資格考試。一九九九年十一月，取得律師執照，開始獨立執業。二〇〇〇年三月，轉入廣東華之傑律師事務所擔任專職律師。

二〇〇四年七月，唐荊陵介入東莞興昂勞工騷亂案件。在他和高智晟[23]律師的努力下，案件中被羈押超過九個月的十名勞工被告全部被緩刑釋放並取得「人道補助」。之後，他介入更多公民權利案件。工作之餘，他積極推動流動勞工的法律常識普及工作。

二〇〇五年八月，唐荊陵與郭艷[24]律師一起介入太石村罷免事件，擔任因參與罷免而被迫害村民的行政訴訟代理律師和辯護律師。九月二十五日，兩人進入太石村調查取證，唐荊陵如此描述當時的情形：「我們行走在村中，感到到處彌漫著一種壓抑和恐懼的氣氛，村民們不敢和我們說話，連我們的當

---

23 高智晟（一九六四—）：維權律師，中國維權運動先行者。二〇〇六年八月，遭吊銷律師執照、祕密綁架並遭約四個月酷刑。二〇〇六年十二月二十二日，以「煽動顛覆國家政權罪」判刑三年，緩刑五年。二〇一一年，緩刑被撤銷，入獄三年。出獄後，至今一直處於失蹤狀態。

24 郭艷：曾在北京市公安局刑事偵查科工作，其後考取律師專業資格，在廣州執業，代理若干維權案件。太石村事件後，被停止律師牌照，任教於廣東司法警官職業學院。二〇一一年五月四日，在課堂上引用警察以非法方式執法的案例，並接受香港媒體採訪，被校方停職，調到實驗室倉庫做管理員。

事人也避著我們，他們似乎受到了極大的外部壓力。村裡好幾隊身穿迷彩服的青年在巡邏，有的還有輔警的帶領。我們身邊也總是不離他們。到了下午，郭艷律師和我在村裡見到兩位剛被釋放的女村民，她們首次向我們證實了郭飛雄[25]被關押在沙灣看守所，因絕食抗議而生命垂危的消息。我們在向八月十六日被打傷的少年馮錫元取證後準備離開時，受到一個村幹部帶著幾個不明身份人員的惡意辱罵和干擾。」

九月二十六日下午，唐荊陵與郭艷再度去村裡，準備完成前一天尚未完成的工作。「這次剛一進入村裡，昨天帶人來騷擾我們的村幹部又帶著一夥人，更加氣勢洶洶地挑釁起來。我們立即準備離開，但他們咬定了我們，一路追到村部門口向我們潑髒水。郭艷律師乘摩托車出門招出租車時被歹徒打傷。我們乘上郭律師找的出租車離開時，更有一夥歹徒將車截停在離村口不遠的收費站，因破門未遂砸爛了出租車，將郭艷律師打傷。歹徒還一路派車追擊我們直到廣州市公安局門口。」

同年十一月，在政治壓力下，唐荊陵和郭艷所在的律師所提前解除律師聘用合約，他們被迫退出太石村的案件。年底，太石事件中的所有被拘押人員均被釋放。但因介入此案，唐荊陵的律師執照被吊銷，執業證被停用。

此後，唐荊陵堅持以普通公民身份發起和參與若干維權活動，並為弱勢群體提供法律援助。二〇〇六年末，人大換屆選舉之際，他發起「中國公民不合作——贖回選票行動」，又稱「八毛錢活動」（當年通過郵局寄信的普通郵票是八毛錢）。他編寫了詳細的背景材料、聲明格式、問題答疑、參與守則等，還在開篇呼籲：「選票裡面出政權」、「正是你這一票，給予了官員的合法地位，這樣的機會五年才有一次！請你珍惜！公民們，如果你不希望這五年一次的選舉機會成為那些幾乎一勞永逸或強制地代表我們的人們加強其合法性的臨時背書，請立即行動起來！」

二〇〇九年十月一日，唐荊陵發起「五千天告別專制倒計時行動」。二〇一〇年六月，他旅行中國各地，發起「我要直選行動」。同年八月，與一些勞工維權人士和機構發起「我的五八三行動」（五天工作，每天工作時間八小時，月薪三千元），以推動提高勞工待遇和自組織水平。他還幫助新會疫苗受害兒童的家長追究相關生產單位和疫苗分配部門的產品責任，協助家長提出建立疫苗受害家庭的救濟和保障機制的倡議。此後，又發起「廢除戶籍隔離行動」，直指戶籍隔離這一中國獨有的身份歧視制度。

唐荊陵還發起或參與若干公民不合作行動：「四二九」林昭紀念日、藍絲帶勞動者權益行動、給坐牢的良心犯寫明信片（民心片）、自由民主文化衫行動、乙肝患者權益、計程車司機權益、反對公益事業亂收費、勞動者同工同酬、普惠制基本養老金等。

唐荊陵是少數既有理論素養，又有行動能力的人權活動家。他有創意，點子多，且能針對中共政權之軟肋，提出能為民眾接受和認同的口號和行動目標。儘管本身是畢業於名校的菁英知識分子，唐荊陵卻長期從事草根民主運動，跟底層民眾水乳交融。他是基督徒，也是甘地非暴力抗爭思想的推崇者，他生活簡樸，踐行素食，無欲則剛，長期無償為弱勢群體提供法律幫助。異議人士的王德邦[26]在〈負荊

25 郭飛雄（一九六六—）：維權人士、獨立作家、「新公民運動」參與者。二〇〇六年，被判入獄五年。二〇一三年，以涉嫌「聚眾擾亂公共場所秩序罪」刑拘並遭酷刑，於二〇一五年十一月二十七日被判刑六年。出獄後不久，二〇二一年一月，又以涉嫌「煽動顛覆國家政權罪」第三次被捕入獄。

26 王德邦（一九六五—）：一九八九年時為北師大哲學系學生，是劉曉波的學生，也是北師大選出的高校對話代表團成員及學生自治會

前行的人權捍衛者——唐荊陵〉一文中寫到，唐荊陵與村民探討南海三山土地權益問題時，「幾個村民代表熱切圍坐在荊陵身邊，爭先恐後地提出各種問題，而荊陵輕言細語地給他們解說，那種親密無間交談的氛圍讓人觀之動容」。後來，唐荊陵在湖南永州幫村民維護山嶺權益時，剛經歷酷刑折磨後獲釋，「面對村民在依法維權而陷入絕境下所表現出的暴戾情緒，荊陵耐心而細致地跟他們闡述『不合作運動』，列舉中外歷史暴力所帶來的危害，努力消弭村民的暴力傾向，將村民維權規制於法律範圍內。……他那種對自身遭遇不幸的淡然，行出了一個非暴力不合作者的風範」。

二〇一〇年初，有人發起「茉莉花行動」，唐荊陵並未參與，他並不認同這種匿名的、無人承擔責任的發起方式。然而，廣東國保部門擔心他參與此活動，二月二十日將他帶到外地「旅遊」。三月一日，又將他帶到廣州市警察培訓中心實施監視居住。接下來整整五天五夜，國保對他進行車輪戰，持續審訊，強迫他承認犯下「顛覆國家政權罪」。五天後，他的心臟出現放射性疼痛，生命垂危，被迫在筆錄上簽字，才換取到每天睡眠一、兩個小時的基本權利。他在黑監獄被關押半年多，每天二十四小時都有看守目不轉睛地監控。他的妻子汪艷芳也被抓捕，後來被非法軟禁在家。

八月二日，唐荊陵獲釋後被國保強行送回湖北老家。維權人士李金芳[27]在一篇介紹唐荊陵的文章中寫到，在其被廣州警方強制送回湖北老家的途中，她恰好打通其電話。「他在祕密警察貼身監控的狀態下，雖然是身體極度虛弱，但笑聲朗朗，重覆地說道：自由了！」李金芳寫道：「在唐荊陵被祕密羈押期間，他的夫人汪艷芳被警察囚禁在家中，曾一度抑鬱，當時我與她的通話中，恐懼、無助幾乎佔據著她的整個生命，誰料想，經過了『茉莉花革命』的洗禮，如今的艷芳樂觀、堅強，不斷地為唐荊陵和其他的良心犯奔走呼籲，已然成為唐荊陵堅強的後盾，更成長為一名堅定的人權捍衛者和公民不合作運動的踐行者。這，就是民主的種子不管經受怎樣殘酷的迫害，仍能生根、發芽的精神源泉。」

獲釋後，唐荊陵繼續從事公民不合作運動。二〇一四年四月三十日，唐荊陵被警方拘傳。五月十六日，以涉嫌「尋釁滋事罪」被刑事拘留並抄家。同日，在廣東被刑事拘留的還有公民活動家袁新亭[28]與王清營[29]，此案合稱「廣州三君子案」。六月二十日，唐荊陵等被以涉嫌「煽動顛覆國家政權罪」正式拘捕。九月二十三日，唐荊陵母親去世，當局未允許被拘押的唐荊陵回家奔喪。

二〇一五年六月十九日，唐荊陵、王清營和袁新亭三人被控「煽動顛覆國家政權罪」一案在廣州市中級法院開審。七月二十三日和二十四日，案件再次開審。二〇一六年一月二十九日，唐荊陵被以「煽動顛覆國家政權罪」判處有期徒刑五年，剝奪政治權利三年。同年五月三十一日，廣東省高級人民法院維持原判。判決書中羅列的罪證，全都是他多年來從事的公民不合作運動的事實，其言行並未違反中國

理論宣傳部負責人。長期關注中國人權狀況及公民社會建設，多次被警方傳喚、抄家、強迫失蹤、「被旅遊」等。

27 李金芳：維權人士，政治犯秦永敏的夫人，「維權網」義工，撰寫大量底層、無名維權人士報導。二〇一〇年七月一日，被警察抄家並帶走審訊。

28 袁新亭（一九七一—）：川北教育學院畢業，編輯，自由撰稿人，與唐荊陵、王清營等人推動「公民不合作運動」，在網上發佈〈粉碎邪惡軸心〉、〈草根群眾組織〉等文章，印制「公民不合作運動」系列叢書約五百本及宣傳單張、書簽、小旗等。與唐荊陵同案，被判刑三年〇六個月，剝奪政治權利兩年。

29 王清營（一九八二—）維權人士。高中時曾與同學創建名為「中國農民黨」的政治社團。在廣州與唐荊陵等一起從事「公民不合作運動」，同案被判刑兩年〇六個月，剝奪政治權利一年。二〇一八年，流亡美國。

現行憲法。將法律作為政治迫害的工具做出判決的法官包括：審判長丁陽開、代理審判員陳少波和王婧。國際人權組織「人權觀察」對此案發表評論：唐荊陵、袁新亭和王清營三人是因為提倡「非暴力反抗」思想、促進和平轉型到民主政治的集會活動而被判刑，對他們的有罪判決和監禁，反映了中國政府操縱法院以及對和平異議日益增長的敵意。

唐荊陵在〈自我辯護和最後陳述〉中，回顧了自己做為一名自由戰士二十餘年來的心路歷程和抗爭歷程。在第一個十年中，借著互聯網的普及，他在網路上通過BBS、電子郵件、獨立網站、網路社區、乃至微博等平台進行民主啟蒙，是與專制體制的審查與圍剿抗爭的活躍分子之一。在第二個十年中，他通過公民非暴力不合作運動，試圖在獨裁沒有絲毫鬆動跡象甚至是惡化的條件之下，尋找出一條啟動民主轉型、實現憲政民主之路。他從聖經中尋找智慧，他在臉書上的一則留言中指出：「從專制走向民主的過程應該成為民眾從自身中尋找並跟隨自己的政治領導人，從而重建正義與秩序、重組權力與人民關係的過程。摩西帶領以色列人出埃及的歷史事件成為人類追尋和走向自由的標桿，正是在這段歷史中完整展現了這一過程的每一階段和其中的各種挑戰。」他充分借鑒甘地、馬丁．路德．金恩等民主先賢們的經驗和思想，以及吉恩．夏普（Gene Sharp）、馬克．帕瑪（Mark Palmer）、羅伯特．赫爾維（Robert L. Helvey）等民主活動家的著作，奠定了公民不合作運動的理論基礎。他主張，公民不合作運動具有開放性和多樣性以及廣泛的適應領域，「每個接受了公民不合作理念的人，自然成為自由的火種，這樣的人之間即使毫無個人交往，在需要時也能很容易建立緊密無間的合作」。他倡導、推動的公民不合作運動包括：「一是促進自發的公民不合作的增加；二是促進自發的公民不合作的提升；三是推動自覺的公民不合作運動，帶來民主和自由的中國。」他強調：「光明地、自豪地推動公民不合作運動，是我們走向民主、走向自由、走向有尊嚴的生活的捷徑。」

二〇一九年四月二十九日，唐荊陵刑滿出獄。他在獄中飽受折磨，出獄後被趕出生活和工作多年的廣東，被送回湖北老家。雖然中國的政治形勢更加惡化，但他矢志不渝、不改初衷。他認為，「不合作」的原則是愛，「它的方法是從我做起，讓自由成為習慣。它的力量之源是對個人尊嚴的保守和對個人靈魂的喚醒」。他呼籲：「讓自由成為習慣是驅除專制的祕訣！個體是社會的細胞，當個體改變，整個社會也就隨之改變。」

唐荊陵與許志永、丁家喜所從事公民運動亦有交集。「廈門案」發生後，唐荊陵的數十位友人被抓捕，他本人亦危在旦夕。二〇二〇年一月二十二日，他冒著巨大的風險寫了一封〈致廈門案諸位家屬〉的公開信，他在信中寫道：「『我寫信給你們，是希望你們知道，你們並不孤單。這寥寥數語，又怎能安慰你們遭受重創的心？……苦難的鐵鏈捆綁了人，也讓我們這些素昧平生的人得以建立心靈的連接。……而我，雖然在避難之中，也無一兵一卒，幾乎不名一文，仍將與你們一道，為營救你們的親人努力，為扭轉不斷惡化的局勢而努力。」他將心比心地安慰和鼓勵說：「在過去的幾年中，你們想必也看到了很多家屬同樣為他們因正義和良知而身陷囹圄的家人奔走的艱難歷程。我的家人也有這樣的切身經歷。這不是一條輕鬆的道路，許多家庭因為外來的逼迫破碎了。……因為正義的報應遲遲未得彰顯，許多人們紛紛退卻和屈服。但是，在你們身上，我看到了，邪惡力量雖然強大，但沒有勝過你們的愛情，親情，也沒有勝過追求正義之人的友情。在這裡支撐著我們，讓我們無懼專制鐵血的愛情、親情、友情，雖然沒有達到耶穌所示範的基督之愛的程度，但這不妨礙我們從聖經中獲得啟發，堅定我們繼續前行的信心：『愛裡沒有懼怕；愛既完全，就把懼怕除去，因為懼怕裡含著刑罰，懼怕的人在愛裡未得完全。』」他在信的最後，引用美國民權運動代表人物、二〇〇五年去世的羅莎．帕克斯（Rosa Parks）的名言：「我只是厭倦了屈服。做正義之事，永無畏懼。」

當今中國，「思想本身即是犯罪」，任何主張民主、憲政、自由的言行都被當權者視為「犯罪」。唐荊陵說：「我們都已經飽嘗了超乎刑罰的痛苦和屈辱，但這一切正是自由戰士榮耀的冠冕。」他所追尋的「非暴力公民不合作」的終極目標總有一天會實現：唯有「砸碎專制的枷鎖，讓我們的祖國獲得新生」，才能讓「每一個人都能享有做人的尊嚴，每一個人都享有思想和心靈的自由」。

唐荊陵推特：https://twitter.com/ginlian
唐荊陵臉書：https://www.facebook.com/profile.php?id=1000039179355828

34 許志永：為陌生人的自由而失去自由，是我們在這個時代的驕傲

許志永：北京大學法學博士，公益機構「公盟」創始人之一，「新公民運動」主要發起人和標誌性人物。二〇一四年，因推動「教育平權」，被捕並被判刑四年。二〇二一年，發表公開信呼籲習近平下台，再度被捕。二〇二三年四月十日，被以「顛覆國家政權罪」判刑十四年，剝奪政治權利四年。

許志永，一九七三年三月二日生於河南省商丘市民權縣。父親是鄉醫院醫生。一九八九年，「六四」屠殺發生，他由此看透中共政權的屠夫本質，因政治見解不同，與家人發生衝突。中學畢業後，考上蘭州大學，先後在蘭大完成學士和碩士教育。一九九九年，考入北京大學法學院攻讀博士學位。二〇〇二年，博士畢業後，在北京郵電大學文法學院任講師。

二〇〇三年四月，大學畢業生孫志剛因沒有帶身份證出門，被警察帶到廣州收容站並被毆打致死。許志永等三名北大法學博士起草《關於審查〈城市流浪乞討人員收容遣送辦法〉的建議書》：「我們作為中華人民共和國公民，認為國務院一九八二年五月十二日頒佈的，至今仍在適用的《城市流浪乞討人員收容遣送辦法》，與我國憲法和有關法律相抵觸，特向全國人大常委會提出審查該辦法的建議。」這

份《建議書》對國務院廢除收容遣送制度起到了關鍵的推動作用，媒體稱之為「三博士上書事件」。但許志永強調：「作為法律人，我不願意別人說我們的建議是『上書』，因為我們的違憲審查建議不是向某個領導的祈求，而是嚴格依照立法規定的程序提出的法律文書。」他認為，孫志剛之死「不僅僅是一個無辜公民的死難，不僅僅是一部惡法的結束，這是公民權利運動的起點，而且從此這場運動沒有停止過直到建立一個民主法治的現代文明中國，這是一個時代的起點」。

同年秋，北京出現了一九七八年北大競選之後，新一波基層人大代表獨立候選人參選熱潮。許志永宣佈參選北京市海淀區人大代表。他在參選宣言中說：「我是一個理想主義者，我渴望一個公正的社會，一個憲政法治自由幸福的中國。」他以直接參選人大代表的方式推動選舉的規範化和人大制度的完善。在當局重重設限下，他擊敗官方欽定的其他三名候選人（三個學院的院長），在有效的一萬兩千六百零九票中，囊括一萬一百零六票，高票當選，二〇〇六年獲連任。然而，他很快發現，進入人大體系，並不能實現為選民基本權益服務的初衷。這是一場畫餅充饑式的勝利。

二〇〇三年七月，張星水[30]律師約許志永見面，商議成立一個推動公民參與社會改良的組織——這次見面是「公盟」的起點。同年十月，許志永、張星水等以公司形式注冊成立「陽光憲道社會科學研究中心」。二〇〇四年，許志永等代理因言獲罪的《南方都市報》案，並以「陽光憲政」為平台發佈若干律師和法學家意見。隨後，網站被關閉。次年，該機構改名為「北京公盟諮詢有限責任公司」，在工商局注冊，並在內部成立「公盟法律研究中心」。許志永開始調查信訪制度，在北京南站「上訪村」居住兩個月，多次探訪關押上訪民眾的「黑監獄」。之後，他完成二十萬字的報告《中國信訪調查》，卻無法出版問世。

在這一階段，許志永為多個敏感案件提供法律幫助。二〇〇五年，他與多名律師一起營救因代理陝北民營石油案而被以「擾亂公共秩序罪」逮捕的朱久虎[31]律師，也為北京家庭教會牧師蔡卓華辯護。二〇〇六年，他向陳光誠提供法律援助，前往東師古村探訪陳光誠時，遭到暴徒毆打。二〇〇七年，為山西黑磚窯受害者陳小軍和龐飛虎提供法律援助。二〇〇八年，三聚氰胺毒奶粉事件爆出，他與「公盟」為受害者提供法律援助。二〇〇五年底，《亞洲週刊》年度封面人物是中國的維權律師群體，許志永名列其中。正是在這一年，維權律師第一次形成了一個團隊，在一系列重大案件中團結協作。有樂觀者稱這一年為「中國憲政元年」。

二〇〇六年初，許志永主持撰寫二〇〇五年度《中國人權發展報告》。二〇〇七年和二〇〇八年，他與「公盟」大力推動北京律協民主選舉，向一萬六千名律師寄出《順應歷史潮流，實現律協直選——致全體北京律師、市司法局、市律協的呼籲》。二〇〇八年，西藏發生「三一四」事件，「公盟」成立調研小組，完成名為《藏區「三一四」事件的經濟、社會成因》的調查報告並郵寄給有關部門，建議當局「引導藏區經濟結構的合理發展，關注青年藏人的生存狀態，尊重和保護藏人的宗教信仰自由，尋求

30 張星水（一九六七—）：京鼎律師事務所主任，當代中國維權運動的先行者、見證者和推動者之一。十幾年來，辦理過上百件維權案件。

31 朱久虎（一九六六—）：維權律師。二〇〇五年五月，在辦理陝北油田案時和另八位民營油田業主被陝西靖邊縣公安機關刑事拘留及逮捕，後被取保候審。他還與許志永、張星水一起為民營企業家孫大午辯護，以及為太原教案中被捕的基督徒辯護。

尊重藏人社會特點和意志的現代化之路」。這份報告卻成為引發「公盟」稅案的導火線之一。

二〇〇九年七月，北京市稅務部門下達通知，向從不盈利的「公盟」做出最高上限五倍的「偷稅」罰款，高達一百四十二萬元。七月二十九日，許志永和「公盟」員工莊璐以「偷稅罪」被捕。在社會各界呼籲下，兩人被取保候審。隨後，「公盟」被迫繳納罰款，「公盟」稅案撤銷。

二〇〇九年底，企業家王功權[32]提議關注教育平等，許志永訂立了為期三年的工作計畫，幫助那些父母在北京工作、生活、納稅卻沒有北京戶口的孩子在北京正常讀書和參加高考。他們徵集了十五萬人簽名的聯合呼籲書，向北京市人大、北京市教委、全國人大和教育部先後二十八次陳情。二〇一二年八月，教育部迫於壓力出台了隨遷子女就地高考政策，但北京和上海仍不開放隨遷子女就地高考。

二〇一〇年三月，因「公盟」處於半取締狀態，許志永、王功權、黎雄兵[33]等成立名為「公民」的公益組織。六月，許志永、王功權、徐友漁和張世和[34]等人發起《公民承諾》倡議書，此事件被認為是「新公民運動」的發端。許志永指出，「這是一場社會革新運動，更是一場民主憲政政治運動，我們不迴避政治，在一個強權橫行貪腐遍地的叢林社會，良心就是政治。我們努力為這個民族走出一條新的道路——自由、公義、愛。」他如此回顧十年來的維權生涯：「十年了，我們一直是反對者，反對專制制度，也反對專制文化……也一直是虔誠的建設者，理性推動社會進步，建設民主法治，建設公民社會。……我們一直在為自由而戰，為陌生人的自由而失去自由成為生活常態，這是我們在這個時代的驕傲。」

二〇一二年十一月十五日，習近平在中共十八大當選總書記後，許志永發出〈致習近平先生的公開信：一個公民對國家命運的思考〉。他寫道：「十年間，我漸漸成了這個國家的異議人士。不是我做錯了什麼，我從不背棄良心，不是我更激進了，我比以前更懂得愛，是這個體制距離社會越來越遠了。」他呼籲習近平「展現勇氣和智慧帶領中國走向民主憲政的人間正道」。但此種呼籲無異於與虎謀皮。十一月二十四日，許志永被北京國保帶走，短暫拘押。

二〇一三年二月二十六日，許志永在北京地鐵站口發放傳單，呼籲無北京戶口的市民二月二十八日到北京市教委大樓前聚集，表達要求教育平權的呼聲。二十七日，他遭到北京國保傳喚。次日仍有數百名學生家長前往抗議，卻遭警察包圍及毆打。四月十二日，許志永應香港中文大學邀請，前往香港參加「孫志剛案十週年研討會」，在機場被國保帶走，從此被軟禁在家。七月十六日，當局以涉嫌「聚眾擾亂公共場所秩序罪」將其刑事拘留。八月二十二日，被正式批捕。

二〇一四年一月二十六日，許志永被以「妨害公共安全罪」判刑四年，由北京市第三看守所轉移到天津柳林監獄服刑。他的女兒在他被捕之後出生。其辯護律師張慶方指出：「許志永案件本身將成為中國法治發展史上標誌性的一次案件，當局對許志永的判決所產生的後果將與當局的願望背道而馳。它將喚醒越來越多中國公民的權利意識和法治意識。」

---

32 王功權（一九六一—）：金融家，多家創投基金高級合夥人，「萬通六君子」之一。熱心參與公益事業，與許志永同為「新公民運動」主要發起人。二〇一三年九月十三日，被警方抓捕並刑拘。二〇一四年一月二十二日，在其認罪之後，獲保釋出獄。

33 黎雄兵：維權律師，代理過法輪功修學員等多宗人權案件，也是丁家喜案的辯護律師。

34 張世和（一九五三—）：網名「老虎廟」，公民記者，紀錄片編導，「公盟」與「新公民運動」的參與者與見證人，被稱為「公民記者的第一實踐者」。

二〇一七年，許志永出獄後，繼續從事公民運動。二〇一九年十二月，許志永、丁家喜等二十一名異見人士在廈門一處會所聚會，隨即警方展開「十二・二六」大抓捕。這一事件被視為是「七〇九」之後對公民運動最大規模的群體性迫害。第一波抓捕即有六人被羈押：丁家喜、戴振亞[35]、李英俊[36]、張忠順[37]、黃志強[38]及常瑋平[39]。

許志永在逃亡路上發表一封名為〈勸退書〉的給習近平的公開信，尖銳指出習近平不是政治家、無能處理重大危機、逆歷史潮流、讓維穩耗竭中國，最後正告說：「大道之行，天下為公，何來江山一色？世界潮流，浩浩蕩蕩，何苦逆流而動？兩屆期滿，歸家休息吧。經言亢龍有悔，莫到尷尬悲劇時，悔之晚矣。」二〇二〇年二月十五日，許志永在廣州律師楊斌[40]家中被警方帶走。隨後，其女友李翹楚[41]亦被抓捕。

二〇二一年六月二十日，許志永被山東警方正式逮捕。二〇二二年八月五日，許志永和丁家喜被起訴到臨沂市中級法院。二〇二三年四月十日，臨沂市中級法院以「顛覆國家政權罪」判處許志永有期徒刑十四年，剝奪政治權利四年。

早在二〇〇八年的一次採訪中，許志永就稱自己有英雄主義情結，所做的事情具有甘地的色彩：「我覺得中國面臨的改革不僅僅是政治制度的改革，也是政治文化的改革。現代文明政治不僅要有一套憲政制度，還要有一批人作為憲政的第一推動者，讓憲政制度良好的運轉，我覺得我們這代人要扮演這個角色。過去很多從事政治的，就是靠我有多少人馬有多少槍，但是我認為那是一種暴力的力量，我們要走到另一個極端去，走到極致，用自己的承擔、自己的受苦喚醒人性中善良的一面，直到這種善良成為整個社會的主流，讓那些暴虐的氣息蕩然無存，讓那些野蠻暴力的傳統徹底被壓制，它們將成為末流，只有在這個基礎上，這個社會才能真正建立一個現代文明的國家。」

二〇一八年十二月十二日，許志永為被捕的王怡牧師寫了一篇題為〈我的基督徒兄弟〉的文章，談及對基督教信仰的看法：「我崇敬耶穌基督的道路，願在世間活出祂的樣子。相信中華民族亟需救贖，我們這一代中國人懷有上天恩典的使命。上帝為中華民族安排了漫長的專制和二十世紀的極權，留下這片世界最大的無神論精神荒野，不是為我們順服，不是為我們一跪千年，而是為文明重生，為我們榮耀的使命。……上帝讓我們來到這世間，有祂的用意。面對邪惡，面對苦難，我們不能視而不見，不能袖

35 戴振亞：在廈門私企從事財務管理工作，是一個「對別人的不幸，我不能無動於衷」的公民。廈門聚會之後，被監視居住。二〇二一年九月二十日，發表聲明表示，在廈門的聚會上並未成立任何組織。

36 李英俊（一九八五—）：漳州工人，公民運動人士。廈門聚會後被抓捕。

37 張忠順：人權捍衛者，前煙台大學教授，因在課堂上講授「六四」真相，被校方開除，被捕並判刑三年。廈門聚會後被抓捕。

38 黃志強（一九七二—）：維權律師，代理過若干人權案件。廈門聚會後被抓捕。

39 常瑋平（一九八四—）：維權律師，代理很多人權案件，包括法輪功、家庭教會、愛滋病歧視等。廈門聚會後被抓捕。二〇二〇年十月，被控「煽動顛覆國家政權罪」，指定居所監視居住，期間遭酷刑折磨。二〇二一年四月七日，以「涉嫌顛覆國家政權罪」逮捕。

40 楊斌：曾擔任檢察官二十三年，之後辭職做維權律師，直言心路歷程是「從『改革派』到『絕望派』」。她因接待許志永，被以「窩藏通緝犯」罪名帶走審訊二十四小時。她告訴警察：「許博士是個自由的人，我接待他是正常的，我尊敬他。」她接受海外媒體採訪時表示：「在許博士逃亡的過程中，可能很多人害怕因為幫他而惹上麻煩，但我就不怕接待他。」此前，她因發表支持香港「佔中」運動的言論，被注銷律師證。

41 李翹楚（一九九一—），女權活動人士、勞工問題研究者，英國約克大學公共政策碩士。二〇二〇年二月十六日凌晨，因許志永案被北京警察帶走，指定住所監視居住至二〇二〇年六月十九日。二〇二一年二月六日，再次被北京國保約談，隨後被山東臨沂警方刑事拘留，同年三月十五日，被批准逮捕。

手旁觀。信奉上帝的公義與愛，就不能不關心政治。救贖的道路，不是我們放棄塵世，順服撒旦肆虐，而是要改造地上的國，行公義在此世。」

許志永是劉曉波之後最具政治家潛質的抗爭者。國保警察曾說，許志永在十幾歲的日記中就寫道，共產黨是他從政的最大障礙。許志永的好友丁家喜也說，許志永是有政治抱負的，沒準以後會去選總統。詩人、紀錄片導演陳家坪[42]為許志永拍攝了一部紀錄片，片名就叫《政治家》。中共漫長的極權統治，將「政治」作為一黨之禁臠，普通人一聽到「政治」就談虎色變，更是對「政治家」這個稱謂望而生畏。中國自古多暴君和獨裁者，而極少政治家。中國的民主轉型，既需要知識分子和理論家，也需要有實際操作能力的政治家，後者更為缺乏——未來中國需要有一大批政治家，如同美國建國時群星璀璨的「國父群」，許志永或許就是其中之一。

在法庭上，許志永被禁止發表自我辯護詞。但他的自辯詞早已送到海外廣為發表，他說：「我想有一個夢想，美好中國，美麗且自由，公正、幸福。那是民主中國。天下乃是天下人之天下，非一族一黨之江山，真正人民的國家，政權出自選票，而非槍桿子。……從此，人民不再是獨裁者遮羞的幌子，不再是王朝輪迴中默默無聞的螻蟻，而是國家真正的主人。」他所期望和為之奮鬥的「美好中國」，是民主中國、法治中國和自由中國，是「沒有權力怪獸橫行的中國」。他回顧說，為了這個理想，一生三次入獄：「為自由、公義、愛，我以受苦為榮耀。我不相信謊言的流沙之上能夠築起民族復興的大廈；我不相信強權與奴役是中華民族永恆的宿命；我不相信自由的春風永遠隔離在高牆之外；我不相信漫漫長夜永無明日。三十多年了，從暴風雪中狂奔的少年到黎明之前靜待天明，我的人生走在同一條路上，這曲折坎坷的路延續了先賢的夢想。……一個多世紀了，在通往現代文明的道路上中華民族歷經坎坷磨難。如今神聖使命落在我們這一代人的肩上。」

許志永法庭自辯詞：見中國數字時代網站：https://chinadigitaltimes.net/chinese/694913.html
公民運動（新公民運動）官網：https://cmcn.org/

42 陳家坪（一九七〇—）：詩人、紀錄片導演，曾與廖亦武一起編輯地下刊物《知識分子》，拍攝有紀錄片《外來人口》、《孤兒》等。二〇二〇年三月二日，因拍攝許志永的紀錄片《政治家》，在北京被抓並被抄家，被以「涉嫌煽動顛覆國家政權」為由指定居所監視居住。

35 王怡：去監獄如同去非洲，我還是傳道人

王怡：網路意見領袖、專欄作家、憲政學者、維權律師、公共知識分子、家庭教會牧師。曾被《南方人物周刊》列入「影響中國的五十位公共知識分子」。作為基督徒知識分子和推動中國家庭教會公開化的牧師，被英國《金融時報》列入「二十五位值得關注的中國人」。二〇一八年，因「秋雨教案」被捕入獄，獲刑九年。

王怡，一九七三年六月一日出生於四川省三台縣，父親為中學教師，母親為集體企業管理人員。一九九六年，畢業於四川大學法學院，任教於成都大學。後辭去教職，成為成都秋雨聖約教會長老、牧師。

王怡的微信朋友圈定格在二〇一八年十二月九日十三點五十九分。他發表了一天之前寫的文章〈宗教戰爭沉思錄〉，批評中國執政黨對正在復興的家庭教會的強力打壓，指出宗教局作為「戰鬥的無神論」的工具，旨在把人們的靈魂納入其手掌。他呼籲基督徒持守信仰、剛強壯膽，背起十字架、主動進入苦難，喜樂地不服從，用愛的力量去對抗彌漫在中國社會的仇恨，更用基督徒的良知和勇氣，以更積極的福音行動和更高聲的讚美，來反對「動物莊園裡的胡言亂語」：「基督徒必須站著被政府統治，無

論是多麼邪惡的政府。但基督徒絕不能跪著被政府統治，無論是多麼美善的政府。」

這段話發出約三十分鐘之後，王怡在成都市太升北路租用的房屋被數十名警察包圍，王怡和妻子蔣蓉同時被捕，罪名是「煽動顛覆國家政權」。當晚六點，成都警方對秋雨聖約教會實施大抓捕，教會長老、執事等上百名基督徒被捕，教會創辦的神學院和人文學院的學生宿舍被衝擊，老師和學生全部被帶走。

王怡被拘押一年多之後，二〇一九年十二月三十日，成都市中級法院網站公佈：王怡因「煽動顛覆國家政權罪」和「非法經營罪」獲刑九年，剝奪政治權利三年，沒收財產五萬元。一年多以來，除了二〇一八年十二月十日淩晨，教會一位成員被提審時，遠遠地看見在另一個房間也在被提審的王怡，教會再無人見過他。蔣蓉在半年後取保候審，跟孩子王書亞一起，被二十四小時貼身監視居住，切斷與外界一切聯繫。王怡的父母也被國保警察監視居住。王怡無法會見辯護律師，律師張培鴻[43]多次遭到威脅，檢察院強行取消其辯護資格，另外安排兩位官派律師。張培鴻表示，檢方指控王怡「煽動顛覆國家政權罪」，或許是因為「王怡根據《聖經》在教會講台上說過『任何人不悔改，就必定滅亡，習近平亦如此』之類的話，這個表述會被不熟悉《聖經》的官員視為對領導人不敬」。而所謂「非法經營罪」，

43 張培鴻（一九七二－）：上海翟建律師事務所專職刑事辯護律師，曾以〈辯護何罪〉一文首次明確提出廢除刑法中「律師偽證罪」的建議。他曾感嘆：「在中國做刑事辯護律師，現在是一個非常非常艱難的時期，由於缺乏基本的準則和規律，我們只能在個案當中，一方面爭取維護當事人的權益，另一方面爭取維護法律殘存的顏面。」

是教會出售一些自行印刷和製作的基督教書籍、講道影片等。王怡判決之前一個月，教會長老覃德富[44]已被控「非法經營罪」，獲刑四年。受「秋雨教案」牽連，貴陽仁愛歸正教會長老張春雷[45]等人亦遭逮捕。

多年來，王怡是成都國保監控的重點對象，多次被喝茶、傳喚及非法軟禁。中共當局無所不用其極地騷擾他和家人。特務偽裝成蔣蓉的愛慕者，寫信說要跟王怡決鬥；王怡出境開會時，在機場被攔截，四名警察抓住其四肢，將他扔進汽車。王怡兼具網路意見領袖、專欄作家、憲政學者、維權律師、公共知識分子、家庭教會牧師六重身份，在中國，其中任何一種身份都極端危險。

王怡是第一代成名於網路的意見領袖。他的寫作從網路論壇開始，多年後，他回憶說：「那些聞名不如見面的朋友們啊，讓我不再孤單。」他擔任「關天茶舍」版主期間，推動其成為中國思想論壇的翹楚，並在隨後的網路自由主義和網路維權運動中扮演思想啟蒙、人員聚集和自由派人際網路的角色，「『關天』成為新興的公共政治空間和言論平台的一種嘗試，而不再是一個單純的思想性論壇」。二〇〇一年底，「關天」開始「媒體化」嘗試，王怡與同仁共同創辦《關天》網刊。十月，他推行「版主選舉」，第一期選舉成功舉行，但次年二月第二期選舉進行期間，海南省新聞宣傳部門插手，打電話叫停。王怡公開致信海南省宣傳部門，辭去版主職務，告別受到進一步打壓的「關天」，他指出：「憤怒是一種身在極權主義時代裡的高貴品質。……何謂知識分子，知識分子就是懷有一種偏見並且作繭自縛的人，無知是一種罪，知道了不說不出來就是罪加一等。知識分子不執著於『言說』，就無法排遣他的憤怒，就無法驅除因擁有知識而產生的罪感。知識分子的本質就是懷璧其罪。」後來，他陸續創辦王怡論壇、憲政論壇和憲政論衡，皆遭當局關閉。二〇〇五年十月，他赴瑞士參加「第二十一屆南北傳媒節」，《瑞士周刊》以〈王怡，互聯網上的英雄〉為題進行特別報導。同年十一月，其博客「王怡的麥克風」，在世界博客大賽中獲記者無疆界特別獎。

王怡的第二個身份是傳統媒體的專欄作家。他先在網上成名，再轉戰傳統媒體——曾為《書屋》、《東方》、《南方週末》、《二十一世紀經濟報導》、《南方人物週刊》等紙本媒體開設專欄。他的專欄文章中，最受讀者歡迎的是武俠小說評論和電影評論。他用憲政理論和古典自由主義價值透視武俠小說背後的集體無意識，力圖發掘「不服從的江湖」；他以基督信仰解讀中外電影，從光與影中尋找希望和救贖，堅信即便「天堂沉默了半個小時」，信仰者仍有「平安如江河」。二〇〇九年，他的「電光倒影」專欄獲得騰訊中國傳媒年度專欄獎提名。隨著新聞管控加緊，他的更多文章無法公開發表，遂向廖亦武學習「地下出版」。二〇〇四年十月，他自費印刷個人文集《美得驚動了黨中央》，劉曉波為之作序〈王怡驚動了我〉——在這篇萬字長文中，劉曉波評論說：「王怡等青年一代自由知識分子通過網路

---

44 覃德富（一九八二—）：其父為鄉村家庭教會傳道人，曾因信仰入獄。二〇一四年，加入秋雨聖約教會，後成為長老，負責堂務管理。二〇一八年被捕，在法庭陳述中說，自己是一名基督徒，在教會中服侍，按著信徒們的需要服侍大家，以一個普通公民的認知沒有做任何違法亂紀之事，相信信仰無罪。

45 張春雷（一九六四—）：貴陽仁愛歸正教會創建人。二〇一八年，參與王怡發起的《牧者聯署：為基督信仰的聲明》簽名，遭嚴管監控。王怡被捕後，發表聲明願與王怡同罪。二〇一九年五月十二日，仁愛教會被取締。二〇二一年三月十六日，張春雷等多名教會成員被抓、抄家。次日，被行政拘留十一天，到期之後又被刑事拘留三十七天，然後以「涉嫌詐騙罪」逮捕。次年十二月二十九日，該案祕密開庭審理，但未宣判。

而現身，從屠殺的血腥中，他們覺悟到自己也生活在制度性的欺騙和殘忍中；從反抗奴役的民間維權中，他們逐漸獲得了內在的勇氣和明亮。在我而言，王怡們的崛起，絕非『後生可畏』，而是『後生可敬』。」王怡在〈後記〉中回應說：「我把劉曉波先生為我作的這篇序，視為我精神世界的一種驕傲……我在精神上是六四之子。」

王怡的第三個身份是憲政學者。他任教的成都大學是一所三流大學，他經常埋怨很少遇到一心向學的學生，而他本人亦無名校博士的顯赫頭銜，也不願從事「命題作文」式的學術研究，僵化的學術體制不可能為他提供順利攀升的階梯。他潛心著述，只是出於對法學本身的熱愛。他最重要的學術著作《憲政主義：觀念與制度的轉捩》收入「法理文庫」公開出版，他在書中寫道：「權利優先於善，自由高於民主，是自由主義進路的一個起點。但憲政主義超驗之維的凸現，使得在受到法治主義道路約束的前提下，一種對於道德價值和一個自由的人類共同體的盼望與保守重新被呼喚出來。」該書對憲法和憲政主義的張揚，對地方主義和「小共同體本位」的肯定，已然展現出作者未來的思想路向：普通法和英美經驗主義、基督教傳統及政治神學。

王怡的第四個身份是維權律師。他雖無律師執照，但大學法學教師的職位和所接受的法學訓練，讓他足以承擔「公民律師」之工作。二〇〇四年，他介入多起中國家庭教會維權案件，包括華南教會案和蔡卓華牧師印刷聖經案。隨後，他參與組建中國基督徒維權律師團。二〇〇八年十月，他應邀出席華盛頓的全球基督徒法律人大會，獲頒促進宗教自由傑出貢獻獎。

以上四個身份疊加而成另一身份：公共知識分子。二〇〇四年，王怡被《南方人物周刊》列入「影響中國的五十名公共知識分子」，是名單上最年輕的一員。隨即，中共宣傳部門對「公共知識分子」這一概念口誅筆伐。王怡毫不畏懼，在異議之路上越走越遠：應劉曉波之邀加入獨立中文筆會，並出任副祕書長。二〇〇五年六月，作為獨立中文筆會代表之一，出席在斯洛維尼亞舉行的國際筆會第七十一屆代表大會，在閉幕式上作題為〈我們不是作家，是人質〉的主題演講。這是一九八九年後，第一位來自中國的作家出席國際筆會代表大會。

然而，在當代中國，個人主義、古典自由主義或憲政主義皆無法予以個體生命終極性的安慰與自由；自由主義知識分子群體或異見人士圈亦尚未形成真正相濡以沫的「生命共同體」。「走向上帝」就成了必然選擇。二〇〇五年四月一日，王怡與少數幾位基督徒和慕道友在家中開始聚會，並成立秋雨之福團契。同年十二月二十五日，方舟教會鄧曉斌傳道與余杰來到成都，鄧曉斌為王怡等八位弟兄姊妹施洗。二〇〇八年十二月，王怡辭去教職，在教會全職事奉。二〇〇九年六月，他被教會選立為教導長老。二〇一一年十月，被按立為牧師。自從一八〇七年馬禮遜赴華傳教兩百多年來，王怡是以著名公共知識分子身份成為新教家庭教會牧師的第一人，若說中國家庭教會是一大團麵團，王怡就是加入其中的一小顆酵母，酵母可以讓麵團發酵嗎？

王怡勇敢帶領秋雨之福教會（後改名為秋雨聖約教會）走向公開化。美國記者、普立茲獎得主張彥，長期追蹤報導王怡和秋雨教會，他贊同該教會所走的徹底公開化的道路：「王怡的證道都有錄音或錄影，來教會的人——無論是信徒還是警察，都可以去聽錄音或看錄影。秋雨教會的會眾並沒有偷偷摸摸地從後門溜進來，而是佩戴名牌卡，穿著正式的服裝來參加主日崇拜。他們為來這樣的教會感到自豪，沒有半點遮掩。這是屬於他們自己的教會，她就好像是國家管控之海當中的一個有自決權的小島，由一位精力充沛的理想主義者帶領著。」這所教會打破了家庭教會的自我邊緣化，設立在省會城市市中心的寫字樓，會友多為專業人士和中產階級，也有不少弱勢群體、邊緣群體及受打壓的異議人士。王怡推動建立美國長老教會的組織模式，與同城多家教會聯合成立「華西區會」，並建立神學院及人文學院，為基督徒的後代提供宗教教育。教會還積極介入公共事務，如設立「上訪者團契」及「良心犯家屬援助基金」。為反對計畫生育政策和普遍存在的墮胎現象，教會會友到婦產醫院門口散發傳單——此一捍衛生命權的立場，與將墮胎權視為女性基本人權的西方左派截然對立，而西方左派念茲在茲的「女性身體支配權」倒是在中共極權體制下得到「最好」保障。

與大部分「閉口不談政治」的家庭教會不同，秋雨聖約教會從不躲避「敏感」議題，將每年五月十二日（四川地震日）至六月四日設為「為國家禱告月」。王怡準備在二〇一八五月十二日為汶川地震十週年舉行禱告會，當局如臨大敵，調動約三千名警力及相關人員阻止，抓走三百多名信徒，非法扣押聖經及圖書一萬多冊、光盤近千張。王怡在前一天晚上被帶到派出所，第二天深夜才獲釋回家。隨後，「六四」國難禱告會再次受到衝擊，李英強[46]長老被警察毆打，王怡遭到警察踩踏，蔣蓉第一次被帶進警局。警察問，你們為什麼非要在這一天禱告呢？王怡回答：「大家都假裝這一天不存在，假裝罪惡不存在，謊言不存在，苦難和羞辱都不存在，恨不得把這一天從日曆中摳去。請問在今天的中國，除了教會，還有誰會在這一天為這個國家祈求和平、悔改和饒恕呢？」

如果說劉曉波如同中國的曼德拉，那麼王怡便有志於成為中國的圖圖主教。但王怡之於中國家庭教會，本身就如同一場火與冰的碰撞，他的講道、教會治理及政治立場，在教會內外皆引發相當爭議。在教會內部，傳統家庭教會只重視基督徒的「靈命」而避免觸及社會政治議題，故而將王怡視為「政治牧師」。王怡將美國長老教會模式引入本地教會，但西方長老教會的共和體制未必能與中國文化中的偶像崇拜和中央集權傳統對接，秋雨聖約教會內部經歷了劇烈震蕩與分裂。王怡對某些改革宗（歸正）教義較為固化的處理方式，強化了教會內部的凝聚力，但這種內傾型也帶來排外特質。在教會外部，王怡是極少數具備足夠的學識與才華，可以與世俗學術界乃至西方一流知識分子平等對話的中國家庭教會牧師，但中國世俗自由知識分子及西方左翼知識分子，對其信仰立場和表達缺乏基本的理解與同情。中共政權的瘋狂打壓，則使這一困境大大惡化。

在被捕前，王怡事先寫下〈我的信仰抗命〉一文，交由教會在他被捕四十八小時後公佈。他寫道：「作為基督教會的一位牧師，我從聖經出發，對社會、政治、法律諸領域，何為公義的秩序和良善的治理，皆有自己的理解和看法。同時，我對中共政權迫害教會、剝奪人類的信仰和良心自由的罪惡，充滿厭惡和痛恨。但是，一切社會和政治制度的改變，都不是我蒙召的使命，也不是福音被賜給上帝百姓的目的。因為，一切現實的醜陋、政治的不義和法律的專斷，都顯明了耶穌基督的十字架，才是每個中國人所必須的、唯一的拯救。……使我妻離子散，使我身敗名裂，使我家破人亡，這些掌權者都可以做

46 李英強（一九七九—）：北大經濟學碩士，立人鄉村圖書館發起人、總幹事、理事長，立人大學創辦人。二〇一四年，立人圖書館被關閉，轉而成為教會傳道人。王怡被捕後，為教會主要帶領人之一，因堅持聚會屢屢受警察騷擾。

到。然而，使我放棄信仰，使我改變生命，使我從死裡復活，這些世上卻無人能做到。」此文將與馬丁・路德・金恩的〈我也有一個夢想〉一樣，成為世界公民抗命史上的經典文獻。

二〇一九年十一月十五日，王怡獲獨立中文筆會頒發的第十屆劉曉波寫作勇氣獎暨第十四屆獄中作家獎。二〇二〇年五月二十二日，又獲「人道中國」頒發的第三屆余志堅[47]紀念獎。

基督徒不是極權的人質，而是自由的祝福。二〇二〇年一月九日，有人傳出一段王怡的獄中留言：「如有人攻擊我，我溫順如羊。如有人攻擊教會，我勇敢如獅。出於耶和華的，我默然不語。我以前評價當權者時，是出於愛不是出於恨；但我們提到當權者時，別人不會相信我們沒有恨；只有我被抓起來時的順服，才能讓所有人知道，我真正是出於愛。」

王怡文庫：https://www.wangyilibrary.org/
「王怡牧師文集」臉書專頁：https://www.facebook.com/RevWangYi/?locale=zh_CN
王怡被關押地點：中國四川省成都市金堂監獄
地址：中國四川省成都市清江鎮火盆路，郵編：610016

47 余志堅（一九六三—二〇一七）：湖南瀏陽人，「天安門毛像潑墨三君子」之一。一九八九年五月二十三日，余志堅、喻東岳與魯德成向天安門毛畫像投擲墨汁雞蛋，被學生糾察隊押送公安部門。事後，余志堅被判處無期徒刑。二〇〇〇年，被關押十一年後提前釋放出獄。二〇〇九年，與家人流亡美國。二〇一七年三月三十日，因病於美國印第安納州去世，年僅五十四歲。

36 王立銘：我要讓我的漫畫像閃電一樣撕開鐵幕

王立銘，政治漫畫家，筆名「變態辣椒」（Rebel Pepper），人們通常稱之為「辣椒」。自二〇〇六年起，在「貓撲」等網站發表時政漫畫，引起廣泛關注，成為擁有數百萬粉絲的網路「大V」。二〇一三年十月，被國保以涉嫌「尋釁滋事罪」傳喚。二〇一四年，流亡日本。二〇一七年，全家赴美，任職於自由亞洲電台。

王立銘，一九七三年九月十三日生於新疆，父親為河北人，母親為上海人，都是毛時代「支邊」知青。一九九五年，從河北輕工業學校畢業後，在上海從事廣告設計工作，先後任設計師、助理創意總監。

二〇〇六年，王立銘開始在「貓撲」等網站發表時政漫畫並使用網名「變態辣椒」。當年的「貓撲」不但可以用文字回覆，也可以用塗鴉板的方式回帖。他玩出一種獨特風格，當別人用文字發了一個好玩的事情，他會很快用漫畫來詮釋或者演繹，逐漸在小圈子中成了紅人。

二〇〇九年，辣椒學會了翻牆，偶爾會把在牆外看到新聞轉發到QQ群裡。突然有一天，湘潭的家人找到正在上網的他，叫趕緊把電腦關掉，說警察來敲門了，「說咱家有人在QQ裡發反動消息」。他被嚇壞了，跑回上海去避風頭，把原來的QQ號也作廢了。

二〇一一年下半年，辣椒不經意間又重新開始創作時政漫畫。這段時間，他發現新浪微博是一個發表作品的平台。「通過微博，我找到了自己的存在感。之前法律界、學界有很多我仰慕的偶像，原來覺得高不可攀，但『以畫會友』，和很多大V都成了互動的網友。」他發表的關於重慶「唱紅打黑」、溫州動車事故、高房價、反貪「打虎」、奉旨訪港反「佔中」等漫畫，贏得大量讀者青睞。在微博上成名、擁有數百萬粉絲之後，他被商業公司聘請到北京經營微博，同時成為自由漫畫家，本以為從此可過上穩定的中產生活，卻沒有想到因為網上言論再度惹禍上身。

二〇一三年十月十六日深夜，三名穿著制服的警察敲響辣椒位於北京酒仙橋附近的家門，然後將他帶走。當時，《南都周刊》還可打一些擦邊球，其主筆文濤[48]撰寫了一篇關於此事的報導。文章寫道，十月八日，浙江餘姚遭颱風「菲特」重擊，網上出現「餘姚市陸埠水庫倒塌，造成四十多人死亡」的消息。十月十二日，新浪微博一位網友提到「剛一個記者給我打了電話，她在餘姚，抱著一個餓死的嬰兒……」。這條微博獲得大量關注和轉發，其中就包括辣椒。十月十四日中午，餘姚市委組織部的騰訊官微「姚江先鋒」發佈微博稱，網友「變態辣椒」發佈微信聊天截圖，據核實，內容完全失實。兩天後，北京警察就拿著傳喚證上門，上面寫著涉嫌「尋釁滋事」。幾分鐘後，辣椒坐進停在樓下的警車後座，然後被帶到派出所審問。

這是辣椒第二次遭遇警察。一年前，他因一張「一人一票改變中國」的漫畫，首次被國保警察「請喝茶」。而這一次是被帶到派出所的審訊室，坐在審訊椅上接受審訊。在盛氣凌人的警察面前，他覺得自己宛如砧板上的魚肉。他後來回憶說：「當我坐在派出所審訊室的審訊椅上時，心裡怕極了，儘管那個審訊椅還沒上鎖。後來我在中國做過幾次惡夢，甚至來日本期間也做過一次。」直到第二天晚上八點多，他才被釋放，辦案民警批評他未認真核實相關微信截屏資訊，但亦認為他的微博不是主觀故意造謠。他雖然平安歸來，但意識到在中國，個人無論在網上有多麼大的影響力，面對警察，只能任其宰割。後來，他質疑警方的辦案模式說：「這個事情我覺得處理程序有問題。餘姚方面堅稱是造謠，如果真是謠言，為啥至今未看到有關部門對原發帖主的處理情況？反而就針對我這個轉發者？」

二〇一四年五月，辣椒赴日本旅遊兼商務考察。有了此前的經歷，他特別注意「自我審查」，盡量控制自己的漫畫和言論不觸及紅線、不被刪號，他將精力主要用於發表在日本的遊記和感想，通過圖文並茂的微博長文向中國網友介紹日本的先進文明和生活方式。七月二十八日，他卻突然遭到新浪和騰訊微博封號，他在百度等中國網站的資訊也被全部刪除，在網路上瞬間消失得無影無蹤。

八月十八日，《人民日報》旗下「人民網」發表題為〈看清「變態辣椒」親日媚日的漢奸相〉文革式大批判文章，對辣椒口誅筆伐、喊打喊殺。隨後，《環球時報》等十多個全國性媒體迅速轉發此文，

48 文濤（一九七三—）：專欄作家、資深媒體人。曾任《環球時報》英文版記者，因報導二〇一一年二月二十二日北京藝術家上長安街抗議強拆事件被免職。後任《南都週刊》主筆。二〇一一年四月三日，在北京街頭被國保警察綁架，非法拘押、酷刑折磨。他撰文說：「我曾有體面的工作，有脈絡清晰、自認完全合法的私人和公共生活，也這樣被莫名其妙關押過八十三天。沒有任何機構，任何人，哪怕是ＩＳＩＳ，聲稱對此負責。這種特別隨機的不安全感，像是喝了過量的咖啡後的心悸。要回憶的時候，只好再借酒壯膽，暫時抵擋住恐懼。」

看來背後有高層統一指揮和運籌。這篇文章引述辣椒關於「現代日本是世界上唯一施行和平憲法的國家」的說法，認為「這種褻瀆民族感情，美化軍國主義的漢奸心態，應受到輿論的強烈譴責」。文章既扣帽子又打棍子，說辣椒刻意渲染「在日本遇到的所有人都非常和藹有禮，樂於助人」，「刻意貶低中國文化、美化日本習俗」，並「譏諷和嘲笑中國『愛國青年』勿忘國恥的愛國情感」，「面對日本政府近年來歇斯底里、咄咄逼人的仇華抑中態勢，『變態辣椒』在微博中的言論如此露骨、悖逆時勢，真是活脫脫一副媚日漢奸相，令人作嘔」。文章還呼籲：「這種悖逆道德、挑釁底線的行為，有關部門應依法查處，不能任其胡說八道、蠱惑人心。」這等於是唆使司法機關對辣椒以言論治罪。辣椒發現，他的支付寶帳號和銀行帳號迅速被凍結，他遭遇的這場危機遠比過往的封鎖經歷更全面和嚴重很多。

「人民網」的文章抓住辣椒對日本的幾句正面評價而展開窮追猛打，當局卻封鎖了他的原文，讓讀者無法通過原文而做出自己的評價。當局也避免批判辣椒的主業——時政諷刺漫畫，因為一旦涉及其漫畫，必然會讓好奇的民眾到網上去找他的漫畫看。BBC中文網專欄作家秦川分析說，這實際上是一個經過深思熟慮的策略。首先，如果要批判一幅漫畫，那就要將其再次展示出來，把網管從網上刪掉的漫畫再貼出來供民眾圍觀。這樣只會擴大漫畫家的影響力。其次，時政漫畫以一種含蓄而幽默的方式諷刺現實。要批判它，就需要把含蓄表達的意思捅破，給諷刺對象造成二次殺傷。第三，板起臉來批判一個笑話，會使這個笑話顯得更好笑，批判者本身也會成為笑話的一部分。那麼，如何對付變態辣椒這樣以幽默為武器的異議者呢？當局的做法顯示，除了強力封殺、嚴防死守之外，並沒有其他的好辦法。但問題的癥結在於，在微博、微信主導的網上輿論場中，官方的宣傳隊伍在思想和觀點的對抗中佔不到優勢。

在日本旅途中的辣椒，本來已經訂了八月二十一日回上海的機票，但此時他非常擔心一下飛機就會被抓捕。有網管部門地位很高的熟人私下透露，他已被列入很高級別的「黑名單」。於是，他向日本政府申請延長停留，他曾試圖申請政治庇護卻被拒，轉而在眾多日本友人的協助下，受聘為埼玉大學研究員，由此得以合法居住在日本。這個過程頗為曲折，因為大多數日本大學和學術機構都不敢聘用中國流亡人士，害怕得罪中國而被終止合作項目。

旅居日本期間，辣椒曾接受法國國際廣播電台中文部採訪，談及新媒體時代中國時政漫畫的創作浪潮及其夭折。這股浪潮出現在胡溫統治時期網路管控的縫隙中，但隨著習近平上台之後權力不斷擴大，中國言論空間逐漸收窄，很多創作者不得不封筆。上海藝術家戴建勇[49]因為把習近平的畫像處理成臉發皺的滑稽形象，被警察抄家且刑事拘留一個月。辣椒認識的不少原本在中國國內頗有影響力的漫畫家，如「青年小矛」、「慕容嗷嗷」、「大屍兇」、「成濤」等人，也都被迫放棄政治題材漫畫的創作。對此，辣椒批評說：「極權領袖一般都有這個規律，就是缺乏幽默感和包容心。對諷刺他們的文學和漫畫作品，他們都會毫不留情地打擊。好像古今中外概莫能外。」

辣椒的作品逐漸進入日本主流媒體和主流社會。他在Newsweek日本網路版及《新潮四十五》雜誌

49 戴建勇：上海藝術家，網名「Coca麻痺哥」。二〇一五年五月二十七日，因在上海城市雕塑藝術中心張貼戲仿習近平頭像的政治波普貼紙，被警方刑事拘留，關押三十天後獲釋。

開設時政漫畫專欄，也與日本作家勝谷誠彥、高口康太、福島香織、勝谷誠彥等人合作，為他們的著作設計封面或配圖。二〇一七年一月，他在日本出版漫畫集《中國共產黨撒謊》，這是他的第一本日語漫畫書，也是他人生的第一本書，由日本四大出版社之一的新潮社編輯、出版。這本書包含了「一支很辣的辣椒」、「這隻熊貓有點兇」、「現代皇帝習近平」、「網路獨裁者」、「抗日神劇的背後」、「誰才是法西斯」、「辣椒去台灣」、「春晚的政治學」、「解放軍內幕」等章節，近一千兩百幅漫畫。新潮社選書編輯部負責出版該書的編輯三邊直太說：「這本書現在的排行甚至超越了村上春樹，僅僅上市六天，第一版印刷的六千本已近售罄。我們決定增印一萬本，估計今後還會增印，這出乎了我們預計。……他的畫風與日本漫畫家們的畫風很不同，而且用漫畫形式說明中國問題，他的角度是日本漫畫家們所不具備的。」這本書在日本亞馬遜書籍銷量總排行榜曾排名第四，連續三個月是「中國問題類」書籍銷量第一名。優秀的政治漫畫創作在華文媒體中是稀缺資源，即使在競爭激烈的日文媒體界，辣椒的漫畫也創造了前所未有的銷售奇蹟，他堪稱有史以來在日本最成功和最受歡迎的、來自中國的政治漫畫家。

二〇一七年，辣椒與家人申請到美國傑出人才移民簽證，從日本移居美國，受聘為自由亞洲電台全職漫畫作家，由此獲得更大的發表和傳播作品的平台。習近平上台以來，他一直關注著中共宣傳機器在網路媒體尤其是新媒體上的進化，不斷提醒公眾注意，作為「進化的獨裁者」，中共適應媒體的變化非常快，在資金資源充足的優勢下，迅速利用網路媒體，以Ｆｌａｓｈ動畫、圖文長微博、影片等各種形式佔領微博和微信。中共的宣傳機構用〈那年那兔那些事〉等愛國主義題材的作品迅速俘虜大量年輕人，甚至用Flash動畫配合流行感的歌曲來宣傳「十三五」（第十三個「五年計畫」）。這種新一代娛樂性極強的洗腦從牆內滲透到牆外，完全不是過去《人民日報》類的粗放式宣傳，大量的「小粉紅」被這樣製造出來。如何與中共的洗腦宣傳對抗，如何用新媒體形式針鋒相對來爭取年輕人的轉變，這是他念茲在茲並身體力行的事業——他用一支小小的畫筆抗衡中共龐大的宣傳洗腦機器：他在自由亞洲電台中文網上開設的原創「漫畫專欄」，點擊率常常名列前茅。

辣椒既是漫畫家，也是秉持古典自由主義（保守主義）和諸夏獨立觀念的思想者。他生於新疆，在上海長大，自我身份認同為上海人。他小時候從一位表哥那裡聽到關於中央政府在過去半個多世紀裡無情壓榨上海的事實，親眼在外灘看到租界時代上海作為遠東第一大城市的輝煌，由此產生上海獨立的想法。到美國後，他通過對傳統民運圈的觀察，發現其中有不少大一統論者和「國粉」（國民黨或中華民國粉絲），這些人所持守的是一種中央集權下的假民主價值觀，從根本上排斥真正的自由理念。而郭文貴的鬧劇也如同一面照妖鏡，他因為最早發現郭文貴的本質並提出批評，遭到不少人的辱罵和誹謗。他反而在流亡藏人、維吾爾人和南蒙古人社群，以及香港本土派和台灣獨派群體中找到不少知音。二〇一九年，何岸泉[50]等在海外成立主張上海獨立的上海民族黨，辣椒成為創黨活躍人士。二〇二三年二月十日，他與妻子溫心及孩子入籍美國，成為美國公民。

50 何岸泉：原名張敏，出生於上海，原本是一位外科醫生。一九八九年，被「六四」屠殺所震驚。後移民到美國紐約，成為針灸師。二〇一八年七月十八日，在紐約成立上海民族黨，主張「上海獨立、反對大一統、滬人治滬、全面西化」。

逃離中國之後，辣椒決定不再做任何自我審查，直接對習近平和中共政權提出尖銳批評。二〇一四年，他根據習近平的種種言行預測，習將連任第三屆甚至變成終身制，當時中國公知圈幾乎無人相信。他在漫畫創作中不斷將習近平描繪成具有皇帝夢的野心家——海外媒體直到兩年後才開始大規模報導這種可能。他用漫畫狠狠鞭撻習近平，還創作了以習近平為主人公的、充滿葷腥色彩的作品——比如，他有一幅漫畫惡搞習近平和周小平「基情四射」。有人覺得此類作品過於「重口味」，但辣椒認為，諷刺漫畫和脫口秀一樣，也是「冒犯的藝術」，「我用『性』來表達主題，其實不是我故意要去這麼做，而是正好用『性』的隱喻能夠充分表達我的意圖」。還有人認為，辣椒的漫畫不像以前那麼有藝術性了，變得太過直白、激烈、極端。但他解釋說：「不是我變得激進了，而是因為我不再需要自我審查了。……我在海外看到的政治漫畫，尺度和我都差不多，我並沒有比他們更突出，只是說你們不了解言論自由的邊界：在海外，通過這樣的政治漫畫直接對領導人提出批評是很正常的。」他強調，在自由世界，「我要讓自己的畫像閃電，像雷一樣具有穿透力，一幅畫勝過一篇評論文章」。

辣椒創作的漫畫在很多重要社會問題和重大新聞事件中起到了「一畫勝千言」的傳播作用。其作品多次獲得國際重要獎項：二〇一四年，他憑漫畫作品〈一國兩制〉獲得香港網路公民大獎最佳時事漫畫獎；二〇一七年，他獲得人權組織「聚焦審查」頒發的國際言論自由獎；其作品〈習近平吃蘋果〉被「自由之家」選為二〇一七年度照片。

變態辣椒推特：https://twitter.com/remonwangxt
變態辣椒臉書：https://www.facebook.com/btlajiao/
自由亞洲電台「原創漫畫」專欄：https://www.rfa.org/mandarin/biantailajiaomanhua

37 彭立發：我生活的全部意義就是成為暴風雨的第一個音符

彭立發：網名為「彭載舟」，自由職業者，科技工作者。二〇二二年十月十三日中午，在北京四通橋掛出兩條反對習近平暴政的長橫幅。當即被捕，至今下落不明。他被稱為與「坦克人」遙相呼應的「四通橋人」(Bridge Man)。

北京市海淀區四通橋，位於高科技產業聚集區中關村科技園區和中國人民大學附近。橋名源自四通集團，該集團創始人萬潤南因支持八九民運而被迫流亡法國。當年學生打印的標語，很多都是使用四通公司捐助的打印機打印出來的。

二〇二二年十月十三日，中共七中全會決議公開後第二天，中午十二點多，四通橋上出現一位身穿環衛工人橙色服裝、頭戴黃色安全帽的男子，在橋體外側打出兩條用紅色油漆在白布上書寫的巨大橫幅，左側一條寫著：「不要核酸要吃飯！不要封鎖要自由！不要謊言要尊嚴！不要文革要改革！不要領袖要選票！不做奴才做公民！」右側一條寫著：「罷課罷工罷免獨裁國賊習近平。起來，不願意做獨裁者奴隸的人們！反獨裁反專制救中國一人一票選主席！！」他燃燒了輪胎之類的物品，還使用了發煙劑，冒出濃濃黑煙，顯然是為吸引來往車輛上的、騎行的、步行的人們的注意力。他還用擴音器播放事先錄制好的核心訴求：「要吃飯，要自由，要選票！罷課，罷工，罷免獨裁國賊習近平！」四通橋東西橋長兩百八十六公尺，是一座雙向共六車道城市快速路封閉橋。除了從橋兩端上來阻止他的行動外，沒有其他路徑。這一條件為抗議者較長時間展示橫幅爭取了更多時間。這一切明顯是經過精心策劃和踩點準備的。

抗議者沒有為事後的逃脫做任何準備，而是停留在抗議現場，為在首都繁華區白日的抗議行動爭取到最長的關注時間。警察迅速抵達現場，滅火、清除有關抗議標語橫幅和播音設備。中午十二點三十分左右，抗議者被戴上手銬並被帶上警車。這是他最後一次出現在公眾視野中。此後，中共當局從未公佈此案詳情，也拒絕回應外國媒體關於此事的追問。

事件發生後，北京當局大舉招聘「看橋員」，他們穿上標有「中國民兵」或「志願者」的服裝，二十四小時兩班制，一班工作十二小時，每日工資為三百二十元，全天候監控北京所有的橋梁。市民若購買超過一公尺的布匹以及油漆，都需要進行實名登記。有外國記者在當天下午來到現場時，已了無痕跡。但當時有很多行人拍攝到影片並發佈在網上，然後迅速傳遍全球，觀看者多達數千萬。在這個意義上，這一抗議行動是成功的。

人們在推特上發現，這位精心策劃成就「不可能的任務」的抗議者，就是在推特上名為「彭載舟」的彭立發。很快，其推特被清空，或許是警方在掌控其手機與帳號、密碼後加以刪除的。但人們還是從一系列蛛絲馬跡中找到他的若干個人資訊：一九七四年一月七日，彭立發生於黑龍江泰來縣寧姜蒙古族鄉勤儉村。他對於電磁學很感興趣並有相當研究，曾在二〇二一年第五期的《科技創新導報》發表過論文。他是北京甜瓜網路科技有限公司合夥人，該公司主要銷售丙烯酸產品。他有一個三口之家，十月二日曾在另一推特帳號發佈與家人在白河大峽谷戲水的圖片，圖片中他和妻子、女兒身穿救生衣，在水中泛舟。他的疑似抖音帳號也被翻出，頭像與在推特發佈的白河大峽谷戲水的生活照高度相似。他自稱為「一個熱愛自由，喜歡科學和哲學的工匠」。

在開始行動數日前，彭立發在推特上發佈了相關文宣，還給一些媒體和異議人士發去消息、留言。他的一份留言寫道：「各位同道中人，我們馬上要行動了，希望你們能多多轉發，謝謝！全國罷課總動員、全國罷工總動員、全國汽車鳴笛抗議總動員、全國軍人起義總動員。要讓獨裁者習近平知道，在追求自由的道路上，中華大地有男兒。」

彭立發還在研究人員常用的網站researchgate上發佈了一份名為〈罷工罷課罷免習近平〉的文件。「這是一篇討伐國賊的檄文，這是一個抗議攻略，這是一篇競選綱領，這是一個施政方案，目的只有一個，反獨裁、救中國，犯我人權者，雖強必反。」這份文件分為二十個章節，每章有一個主題：第一章〈討伐國賊抗議攻略〉，表明罷工和罷課的目的是為反對習近平非法連任和推動中國走向民主、自由和繁榮。抗議方式包括汽車鳴笛、罷工罷課、拉橫幅、發傳單、燒輪胎、設路障等，他本人就按此設想去勇敢實踐。第二、三章中，詳細列舉出習近平統治下中國社會的退步，包括一封致全國同胞的信，及一首即便是文盲亦可傳唱的打油詩。第四章討論選舉問題，呼籲全民普選人大代表和各級官員。第五章〈我們是誰〉，列舉各類弱勢群體，強調「我們需要做自己的主人，我們不需要生活在牢籠」。第六章和第七章論述作者構想的「中國共產黨自由競選委員會」和「中國全民普選委員會」這兩個機構的運作方式。第八章談及於政府、國家和公民的關係。剩下的章節是對新政府的設想和政策訴求。文章最後引用人權活動家許志永的〈致習近平〉一文，再次反對習近平連任。這篇文章是彭立發個人反抗思想的總結，也詮釋了他做出這次自我犧牲式的抗議的原因。

在這份文件中，彭立發詳細論述了反對運動的行動綱領：第一，全體公民團結起來罷免習近平，阻止習近平非法連任。第二，成立獨立檢查機構，調查習近平家族腐敗情況，調查習近平濫用職權問題。投資數萬億雄安新區是如何決策的，是否經過了人大批准。調查一帶一路的投資壞賬問題。調查防疫過程的貪腐問題。第三，中國共產黨二十大選舉臨時總書記，起草由全體黨員直選總書記的方案。第四，成立全國政權過渡委員會。由現有政治局委員、軍隊代表、各黨派負責人、法律界人士、工商界人士、媒體代表、教育界代表、港澳台代表等組成。首先推舉國家臨時主席，臨時主席任期一年。制定新憲法草案，明確國家主席任期不得超過兩屆十年，明確主席普選直選原則，其他細則參考《零八憲章》內容或者國外民主政體的方案。新憲法向全體公民全方位宣傳，進行全民公投，獲得超過百分之五十的支持率才可以頒佈實施。第五，成立全國團結和解委員會，負責各個階層各個派別遊說和解工作，各個階層需要拋棄前嫌，團結一致建立自由民主政體，憲政民主符合所有人利益。

從論述可發現，彭立發雖是理工科出身，但博覽群書，好學深思，對中國歷史尤其是近代以來中國人追求現代化和民主自由的歷史相當熟悉。同時，他仔細研讀過劉曉波等起草的《零八憲章》和許志永的若干文章。他不是像孫悟空一樣從石頭縫中蹦出來的，而是一位站在此前英雄肩上的英雄。他坐而論道，更起而行道，極具行動能力，將抗議行動每一個環節都考慮得絲絲入扣、萬無一失，在中國首都、共產黨權力的核心成功實施了此一「驚天地、泣鬼神」的抗議行動並被世界所看到。

中共當局動用一切手段消滅彭立發的影響力。但彭立發的抗議標語並未消失得無影無蹤，它們在中國境內境外、線上線下迅速傳播開來。他在四通橋上激起的漣漪，很快蔓延到全國，被無數站出來抗議的人們所接力。中國年輕人受到彭立發極為罕見的勇敢表現所鼓舞，用充滿創意的方式傳播橫幅上的反習話語。他們把抗議標語塗鴉在公共廁所裡，還用蘋果產品的「隔空投送」功能，把抗議標語的圖片發到地鐵車廂裡其他乘客的蘋果手機上。上海兩位年輕人拉起向四通橋抗議致敬的橫幅上街遊行，白色橫幅上寫著意味深長的「不要、要、不要、要、不要、要」。上海的大學退休教師顧國平[51]在推特轉發四通橋抗議相關內容，被警察帶走拘禁十天。海南民眾黃宏棒[52]因轉發四通橋抗議圖片，也被拘留十天。十月二十日左右，清華大學二〇一五級畢業生郭藝[53]帶着自己製作的彭立發海報到北京的廁所張貼時被捕關押至今。昆明異議人士徐昆[54]在微信上寫了「獻給屹立於北京橋上的真男兒，真英雄！！」，並轉發了日本動漫《三國志》的開篇曲《英雄的黎明》，兩小時後被當地警方帶走，遭國保訊問七小時。浙江異議人士吳京聖[55]由於把彭立發的標語圖片編輯後發到微信群和個人界面而被帶到派出所，此後其臉書帳號不再更新，據傳被捕。十月十五日深夜，一名二十七歲的中國籍工程師到香港立法會外張貼聲援彭立發海報，被香港警方以「煽動意圖罪」拘捕，警方指控其「所用字眼意圖煽動他人對中央政府或中央領導人產生憎恨或藐視」。

在彭立發的激勵下，沉默三十多年的留學生群體，終於如魯迅所說的那樣「在沉默中爆發」，一場席卷全球數百所大學的「海報運動」轟轟烈烈地展開。「人道中國」主席周鋒鎖表示：「他這一次前所未有的把年輕人帶上了這個戰場，我們看到海外從來沒有的，在八九以後，從來沒有過這麼多學校公開參與這個活動，這是前所未有的。我們知道在海外做學生的工作有多難。但是這次這個火一下子就點燃。」留學生們創作了各種聲援四通橋抗議、反對習近平專制、支持自由民主的標語海報，貼到大學校園及公共場所。

《紐約時報》中文網報導，中國留學生在社交媒體Instagram上創建了名為「公民日報」的帳號，專門發佈反習資訊。其管理員說：「這麼『萬馬齊喑』的時代，其實靜默中也有憤怒，絕望中也有希望。」在倫敦讀書的中國學生凱西來表示，此前，大部分中國留學生都對政治極端冷漠。「他們很多時候是一個正常人，甚至是好人。」但每當有裴洛西訪台之類的事情發生時，他們會變成民族主義「機器人」，「他們就像是機器人體內程序的設定突然發作了，然後發表一些你覺得非常恐怖的話」。看到四通橋的抗議照片時，她被彭立發的勇氣所震撼，然後看到人們上傳到網上的世界各地的反習圖片。「我

51 顧國平：網民「凡民」，大學退休教師，因反對強迫拆遷而成為維權人士、公民記者。
52 黃宏棒：網名「曙光」，曾簽名營救張展。
53 郭藝：從新疆以文科狀元考入清華大學經管學院，畢業後在北京積極投身女權和其他社會活動。其身邊人評價，郭藝是個有主見和敢於行動的勇敢女孩。她是響應彭立發抗議而被關押時間最長的年輕人。
54 徐昆（一九六二—）：長期致力於公民維權活動，爭取言論自由，要求官員公開個人財產。曾是民間人權組織「玫瑰團隊」成員。二〇二〇年八月，因轉發香港「反送中」圖片，被抓捕並判刑兩年。
55 吳京聖：曾是大學老師，因宣揚民主而「被失業」，後改行當三輪車夫。

就想有很多想要自由、想要民主的中國人，」她說。「但是你們到底在哪裡？我到底該怎麼找到你呢？我們走在街上又怎麼能夠認出彼此？」她忍不住哭了起來，哭了幾個小時。她影印了若干四通橋標語，在校園中張貼。隨著抗議海報圖片不斷上傳，她覺得在黑暗中看到了一絲曙光，自己不再孤單。

南加州大學的王涵[56]等一群留學生深受彭立發鼓舞，「他在北京都願意承受那麼大的風險去掛上那兩條橫幅，我覺得可以說是不要命了。我們作為在國外的留學生，其實是有更多的空間和自由去做這些事情的」。他們在校園裡和高速公路路口展示彭立發的標語，「向人們表示說，我們不只在線上，我們也可以在線下，我們可以在未來的某一刻進一步地走出來，我們要去遊行示威，我們有勇氣去遊行示威、去反抗」。王涵亦強調說：「只要有任何需要我的時候，我會勇敢地站出來。」

抗議的洪流，最終促使中共當局放棄不可持續的清零政策，轉而面對與病毒共存的現實。高高在上、剛愎自用的習近平深受震撼，在會見歐洲理事會主席夏爾·米歇爾時不得不承認，近日中國國內示威是源於抗疫三年民眾感到沮喪，示威主體是年輕的在校學生。

上海政治學者陳道銀[57]指出，北京四通橋的橫幅播下了一顆抗議的種子，「這顆種子到合適的季節就會開花，甚至結果」。也就是說，彭立發的抗議精神受到情境的渲染就會衍生出新的抗議。在此意義上，若沒有彭立發的四通橋抗議，就不會有後來的「白紙運動」。「白紙運動」參與者黃意誠指出，彭載舟絕對是一位能載入歷史的偉人。「因為白紙運動最早的起源點，是來自於北京四通橋彭載舟的孤身示威，他現在到底在哪裡，沒有人知道，也不知道他現在是死是活。彭載舟的訴求非常明確，他用非常精煉的語言，把中國人的訴求都概括出來，也就是他的六句話，把所有的問題都揭露了。」六大訴求的前兩句「不要核酸要吃飯、不要封控要自由」，就是當時中國人的切身之痛，而且這個繩索快要把中國人給掐死。如今，六大訴求成功了三分之一，但後面的四個訴求「要改革、要尊嚴、要選票、要做公民」尚未實現，而且抗爭者還在獄中。儘管如此，黃意誠認為，彭立發的影響不會消失。中國有句成語叫「廉頑立懦」，意思是一個仁德之人對社會有很大的感化力量，勇敢者能夠讓懦弱的人變得勇敢。他說，他自己曾是一個懦弱的人，但現在「變得愈來愈勇敢，愈來愈放棄恐懼」。「四通橋的抗議是『一陽來復』，就是當整個的政治黑暗到伸手不見五指的程度時，有彭載舟站出來了，他好像自己跳入火堆，用生命來激勵中國人，這就是『一陽來復』。然後，到『白紙運動』就是『否極泰來』，所有中國人被逼到最極限，忍無可忍的時候，就要奮力奪回我們的自由。」

世界沒有忘記彭立發。二〇二三年三月十四日，是人權捍衛者曹順利被中共迫害致死九週年紀念日。每年這天都被人權活動人士設定為「人權捍衛者日」。這一天，第九屆曹順利人權捍衛者紀念獎頒給彭立發和另一位人權捍衛者徐秦[58]。不久，美國《時代》雜誌也將彭立發列入二〇二三年最有影響力的百人榜單。

56 王涵：南加大碩士研究生，以實名參與南加大中國留學生的抗議活動，高喊「停止集中營」、「自由維吾爾」等口號。二〇二二年十二月五日，到蘋果公司總部大樓外進行為期七天的絕食活動，抗議蘋果公司為經濟利益配合中共迫害人權。

57 陳道銀：復旦大學政治學博士，上海政法學院國際事務與公共管理學院副教授。主要研究方向為當代中國政府與政治。

58 徐秦（一九六二—）：人權活動人士，「中國人權觀察」創始人，「玫瑰團隊」成員，長期被中國政府打壓。二〇二一年十一月，被警方從家中帶走，被控以「煽動顛覆國家政權罪」，在被關押期間重病癱瘓。

彭立發被稱為「四通橋人」，這一稱呼沿襲自「坦克人」——後者指一九八九年北京血腥鎮壓民主示威者時，站出來擋住坦克前行的、據稱名叫王維林的男子。從王維林到彭立發，從勇敢者到勇敢者，從義人到義人，跨越了三十三年。彭立發寫過一首名為〈那個時刻〉的詩，如同其自畫像：「這就是你生活的全部意義／從森林中選出一片最特別的樹葉／作為一滴水落進平靜的油鍋／成為那個濃煙滾滾的時刻／因為受夠了夜晚就變成火炬／你舉起了真正的自己／作為一個人落進荒誕的生活／成為那個一無所有的時刻／這就是你消失的全部意義／從城牆中鑿開一塊最堅硬的磚／作為一盆涼水潑在火山內部／成為暴風雨的第一個音符」。可以說，彭立發創造了一個屬於他的「人類群星閃耀的時刻」。

彭立發〈罷工罷課罷免習近平攻略〉，原文見中國數字空間網站：https://chinadigitaltimes.net/space/%E7%BD%A2%E5%B7%A5%E7%BD%A2%E8%AF%BE%E7%BD%A2%E5%85%8D%E4%B9%A0%E8%BF%91%E5%B9%B3%E6%94%BB%E7%95%A5

38 李明哲：我將坐牢當做一次對中國監獄的田野調查

李明哲：台灣人權工作者，從二〇一四年開始幫助中國良心犯及其家屬。二〇一七年三月十九日，入境中國後被廣州國安祕密綁架，後被中國控以「顛覆國家政權罪」，判囚五年。服刑後回到台灣，公開揭露中國司法和監獄黑幕，呼籲全球關注中國日益惡化的人權狀況。

李明哲，一九七五年二月二十五日出生於台北，是標準的外省第二代，父母都生在中國。他從小被黨國教育灌輸大中國思想：「自認是中國人，該服從蔣總統，服從政府。」高中時去新竹的國立科學工業園區實驗高級中學讀書，接觸到台灣的歷史和地理知識，思想開始有所轉變。

在文化大學哲學系就讀期間，李明哲與後來成為他的妻子的學妹李淨瑜共同參與反高學費運動等一系列公共活動——李淨瑜是他們家族中的第一個本省人，因此他們的婚姻長期不被家人諒解。他了解到過去台灣是少數外省權貴統治多數台灣人的時代，也反省自己過去是獨裁統治的支持者，進而完成身份和國族認同的轉化，從深藍的新黨青年軍成員轉向支持本土價值和自由思想：「我是外省第二代，卻是台灣第一代。我有絕對的權利說我是台灣人，我對台灣有權利，也有義務。我愛台灣，我屬於台灣。」

大學畢業後，李淨瑜長期任職於施明德辦公室，李明哲則任職立委許鍾碧霞國會辦公室助理和台北市議員謝明達競選總部助選人員，二〇〇三年任民進黨社會發展部專員，二〇一四年任新台灣文化基金會專員，此後又擔任非政府組織「人權公約施行監督聯盟」志工、台北市文山社區大學學程經理。

隨著民進黨執政，中國對台灣的打壓與日俱增，李明哲開始試圖了解中國的現況，在這個過程中無可避免地接觸到中國的人權問題。他意識到，台灣的民主自由與人權，是如此的珍貴，由許多前輩流血犧牲爭取而來的。台灣的自由現狀讓他更看清中國的專制，對中國的政治受難者感到同情。二〇一三年，中國民運人士王炳章的女兒王天安、彭明的女兒彭佳音抵台為父親奔走，那是他第一次親身接觸來自中國的求助者。他說：「唸書的時候讀過台灣過去白色恐怖的歷史，但這事情今天在中國發生，而且手法更殘酷。我會覺得像是一個歷史事件的重演。」

李明哲認為，中國的民主化是中國人的責任與義務，而作為一個台灣人，他所能協助的方法只有兩種，第一種是在網路上與中國人分享台灣人追求民主、人權的血淚歷史，以及台灣民主化、轉型正義的經驗和智慧，乃至送一些書籍、資料給中國人權活動人士——因得知中國朋友有閱讀人權、近代史相關書籍的需求，他自費寄贈文學與社會科學類書籍（如《當代政治思潮》、《政黨與選舉概論》、《比較選舉制度》、《比較政府與政治》等），其中於二〇一六年八月所寄書籍遭中國政府查扣沒收（包括楊繼繩的《天地翻覆：中國文化大革命史》及張戎的《毛澤東：鮮為人知的故事》等）。

第二種是援助孤立無援的中國政治犯及其家屬。李明哲沒有任何組織與金援，只是以小額捐助或購買日用品來幫助政治犯家屬。因為他的外國人身份相對比較安全，他定期去中國，探訪受難的朋友及其家人。後來，他接受媒體訪問時說，「我會這樣做，是基於我的人權信仰和人道主義的驅使。這些行為並不沒有逾越我作為一個台灣人必須謹守的分寸，也沒有違背台灣的主權與民主的價值」，「我的這些行動在台灣或是其他民主社會都是再正常不過了。我確信這和顛覆中國政府完全扯不上關係，也不是干預他國內政的行為，因為我接觸的問題，都在普世人道救援的價值範圍內」。他在中國被捕並被審訊時，國安人員一直追問他，背後的金主是誰？他坦然回答：「我最大的金主就是我妻子，我妻子的積蓄全數用來買書籍給中國朋友或是定期捐助中國的政治犯及其家屬。」

李明哲不知道，他所從事的理所當然、微不足道的事情，卻早已驚動中國國安人員。獨裁的中國政府，不僅殘酷迫害民主人權人士及其家人，還要斬斷他們與海外支持者、同情者的聯繫，並且將同情者和支持者一併視為企圖顛覆其政權的「境外勢力」。李明哲早已上了黑名單，他們要將此事做成驚天大案，以獲取上峰獎賞，什麼時候「收網」，自由其考量——當然不取決於李明哲真的做了些什麼，而取決於中共高層在哪一個時間節點上，決定用此案來震懾台灣公民社會，並將李明哲作為人質來向台灣索取非金錢意義上的「贖金」。

二〇一七年三月十九日，李明哲一如往年一般，前往中國訪友，經由澳門入境珠海。一入境，他就被一群自稱廣州國安的人員圍住，給他戴上頭套並押解離開珠海。當時李明哲支援中國人權工作者的經驗已有五年，被抓走問話的情節對他來說亦不陌生，他自知入境中國會有風險，卻沒有想到事態如此嚴重。

李明哲被帶到一個房間裡，那裡不是公安局，也不是看守所或監獄。窗戶用黑布封住，國安人員輪流看守，時間猶如停止轉動，他的生活也日夜顛倒。「晚上睡不好，早上睡不著，精神越來越差。」他被實施名為「指定居所監視居住」的祕密關押制度，雖然沒有遭受酷刑，但與世隔絕的狀態，也是一種可怕的精神折磨。這是他最難熬的一段日子，所造成的精神創傷，直到服刑完回台灣後，還未完全痊愈，還會做噩夢驚醒。

被囚禁十多天後，李明哲發現審訊人員對他的態度有所轉變，比較客氣了，並告知：「台灣有人利用你的案件搧風點火在炒作。」他知道妻子李淨瑜和朋友們已展開營救行動。同時，國安人員也不再追問所謂的案情了，多次暗示兩岸過去有「交換間諜」的先例。李明哲認為，他們想扣他「間諜罪」的帽子。他斷然拒絕以這種方式回到台灣，那樣做既是背叛祖國，也是違背自己的良知。後來，他在受訪時指出，家屬和朋友的所謂「高調」營救非常有必要，不能保持沉默、忍辱負重、接受妥協，正是因為妻子在國際社會（包括美國國會）不屈不撓地大聲疾呼，拒絕所謂「中間人」的私下運作，才使得他的案子獲得公開審理的機會——儘管這場公審是如同史達林時代莫斯科審判那樣的「皇帝的新衣」，但他由此避免更為糟糕的、在黑牢中腐爛的命運。

兩個月後，李明哲正式進入逮捕程序，被送到湖南的看守所。為了盡快開庭審判，他選擇依照中國政府的要求，完成所謂「顛覆國家政權」的筆錄和供詞。他認為律師不可能在此案中發揮作用，拒絕聘請律師，但長沙國安局用他罪名本刑最重可為「無期徒刑」之由，逼迫他接受官方「義務協助律師」。法庭上，法官不允許他做任何答辯行為，只允許他唸一篇事先審核過的認罪書，並攝影在電視上播放。

二〇一七年九月十一日上午，李明哲與另一被告彭宇華[59]一同於湖南省岳陽市中級人民法院受審。

該案經湖南省高院批准，延長審理期限三個月。十一月二十八日，湖南省岳陽市中級法院以「煽動顛覆國家政權罪」判處李明哲有期徒刑五年，剝奪政治權利兩年。李明哲成為首名在中國被控「顛覆國家政權罪」並被定罪的台灣人。判決書指出：「被告人彭宇華、李明哲以顛覆國家政權、推翻社會主義制度為目的，成立非法組織，策劃顛覆國家政權的計劃、方法、步驟，攻擊憲法所確立的制度，嚴重危害國家安全和社會穩定，其行為已經構成顛覆國家政權罪。公訴機關指控彭宇華、李明哲犯顛覆國家政權罪的事實清楚，證據確實、充分，指控罪名成立。」該案檢察員為黃翔、袁帥，代理檢察員為鍾馳海。該案審判長為戴斌，審判員為李強斌、湯洪清。判決書在李明哲進入湖南赤山監獄時被收走，他多次向獄方聲請取回，但獄方置之不理。一直到出獄當天，他離開湖南到了廈門隔離酒店，當局在他嚴重抗議下，才給了他判決書影印本。這種行為更加證明這份所謂的判決書，根本不是法律文書，只是中國政府打壓言論自由和思想自由惡行的鐵證。

李明哲多次稱，他在中國坐牢，但他不是囚犯，而是在監獄從事「田野研究」的人權工作者，「只是調查的領域從台灣社會改到中國的監獄而已」。由此，他雖然被剝奪了身體的自由，卻保有了心靈的自由。赤山監獄與其說是監獄，不如說這是一個大型的奴隸工廠。他沒有受到其他虐待，卻每天被強制

59 彭宇華（一九八〇—）：湖南人，職業為「理財經理」，二〇一七年三月二十六日在湖南長沙被拘，五月正式逮捕。其罪名包括組織成員多達兩千多人的「梅花公司」（梅花是國民黨的標誌）。彭被判有期徒刑七年、剝奪政治權利二年。但此人身份一直是個謎。據台灣央廣記者黃絹報導，獨立中文筆會會員張起表示，經他多方詢問，湖南當地網路活躍人士和異議人士都不認識此人。李明哲與彭宇華只有一段短暫的往來和合作，兩人早已在二〇一三年五月分道揚鑣。

勞動十一到十二小時（法律規定不得超過八個小時）。他形容監獄是「把人當機器」，每天回到監舍，只剩不到兩個小時休息時間。獄方為規避國家法令，偽造假的出勤紀錄本，強迫服刑人員簽字。他發現中國的監獄是一個充滿特權和腐敗的小社會，是中國社會的縮影。「執法者本身不受法律約束。這種模式對內就是奴役自己國家的人民，對外就是破壞國際的秩序。」

除了勞動造成身體的疲倦，惡劣的衛生環境和伙食也讓李明哲的健康出現問題。「食物的用油很差，食物冷掉之後就會有一股臭味，在監獄裡的水，眼見都有雜質，所以警察不喝監獄的水。」他的體重一度驟降三十斤。在獄中最後一年，他被分配到裁切布料的工作時，吸入太多廢屑，引發過敏反應，獲釋回到台灣後仍飽受後遺症之苦。

面對這樣困難的環境，李明哲多次向監獄抗議，卻沒有得到正面回應。後來，他透過與妻子會見的機會，讓妻子將中國獄政的黑幕攤在陽光下。由於李淨瑜對外界公佈這些資訊，赤山監獄當局指責其「惡劣言行已經對監獄正常執法工作造成了干擾，有礙李明哲的改造」，決定禁止其探監三個月。

在獄中，李明哲有時一天僅能用一杯水擦澡，卻沒有忘記「用自己的苦難替受苦的人爭取權利」。經過他和妻子的努力，國際媒體報導中國監獄的真相，形成了輿論的壓力，促成了一些微小的改變。比如，原本赤山監獄是強迫勞動、全年只有四天休息，後來變成一個月可休假兩天。有獄友知道這個變化跟李明哲有關，悄悄將寫著「加油」的字條放入他手中。

二〇二二年四月十五日，李明哲刑滿釋放後回到台灣。回台灣後，他「繼續做人權倡議和活動，而且要做得比之前做得更努力，這才會讓中國關押我五年的意圖完全失敗」。二〇二三年六月四日晚，他出現在台北自由廣場紀念「六四」屠殺三十四週年活動現場並發表講話。他引用自己坐牢時的經歷：他常常去跟管理者反映：「為什麼監獄沒有遵守合法工時？」他們回答說：「李明哲你是被管理者，我們是管理者。就算你講的有道理，我們也不能聽你的。」由此，他指出：「這和中共一樣，從建國到文革，六四到現在，他的心態從沒有改變過——我是管理者，你不聽話，我就鎮壓。」

對於台灣紀念「六四」的意義，李明哲提出了他的「新思維」。當年，中國政府用蠻橫、槍砲、子彈回應民主運動，以行為正式向世界宣告，中國政府走向一條背向世界文明的道路。此後，中國政府對社會的控制越來越嚴格、對言論自由的打壓越來越緊縮，直到二〇一九年香港「反送中」運動，全世界看清楚了，中國政府不但離世界文明越來越遠，且手段越來越極端。香港事件告訴台灣，中國政府是怎麼面對與英國簽的契約，簽約五十年不變，結果二十五年就變了。

李明哲也指出，紀念「六四」曾是香港的一個民主傳統，但近年來隨著香港本土思潮興起，香港人內部也有不同看法。支聯會主張紀念「六四」是為「建設民主中國」，但香港年輕一代本土派不予認可，認為香港人要捍衛香港的自由，他們不是不紀念「六四」，而是用新的方式紀念，賦予「六四」本土詮釋，並把這個精神運用在香港民主抗爭之中，「六四精神在香港就活下來了」。《香港國安法》實施後，香港急遽中國化，香港新舊兩種紀念「六四」的方式都「被消失」。之後，很多流亡台灣的香港人，沿用香港的紀念方式，在台灣紀念「六四」，包括重建「恥辱柱」，這對於香港的流亡社群來說，自無可非議，台灣人亦可予以鼓勵和支持。

不過，李明哲進而指出，台灣應有自己對「六四」的論述，並以自己的方式來紀念。有人說，香港、中國的事與台灣人沒有關係，他不同意這種說法。首先，紀念「六四」跟紀念「二二八」一樣，應當站在普世人權的高度上看，台灣應當有這種胸襟和氣度。其次，台灣應藉由「六四」，了解中國政權獨裁暴政的本質。現在的台灣，很嚴重的問題是，很多台灣人對中國的認識並不清楚，認為中國是光鮮亮麗的，但他們忘記了，表面光鮮亮麗的背後是多少中國人的犧牲。「六四」告訴台灣人，中國政府是怎麼對付自己的民眾，當然他們也會這樣對付被他們視為劣等人的台灣人。台灣人通過紀念「六四」，可認清中共的本質，並結合在地的行動，抵抗中國的侵略，勇敢地告訴中國政府——台灣人要走向世界文明，拒絕中國蠻荒的統治，「我們是小國小民，但是我們不願做你的大國順民」。

二〇二三年三月，已入籍台灣的出版人富察[60]在回中國辦理注銷中國身份和戶籍手續時，被上海國安部門以涉嫌危害國家安全為由拘捕。李明哲對此事發表評論說，富察事件只是開端，因為中國不會停止打壓台灣的自主意識，過去是隱性施壓，現在是赤裸裸的抓人。面對這種步步進逼的危機，台灣社會應該展現出基本的反抗態度，否則「軟土深掘」是獨裁者最喜歡的方式。

李明哲撰文指出，台灣市面上的出版品琳瑯滿目，有批判國家政策的，有討論國家制度走向的，甚至揭露時弊、猛烈批判政治人物，或者史觀南轅北轍也所在多有，這在任何民主國家都是常態，台灣保障任何生活在這片土地上的人民在負責任的前提下，都有言論自由。而該言論自由甚至包含「顛覆」台灣的政府，只要不是用暴力的方式。不管是報章雜誌，還是定期的選舉，現代文明保障每個公民能「合法」煽動和顛覆自己的政府。正是這樣的「顛覆」行為，讓人民把台灣當成安身立命的地方，也把民主、人權、言論自由視為必須捍衛的價值。

然而，中國政府抓捕富察的行為卻明明白白告訴世人，一個在台灣從事出版事業出版人，卻被中國冠以「煽動顛覆國家政權」的罪名。富察事件的核心，就是中國政府對台灣出版業伸出了骯髒的手。中國政府意圖用自己蠻荒的手段，否定全世界熱愛自由民主民眾所珍視的價值，否定人類文明進步的潮流。富察事件一次讓世人見識到中國政府「真實」的一面，不只是和世界的差異，更是文明和蠻荒的差異，同時也再次證明中國政府離世界先進文明潮流更遠了一步。

李明哲更批判台灣的某些親共的人士和群體，「你們到底有沒有認知到，你們自己是自由人？還是你們只是一個在自由國家的奴隸？」他說，身處自由國度卻懷奴心之人最可悲。

李明哲個人臉書：https://www.facebook.com/mingchel0210
李明哲電子信箱：mingcheL0210@gmail.com

60 富察（一九七一—）：原名李延賀，滿族名為富察延賀，上海華東師範大學文學博士，原上海文藝出版社副總編輯，後因娶了台灣太太而移居台灣。他在台灣創辦八旗文化出版社，並任總編輯。二〇二三年三月，入境中國後失聯。四月，中國國台辦證實其已因涉嫌危害國安為由遭到逮捕。台灣文化界發起聲援，呼籲中國當局立即將其釋放。

39

阮曉寰：真的猛士敢於在一個不正常的國家做一個正常的人

阮曉寰：知名博客「編程隨想」博主，網路安全專家。常年在網路上傳授翻牆和網路安全技術，以及反洗腦、批判中共暴政的文章。二〇二一年被捕，二〇二三年被判刑七年。

阮曉寰，一九七七年六月十日生於福建泉州，高中畢業考入華東理工大學化學系。他自學計算機，不凡的技術備受計算機系教授青睞。大三時，為校辦軟體公司開發程序，以跨專業特聘身份加入計算機系教授的研發團隊。

阮曉寰與妻子貝震穎是大學同學，貝震穎說：「在大學裡面，他最經典的就是爽朗的笑聲啊，就哈哈哈那種。人家都說整個教室，或者說一層教學樓都能聽到阮曉寰在笑了。」在網上流傳著一張阮曉寰的照片，是二〇一四年他與妻子一起去菲律賓巴拉望旅行時拍攝的，他穿著格子襯衫，背著一個紅背帶的包包，很陽光，很燦爛，笑得很開心，與丁家喜極具感染力的笑容很相似。正是其身上淳樸正直、樂於助人和博學又鑽研的特質，吸引了貝震穎，最終兩人結為伴侶。

大四時，阮曉寰因投身軟體項目，沒有完成化工系課程，面臨無法畢業。教授建議他轉到計算機系，只需多學一年就給他計算機系畢業文憑。但他選擇輟學，全心投入軟體開發中。他認為，對掌握日新月異的技術而言，時間遠比文憑重要。他放棄畢業證，讓做大學教授的父親很長一段時間不能接受。

輟學後的阮曉寰憑藉過硬的技術在各大網路安全公司嶄露頭角，從程序員一路晉升至項目經理、技術總監。二〇〇八年，北京啟明星辰公司承接奧運會資訊安全系統項目，阮曉寰是公司研發總監。但由於他沒有大學文憑，公司連社保都不給辦，他對薪資卻從不在乎。與妻子結婚以後，因為妻子是上海人，本可落戶上海，享受很多在地福利，岳父岳母也一直催，但他一點也不在意，拖著沒有辦。

二〇一二年，為了能有更多時間鑽研前沿技術，阮曉寰從公司離職。他堅信「無償和開源是更大貢獻」，把工作地點從公司搬回自家書房，獨自研究，無償開發開源軟體。在妻子眼中，離職後的丈夫比工作時更忙。阮曉寰是電腦天才，卻幾乎不刷卡，只用現金，他不想被「老大哥」掌控自己的隱私。兩人的婚姻生活平淡而甜蜜，賬戶各自獨立，並約定不要孩子——剛結婚時，阮曉寰就決定不要孩子。妻子問他：「為什麼？」他說：「中國的社會問題嚴重，教育問題啊，醫療問題啊，食品安全問題啊，很多問題。有這些問題在，為什麼要生孩子？不能讓孩子來到這個不安全的世界。」他沒有告訴妻子的是，他早已意識到自己在從事一件危險的事情，不能牽連到無辜的孩子。這就是當年劉曉波與劉霞的想法。

二〇〇九年一月十五日，阮曉寰開設博客「編程隨想」（所在域名blogspot.com在中國被屏蔽）——這個祕密，他連妻子和父母都未告訴。「六四」屠殺二十週年前夕，中共大規模封殺海外網站，工信部出台計算機預裝綠壩上網過濾軟體計畫。六月十一日，他發表一篇題為〈是該寫點技術以外的東西了〉的博文。他「不想再保持沈默」，開始利用專業知識，向公眾普及翻牆技術及如何隱匿身份、規避當局追捕的網路安全知識。

二〇一〇、二〇一一年之交，阮曉寰轉向政治博文寫作，其博客每月至少更新一次，十二年從未間斷，先後發表七百一十二篇文章，內容分為六大類——提升思維能力、普及政治常識、掃盲翻牆知識、揭露黨國嘴臉、網路安全教程、軟體開發技術，並分享數百本中英文電子書籍。

二〇一三年，「編程隨想」獲德國之聲國際博客大賽最佳中文博客獎。阮曉寰未出現在頒獎現場，僅在一篇自述中表示，希望公眾可以明白「你可以不關心政治、但是政治會來關心你」。二〇一六年二月，他整理並在Github推出《太子黨關係網路》項目，收錄一百三十多個中共領導人家族關係網路，以此揭露中國政權系統性的腐敗。在Github的歷史上，這個項目是第一個被中國政府封殺的開源項目。正是這個項目讓他深陷危險之中。二〇一七年，他與網友談及安全問題時曾表示，若他在全平台無任何活動超過十四天，即意味著他遭當局抓捕或人身遭意外。

阮曉寰的政治啟蒙類文章，直接批判中共極權政體，傳播常識，啟蒙掃盲，涵蓋政治學、法學、心理學、歷史學、哲學、文學等多個學科，視野廣闊，論述精闢，讀者眾多，為交流計算機程技術、普及政治常識、提高上網安全意識、培養邏輯思維能力、傳播歷史真相做出不可磨滅的貢獻。比如，多年後的二〇二三年，「白紙抗議」的參與者黃意誠在流亡路上聽貝震穎談丈夫的播客，想起自己初三時就讀阮曉寰的文章，受益良多，那時卻不知道作者是誰。

在普及翻牆技術方面，阮曉寰發表的文章有：〈計算機網路通訊的系統性掃盲〉、〈「對抗專制、捍衛自由」的N種技術力量〉、〈如何隱藏你的蹤跡，避免跨省追捕〉等；在心理學方面有：〈為什麼獨立思考這麼難〉、〈不要成為「粉絲」——談談「偶像崇拜」的成因和危害〉、〈天朝民眾的心理分析：聖君情結〉等；在政治方面有：〈人類自由的三大死敵——談談「共產運動、納粹主義、政教合一」的共性〉、〈政治常識掃盲：理清「國家、政體、公民、政府、政黨」等概念〉、少些「煽情感動」〉、〈看看全國人大代表都是啥貨色——兼談「議會道路的改良」行不通〉等；在歷史方面有：〈談談三年大饑荒〉、〈台灣民主運動與獨立運動簡史〉、〈看看真理部是如何PS照片的〉等。

「六四」屠殺發生時，阮曉寰年僅十二歲，不太可能有太深印象。他後來才在網上搜尋「六四」真相。「『六四』事件是文革之後，中國最重要的一個歷史轉折點。通過對『六四』的了解，大夥兒可以更清楚地認識朝廷的真面目，知道它有多麼殘忍、陰險、狡詐。」他是翻牆後才覺悟的，因此鼓勵更多人翻牆，「翻牆術」最主要的意義在於確保你具有「使用互聯網的自由」。

阮曉寰的妻子貝震穎回憶當初談戀愛時的情形：「我當時就知道他這個讀書的閱讀量非常大，讓我很吃驚的。而且他對人名特別是外國人名的記憶力非常強，過目不忘。我很驚訝於他的超強記憶力，還有他知識面的豐富，什麼都知道。」阮曉寰兩三天就能看完一本書，有時他會因為懂得多而有點「張狂」，會給人開書單，還會責備貝震穎不看他推薦的書。「他碰到聊得來的人會滔滔不絕，對事情窮追到底。但如果發現對方不在一個層次，就慢慢不談了。」從其博客就能看出，他在人文社會科學方面思考的深度和廣度超過絕大多數名牌大學的教授、博士。[61]

這個小小的博客，卻讓中南海如芒在背。二〇二一年五月十日中午十二點左右，多名便衣破門而入，阮曉寰一開始以為是劫匪，與之發生扭打，眼鏡被打碎。後來他們才表明身份是警察。一行人進入阮曉寰家中後，先是仔細搜查書房，時間很長，「幾乎翻了個底朝天」。隨後再逐個房間搜查。貝震穎回憶：「他們大概有十個人左右，三四個人盯著我，把我攔在被搜查房間外面，兩三個在客廳，三四個在書房，還會換班。」搜查持續到次日淩晨兩三點。貝震穎也被帶到上海楊浦區公安局接受盤問，一直到早上七點左右才獲釋。

翌日，阮曉寰被刑事拘留。六月十七日，被上海市檢察院第二分院批捕。十月十三，上海市第二中級人民法院立案審理。二〇二二年三月，因上海疫情管控，案件審理被「中止」。二〇二二年六、七月，上海封控逐步放開，阮曉寰年邁的父母（八十六歲的父親和七十六歲的母親）曾給法官打電話，懇求盡快恢復審理，卻被告知「積壓的案子很多，不是你們一個案子，你們要耐心等待」。

中共為了抓捕阮曉寰，投入龐大的人力物力。貝震穎回憶，丈夫被抓幾個月後，有鄰居告訴她，公安在逮捕行動前幾個月，就租下她家樓上一間房，用以監聽他們，對面那棟樓也有監視他們的人員。後來，她慢慢回憶起來一些細節：那段時間裡，樓上的廁所常傳來漏水聲。但當她和阮曉寰上樓敲門，要求對方配合物業檢查，對方卻堅持拒絕開門。丈夫在被抓前一兩年，常向她抱怨家裡總是斷網。因為經常發現網路異常，他也愈發謹慎，有時一起出去散步時，常說「要殺個回馬槍」，返回住所查看有無異樣。

貝震穎在接受袁莉的「不明白播客」採訪時說，丈夫被捕後，她的手機等通訊工具一度被扣押，後來雖被歸還，但都被安裝了監控軟體。為了避開監控，她就外出上網，翻牆查閱「編程隨想」的文章。最初她看到網上對丈夫的一系列稱謂，如「普羅米修斯」、「阿桑奇」、「斯諾登」，心情矛盾，既自豪又害怕。她先看博客中的年度總結，以及題目比較刺激的文章。她印象最深的一篇就是〈為啥俺要寫這個博客——動機的自我分析〉，「看了那篇博客以後，我就一下子覺得，這就是我大學認識的阮曉寰」。尋找丈夫網路身份的過程，也解開了丈夫被捕後困擾貝震穎近兩年的謎團。當她終於確信，丈夫就是「編程隨想」後，忍不住在網吧裡失聲痛哭。她說：「他很理想化，很單純。他所有的價值觀，他

---

61 例如，在〈為什麼馬克思是錯的？——全面批判馬列主義的知名著作導讀〉一文中，阮曉寰針對二〇一八年當局大肆慶祝馬克思誕辰兩百週年提出反駁，主要引用奧地利學派的名著來批判馬克思主義：批駁「勞動價值理論」，用卡爾．門格爾的《國民經濟學原理》、維塞爾的《自然價值》、龐巴維克的《卡爾．馬克思及其體系的終結》；批駁「剩餘價值理論」及「剝削理論」，用龐巴維克的《資本與利息》、克努特．維克塞爾的《利息與價格》；批駁「資本主義崩潰論」，「不需要引述什麼名著，光憑事實就足以說明——馬克思的預言徹底失敗，大夥兒都看到了，資本主義社會並沒有崩潰」；批駁馬克思所用的「經濟學方法論」，用米塞斯的《人的行為——經濟學專論》；批駁「階級理論」，用彼得．德魯克的《後資本主義社會》、羅納德．科斯的《企業的性質》；批駁「生產資料公有制」，用海耶克的《通往奴役之路》、彌爾頓．傅利曼的《資本主義與自由》、羅納德．科斯的《社會成本問題》；批駁「中央計畫經濟」，用米塞斯的《社會主義國家的經濟計算》、雅諾什．科爾奈的《短缺經濟學》；批駁「烏托邦」，用歐威爾的《一九八四》、赫胥黎的《美麗新世界》和札米亞金的《我們》；批駁「無產階級專政」，用海耶克的《通往奴役之路》、密洛凡．德熱拉斯的《新階級——對共產主義制度的分析》和卡爾．考茨基的《恐怖主義與共產主義》；批駁「歷史唯物主義（唯物史觀）」，用卡爾．波普的《歷史決定論的貧困》；批駁馬列主義「社會學方法論」，用卡爾．波普的《科學發現的邏輯》和《猜想與反駁——科學知識的增長》；批駁馬列主義哲學體系，用卡爾．波普的《開放社會及其敵人》；批駁各種社會主義流派，用海耶克的《致命的自負——社會主義的謬誤》、米塞斯的《社會主義——經濟與社會學的分析》。他當然是精讀過這些著作，才有可能推薦給讀者。

的行為都是統一的，因為他想明白了這件事情，就相信它，所以沒有普通人的矛盾和混亂。……他覺得正確的事情，他就會投入時間去做。而且他覺得人生價值是要留給這個社會一些有用的東西，這是他永不死亡的一個方式。」

後來，貝震穎仔細回憶，丈夫對自己被捕早有一些暗示的言語，卻被自己直接忽略了。當劉曉波出事時，阮曉寰對貝震穎提起劉曉波的妻子劉霞，為丈夫奔走、請律師的事，他說：「要是某一天一幫國安衝到我們家裡來，把我抓走了，你會不會害怕啊，你會不會也去奔走，為我請律師啊？」然後就睜大眼睛看著貝震穎。貝震穎也睜大眼睛看著丈夫說：「你別開玩笑啊，這種玩笑不能開的。」然後，阮曉寰就不說了。

二〇二三年二月七日，此案突然迎來轉變。當天，律師致電貝震穎，通知此案將在三天後公開宣判，允許家屬到場。由於通知太突然，阮曉寰遠在福建、年事已高的父母無法趕來。宣判當日，只有貝震穎一人作為家屬到場。聽眾席上，還有五、六名公安人員。陸培煜等兩名律師，枉顧律師的職業道德，完全遵從法官的意志。阮曉寰被以「煽動顛覆國家政權罪」判處有期徒刑七年，剝奪政治權利兩年，沒收個人財產兩萬元。判決書只字未提「編程隨想」博客，八條證據無一列出所涉博文內容。

時隔一年零九個月，宣判那天，貝震穎才再次見到丈夫。由於法庭要求佩戴口罩，她只能看見丈夫鼻梁以上部分。與上次見丈夫相比，眼前的他滿頭白發、瘦得驚人。「我和他在一起這麼長時間，從來沒見過他這麼瘦的一個狀態，從來沒有。再怎麼辛苦也從來沒有。」庭審結束後，阮曉寰被兩名法警帶走，期間不斷回頭用眼神向妻子求助，眼中流露著飽受不公的苦楚。看到此景，貝震穎忍不住隔著口罩輕聲說了一句：「上訴。」她後來對媒體說：「我當時覺得我就是唯一能救他的人。」她與丁家喜的夫人羅勝春一樣，如同上帝派到英雄先生身邊的天使。

阮曉寰於判決當日在看守所內提交上訴，他堅信分享知識和自由不是犯罪。二月二十日，貝震穎委托北京知名人權律師莫少平與尚寶軍擔任上訴律師，但上海高院立案庭承辦法官須梅華以各種理由推托，不予處理。三月九日，尚寶軍上海楊浦看守所申請會見阮曉寰遭拒，並被告知上海高院已指定兩位「法律援助律師」，其中一位即為一審中完全配合官方演出的律師陸培煜。尚寶軍表示，這是當局常用的「佔位」套路，以此阻止家屬聘請的律師介入。貝震穎已向上海高院投訴承辦法官須梅華瀆職。之後，她到北京與莫、尚兩位律師會面時，遭到國保警察攔截。

阮曉寰發表一篇題為〈為啥朝廷總抓不到俺——十年反黨活動的安全經驗匯總〉的文章，不是炫耀其技術有多麼高明，而是手把手地向網友傳授網路安全知識。然而，中共以舉國之力搜捕「反賊」，阮曉寰最終還是深陷牢獄。即便如此，這不是他的失敗，而是他的榮耀，而且他的博客至今仍未被中共網路警察攻破。

阮曉寰最喜歡的兩部電影，一部是《V怪客》（中譯：V字仇殺隊），另一部就是《駭客任務》（中譯：駭客帝國）。在妻子貝震穎眼中，丈夫就像《駭客任務》中尼歐（Neo），是自己選擇吞下紅色藥丸，去面對真實殘酷的世界，然後去做那種持續的、但希望渺茫的奮鬥。「我非常理解，我覺得他就是會這樣做的，就是會堅持寫這樣一個博客，為了他自己想實現的事情，實現自己的價值。……他做這個博客，就是把自己的思想分享給別人，啟發大眾做獨立思考、批判性思維。」

袁莉問，阮曉寰瞞著家人一個人寫博客十幾年，是不是很孤獨？貝震穎回答說：「其實我覺得他並不孤獨。一個看這麼多的書，不斷地通過寫博客來提高自己的人，他有追求。他有書相伴，有這麼多的粉絲相伴，我相信他絕對不孤獨。在寫博客之前，他可能是寂寞的。因為他曾經有說過一種英雄寥寥的感覺，他很多的技術，沒有一個水平相當的人可以和他談，他可能寂寞。但是寫博客之後，我不相信他會是孤獨的，雖然他是一個人關在房間裡面啊，他一直都是嗒嗒嗒嗒嗒的聲音，敲鍵盤的聲音。我不相信，他會有空去寂寞、去孤獨，所以他不孤獨。」

這個世界上，從來沒有推不倒的牆，也沒有永遠固若金湯的暴政。終有一天，中國會變成阮曉寰所期待的「正常國家」，人們無需擁有英雄的勇氣就能過上正常人的生活。正如受其啟發有了獨立思考能力的黃意誠所說：「相比於楊絳寫下的錢鐘書，那個仗著自己讀書多便陰冷睥睨的學者，對時代與政治毫無觸動，也沒有承擔，阮先生是一個真正有承擔的人，他的妻子更是有勇有謀、有愛情、有忠誠，這種種都讓人無法抑制地感動、垂淚。當今是中國歷史上最黑暗的時刻之一，正是這整體的社會環境是如此黑暗、渾濁，那零零星星的一兩個純真、善良、勇敢的人，他們才會閃爍出如此耀眼的光芒，給我們一種『廉頑立懦』的力量。當我們想到有阮先生這樣的人存在的時候，我們還有什麼資格說放棄呢？當然每個人都要盡最大的努力去做事，不管能力大小，不管有沒有用，能做一點是一點。總有一天，我們的努力會為社會公眾所認可，我們會成為被歷史記住的人。到那時候，羅冠聰[62]和黃台仰[63]他們會回到他們熱愛的香港，我們也能安安全全地回到自己的家中，到那時候，我希望能去阮先生在楊浦區的家裡坐坐，喝一壺清茶，到那時候，我們回憶起現在這段艱困度日的時光，又會是怎樣一種況味？」

二〇二三年三月，貝震穎買了一個高音喇叭，每個星期都會去看守所附近，用自己的方式向阮曉寰傳遞信息。「我要讓他知道，他不是孤獨的。他『編程隨想』這個身份大家都已經知道了，他現在已經度過了最危險的時刻了，」她說。她相信，失去自由的阮曉寰已經聽到了。五月三十一日，剛接受完美國之音的訪問，貝震穎與外界失聯。

> 袁莉訪談阮曉寰妻子貝震穎，見不明白播客：
> https://www.bumingbai.net/2023/05/ep-048-program-think-text/
> 「編程隨想」博客原始地址：
> https://program-think.blogspot.com/2014/02/brainwash-and-idiot.html

62 羅冠聰（一九九三—）：前香港立法會議員、香港眾志創黨主席。因宣誓風波喪失議員資格。二〇二〇年，被香港警方以《香港國安法》的「煽動分裂國家、勾結外國或境外勢力危害國家安全罪」通緝。同年，流亡英國並獲得政治庇護。

63 黃台仰（一九九三—）：香港本土派人士、本土民主前線召集人，亦是網路媒體平台Channel i創辦人。二〇一六年旺角事件的領導者之一。二〇一七年十一月，香港法院對其發出拘捕令。其後，輾轉流亡至德國。

40 陳建剛：我寧願被殺掉也不放棄律師的尊嚴

陳建剛，中國人權律師，曾辦理大量涉及各領域的敏感案件，「新公民運動」參與者、「七〇九」當事人及辯護律師，因代理周永康兒媳黃婉案，被中共當局認為「踩了政治紅線」，威脅被「失蹤」。二〇一九年，與家人移居美國。

陳建剛，一九七九年三月生於山東濟寧汶上縣的貧苦農民家庭。二〇〇〇年，考入山東理工大學法學院。二〇〇六年，在北京通過司法考試。二〇〇七年，進入律所實習。二〇〇八年，拿到律師證。二〇〇九年，開始獨立執業。

二〇〇九年，陳建剛接觸到微博，在網路上逐漸遇到許多對中共統治存有異議的朋友和律師同行。二〇一二年，代理吉林朝鮮族群體被高官孫政才搶劫大片房子和林地的案件，因司法不公，憤而在網上公佈案件資訊。沒想到此案成為他與其他人權律師取得聯絡的一個觸點。

二〇一三年春，陳建剛受邀參加在湖南長沙召開的一次人權律師研討會，共同討論新頒佈的非法證據排除的司法解釋，其人權律師之路就此打開。會後沒多久，「新公民案」在北京爆發，他成為第一批被抓捕的四人當中的張寶成的辯護律師。

隨後，陳建剛參與大連「安鍋」案（當局抓捕數十名法輪功修煉者，他們涉嫌安裝可接收新唐人電視節目訊號的衛星接收器，此種接收器在民間俗稱「鍋」）辯護。一審期間，多名律師遭毆打，退席抗議。陳建剛第一次與十多名律師一起與公檢法對抗，他以《刑事訴訟法》為依據，屢屢發現檢方漏洞。

二〇一四年一月二十七日，大連中山區法院在一審中對九名法輪功學員判刑四至六年。三月三日，陳建剛去大連中院遞交參與二審辯護律師函，法官何雲波閉門不見。他就在中院門前打出「大連中級法院違法，阻止律師會見」的橫幅抗議。門外警察出面阻止，他堅持打橫幅，表示如果此舉動讓警察為難，警察可將他刑事拘留。他又去信訪部門控告，法官何雲波和庭長郭輝才露面，但仍說原辯護律師不能代理二審。陳建剛怒斥道：「大連中級法院和法官，才是在公開破壞法律實施，是黑幫，是一群流氓！」兩法官瞪眼聽著，默不作聲。

二〇一三年七月二十一日，殘疾人冀中星[64]在北京機場製造炸彈爆炸案。九個小時後，歌手吳虹飛[65]在新浪微博上對其行為表示理解，並發表「我想炸的地方有北京人才交流中心的居委會，還有媽逼的建委」等言論，被北京警方刑事拘留，面臨最高五年刑期。這是因微博言論獲罪的第一個刑事案件。

64 冀中星（一九七九—）：山東省菏澤市鄄城縣農民。在東莞打工時，被警察暴力毆打致殘，多年來上告，要求獲得賠償，但毫無結果。遂自製炸彈在機場引爆，想引起社會關注。爆炸僅讓其本人受輕傷，未造成其他人員傷亡。他被捕並被判處六年徒刑。

65 吳虹飛（一九七六—）：侗族，作家，歌手，北京清華大學環境工程學士、文學碩士，搖滾樂隊「幸福大街」主唱，原《南方人物週刊》記者。

陳建剛與李金星[66]律師介入此案，經過他們的努力及輿論的壓力，吳虹飛被以刑事拘留轉為行政拘留十天，在與陳建剛第二次會面之後次日獲釋。

進入維權律師圈之後，陳建剛發現自己在刑事辯護上頗有天賦，且能實現用法律捍衛社會公平正義的理想，遂放棄收入頗豐的民商案件，專注於刑事辯護。他沒有一天停止學習，買了所有國內最前沿的刑辯書籍，並閱讀更早成名的維權律師們的辯護詞，做了幾百頁筆記。成為基督徒之後，他多次為被捕的基督徒的宗教信仰自由辯護，在先後辦理的為基督徒辯護的多起案件中，動員參與辯護的律師有五十人之多。比如，在山東，有一次警方抓捕一批家庭教會成員，他和律師團抵達之後，公安局大廳的警察紛紛走避，沒有一個人敢出見律師，被抓捕的基督徒當天獲釋。

「七〇九」大抓捕發生後，正在安徽蒙城一個法院出庭的陳建剛，開完庭後即被阜陽市國保帶上車，拉到公安局。國保直言不諱地告知，「是接到上級的任務找你談話」，並詢問他對王宇律師被抓有何看法？陳建剛回答：「王宇是我好朋友。我說我認為這是迫害。她是一個律師，沒有做任何犯法的事情。」國保說，「我們得到上級的任務，就是要向你傳達、警告或者說命令，不得為王宇等被抓的人呼籲，不得寫文章，不得相互串聯」。

陳建剛並未屈從於威脅，很快接受在「七〇九」案中被捕的謝燕益[67]律師的妻子原珊珊的委托，代理謝燕益一案。他接受委托後，去天津兩次，要求會見當事人均被拒。

二〇一六年十二月十九日，陳建剛接受「七〇九」案被捕者謝陽律師的妻子陳桂秋之委托，代理謝陽案。他拿著手續去看守所，看守所卻不讓見。同月二十二日，他再次到長沙，終於見到謝陽。這是謝陽被捕一年半之後第一次與律師會面。謝陽見到陳建剛就哭了，並詳細講述遭受酷刑的經過。陳建剛先後六次會見謝陽，將其講述寫成〈謝陽會見筆錄〉。最後一次去會見時，他將筆錄打印好，請謝陽核對並簽名。

二〇一七年一月二十九日，因謝陽案陷於膠著狀態，陳建剛選擇在博客上將筆錄公開，再用微博轉發。此消息迅速成為一則國際大新聞，全球媒體鋪天蓋地加以報導，陳建剛後來回憶說：「此事聲勢之大，程度超出我的預料，之前從來沒有見到過那麼大的聲勢。」

為了緩解輿論壓力，國保警察進入看守所，誘騙謝陽拍攝了身體健康、可正常上下樓梯的影片。如此就將陳建剛和另一位律師江天勇陷入律師製造偽證罪的境地。江天勇此前已被抓捕，在酷刑折磨之下，被迫在電視上認罪，說是自己一手指導陳桂秋編造謝陽被酷刑的虛假資訊，以博取西方媒體的眼球。二〇一七年三月一日，中共動員央視、騰訊及百家以上媒體萬炮齊發，宣稱謝陽酷刑是捏造的虛假資訊，目的是抹黑中國司法。

66 李金星：網民「伍雷」，深度參與辯護的案件，既有聶樹斌、念斌、李淑蓮這樣普通老百姓的冤案，也有蒙冤法官張大慶、罹患精神疾病的國保警察陳建湘、企業家姜玉東，甚至包括頂級官商吳小暉。他被譽為幫助平反冤假錯案「第一人」。二〇一九年八月八日，因在微博上發文批評山東當局，被吊銷律師執照。

67 謝燕益：人權律師。二〇〇三年，提起憲政第一訴——起訴江澤民違憲繼續擔任國家軍委主席。二〇〇八年，發表《和平民主運動研究》。二〇一五年，率維權律師前往慶安介入訪民徐純合被槍殺案，發表律師調查報告。「七〇九」大抓捕中，被以「煽動顛覆國家政權罪」逮捕。二〇一八年，發表〈退出中國律師聲明〉，在中國不結束獨裁、不結束迫害法輪功、打壓基督教及少數民族等「奴役壓迫人民的現狀」以前，「不承認在一個專制社會裡真的存在法治意義上的律師這一職業」。

此時正在出差途中的陳建剛意識到，自己陷入巨大危險中。中共當局處心積慮要推翻對人權律師實施酷刑這件國際醜聞，方法就是迫使當事人親口否認謝陽遭受酷刑的事實，承認已公佈的資訊是故意編造的謊言。這件事所直接涉及的有四個人：謝陽、江天勇、陳桂秋、陳建剛，每個人都如同一個九十度角的扇形，如果中共用誘騙或脅迫、酷刑手段讓四個人全都屈服，中共的目的就能達到。中共已拿到謝陽及江天勇的錄影，剩下就是陳桂秋及陳建剛本人。一旦陳桂秋和自己被捕，中共用酷刑或家人安全為脅迫，恐怕難保不會屈服。官方若完成此一謀劃，將在人權律師及抗爭者當中炮製出一個巨大污點，「七〇九」案中當局對律師實施酷刑的事實也必將受到質疑乃至被推翻。

萬幸的是，幾天後陳建剛得到消息，陳桂秋母女三人順利逃到泰國，在中共跨國追捕中雖險象叢生，最後還是被美國政府接到美國。他大大鬆了一口氣，有陳桂秋在海外說出真相，自己至少暫時安全了。隨後，他一氣呵成，撰寫並在網上發表〈會見謝陽前後〉、〈就湖南省檢察院對謝陽酷刑事件「獨立調查」的追問〉、〈政治謊言之後〉等文章，揭露此案真相。他還發動了兩件事，「每人一照」和「十秒質疑」，呼籲民眾以照片和短影片的方式抗議謝陽被酷刑。這兩件事成為人權律師抗爭行動的最高峰，也是最後的盛舉。

謝陽案之後，陳建剛及家人的生活徹底改變。「七〇九」之前，他已被限制出境，然後被約談、威脅，接踵而來的是全天候的監控。他常常出差，次次都被查房，身份證一刷，重點監控立即報警，以至於一步一崗，以至於在飛機上被當成高危犯罪，飛機落地，空姐廣播「各位乘客先不要動，有警察執行公務」，然後就是帶兩位警察走到他面前，「就是他！」，將他帶走。

陳建康不堪此種折磨，與傅希秋牧師取得聯繫，希望在其幫助下逃離中國。二〇一七年五月，傅希秋為之安排了逃亡路線，他帶家人上路，先去雲南旅行，伺機出境。結果，他們的行蹤早已被特務截獲，在路上被扣留和綁架。全副武裝的警察用長槍對準他的兩名幼子的頭進行恐嚇，還聲稱可將他們當做毒販擊斃。他的次子當時剛兩歲，受驚嚇之後當晚就發高燒。

從雲南折返回京，國保明確告知：「我們將安排人二十四小時監控，這一招對人的壓力很大……」樓下除了有人二十四小時上崗，同時樓道門口左右兩邊安裝兩個電桿，每個上面有三個鏡頭，陳建剛和家人一出門，左右六個鏡頭對著，面前是兩個人看著。不久，房東強迫他們搬家，還未搬家，學校又來電話：「陳大郎家長嗎？派出所來電話，說我校不能接收你們家寶寶，我們也不明白，第一次有這種情況……」陳建剛跟國保溝通，國保說，你自己知道做過什麼事。

陳建剛只好暫停律師事務，兩年時間閉門謝客，爭取考取美國國務院漢弗萊獎學金。國保約談，他回覆資訊「本人備考期間，不辦案，不咨詢，不會客，不接電話，不拜客……」。等到他被錄取並得到簽證後，要求國保取消已長達四年的出境限制，國保在請示領導之後立即翻臉：「為什麼不讓你去？你自己不明白嗎？你幹的那點事你不記得了？你不記得你給黨和國家惹多大事嗎？」二〇一九年四月一日，他在北京機場登機赴美時被攔下，感嘆說：「暴政就是可以如此憑一句話摧毀一個人的夢想和幾年的努力，不管夢想多麼美好和努力多麼艱辛，暴政就是在摧毀各種美好的人生。我幹了什麼事呢？我只是想做個人，我只是想盡職盡責做個律師，我只是盡到律師的責任和朋友的情誼而已。」

二〇一九年六月，身為周永康兒媳的黃婉與陳建剛聯繫，希望陳代理其案件。黃婉為美國公民，到中國探望丈夫周濱後被扣留，中國政府炮製一起民事案件，據此禁止其出境。黃婉委託的律師陸續被威脅逼退，有律師向黃婉介紹，陳建剛是唯一敢接受你家案子的律師。

接手此案，在維權律師群體中頗具爭議。周永康曾是國家暴力機器的最高掌門人，其領導的政法系統製造了無數冤假錯案。但陳建剛認為，周永康是戕害人權的獨夫民賊，但諷刺的是，周下台了，其路線和做法一點沒變，且變本加厲。這表示周永康也是統治機器上的部件。他之所以接手此案，並非認同周及其家人，而是有兩個原因：其一，律師的工作是解決和處理法律問題。任何一個獨立的人都不應該被排除在法律救濟、公平審判、程序正義等基本原則之外，周家人也不例外。對周家案件進行公平、公正、公開的審判，讓公眾了解案件事實，是一件好事。其二，通過此案，他可揭露中紀委辦案黑幕，王岐山時代的中紀委將法律作為政治鬥爭的工具，各種酷刑無所不用其極。在介入此案期間，陳建剛聽黃婉幾十個小時的講述，拿到大量資料，整理成一百多頁的會談筆記。他告訴黃婉，「我承諾做你的律師，我希望遵守這個承諾，不丟棄我正在救助的一個弱者」、「我作為一個獨立律師其實是很脆弱的，經不住鎮壓。我或許會被吊照，失去生活來源，或者被失蹤，甚至被殺掉，但讓我在能夠行使自由意志的時候去下跪討饒、屈服強權，我寧可立即被殺掉也不想那樣做」。

二〇一九年七月初，陳建剛幾次接到北京市律師協會會長高子程（後升任中國律師協會會長）的電話，委婉要求放棄對黃婉案的代理。他拒絕了這一要求。七月四日，北京市司法局律管處處長朱玉柱再次來電話，說北京市司法局副局長王群要來律協約談他。見面時，國保出身的王群開門見山地說：「你辦理這個案件已經觸及政治紅線。周案不允許翻案。黃婉為什麼不能出境你知道嗎？就是因為她知道的太多，現在她把一些事實告訴你，你也知道了。你如果繼續辦下去，你會失蹤。」他等於明確承認中國沒有法律，「上面」的個人意志就能讓辦案律師「失蹤」。這是政府官員說話嗎？這是黑社會在威脅人。王群用手指指著他的鼻子說：「我是在警告你，也可以說，就是在威脅你。」陳建剛毫不畏懼，也指著對方的臉說：「你威脅我？不用等，現在就可以，你去拿刀來，拿一把槍來，我的腦袋在這裡等你，我要是躲一下，我是王八蛋，快去！」王群的囂張氣焰被壓下去。這場會談不歡而散。

後來，陳建剛撰文分析說：「我認為周永康流毒的本質是『權大於法，霸凌人權』，具體表現就是實施鐵血維穩。公檢法國家機關不遵守國家法律，而是單純服從領導的命令，就是僅僅服從權力。……我做律師代理人權案件有七年的時間了，我所參與的任何一個案件都是權大於法，都是人權迫害案件，這才是真正的周永康流毒。」這一次，王群毫不遮掩威脅說：「上面」很生氣，你要立即解除委托，永不聯繫黃婉，否則你會失蹤。但陳建剛認為：「我依法簽訂的委托合約是合法有效的，我從事律師執業是合法的，黃婉委托律師是合法的，我和黃婉交談案件背景是合法的，為什麼你一句話就要強迫我退出案件呢？還要威脅我永遠不能和當事人黃婉聯繫。諸如此類的做法才是真正的周永康流毒。」他繼續指出：「中國的全名是中華人民共和國，我是把國家當作一個有尊嚴的國家對待、把我的律師職業當作一個有尊嚴的職業對待的。我力圖像一個正常人在一個正常社會裡那樣生活。共和制度下的法律本質是公意，要求權力必須受到法律的制約。法律必須能夠制服權力，這才是文明社會，才是共和體制。」他對王群發出追問：「在正常法治下，我接受委托，了解案情，有什麼錯嗎？我在挑戰什麼嗎？都沒有。用法律來對抗權力，保護個體的權利，這是每個人的需要，符合每個人的利益。王群也該問問自己：連周永康的家人都會落入這一步境地，王群又算什麼呢？當年你們不都是在周永康的麾下忠心耿耿工作嗎？周永康一轉眼牆倒屋塌，你們立即奉新的上級的命令，對周家人株連追殺。你們到底是對什麼東西忠心耿耿呢？但我覺得他在這個權力體系中不會想明白這個問題的。這其實是一種短視。而我的想法和做法是對這個社會中每個人都好，包括那些要讓我失蹤的人。」

二〇一九年，因在中國國內的處境繼續惡化，在傅希秋牧師幫助下，陳建剛和家人悄然逃亡到泰國，再流亡美國。一過國界，八歲的大兒子就開始哭。他拉過兒子，幫其擦去淚水，告訴兒子，「孩子，我們自由了，以後爸爸再不用為你們的安全擔心了」。

陳建剛臉書：https://www.facebook.com/chenjglawyer
陳建剛起草的辯護詞及評論文章見「建剛評論」：https://jiangangpl.blogspot.com/

一九八〇年代人

41 張展：當然應該尋求真理，真理是我的生命

張展：維權律師、公民記者。二〇二〇年，親身赴病毒肆虐的武漢，報導疫區真相，遭上海警方抓捕並判刑四年。在獄中展開絕食反抗，數度生命垂危。

張展，一九八三年九月二日生於陝西咸陽。母親以前開縫紉店，她放學後在縫紉機台上做功課，成績優異，功課不需要父母操心。她哥哥張舉曾分享過一張妹妹六、七歲時在家裡床上跳舞的照片並說：「我沒有見過任何人比她更純淨，也沒有見過堅定有甚於她的。」

高中畢業，張展考入西南財經大學，先後獲保險學學士、金融學碩士學位。二〇一〇年，作為金融人才引進上海，在浦東新區一家大型股票經紀公司任高管。落戶上海，是很多外地人夢寐以求的理想，張展靠個人的才華輕易實現了這個夢想，原本可安享小資和中產的舒適生活，獲得改革開放的特殊紅利。然而，善良的天性和虔誠的基督信仰，讓她無法對周遭的不公不義視而不見且沉默似金，如她所說：「當然應該尋求真理，不計成本地尋求。真理一直是這個世界最昂貴的東西，它就是我們的生命。」

二〇一六年，張展因為拒絕老闆要求她偽造賬目而辭職，她對整個金融業的腐敗感到絕望，轉而通過司法考試考取律師執業資格，投身用法律捍衛人權的事業，卻因參與抵制修訂律所管理辦法的簽名活動，被注銷律師執業證。此後，她利用其法律知識專長，幫助權利被侵害的底層民眾，曾每週三都去上海某公園參加固定的維權人士聚會，為冤屈者寫狀紙，直到被上海警方盯上並阻攔她參與此類活動。正是在這一年，她在浦東參加家庭教會的團契，隨即在教會受洗成為基督徒。後來，這個家庭教會被當局強行關閉。

二〇一七年，張展開始在推特等網路平台發聲。自香港爆發「反送中」運動，她大量轉發港人抗爭影片及資料，並撰文和以行為藝術的方式聲援港人的抗爭。二〇一八年八月十三日，她因網路言論被上海虹口警方警告涉嫌「煽動顛覆國家政權罪」。二〇一九年四月十九日，她被上海浦東警方以「尋釁滋事罪」刑拘十天。二〇一九年九月八日，她在上海惠南地鐵站舉起「共產黨下台，結束社會主義」的橫幅，被上海警方以「尋釁滋事罪」刑拘六十五天。被羈押期間，她被關禁閉七天，遭受虐待，手腳銬在地上，身體受到很大傷害；還被強迫做精神病鑒定，她兩次以絕食抗議。

獲釋後，張展受到警方嚴密監控，警察經常當面羞辱她是「不能照顧父母、還要讓父母擔心的寄生蟲」——這正是詩人布羅茨基被蘇共當局冠以的一大罪名。她仍然勇敢地接受外媒採訪，表示要捍衛言論自由，繼續為社會公義發聲。記者問她：「你為什麼一而再再而三，明知其不可為而為之呢？」她回答：「國內政治高壓太讓人窒息，需要一種破裂。……我希望去做一點點突破，因為太多人基於恐懼不敢說話，面對公義不敢發聲。」記者又問：「作為一個在中國罕見的舉牌示威者，您覺得自己孤獨嗎？」她答道：「我不覺得孤獨啊，可能是因為我覺得上帝與我同在。……這個國家的問題是制度的問題。我覺得應該勇敢下去，應該堅持下去，自由從來都不是免費的，我希望這個國家改變。」

二〇二〇年二月，肺炎病毒肆虐武漢，武漢封城後，少有真實消息傳出。張展前往武漢實地採訪報導，在個人推特、YouTube平台發佈數以百計民眾生活的文字和影片。她的記錄為世人了解這場世紀人禍留下寶貴資料，對中共鼓吹的所謂抗疫勝利敘事構成威脅。她說：「我親眼所見，人們的苦難是他們自己造就的。但我還是會不遺餘力為這個國家的人們擁有平等和自由而努力。」她指出：「政府以治療為名義，將個體與外界社會的資訊進行隔絕；以穩定的名義，把疾病、死亡的人數進行掩蓋；以正能量的名義，對新聞進行控制；以效率的名義，將軍隊派入公共安全事件中；以公共的名義，侵犯私有財產權利。」、「如果在位者既不想承認這種制度的缺陷，又不能承認自己的無能為力，就產生了一套可怕的紅色統治的標準特徵：全能神的塑造和全面的造假。」、「現在解封不是一個公共衛生問題，而是政治問題，是人民的自由和生存與政府官員的恐懼發生對立和衝突的問題。」她一再呼籲：「建立一套可以有效運轉的制度。」、「不再依靠暴力」。

通過親身體驗武漢發生的荒謬劇（後來在全國其他地方漸次上演），張展對中共的本質有了前所未有的深刻認識，幾乎與她景仰的先驅者和殉道者林昭並駕齊驅。她寫道：「我曾多次呼籲共產黨下台，結束社會主義制度，因為我覺得這個國家每個人都生活在這種制度的詛咒之下，這種社會大規模的災難越來越明顯，沒有一個人能逃脫，從上到下全都處在恐懼中，或處在罪惡的泥潭裡無法自拔。」受過嚴格的經濟學和法學訓練的她，精準地預料到，大疫之後的中國將難以復原，數位極權主義將成為新常態，經濟危機將引發社會危機。二〇二〇年四月十五日，她在〈武漢的僵局〉一文中寫道：「大規模的經濟蕭條來臨的時候，人們將生存的焦慮和希望的尋求投向何處？他們還不知道生活已經永遠無法恢復正常……再也不可能回到過去的泡沫繁榮之中。」而且，她對自己的被捕早有預感：「若人生只剩下恐懼，那我能做的就是只有和恐懼反覆地較量，直到跨越恐懼為止。」

五月十四日，張展在武漢被上海警方跨省抓捕，次日以涉嫌「尋釁滋事罪」刑拘。張展案由上海市國安局長黃寶坤一手炮製。六月十八日，她被正式批捕。八月十八日，張展案送上海浦東新區檢察院審查起訴。她在看守所絕食抗議，遭到強制灌食、上腳鐐、二十四小時戴約束帶等酷刑折磨，身體狀況極差。此前，她早已做好殉道準備：「如果它們對我進行任何我不接受的結果，我就絕食……我相信如果我出任何問題，它會走到盡頭。因為我所做的事情不是沈默的、無人知道的、你可以掩蓋的事情——像王美餘[1]要習近平李克強下台，關到看守所幾天後就死了——可能最壞我也就這種結果，但你的這種邪惡性已經被世人知道了。」

十二月二十八日，上海市浦東新區法院開庭審判張展案。張展拒絕配合非法審判，坐在輪椅上被強行推到法庭。她義正詞嚴地對公訴人說：「你不覺得你把我推上被告席，你的良心會告訴你這是錯誤的嗎？」、「在你糾正你的錯誤之前，沒法回答。這是審判你的法庭，不是審判我的法庭。」、「這個國

1 王美餘（一九八一—二〇一九）：湖南維權人士。二〇一八年，在衡陽、長沙等多地舉牌，要求習近平下台、讓位、全民選舉，被警察抓捕。二〇一九年七月八日，再次被捕，羈押在衡陽市看守所。九月二十三日，王美餘家屬突然收到其死訊。其妻曹曙霞探視遺體後發現，丈夫七孔流血，面部頭部均有傷淤痕跡，從外表看不是普通死亡。

家之所以衰敗，正是因為你有這些荒謬的問題。」、「政府指控人民的講話，這種指控本身是錯誤的。因為這意味著我每句話要被審查。國家有權力審查公民言論嗎？」、「國家的恐懼來自於對人民的不信任。」最終，法院一審判處張展有期徒刑四年。判決書顯示，檢察員為陳鋼，審判長為馬超傑，審判員為王美玲、陳瑋——這些「惡之平庸」的代表，未來將像「耶路撒冷的艾希曼」般被送上被告席。

二〇二一年一月十三日，律師張科科[2]最後一次在浦東看守所會見張展。張展決定不上訴，仍拒絕正常進食，決意持續抗議。她說：「吃飯表示我承認我是一個被關押在這裡的罪犯。」她用絕食來表達「最強烈的不配合罪惡迫害的態度」。

二〇二一年八月初，張展的母親發出消息，接到監獄電話通知，張展因持續半絕食，健康嚴重惡化，營養不良，手腳浮腫，於七月三十一日送監獄醫院。八月二十三日，張展在監獄醫院被綁在床上十一天、強迫灌食，身高一七七公分的她體重降到不到四十公斤，患胃潰瘍、食管炎。十月底，家人與張展視訊後傳出消息：張展體重更減輕、無力行走、無力抬頭、毫無血色、身形完全走樣、病入膏肓、命懸一線。後來，因得知母親患癌症動手術的消息，她這才暫停絕食。直接指揮獄卒殘害張展的兇手，是上海市女子監獄黨委書記、監獄長陳建華。

二〇二二年十二月中，張展入獄兩週年之際，她的哥哥張舉在推特上分享了一封張展從獄中寄回家的手寫家書。信中，張展除了問候家人近況，先後四次提及警察，表明這封信受到警方嚴格審查。她稱一切都好，提到想念母親，因為「人在最艱難的時候，家人就是要給予全體陪伴」。她說記憶中的母親是「慣於脆弱，灰心的，悲觀的」，希望母親能放寬心，並嘗試「面對不可愛之事之人還能愛」。她也隱約透露其處境：「壓傷的蘆葦，我不折斷；將殘的燈火，我不熄滅。秋天來了，冬天來了。勿傷秋悲冷，因為春天就在風雪中開始了孕育。種子已經在預備破土，才能在某天一有點機會便發芽。我們的人生也是，圓了就是開始方的時候，方了就是圓的時候。」

張展還在信紙與信封上畫畫，手繪山水、花草或小動物。張展的母親表示，女兒現在有心情畫畫，代表心境有所轉變，其中一信紙畫滿企鵝，企鵝寄託張展對母親的思念，展示出其細膩溫柔的一面。她還臨摹一株傲立寒梅，信封上這句「崢嶸突兀如鐵，為骨凜然冰姿，為人當如梅」與信內的溫情截然不同。

張展的命運牽動成千上萬人的良心。二〇二一年一月一日，國際人權組織「自由報導聯盟」將張展列為全球「十位最緊迫」記者榜第一位。同年，張展獲得比利時布魯塞爾自由大學頒贈的言論自由榮譽獎、「對華援助協會」頒發的林昭自由獎、無國界記者頒發的新聞自由勇氣獎及中國青年人權獎。十一月二十日，湖南長沙一名大學女生在長沙橘子洲頭舉牌聲援張展，紙上寫著「不再沉默，救救張展」。該名女生被有關部門帶走，下落不明。

在張展朋友們筆下，張展不是花木蘭那樣的巾幗英雄，而是一名靦腆內斂的溫柔女性。作家黎學文[3]寫道：「張展個子很高，纖細，瘦弱，圓臉，衣著樸素隨意，戴著眼鏡，說話細聲細氣的。那天我

2 張科科：湖北武漢朋來律師事務所律師，代理過若干人權案件，屢屢受警方騷擾。

3 黎學文：獨立學者、自由作家、出版策劃人、常識捍衛者。二〇一七年七月十九日晚，自發參與在廣東新會崖門海邊的頭七海祭劉曉波活動，遭警方追捕。

們點的都是湖北菜，張展吃得很開心，說這是她來武漢幾個月吃得最好的一頓。……她似乎對於物質生活完全不在意的，她憂心的是她能多做點什麼……一個大上海的金融學碩士如此脫俗，我有點意外。她是那種極其純粹的人，她完全活在她自己追求的世界中。我認識很多抗爭者，但如她般的純粹者卻很少見。」黃思敏[4]律師寫道：「我見過張展一兩次，閒話家常裡，她總是細聲溫柔地道出自己在武漢的見聞和感受，圓圓的臉和紅色襯衫，靦腆的樣子。……她對於現實的思考，很多是哲學意義上的；一個人在邪惡荒謬的環境中如何自處？面對權力的碾壓，我們又該如何應對。」維權人士李化平[5]評論說：「張展姊妹，這位活明白了的八〇後姑娘，完全知道自己在追求什麼，她不只是訴諸於筆墨，同樣見證於行動……一個族群的精神譜系，其實是由張展姊妹這樣卑微而淡定的貴族在書寫。」學者艾曉明寫道：「安徒生寫過那個說真話的孩子，張展就是那樣的孩子。她太純粹了，不能容忍自己靈魂的雜質，也不願在現實的壁壘前退縮。她堅持純粹和真誠，這樣的品質，不是現代中國人所有……她就像一根刺一樣地存在著了，孤立、稀有、弱小又堅不可摧。」

海外人權活動人士陶業[6]代表一群老留學生發表了一篇題為〈由張展的母親，想到天安門母親〉的文章。文章寫道：「張展被拘捕了，被判刑了。這令她的母親邵文俠女士悲痛欲絕。我的女兒與張展一樣大，我能體會女兒被冤案所迫害的心情。我與邵文俠女士素不相識，但我非常敬佩她，培養出如此優秀的女兒。我想到了另外一群悲痛欲絕的母親，天安門母親，三十一年前的那場慘絕人寰的大屠殺奪去了她們的子女。當年，這些孩子們，朝氣勃勃，懷揣青春理想，高呼改革，要求嚴懲貪官污吏，不怕犧牲，充滿著浩然正氣。今天，我在張展身上看到了他／她們的影子，這是多麼難能可貴的精神！在如今萬馬齊喑的中國，有思想有勇氣有擔當有犧牲精神的一代在成長，不論他／她們受到怎樣的打壓，他／她們都會不屈不撓地走下去。」文章結尾充滿期待：「我們關注天安門母親的命運，我們關注張展和她母親的命運。她們並不孤獨，在世界各地，有許多像我們一樣的普通人在關心她們，為她們祈福。現在雖然是冬季，但春天很快就會到來。」

二〇二二年十二月十八日，張展的哥哥張舉發出一則推文，後在警察的壓力下被迫刪除：「失去自由的張展，經歷難以想象的痛苦。然而她的心中是百分之百的光明和美麗。」

二〇二三年二月一日，張展逆行封城中的武漢三週年。武漢朋友拍攝武漢植物園美麗的江梅、雪梅，製作兩個小影片紀念張展的付出。江梅鮮紅如血，雪梅春節如雪，皆如在酷寒中昂首而立的張展，南宋洪景盧之《老梅屏讚》，是在讚美梅花，亦是讚美張展：「崢嶸突兀，茹鐵為骨。凜然冰姿，氣壓群木。近似惻然，孰知其真。儲萬斛香，先天下春。」

4 黃思敏（一九八五—）：人權律師，多次代理言論自由、信仰自由等案件，在「七〇九」大抓捕中遭警方約談傳喚，並以「危害國家安全」為由限制出境。二〇二〇年六月，廣東維權人士張五洲因舉寫有「勿忘六四，撤回惡法」等字樣的橫幅被捕，黃思敏任其辯護律師。同年十月，她向廣西政法委反映其代理的一個傳銷案件時，與其他十二位執業律師一起被南寧市公安局南湖派出所傳喚。

5 李化平（一九六六—）：維權人士、網路作家、基督徒，「新公民運動」在華東的主要倡導者。二〇一四年，為異議人士張林的女兒張安妮的上學權呼籲，被以「聚眾擾亂公共場所秩序罪」判刑兩年。

6 陶業：一九八〇年代到美國留學。一九九八年，成立「六四孤兒教育基金」，為在「六四」屠殺中失去父母的兒童支付學費，先後幫助五十多人。他也是「天安門母親網站」主要編輯。二〇〇六年十月，持中國護照回國探親時被拒絕入境。北京邊防人員指他不受歡迎。

「張展自由」網站，收入關於張展的大量資料：
https://freezhangzhan.org/letter2022/?fbclid=IwAR0Au-MoIy10XVb6IK5Zr5mL_0POUeDbtjIBnLplz0lPAFvWPDi0bC4M3zk
張展目前被關於在上海市女子監獄地址：第五監區上海市松江區泗涇　張涇路1601號，郵編：201601

42 王藏：未來的原告，站在今天的被告席上

王藏：先鋒詩人、自由作家、影視編劇、網路異見人士。曾發表過《故園．黑磚窯》、《自焚》、《沒有墓碑的墓志銘》等詩集以及《血淚的洗禮——中國底層調查報告》等紀實作品。二〇二〇年，因策劃舉辦紀念「六四」的活動而被捕，被判刑四年。

王藏，本名王玉文，曾用筆名「小王子」，一九八五年八月十二日生於雲南省楚雄市大姚縣新街鄉瓦房村。父母早年做小生意，後來在雲南昆明醫院做清潔工，艱難供養兩個大學生。他考入楚雄師範學院後，在網上發表文章針砭時弊，警察找他及其父母談話，威脅寫檢討，不然不發畢業證書。大學畢業後，到貴陽寫作和生活。二〇〇九年，啟用筆名「王藏」。

二〇一二年，王藏搬入北京宋莊藝術區，因與宋莊藝術家一起維權，遭到國保頻頻施壓、驅趕。二〇一三年七月，在微博披露：「一個月來，與工作室房東交涉多次無果，他因無法抗拒有關方面多次各種逼迫，先斷我網，後斷我電，之前被從宋莊北寺驅逐到小堡北街。這次，終於，我被驅逐出宋莊了。」

二〇一四年十月，王藏在網路發佈撐起黃雨傘的照片、舉辦詩歌朗誦活動聲援香港「佔中」運動，遭北京警方以「尋釁滋事罪」刑事拘留，關押九個月。剛被抓時，有十五天關在一處像部隊營房的地方，四壁都是白色泡沫板。辦案人員採用疲勞審訊，五天四夜不讓他睡覺，強制站立四個通宵，並遭酷刑和毆打。王藏本來身體健康，在此期間突發心臟病後昏迷。

同時，其妻王麗（原名王莉芹）與幼小的孩子被警方非法拘禁在派出所。王麗並未屈服，勇敢地聲援丈夫，將繈褓中的幼兒掛在胸前，高舉「王藏無罪」的大紙牌，在藝術村中遊行。二〇一五年四月十九日，王麗在其住處附近，遭兩名歹徒搶劫，身份證、銀行卡、手機全都被搶走，她還受到威脅，說若再不閉嘴將會弄死她的孩子。

二〇一五年七月，北京通州區檢察院決定對王藏不予起訴。獲釋後，王藏繼續從事人權活動。二〇一六年十月，獨立中文筆會授予王藏當年的自由寫作獎。他在獲獎感言中說：「習近平上台之後，言論氛圍更加糟糕……已經是在朝鮮的路上。國家公開用法律的方式耍流氓。用法律去治人。中國不存在法治，只存在用口袋罪去收拾一切異見分子，一切威脅到他意識形態，威脅到他維穩的一切，都用尋釁滋事、煽顛等各種罪名，把所有反對的聲音全部消滅。」

二〇一七年一月，王藏一家再次被逼搬遷，他們在北京已被迫搬家十多次。租房合約尚未到期，亦未拖欠房租，他們堅持不走，卻被有關部門斷電、斷網、斷暖和間歇性斷水九天。在酷寒的九天中，五個多月的雙胞胎孩子，連喝奶粉都沒有熱水。王藏被警方威脅，「當心家破人亡」。人權律師李和平、王全章等人也有類似遭遇。實際上，北京市人大通過了《北京市房屋租賃條例》，禁止出租人用斷水斷電逼迫承租人解除房屋租賃合約。但這種由國保警察策動的房東的刁難，卻得到國有電力公司、天然氣公司和自來水公司配合，擺出一副將租客趕盡殺絕的態勢。王藏一家被迫離開北京，搬回老家雲南楚雄。

回到老家後，王藏繼續思考和寫作，在當地成了國保嚴密監控的第一號異議人士。二〇二〇年五月三十一日，「六四」屠殺三十一週年前夕，他因策劃紀念活動，被以「煽動顛覆國家政權罪」逮捕。廖亦武在〈一個龐大帝國對一個渺小詩人發動的種族滅絕戰爭〉一文中，描述了當時場景：天上布滿星星，樓下塞滿警車。眾鷹犬兵分幾路，從樓道和電梯，以及左右單元的樓道和電梯，潮水般向上翻湧，幾分鐘就交織成天羅地網。……門板脫離門框，砰地一聲直倒下來。王藏轉眼被五隻鷹犬按翻在地，反扭胳膊上銬，由於警察們都是手肘和膝蓋齊嶄嶄碾壓，撕裂般劇痛的王藏禁不住哀嚎，隨即短暫休克。妻子見狀毛骨竦然，就尖叫一聲「你們」，可話音未落，也被按翻在地，堵住嘴巴。孩子們失去母親庇護，就躲進落地窗簾繼續大哭。

六月七日，王藏被抓一星期後，王麗因在網上喊冤呼救，也被以「涉嫌煽動顛覆國家政權罪」抓捕。她在獄中嚴重貧血，一度出現精神分裂與憂鬱症狀，在與律師會見時，甚至無法想起兒子的名字。她出獄後披露：「在看守所九百多天，身體各種不好，暈倒多次。全身浮腫，胸口疼，便祕嚴重，頭疼頭暈，失眠，腿疼等。右腿最嚴重，不能走路，站著都疼。」

接著，王藏的弟弟又被抓捕，因為他藐視禁令，還與警方爭辯：「父母被抓走，四個孩子餓死怎麼辦？」再接著，王藏的妻妹也被抓捕，因為她某一天探視失去自由多日的王藏母親和四個孩子後，傷心欲絕，一時衝動，翻牆將王藏夫妻的兩份《逮捕通知書》公佈於推特新號，激起一片嘩然。

當局指控王藏的主要理由，是他在二〇一五年第一次被捕獲釋後的公開言論、接受採訪、書寫詩歌文章以及行為藝術。王藏的朋友、長期關注中國計畫生育暴力和人權問題的藝術家王鵬[7]說，這是秋後算帳，而他因為聲援王藏夫婦，其祖宅亦遭到強拆。

二〇二〇年十二月十四日，王藏、王麗夫婦「煽動顛覆國家政權」一案由楚雄州檢察院起訴至楚雄州法院，檢察官為張紹宏（開庭時還有另一名檢察員馬曉斗）。起訴書中，王藏的罪名是「在境外網站發表攻擊黨和政府的言論，接受境外媒體採訪，在推特、臉書發表和轉載詩歌、文章、圖片等」，王麗的罪名是「參與與幫助王藏整理文章和材料」。起訴書已是欲加之罪何患無辭，法院更是詭異地拖延一年時間，才於二〇二一年十二月十五日不公開庭審理此案，理由是「涉及國家機密」，這是為阻攔公民旁聽——王藏夫婦是平民、自由職業者，哪裡知道什麼國家機密？王藏的母親在開庭前被多名警察非法拘禁，連辯護律師張磊[8]都無法見上一面。法院宣佈，王藏獲刑四年，王麗被判兩年六個月。更詭異的是，判決書直到二〇二二年十一月七日才下達，判決書顯示，審判長為黃怒雄、審判員為杜梅和徐學林、法官助理為陳雲江、書記員為王燕紅。此時，兩名被告已在看守所被超期羈押兩年零五個月，而看守所的待遇比監獄更惡劣。王麗兩年半刑期全在看守所度過，王藏在看守所關押兩年七個半月，直到二〇二三年一月十五日才被送到監獄服刑。

王藏曾有一首題為〈入獄〉的詩，只有兩句：「我想把你關久一點／關久了就有故鄉的感覺。」不料竟一語成讖。他在法庭上的最後陳述，是三首自由詩，其中有這樣的句子：「我用一根脊椎，兩個瞳孔，幾番秋雨，擠壓呼吸／鑽板上的磷火再度勝負刀下／銘記墓園的光影，裸舞吐血，伴隨株連獨立。」、「未來的原告，站在今天的被告席上／被顛倒的何止乾坤，被脹裂的何止圓月／被潑污的何止心腦，被奸弄的何止語言」、「國家公敵，人民公敵總是被囚禁，被摧殘／挺立的詩灰，總是用血淚自焚成靈／意淫的崩潰中，自由的象形／正破鏡而出。」

王藏夫婦入獄期間，四個孩子由王藏年逾七旬的老母親照料，連上幼稚園的孩子也被警察全天候監控。當局假慈悲地發給四個孩子每月一千兩百元的「孤兒津貼」。前去探望老人孩子的朋友大都被樓下監控的警察攔阻。美國筆會研究部主任塔格爾表示，王藏不該遭到逮捕和判刑，他唯一被報導的「罪行」只是和平地自我表達。中共當局對王藏的指控，主要引用其二〇一四年以來創作的詩歌和藝術作品，這表明當局的指控與王藏身為詩人及藝術家的工作有密不可分的聯繫。

中國當代詩歌已然淪為騷人墨客的案頭清供和無病呻吟，王藏是屈指可數的「抗命詩人」。詩歌評論家張嘉諺[9]在〈「抗命詩人」與「鋒尖寫作」：王藏詩歌創作論〉一文中，將王藏稱之為「抗命詩人」——所謂抗命詩人，便是那始終致力於打造獨立不倚的生命個性，留下爭天拒俗、不斷反抗既定命

7 王鵬：藝術家，多年來持之以恆以藝術創作表現一胎化政策給底層民眾造成的苦難和生命摧殘。二〇一九年十二月十日，王鵬、嚴正學、魯飛飛等異見藝術家參加了歐盟駐中國代表團舉辦的「世界人權日藝術展」。

8 張磊：人權律師，代理過王藏、許志永、孫大午、黃琦、謝文飛等案，「七〇九」大抓捕中被警方強制約談，亦多次遭警方拘押、軟禁、毆打。

9 張嘉諺：網名老象，詩歌及文學評論家。一九八〇年，主編大學生民刊《崛起的一代》，挑戰主統詩壇，反叛文化專制極權意識。先後出版有《中國低詩歌》、《凝視中國自由文學》等著作。

運的蹤跡。抗命詩人強烈張揚個體人格的尊嚴，不遺餘力地拓展詩性精神的自由空間。抗命詩人，就是要反抗任何施加於個人與群體生活的外在性暴力，反抗一切社會權力關係推行的暴力摧傷，抗擊現世生活的各種罪惡勢力，而奮力抵抗無道強權強加於國人的苦難命運。王藏的詩句「我就在無聲無息的抵抗中重生／沒有硝煙的戰爭，讓我激情四溢」就是其自畫像。

在王藏的詩歌中，常常出現坦克、血泊、屍體和墓志銘等意象，這些意象清晰地指向「六四」屠殺。他憤怒指控「中國的孩子們血肉模糊，劈啪爆響的靈魂／燒紅整片帝國的刀鋒」，哪怕沒有實物性的墓碑，他也要「用蘸滿血淚的詩句，書寫永不瞑目的希望」，為「六四」死難烈士寫出心中的檄文和血淚，以「紀念被可恥淡漠的六四天安門廣場大屠殺」，紀念那個「血光飛濺起的黎明」。王藏出生於一九八五年，「六四」屠殺發生時只有四歲，他不是親歷者，他的「六四」情結，是後來在追求真理、真相、自由、正義的過程中逐漸形成的。在歷史學家瞠目結舌、閉口不言之處，他以詩為史，拒絕並對抗遺忘。

中共為詩歌及一切文字都設置多如牛毛的「禁區」，只有在禁區內寫作才是安全的，當代中國的寫作者像是在雷區中穿行，小心翼翼、戰戰兢兢。然而，王藏的詩歌寫作偏偏衝進話語禁地最前沿地帶，突破幾乎所有的政治話語禁區。張嘉諺指出，王藏的鋒尖詩寫，指向所有的重大歷史事件，揭露、捅穿、挑破了為謊言遮蔽的各種史實，廣闊指涉中共政治各種禁言話題。

王藏的詩文，既可讓獨裁帝國心驚肉跳，亦可慰藉妻子的傷痛。二〇二一年十一月六日，被關押在看守所的王藏給妻子（他不知道妻子也被捕關押）寫了一封情意綿綿的信：「話說『一日不見，如隔三秋』，我們卻如已隔千秋。無可奈何只能如此寬慰：離別有多苦，重聚便有多甜，命運的雷電只會讓這份心心相惜相濡以沫的愛心更加深刻和硬朗。……我更感恩天意使我倆成為人生伴侶，高山流水，你意即我意。我答應你並保證做到：我未來人生的首要心思、方向，便是給你想要的生活，你和孩子，永遠是我生命的第一位。……你說『十里桃花，我不要，我只要十棵』，我說，我會用心魂的雨露為你種植，那詩意的春光，是我們靈肉永恆的溫度。滿頭青絲終會暮雪，而我們相互滲透的眼神所注視的紛飛舞動的理想花瓣卻會青春永在，絕不凋殘。透過光影，我已看到：你正撫琴賞花，我正寫詩作畫，兒女繞膝，你我抬眸相見，一抹淺笑，便已知足。」

二〇二二年十二月十六日，王麗刑滿出獄，與四個孩子及婆婆團聚。他們家樓下仍有二十四小時輪班的崗哨，嚴密監控他們的出行及來訪客人。孩子們常常問媽媽的問題，她不知如何回答：「爸爸為什麼不和你一起回家呀？爸爸怎麼還不回來呀？爸爸什麼時候回來呀？爸爸為什麼那麼久不回來呀？媽媽，你頭髮為什麼剪了呀？媽媽，你樣子怎麼變了呀？媽媽，為什麼幼兒園的時候你不去接我呀？媽媽，為什麼它們總是跟著我們呀？」王麗在臉書披露，有關部門來到家中找她談話：「第一，了解到家裡的情況確實特別困難，看能否幫忙給我安排工作。第二，讓我不要和外界人士聯繫，否則第二次進去會非常麻煩。第三，讓我轉告王藏，出獄後不要亂寫亂畫亂說。第四，這次對我和王藏的處理是很輕的，因政府考慮到我們有四個孩子，不然會很重。楚雄國保已第三次讓親戚轉告我，讓我不要上網，不要和朋友們聯繫，否則再次把我抓進去，王藏會更久出來。還說不會再是以前的處理方式、讓老人帶孩子，而是把老人送養老院，孩子送孤兒院。」

二〇二三年二月二十二日，王藏被關押九百九十六天後，王麗第一次會見到丈夫，她在臉書上簡要描述會面時的場景：「王藏比以前消瘦很多，膚色很黑，頭髮全白，看上去非常憔悴。王藏表示自己在看守所受到不公對待，但或許是因為擔心會見被終止或者不想家人擔心，沒有細說細節，只是說自己身體還可以。我心裡非常難過心疼卻無能為力！對於我兩年半的刑期，他非常內疚自責。我說『我無怨無悔，我願意。』」

王藏文集（博訊博客）：http://45.35.61.42/hero/2007/xwziwj/1_1.shtml
王麗郵箱：wangliqin1216@gmail.com
微信：wangliqin1216
電話：15974780143
地址：中國雲南省楚雄市東瓜鎮威楚大道江岸尚品一棟一單元六〇二室，郵編：675005

43 鄒幸彤：唯有不屈，我們才算是人

鄒幸彤：香港大律師，前支聯會副主席。二〇二一年五至六月，因在網上及在報章撰文表示要到維園參加「六四」燭光集會而於六月四日早上被捕。同年九月八日，因拒絕在限期內向國安處提交支聯會資料，被警方上門拘捕，法院判其多宗罪成，至今仍在獄中服刑。

鄒幸彤，一九八五年一月二十四日生於香港一個有「六四」情結的中產家庭。從小學時開始，每年都被父母帶去參加維多利亞公園「六四」燭光集會。她的弟弟恰巧生於一九八九年七月，媽媽給他取名學希，寓意「學運的希望」。從名字看來，父母給鄒幸彤寄予更簡單的期許——做個幸福的兒童，發光發亮。

鄒幸彤以「高考狀元」入讀劍橋大學地球物理系。越洋留學期間，正值中國維權運動興起，艾曉明拍下一系列關於愛滋村、太石村的紀錄片，她在電腦螢幕上看得血脈沸騰，便自主學會放映，並邀請王丹等人來講座。她還參與組織社團UKCUTS（Chinese Uyghur & Tibetan Solidarity UK）——那是一個在英國關注華人、維吾爾族、藏族人權的聯合組織。溫家寶訪英，她與該組織成員一起去抗議示威。

二〇〇八年，四川發生大地震，很多跟鄒幸彤一起研究地震問題的同學知道後都很興奮，因為可以提供大量研究材料，唯獨她一人設置籌款箱，發起募捐，支持災民。此事令她開始懷疑自己是否要「沿著此路繼續走下去」。不久，中國政府因政治因素撤走此前放在青海高原上的地震數據收集站，讓有關研究成為空中樓閣。她由此發覺，中國的問題不是科研不足，而是政制問題，「科學救國」的路走不通。

於是，鄒幸彤毅然放棄即將到手的博士學位，停學回港，投身人權活動。二〇一〇年，她加入支聯會當義工及短期合約職員，也參與街頭活動。隨後，她聯繫上中國ＮＧＯ組織「中國勞動透視」，到中國做勞工維權活動。因為從事勞工維權，她深感需要熟悉法律才能切實幫助勞工，就決定進修法律。

二〇一三年，鄒幸彤開始攻讀香港大學專業進修學院與曼徹斯特都會大學合辦的法律學士課程，讀完三年法律、一年法學專業證書，以第一名畢業，並獲得香港大律師公會二十萬獎學金，經過大律師學徒階段順利成為大律師。多家老牌商業律所以優厚待遇邀請她加盟做商業律師，她卻選擇了忠於理想，加入張耀良[10]大律師的律所從事人權律師工作。她與律師圈子那種拿著紅酒杯高談闊論的「上流社會」生活「格格不入」，平日習慣穿印有社運口號的套頭衫，書架和書桌被大部頭資料夾堆滿，埋首在其中，常常工作至凌晨，在公司會議室地板上鋪好露營用的氣墊，裹一張毯子，就這樣睡到天明。在此期間，她處理過郭永健[11]港鐵示威案、馮敬恩[12]圍堵港大校委會案等。

二〇一五年，鄒幸彤當選支聯會副主席。前一年的雨傘運動後，願意加入支聯會的年輕人如鳳毛麟角，更不用說當常委或副主席了。她知難而上，不忍心這個對港人意義重大的組織無人接手。此後，支聯會面對著一浪接一浪的打壓，至二〇二一年「六四」前夕，主席李卓人和另一副主席何俊仁相繼入獄，鄒幸彤堅守著對「六四」亡者的約定，絕不在這時候不顧而去。

二〇二〇年，十二名曾於「反對修訂《逃犯條例》運動」期間被捕的香港青年，在保釋候審期間試圖乘船流亡台灣，被中國海警截獲且扣留於深圳並控以多項罪名。對中國司法制度熟悉的鄒幸彤，無法親往中國協助（從二〇一九年起，中國當局不准她入境），但加入「十二港人關注組」，與香港的公民社會成員監察、報導「十二港人案」，為他們遇到的不公平司法程序發聲，爭取國際關注。

自從《香港國安法》發佈以來，香港政治形勢急轉直下，大批民主派人士和抗爭者被捕。鄒幸彤接受媒體採訪時表示：「我自己有心理準備會被捕的，這就是現在香港的常態。在專政之下爭取民主，被捕是無法避免的。要來就來吧，為爭取民主，犧牲是值得的。」她對港人喊話說：「我想同你們講，要繼續抗爭，不要屈服於無理強權之下，不要屈服於每日要講假話、卑躬屈膝的生活。盡可能在自己的空間下，順從自己的良知而活。」

二〇二一年，「六四」三十二週年之際，鄒幸彤勇敢地站到抗爭前線。在香港當局禁止舉辦

10 張耀良：香港大律師，亞洲人權委員會委員，「中國維權律師關注組」創會成員及委員之一，在「四十七人案」中擔任戴耀廷的辯護律師。

11 郭永健（一九八六—）：香港工黨主席及創黨黨員。曾任港大學生會會長及香港專上學生聯會常務委員會主席。二〇一八年，李克強到港大演講期間，曾率學生前去抗議。二〇一九年十月二十三日，於九龍塘站抗議，港鐵上訴，高等法院以「沒有遵從指示罪」及「未經批准派發物品罪」判罰款。

12 馮敬恩（一九九三—）：新加坡人，香港本土派外籍政治人物，曾表態支持港獨。香港大學副校長任命事件時，以港大學生會會長擔任港大校務委員會委員，向傳媒披露備受爭議的討論內容，且於任內多次衝擊會議。

「六四」悼念活動的勒令下，她堅持以個人名義呼籲：「六月四日八點鐘，我仍會去守這已有三十二年的約定，在大家都能看到的地方，點起燭光。政府能禁止一個場地裡的聚集，不能禁止香港每個角落亮起燭光。」她希望每人一分力，在嚴寒中守住這燭光，守住良知的底線，守住僅餘的自由。六月四日，她被警方以涉嫌「宣傳未經批准集結」為由「預防性拘捕」。

六月五日，鄒幸彤獲保釋。六月三十日，她被撤銷保釋，還押，並遭指控「煽惑他人明知而參與未經批准集結罪」。八月五日，獲保釋候審。

八月二十五日，香港警方國安處以懷疑支聯會是「外國代理人」為由，要求支聯會七名常委於九月七日前提供該組織成立以來所有成員及職員的個人資料。九月七日，鄒幸彤等人到警察總部遞交信件，表態拒絕按照國安處要求提交資料。九月八日，鄒幸彤與梁錦威[13]、鄧岳君[14]、陳多偉[15]等支聯會常委遭到警方逮捕。她被捕前正在網上做直播，披露警察不斷按門鈴及嘗試撞破大門，之後她被從身後扣上手銬，押上警車帶走。被捕時，她身穿黑色上衣，衣服上印著「真相」二字。

九月九日，警方對鄒幸彤的指控加入了「煽動顛覆國家政權」，並正式以「煽動顛覆國家政權罪」起訴支聯會主席李卓人、副主席何俊仁和鄒幸彤，以及支聯會。香港警方的運作與中國公安已然如出一轍。

十二月九日，香港區域法庭法官判處鄒幸彤因為出現在二〇二〇年「六四」集會現場而犯有「參與未經批准的集結罪以及非法煽惑他人參與罪」。次年一月四日，鄒幸彤因二〇二一年「煽惑他人參與未經批准集結案」被判入囚十五個月。加上二〇二一年十二月已因為其他案件被判囚，兩個案件的刑期部份同時執行，令她的總刑期增至二十二個月。鄒幸彤不服，就二〇二一年「煽惑他人參與未經批准集結案」提出上訴。二〇二二年十二月十四日，高院法官張慧玲裁定鄒幸彤上訴得直，原有判罪及刑期獲撤銷。但她仍被控以「煽動顛覆國家政權罪」及「沒有遵從通知規定提供資料罪」而關押在獄中。

二〇二三年三月十一日，鄒幸彤等人被控「沒有遵從通知規定提供資料罪」一案開庭宣判。國安法指定法官、主任裁判官羅德泉考慮「國家安全對公眾利益及整個國家至關重要」，判刑必須反映法律維護國安的決心，於西九龍裁判法院判鄒幸彤等三人囚四個半月。鄒幸彤因保釋條件限制言論自由而拒絕接受保釋、等待上訴，加上另涉「支聯會煽動顛覆國家政權案」，須繼續還押。

鄒幸彤在法庭上自行答辯說：「閣下，我們知道支聯會絕非外國代理人，經過這長達一年的折騰仍無法證明我們是，在此情況下判罰，相等於懲罰捍衛真相的人。這個真相是，對公民社會宣戰被偽裝成維護國家安全，真相是我們捍衛人權、自由的運動植根香港，並非由邪惡的外國勢力移殖過來，真相是人民的聲音不會被掩蓋。支聯會對於向當權者講真話的代價並不陌生，因為我們已捍衛天安門屠殺的真相超過三十年，為許多因捍衛真相而遭囚禁、騷擾、羞辱的人而戰，我們一早準備好負上代價。」

法官首次打斷鄒幸彤的發言，要求她集中講求情。鄒幸彤回應說：「我正在求情，這是我求情的一部分。」她接著說：「政府發出通知書、污衊我們是外國代理人，正正是有力地指出：你要卑躬屈

13 梁錦威（一九八五—）：前支聯會常委，香港泛民主派人士，曾任香港葵青區議會主席兼前葵涌邨北選區議員。因「煽惑他人明知而參與一個未經批准集結罪」、「明知而參與一個未經批准集結罪」及拒交支聯會資料，被判入獄十一個月。

14 鄧岳君（一九七〇—）：前支聯會常委，因拒交支聯會資料而被判入獄四個半月。

15 陳多偉（一九六六—）：前支聯會總幹事，貨車司機，因拒交支聯會資料而被判入獄三個月。

膝、出賣朋友、出賣原則、接受當局決定一切的絕對權力，便會獲安寧。而我們以行動回應，一個字：Never。不公義的安寧根本不是安寧。我們絕不會向當局放棄自主、絕不透過擁護當局的謊言，幫他們宣告我們的運動非法、絕不會因為政府說我們是罪犯，便視自己和朋友為犯人。相反，我們會繼續我們一直所做的，就是以真相抵抗謊言、尊嚴抵抗屈辱、透明度抵抗隱密、理性抵抗瘋狂、團結抵抗分化，我們會在有必要時對抗不公義，不論是在街上、在法院、還是在囚室裡。」

法官再次打斷鄒幸彤，強調法庭不是表達政見的平台。鄒幸彤反駁，本案由政治行動而起，「將法律和政治議題分開只是自欺欺人」，令一場荒謬的審訊顯得「加倍荒謬」。她接著說：「這是在這我們稱之為家的城市裡要打的仗，因為我們做自己的自由受到威脅，因為我城、甚至世界的未來危在旦夕。閣下，今天的聆訊正值一個諷刺的日子，那批虛假的民意代表正在北京舉行盛大聚會，忙於將一名男子的願望，當成整個國家的願景來擁護，這個法庭卻將民眾真誠的聲音拒諸於門外。當國家利益由一個政黨，甚至一個人來定義，所謂『國家安全』無可避免會危及人民的權利和安全——在天安門、在新疆、在香港發生的事，便是實證。烏克蘭，甚至我斗膽說，台灣的情況，證明這種威脅可以跨越國界。」

法官第三度打斷鄒幸彤，鄒幸彤稱她只剩下數句便完成陳辭：「相比起一個不知名外國組織的虛構代理人，實際存在但無法問責的政權，是頭更危險的野獸。……閣下，你可以懲罰我們的不服從，但當運用權力是基於謊言，生而為人，我們只能不服從。」

此前，鄒幸彤在幫助獨立中文筆會因言獲罪的同仁時，與作家、筆會網站管理員野渡[16]相識並相戀。野渡形容鄒幸彤是一個無比堅定而又純粹的人，她難以忍受香港崩壞到今天如此境地，所以選擇堅守與堅持。野渡表示，無論鄒幸彤決定做什麼事，他都一定會全力配合及支持：「自由之花從來不會是在忍讓與怯懦中得到，而是在無數志士的鮮血中盛放。只有在最黑的夜中，光明才如此耀眼。」

在獄中，鄒幸彤致信野渡說，原本擔心野渡被中國當局抓捕，卻沒有想到自己先入獄了，「在裡面和在外面的角色，是完全倒過來了」。原先她的設想是：「我是知道這場民主運動對你的意義的，知道你放不下那些逝去的和還在掙扎的前輩和友情，我也不願你放棄理想，離開去做一個無根的人，所以選擇是很容易的：我上來，和你在廣州築個小家，一邊繼續開創運動的可能。婚也是要結的，就算只是為了那個家屬的身分，在你出事時能處理一些事務，但孩子是不能要的，既然已選擇了和專制對抗這朝不保夕的路。一切本來在按部就班地走，就缺少你應想不出來的，而我要求說要十分浪漫的求婚，哼，你不好好求，我才不理你呢。」可是她自己卻突然被困在香港了。

二〇二二年七月十三日，野渡在回信中向鄒幸彤求婚：「你說要給你一場浪漫的求婚。世上總有人想出千奇百怪的求婚方式，但是有什麼比得上你在小監獄我在大監獄，比得上在這互聯網時代讓你的朋友們成為傳書的鴻雁，比得上在今天七月十三日曉波忌日這我們共同記憶的特殊日子，比得上在這黎明前最黑暗的此刻更加浪漫，更加讓我們銘記於心的呢？以在我靈魂裡為你吟唱的歌謠為證，以傳信的朋友們為證，以監獄審查信件的人員為證，以所有看到此信以及所有關心你處境的人們為證：彤，你願意

16 野渡（一九七〇—）：原名吳楊偉，作家，維權人士。二〇一一年，因發表文章及接受海外媒體訪問，被捕並遭到酷刑折磨，關押三個月後獲釋。

嫁給我嗎？」

七月十八日，鄒幸彤在給野渡的回信中，答應了求婚：「你還特地挑這麼個日子。曉波先生的死忌，這位對你亦師亦友的故人。於我，先生是位遙不可及的傳奇人物，但於你，他是帶你走上這條抗爭路的師長，是和你通宵談足球的好友。尤記得那年我們一班朋友喝酒聊天，算著先生快要出獄了，你還興高采烈地說要帶我找他。怎料過不久，就傳出先生病重的噩耗。接下來的日子，你豁出去似的受訪、奔走，卻終是未能把先生救出來。那是段天天讓我擔驚受怕的日子，卻也是段讓我更加愛你的日子。想來我倆骨子裡都有股瘋勁，為了對的事、對的人，隨時準備付出一切。所以，才會互相吸引吧。我想，你挑這個日子，也是希望先生的生命能以另一種形式延續吧？從此，這天不僅代表死亡，更是代表新生。」她對未來將面臨的困難與坎坷早有預料：「但新一章的路，絕對不會好走。未來我們要面對的，是漫長的分別和牢獄，跟對方說的任何話，都不會有私隱，那種二人世界小家庭小日子的生活更是想都不用想。即使離開了小監獄，只要我們仍堅持做真實的自己，監控、滋擾和分別仍不會停止。但我們相愛的基礎既然是真實的自己，那這些就是在一起的我們注定要面對的。」但她欣然應允說：「我相信你選擇在這個時候提出這事，也就已準備好面對一切困難。那如果你準備好了，我就陪你瘋一次吧。衝著先生的面子（絕對不是衝著你的臭詩），答應你啦。」兩人的通信在《明報》上公之於眾，感動了無數讀者。

二〇二一年十二月四日，鄒幸彤獲中國民主教育基金會頒發的「傑出民主人士獎」；十二月十日，又獲獨立中文筆會「林昭紀念獎」。二〇二三年五月，韓國最大的人權組織光州五一八紀念基金會宣佈，獄中的鄒幸彤獲得韓國光州人權獎——「鄒幸彤一直在抵制香港政府的反民主和反人權待遇，在被拘留期間也繼續與壓迫香港人民的制度抗爭，這給了全世界渴望建立民主社會的人權活動家和公民，帶來勇氣和希望。」

消息傳出，中國使館官員親上門要求撤回頒獎，甚至威脅或導致「中國人對光州的印象變得負面！」但基金會堅拒向中方讓步，並如期於五月十八日舉行頒獎禮。代鄒幸彤領獎的韓國人權組織祕書長羅賢斐指出，鄒幸彤獲獎是象徵著香港的希望。而鄒幸彤在書面的得獎感言中寫道：「今天，香港人連說出真相、追求民主、捍衛人權，都被視為危害國家安全，往往要冒著牢獄的風險。我和眾多抗爭者一樣，亦已變成了監獄中的良心犯。極權迅速摧毀了幾代香港人艱辛建立的法治社會及自由空間。這個權力失衡的香港，變得越來越黑暗，而黑暗是滋生濫權和恐懼的溫床。香港人奮力反抗並向世界發出極權擴張的警號。爭取自由民主是我畢生的志業，我不會放棄。即使身在獄中，我也不會幫忙散播恐懼，並會繼續堅守心中燭光和希望，捍衛人權自由。在此，我呼籲全球熱愛自由的人們，不要讓極權踐踏人類的文明與尊嚴，支援各地民主抗爭者。我相信堅持爭取自由民主，便能將全世界渴求自由的心連在一起。今天這個人權獎便代表了，大家是和香港人在一起的。」

二〇二三年六月四日，香港維園沒有燭光集會，支聯會已解散，相關人士入獄，仍有個別市民到維園，用他們自己的方法悼念，有人被警察帶走。鄒幸彤在獄中絕食三十四小時悼念死難者，監獄方面「恰巧」在她絕食的同一時間，以另一理由安排她轉至「水飯房」單獨囚禁。

六月八日早上，鄒幸彤到終審法院應訊。六月九日，《明報》刊登了一張她上車的半身照片，從隙縫中，清楚可見她的額前瀏海烏黑整齊，眼睛透過眼鏡望着鏡頭，露齒向記者們展露笑容，陽光曬在她的頭髮，臉頰和身上。一向不講究衣飾的她，穿了軍綠色大領外套，黑色有領上衣。手部放鬆擺放胸前，手腕上可見手銬。散庭時，鄒舉起V字手勢，並說：「多謝大家記得！」

鄒幸彤後援會臉書專頁：https://www.facebook.com/tonyeechowpages/
寫信給鄒幸彤：香港沙田馬鞍山郵局郵政信箱75號。如想收到回信，請在「信內」，而非信封上，寫上回信地址。

44 張賈龍：人的一生當中能為心愛的土地勇往直前是一件美好的事情

張賈龍：前騰訊網編輯，知名博客博主。二〇一四年，應邀出席在中國訪問的美國國務卿凱瑞的座談會，在會上提出劉曉波等問題，隨即被騰訊網開除。二〇一九年，被警方抓捕並判刑一年半。

張賈龍，一九八八年五月二十二日生於貴州省貴陽市。內蒙古大學歷史系畢業。二〇一〇年至二〇一四年，在北京「財經網」及「騰訊網」做記者。

二〇一一年四月，張賈龍在推特中文圈發表一條「今天在出租車上聽司機說五一期間三分之二的北京出租車司機將舉行罷工」的推文，被北京市公安局傳喚二十四小時並抄家。隨後，因「在境外網站推特發佈虛假資訊並被轉發三十七次，擾亂社會秩序」，被處以十日行政拘留。此事被北京市公安局列為「重、特大敏感性案件」。張賈龍被北京警方稱為「在互聯網上鼓吹罷工」、「企圖製造事端，妨害首都公交治安秩序的危險分子」。

從二〇一二年六月起，張賈龍在「騰訊網」財經頻道當編輯，撰寫經濟評論和財經新聞。他關注及報導過「結石寶寶之父」趙連海[17]等維權資訊而廣為社會熱議。依靠騰訊平台數以億計的活躍用戶，他的每篇文章有少則幾十萬人、多則近千萬人的閱讀量。他是一名平民家庭的外省北漂青年，沒有顯赫的學歷和頭銜，卻靠著個人的才華、努力、闖勁與勇氣，在網路上贏得相當的影響力。這是一條與一九八〇年代報告文學作家劉賓雁、政論家劉曉波等在傳統媒體上成名完全不一樣的模式。這是年輕一代通過新媒體成為輿論領袖的典型個案。

二〇一四年二月十五日，美國國務卿約翰．凱瑞（John Kerry）訪華，在北京的美國文化中心舉辦一次特別會議，會晤張賈龍、王克勤[18]等四名中國博客作者，討論互聯網自由。張賈龍在得知會面的消息後，「就在想機會越難得，舞台越大，我自己身上的責任就越大。在嚴酷肅殺的環境下，在公共場合簡單直接地說出心裡一直很想說但不敢說的話會給自己帶來什麼麻煩是顯而易見的，但對於我這樣的平民來說機會很難得……在這樣重要的國際場合，如果不能直接坦率地說出自己心裡想說的話我自己會後悔一輩子，也配不上自己和同道們所遭受到的種種磨難，更是會被統治者瞧不起，覺得中國人都是貪財怕死之輩。即便遭受命運巨棒的鞭打，人會變得傷痕累累，但每個人都有資格選擇不臣服於命運，和受壓迫受束縛的同胞站在一起，拒絕謊言，說出真相，積極抗爭，對抗不公不義，守望相助，在絕望中探尋希望，因為有意義地活著才有可能得到最終的解放和救贖。」

果然，在四位對話者中，張賈龍的言辭最為激烈和尖銳。他直率地向凱瑞提問：「你會與那些渴望自由的中國人站在一起，幫他們摧毀這道限制網路訪問的『防火長城』嗎？」並譴責美國公司幫助中國當局限制互聯網自由。他追問，凱瑞是否會探訪劉曉波的妻子劉霞。凱瑞沒有做出直接回應，僅表示他在北京只待一天半時間，並略微尷尬地解釋說：「我們在所有中美會晤中不斷強調這些問題，無論會晤在美國還是在中國舉行，無論會晤的級別，我們將繼續這麼做。」

這次會晤四天後，張賈龍在美國《外交政策》雜誌發表文章〈我想告訴凱瑞的所有事〉，闡述他對於這次會議的想法。他呼籲美國拒絕給中國負責防火長城的相關人員發放簽證，包括北京郵電大學校長兼「防火長城」創建人之一方濱興。

張賈龍很快為其直言不諱付出沉重代價。打擊接踵而至：會見次日是週日，騰訊網新聞頻道值班編輯接到指令，新聞辦請各網站查刪「美國國務卿凱瑞會晤四名中國網路大V談『互聯網自由』」的相關報導。第三天，騰訊網財經頻道副總監高軍告知，張賈龍寫的財經評論需要用其他同事的名義發表。同日，騰訊微博把「張賈龍」列為敏感詞。五月二十三日，騰訊以「泄露商業祕密等敏感資訊行為」之理由，與之解除勞動合約。

二〇一五年初，張賈龍作為「外來進京務工人員」，被迫離開生活工作四年多的北京，回到老家貴陽。他無法在任何媒體工作，靠擺地攤給中學生做家教維生。有時擺攤會遇見熟人，他們經常說他可惜

17 趙連海（一九七二—）：兒童腎結石患者的父親，三聚氰胺毒奶粉受害者集體維權聯盟「結石寶寶之家」發起人。二〇一〇年，被以「尋釁滋事罪」逮捕並判刑兩年半。

18 王克勤（一九六四—）：調查記者，先後任職於《中國經濟時報》、《經濟觀察報》，發表有〈北京出租車業壟斷黑幕〉、〈河北定州血案調查〉、〈邢臺愛滋病真相調查〉、〈山西黑煤礦礦主打死「記者」的背後〉、〈山西疫苗亂象調查〉、〈河北大學校園「飆車案」調查〉等重要報導，被譽為「中國打黑記者第一人」。

了，在他們眼裡，在騰訊這樣的大公司上班，是一份體面的工作。但張賈龍一笑置之，「也許是他們不懂，相比有空調的牢籠，我更願意自由地站在天空下」。天無絕人之路，雖然有時被城管驅趕，他最終靠做家教養家糊口。學生愈來愈多，二〇一六年春，他租房作為補習班。

二〇一六年，凱瑞再次訪華。張賈龍在推特上發表了一封給凱瑞的公開信。因為推特對字數有限制，他將該信拆分成十幾條。他在信中批評中國的網路、新聞和言論審查，稱習近平為言論自由的敵人，中共政權為非法政權。他在信中列出數十名良心犯的名單並呼籲美國政府關注他們的命運：「每一位良心犯的背後都是一個破碎的家庭，中共政權的不公不義讓良心犯的家人不僅需要面對親人失去自由甚至生命的巨大痛苦，還要遭受失去家庭重要經濟來源，自己獨力養家的困境，並且受到中共政權的嚴密監視和壓制，生活在煎熬之中。正在遭受磨難的良心犯需要我們所有人的持續關注和聲援。我呼籲美國政府向中共當局施加更大的外交和輿論壓力：立即釋放劉曉波等因政治原因被監禁的良心犯，停止對他們自由行動的任何限制。同時也建議美國外交官關注和支持中國良心犯的家人們。」他亦直率地譴責西方商界和政府對中共暴政的綏靖主義政策：「過去幾十年的經驗清楚表明，國際社會只有默許、支持中共極權統治，中共才會以優惠政策和特權作為政治回報。因此，許多外國政府、政治人物和商人在中國得到的特權和暴利是以犧牲十三億普通中國人的基本人權、世代生存的環境和殘酷掠奪數以億計中國勞動者的血汗成果為代價換來的。」然而，西方政客置若罔聞，中共繼續殘民以逞，而張賈龍自己在三年後卻成為政治犯名單上的一員。

二〇一九年八月十二日晚九點，女兒剛出生兩個月、初為人父的張賈龍，被轄區派出所和維穩部門從家中帶走。他後來回憶，最初在派出所審訊時，只要他肯低頭，同意刪去批評政府的推文，就可不用被抓去坐牢。「坐牢對任何人來說都是殘酷的身心折磨，沒有人願意坐牢，二〇一一年我被行政拘留時，警察威脅我如果不寫悔過書就送我去勞教，我害怕被勞教，當時就寫了悔過書。從拘留所出來後，雖然有了相對的自由，但人活得就像行屍走肉仿佛失去了靈魂，大半年後精神狀態才慢慢有所恢覆。」上次慘痛的經歷，讓他下定決心，一定堅持下去：「如果僅僅為了苟活於世，放棄自己的理想信念和做人原則，我確實做不到，我寧願坐牢也不願意背叛自己的理想信念。」

由於張賈龍不願屈服，審訊他的警官楊錫龍在上級指令下，將他從行政拘留變成刑事拘留。「尋釁滋事罪」是基層警察最方便使用的口袋罪名，因為「煽動顛覆國家政權罪」的立案權不在分局，基層警察需要向上級請示，用起來不方便。九月十三日，張賈龍被正式批捕。

二〇一九年十二月三十一日，張賈龍被帶到貴陽市南明區法院參加庭前會議。本來以為法院很快就會開庭，結果二〇二〇年一月中旬，時任美國駐成都總領事林傑偉來貴陽訪問，案件開庭時間就往後拖延。隨即，中國武漢肺炎爆發，病毒蔓延，南明區看守所全封閉管理，在押人員只出不進，書信往來關閉，與外界幾乎斷絕聯繫。

二〇二〇年五月十三日，此案在網上開庭。公訴人為南明區檢察官李程和南明區檢察院公訴科科長劉漣，劉漣在庭上指出，法院應該對張賈龍「從重打擊」。之後，張賈龍的辯護律師燕薪[19]和蕭云陽[20]為

19 燕薪（一九八一—）：北京來碩律師事務所主任律師，代理過若干弱勢群體及人權案件，如血友病患者爭取學籍案、罕見病教育歧視第一案、全國非獨搶生二孩第一案、山東農民丁漢忠抗拆遷致兩死案、李金星訴山東省司法廳案、維權人士劉飛躍案等。

20 蕭雲陽：刑辯律師，代理過張賈龍案、黔西縣教案、雲縣教案、楊紹政案、「非新聞」創辦人盧昱宇案、活石教會蘇天富牧師案等。

他做了無罪辯護，認為其推文是思想表達，在任何文明社會都是允許的，並不構成犯罪。張賈龍在自我陳述說：「在推特發表個人觀點屬於言論自由，在世界上大多數國家，言論自由都是憲法保障的基本權利，不是犯罪。」張賈龍的妻子邵媛在法庭上旁聽，後來接受外媒訪問時說，控辯雙方就言論自由在庭上激烈辯論。她亦披露，去年檢察院曾遊說她，讓她勸張賈龍妥協，以撰寫認罪材料換取輕判，遭到她拒絕。

二〇二一年一月七日，張賈龍被判處有期徒刑一年六個月。判決書中指控，張賈龍自二〇一六年起通過其推特帳號發佈的二萬四千條推文中，有五十餘條詆毀黨和國家政府形象的虛假資訊，被轉發三百八十七次，被點讚兩百九十三次，與其他推友互動留言十七條。並點名指「國際特赦組織中文」等三十七人關注了其帳號。法院認為張賈龍「在網路空間起哄鬧事，對網路使用者造成錯誤認識，造成網路秩序的嚴重混亂，擾亂正常社會秩序」，構成「尋釁滋事罪」。判決書中並未明確張賈龍發佈的「五十餘條詆毀黨和國家政府形象的虛假資訊」為何內容。該案審判長為伊莉，審判員為任玉媛、胡楊。

張賈龍提出上訴，但直到二〇二二年二月十二日刑滿釋放，上訴都未開庭。他被關押在條件惡劣的看守所，未移至監獄，看守所的條件比監獄更惡劣，這是當局故意懲罰他上訴。從看守所釋放回家後，他家門口被裝上兩個海康威視的高清監視器，受到國保警察的嚴密監控。

二〇二二年三月十八日，已出獄一個多月的張賈龍與妻子及父親一起來到貴陽中院出席二審開庭——這一幕本身就夠荒誕的了，開庭基本上沒有太大意義。二審審判長為貴陽中院審判委員會委員、刑一庭庭長陳雁，及法官馬麗、雪蓮。果不出所料：中院對張賈龍和辯護律師李貴生[21]的無罪辯護意見不予採納，維持原判。

法官陳雁念完判決書之後說：「我現在代表組織對你進行談話，你今天回去之後要嚴格約束自己的言行，否則下次再被抓被判就沒有人能幫你。你父親回去之後也要經常教育你，嚴格約束你的言行。」

張賈龍回應道：「因為境外網站推特上一篇二〇一六年寫給美國國務卿的文章被安上尋釁滋事的罪名判刑一年六個月，難道如果你不幫我，我是不是要被頂滿判五年？今天是開庭宣判，你念完判決就應該讓我走了，我不想聽你說教。」

畢業於西南政法大學的陳雁繼續念稿：「言論自由不是絕對的，沒有限制的，有三個領域是不能妄議的：一、中國共產黨的領導；二、中國特色社會主義道路；三、祖國統一。」

張賈龍反駁說：「中華人民共和國憲法第三十五條有寫言論自由，你可以建議修憲，加上你剛才說的這三項限制條件，讓國人知道言論自由的具體限制和禁區。」

陳雁又說：「張賈龍，你不能把二審判決書放到外網上。」

張賈龍反駁說：「這是公開開庭宣判的案件，公不公開判決書是我的權利，也是你的權利，就像我不會干涉你在裁判文書網上公開判決書。判決書不涉及祕密和個人隱私，沒有任何理由不讓公開。裁判文書網理應公開每一件公開審判的案件，讓廣大國人同胞來評判審判是否公平公正，能否經得起歷史檢驗。我作為被判刑人都不怕公開判決書，你作為法官怕什麼。」

---

21 李貴生：人權律師，曾擔任被捕的張凱律師、覃永沛律師的辯護人。曾與文東海律師赴株洲三醫院，為董瑤瓊「被精神病」一事與院方交涉。多次被警方拘押，並威脅「社會性死亡」。

陳雁突然反問：「我們生活的這個國家這麼好，你為什麼要反對它？」

張賈龍反駁說：「僅僅因為在已經被你們封鎖的推特網站上寫過一篇表達自己政治觀點的文章，幾年之後就要被抓被關被判一年半，我實在不知道它好在哪裡。」

走出法庭，在一樓大廳，早已等候在法院外的戶籍所在地南明區司法局工作人員就對他進行刑滿釋放人員例行幫教登記和談話。戶籍所在地的南明區朝陽派出所民警讓他去派出所進行「重點人口登記」，並採集他的十指指紋、兩隻手掌掌紋和頭髮樣本存入重點人口管理檔案，從此以後他多了一個「重點人口」的身份標籤——根據《公安部重點人口管理規定》，「重點人口」是指有危害國家安全或社會治安嫌疑，由公安機關重點管理的人員。

至此，歷時一年七個多月，現實中的法庭審判程序終於結束了，但張賈龍堅信，歷史法庭所作的終極評價還會繼續。「我希望不久的將來，沒有人會因為說出自己看到的事實真相，表達自己對公共事務的看法而被刪帖被封號被恐嚇被抄家被失業被限制出境被抓被關被逮捕被起訴被判刑被監視，能沒有恐懼地活著，活成一個真正意義上的人。」、「我希望不久的將來，法律能真正代表民意，代表公平正義，而非只是統治者手中任意操縱的工具，形同具文，用於愚弄和踐踏人民，讓每一起公開審判的案件都能開放旁聽，公開審理，判決書能在網上公佈於眾，只有這樣的審判才有可能經得起法律和歷史的檢驗，法庭真正成為能被人民普遍信任和實現公平正義的『司法殿堂』。」他在追憶文章〈為了自由我不後悔〉中寫道：「即使在坐牢期間，我仍抱著世界能被改變的信念，以道德致勝看起來雖然緩慢，但卻是用真實改變世界的捷徑。……我認為人生只有短短幾十年，人的一生當中能為自己心愛的土地勇往直前是一件美好的值得回憶的事情。傷口不會痊愈，但傷疤會隨著時間變形，我把它寫出來就是希望讓創傷升華為印記，永遠銘記於心中。」

張賈龍matters：https://matters.town/@zhangjialong
張賈龍推特：https://twitter.com/zhangjialong

45 董瑤瓊：我用潑墨來反對習近平獨裁專制暴政

董瑤瓊：二〇一八年七月四日，在上海海航大廈前向習近平畫像潑墨並在網上直播，此舉讓中共當局緊急將各地很多習近平畫像撤下。隨後，被捕，三度被強制送入精神病院。其父親董建彪因積極營救女兒，被捕並在獄中受虐死亡。

董瑤瓊，一九八九年九月二十四日生於湖南省株洲市攸縣桃水鎮謝家坪村，小學畢業後，因家境貧寒，無法繼續就學，只能像中西部數千萬計的農村女孩一樣，到東部沿海地區打工。換了多份工作後，她靠著聰明和勤奮，在上海一家房地產公司從事中介工作，在推特上使用網名「feefeefly」發言。在推特上，她看到很多自由世界的資訊，再對照自己經歷過的和觀察到的中國社會的不公不義，遂常常對社會議題發表看法。

二〇一八年七月四日，清晨六時左右，董瑤瓊在推特上直播一段影片：她在上海海航大廈前用一瓶墨水三次潑向習近平的巨幅畫像，並坦然無懼地說：「反對習近平獨裁專制暴政……我對他恨之入骨，看到沒有，這是我的行為。……我要求國際組織介入進來，我會配合調查取證。……我今天就潑墨他了，我看他能把我怎麼地，習近平，我在這裡等著你來抓我。我就一個人，反對中國共產黨，反對共產黨獨裁暴政專制。習近平，我潑你的墨。看到沒有，看到你醜陋的臉沒有？」

下午三時三十分左右，董瑤瓊發出最後一則推文：「現在我的門外有一群穿制服的人。待會換好衣服就出去。我沒有罪。有罪的是傷害我的人和組織。」之後，其推特上的文章被刪除，帳號被注銷，本人亦失聯。

七月十三日，董瑤瓊潑墨後被失蹤的第十天，其父董建彪在推特上發出一段影片：他雙手顫抖拿著身份證，對著上海公安局說：「我要知道我女兒現在的情況，生要見人，死要見屍！公安局你不是黑社會，你要告訴我女兒關在哪裡！」他還在社交媒體上發出一段求救文字：「我女兒這次可能命都保不住了！習主席把自己當成皇帝了，過去得罪了皇帝是要株連九族的。我們生活在底層的人就像螞蟻一樣任由權貴們宰割。我們湖南攸縣一次出事故就死了一百多人，這些底層人冒死一個月才拿三千多元也要下煤礦呀！因為他們全家要吃，孩子要上學……我自己也是這樣。我現在只求大家幫助我，幫助我保住我女兒董瑤瓊的小命，其它就一無所求了。我願意用自己的生命去頂替我女兒服刑。我是她爸爸，沒有別的辦法了。」同一天，董建彪與前來訪問他的藝術家和紀錄片拍攝者華湧[22]被雲南國保破門抓走。

22 華湧（一九六九—二〇二二）：行為藝術家。自二〇一一年起，於六月四日進行名為「記憶周期」的行為藝術以悼念亡靈。二〇一二年六月四日，在天安門廣場上用自己的鮮血在額頭寫上「六四」二字，不到兩分鐘就被三名警察衝上來制止、帶走，被判勞動教養一年三個月。此後，參與反對北京清理「低端人口」、聲援董瑤瓊等活動。二〇一九年，流亡泰國，成立中國公眾黨。二〇二一年，抵達加拿大。二〇二二年十一月二十五日，於深夜獨自划行橡皮艇出海，不幸溺水身亡。

七月十六日，董瑤瓊被上海警方送回湖南老家，關押於株洲市第三醫院。上海和株洲的醫生在國保的操縱下，鑒定董瑤瓊患有精神病，她被送入株洲市第三醫院精神科接受「治療」，並受到全天候監控。

七月三十日，董建彪在李貴生律師和文東海[23]律師的陪同下，到醫院探視女兒。他們剛到醫政科，株洲國保的幾名便衣就現身將董建彪帶走，兩位律師也無法入內探視。醫院居然說，董建彪不能證明自己是董瑤瓊的父親。八月一日，董建彪再次在推特上呼籲：「我不相信我女兒董瑤瓊患有精神病，要求見我女兒。」

二〇一九年十一月十九日，董瑤瓊在精神病院被關押了十六個月後出院，被送到攸縣桃水鎮其母親處。潑墨事件後不久，董瑤瓊的父母離婚，父親董建彪到外地礦場打工。

二〇二〇年一月二日，董建彪回鄉探望女兒並披露，女兒臉部浮腫，身材胖了很多，除了叫了一聲「爸爸」，基本不說話，似有癡呆症狀，與以前聰明伶俐的模樣判若兩人。他懷疑女兒曾被強迫吃藥。一月八日，他看到女兒露出了久違的笑容。

五月二十日，董建彪發出資訊，稱女兒再次被關進株洲三醫院精神病科。七月，董瑤瓊出院。董建彪披露，女兒出院後，比之前的病情更加嚴重，癡呆、發傻、反應遲緩，有時小便失禁都不知換褲，夜晚有時瘋狂喊叫，尤其下雨打雷時發出尖叫，不叫任何人靠近。

十一月二十九日，董建彪打工的湖南耒陽源江山煤礦發生穿水事故，十五名工人中只有兩人逃生成功，董建彪是其中之一。董瑤瓊透過湖南維權人士歐彪峰[24]才得知此消息，並與父親聯繫上。此事讓董瑤瓊相當憤怒，並於次日在推特上傳推文和影片，向外界求援，並點名譴責習近平和王岐山。推文中提到她的微信被屏蔽，她在上海被關押期間遭受「不斷性侵羞辱」，她「在潑墨前打舉報電話都被掐斷」。她在影片中說：「我第二次出了精神病院後，被安排在當地政府上班。說是上班，它其實就是一種監控，因為我去哪裡都是受限制的。」她最後說，她無法忍受這種沒有自由的生活：「我在潑墨之前，我還在上海一家單位工作，可以去詢問我的那些同事，我的精神出了問題嗎？我現在決定要發推特，是因為我現在不恐懼他們了，我不害怕他們了。如果再次把我關到（精神病）醫院，沒有問題，我就是一輩子出不來了，我也認了。」推文發出後不久，她再度失聯，推文和影片亦被刪除。一直與董建彪保持聯繫的歐彪峰轉發了兩幅圖片，其中一幅是董瑤瓊的幼小兒子抱著一本聖經。歐彪峰寫道：「應董瑤瓊要求，幫她發該推文。她說永遠愛上帝！感謝上帝保護她承受很多苦難的爸爸。」

二〇二一年一月二十一日，董瑤瓊發出一則推文：「現在我爸爸在動手術前期。我的現狀是，中國政府拖欠我的工資，已經兩個月了。又不允許我和我爸爸自己找工作，已經快身無分文了。凡是沾著我的人都成了他們口裡的『政治犯』，都要受牽連。」一月二十八日，她再度發出一則推文：「我被習近

23 文東海（一九七四—）：維權律師，曾任王宇的律師，因為代理法輪功學員案件，二〇一八年六月，遭吊銷律師執照。廈門聚會事件後，又被抓捕，失蹤四個月。

24 歐彪峰（一九八〇—）：人稱「小彪」，草根公民行動者，公民記者。二〇二〇年三月及十一月，因為公開聲援許志永和常瑋平等良心犯被警方傳喚。二〇二〇年十二月四日，因轉發董瑤瓊的消息，被以「尋釁滋事罪」行政拘留十五天，後又遭刑事拘留、指定居所監視居住。二〇二一年七月二十二日，被正式逮捕。二〇二二年十二月三十日，被以「煽動顛覆國家政權罪」判囚三年六個月。

平的狗腿子滋擾得咽不下一口惡氣！他們把我爸爸整的幾次差點喪命！我爸爸出過幾次意外事故你們知道嗎？都是習近平整的！」

二月六日，董瑤瓊第三次被關進精神病院。從此以後，外界再無董瑤瓊的消息。

二〇二一年二月十二日，董建彪來到前妻家中，兩人為女兒之事發生激烈衝突。董建彪被捕，隨後被判刑三年。

二年九月二十三日，突然傳出已入獄一年〇七個月的董建彪在湖南茶陵監獄離奇死亡的消息。一位匿名的消息人士表示：「監獄的人說他病死了。雖然家屬有追問，但獄方仍堅稱他是病死的。家屬進去停屍房看屍體時，被禁止帶手機進去。他們只能看一眼就得出來。」董建彪逃過了磧難，卻沒有逃過中共黑獄的致命折磨。

次日，當地維權人士陳思明[25]發出推文：「二十四號上午十點多董瑤瓊的堂哥來電話，說董瑤瓊的父親董建彪昨天慘死在監獄。親屬在停屍房看了其屍體，全身有傷，肛門出血。國保說五天之內火化。」旅居德國的記者蘇雨桐[26]發出推文：「九月二十四日在國保逼迫下，董瑤瓊弟弟簽字遺體火化。……去往董家的路被控。」被關進精神病院的董瑤瓊未能參加父親的葬禮。

潑墨行動，讓董瑤瓊付出家破人亡的沉重代價。總部位於華府的人權組織「中國人權捍衛者」的研究與倡議顧問藍寧表示，在中國，反抗者一旦被中國政府盯上，他們生活的每個層面都會受到嚴重的打壓。中國政府會想辦法把異議人士逼到絕境，他們無法自己找工作，也無法自己去交朋友。董瑤瓊受到的懲罰尤其嚴厲，因為她對著習近平畫像潑墨的舉動，對中國政府來說是個非常羞辱的一刻。中國政府無法容忍一個年輕女性公開挑戰中國共產黨最高領導人。「當異議人士被中國政府冠上『精神病』的名義時，這通常代表中國政府要求他們向極權低頭。這是董瑤瓊與其他中國異議人士現在面臨的處境。」

董瑤瓊三度被強制送入精神病院，是中共愈來愈普遍使用的對付異議人士的卑劣手段。這種手段是從蘇聯那裡學來的。當年，蘇聯政府先將要迫害的人逮捕，而後由法院起訴並立即進行精神病學鑒定，通過精神病鑒定宣佈該人為無責任能力的人。這樣，法庭就可以在被告人缺席的情況下進行不公開審理，判決將其送入精神病醫院強行治療。蘇軍退役少將彼得・格里戈連科（Petro Grigorenko）因組建反對組織而被捕，然後被宣佈為精神錯亂症，送往專門的精神病醫院接受「治療」，後經勸說赴美。生物學家羅伊・梅德維傑夫（Roy Medvedev）因為發表文章批判李森科主義（Lysenkoism），被從家中強行抓到精神病院，主治醫師認為其患有「二重人格」，後經國內外學術界和文化界強烈抗議，二十天後獲釋。

中共是蘇共的學生，卻青出於藍而勝於藍。中共在以精神病為理由迫害抗爭者時，省略了法院的程序，且不顧本國民間和國際社會的抗議。毛時代，林昭等抗爭者曾被送入精神病院。近年來，中共玩弄這一手段更為嫻熟。非政府組織「保護衛士」在一份報告中，揭露中國警察在二〇一五年至二〇二一年間，運用精神疾病相關的名義，將大量異議人士送入精神病院。「這個被稱作『安康』的系統，是在

25 陳思明：湖南維權人士，多年堅持公開紀念「六四」，屢屢遭警察抓捕。因發佈董建彪死訊，被警察抓捕，處以行政拘留十五天。

26 蘇雨桐：記者、NGO活動人士，被譽為「民運圈KOL」。因在網上公布《李鵬日記》，被國安抄家。二〇一〇年，赴德國，曾在德國之聲任記者，因大量報導中國人權議題而遭解聘。後任美國自由亞洲電台特約記者。

一九八〇年代由中國啟動的精神病院系統，主要由警察來管理。」

該報告的共同作者黛娜表示：「這是一個有很長歷史的系統，在中國已施行數十年。而直到今天這個系統仍被繼續使用，這也反映了在中國，維護穩定的重要性超過一切，包含每個人的人權。」該報告顯示，在二〇一五年至二〇二一年間，中國至少有一百四十四起非自願住院的案例。其中，有一百零九間醫療院所參與相關案件，這些案件遍佈二十一個省份或城市。這表明中國以精神病名義來進行政治打壓的作法非常普遍，而且是常規做法。

報告還指出，最驚人的發現是幾乎有三分之一的受害者有被反覆送進精神病院的紀錄，而且持續時間很長——有約一半的人在精神病院內被關六個月以上，其中有九名受害人被關長達十年或更久。「在三分之二的安康案件中，受害者沒有得到法律規定的精神評估，這表明醫院與警方勾結。」受害者在精神病院中飽受身體和精神上的虐待，包含被迫接受痛苦的電休克療法、被綁在床上、被迫在床上穿著髒衣服長達數小時並受到羞辱、被毆打或是被阻止與家人或律師通話或見面。報告列舉的案例中，除了董瑤瓊，還有因聲援上海震旦職業學院教師宋庚一[27]而遭送入精神病院的懷孕女教師李田田[28]。

習近平時代的中國高度關注「維穩」，對於任何被視為挑戰其權力的人都會騷擾和拘留。「最令人恐懼的是，『安康』系統中的受害者往往像是被困在一個噩夢中，沒有法院簽發的判決或有期限的司法程序，他們不知道這樣的待遇何時才會結束。」中國政府與警察，基本上以凌駕基本人權的方式來虐待「安康」系統中的受害者：「中國的各項系統中沒有問責機制。若任何人落入『安康』系統中，他們會像是落入隙縫般的被遺忘。因爭取權利而入監服刑的人在出獄後，往往會被視為英雄。但若你被送入精神病院，瞭解實情的人會支持你，但不瞭解實情的人可能認為你只是一個有精神病的人。」這就是漢娜．鄂蘭所說的，極權主義最可怕之處，是讓殉道變得不可能。

世界不會忘記董瑤瓊。二〇一九年五月，「人道中國」在紐約舉辦第二屆余志堅紀念獎頒獎典禮，獲獎者為董瑤瓊和劉艷麗[29]。余志堅等當年向毛像潑墨，董瑤瓊如今向習像潑墨，當之無愧是余志堅精神的傳承者。

余志堅的遺孀鮮貴娥在頒獎儀式上指出：「身在海外的我們有幸生活在民主憲政的真正的自由國家。我們經常看到許多公民對其總統的批評以及嘲諷行為，許多表達方式類似甚至遠甚於潑墨，但是那些尖銳的行為並未遭到像中國的潑墨者的命運。董瑤瓊被精神病了。他們不僅從肉體上囚禁她，強行給她服用有巨大副作用且或摧殘大腦思維的不明精神病藥物，而且從精神上侮辱她毀謗她，給她雙重的折磨和摧殘。……在挑戰極權和個人崇拜這一點上，出身草根底層的董瑤瓊毫無疑問是一個衝在前面的行

27 宋庚一：上海震旦職業學院東方電影學院教師。二〇二一年十二月十四日，在《新聞採訪》課程中聲稱南京大屠殺死亡三十萬人的數據缺乏史料支撐、「三十萬只是一個中國歷史小說寫作的一個概述」，並表示「我們不應該永遠去恨，而是應該反思戰爭是怎麼來的。」授課影片被學生剪輯後發佈在網上。隨後被學校調查，兩天後被開除。

28 李田田：湖南湘西永順縣桃子溪小學教師。二〇二一年十二月十七日，在微博上撰文聲援因質疑南京大屠殺的數字而被舉報和開除的上海教師宋庚一，翌日遭到湘西州永順縣教育局、公安局上門威脅她簽字認罪，但被拒絕。次日，懷有身孕的李田田被強行送進精神病院。後獲釋，被迫遠走他鄉「避難」。

29 劉艷麗（一九七五—）：銀行職員，維權者。二〇一八年，因在網路上發表批判毛澤東、習近平的言論，被警方逮捕。二〇二〇年，被判刑四年。在獄中因受虐待，怒而割腕自殺未遂，左腕幾根神經斷裂致殘。

動者，是一個沒計代價的勇者。在那塊浸染了幾千年專制文化，絕大多數民眾仍然在現實和戲場追崇明君清官忠臣的土地上，彼時彼地，董瑤瓊的那一潑，是驚天的，如燦爛的流星劃過那一片天空。希望未來中國最終能成為人民可用選票顛覆政權的國家，而現在英雄們種種煽顛和顛覆的正當行為將成為他們永遠的榮耀。希望余志堅的某些精神能陪伴大家，直到專制不存、個人崇拜不再。」

董瑤瓊被關押在湖南株洲第三醫院精神科
地址：株洲市水文路150號　郵編：412000

一九九〇年代人

46 何桂藍：以肉身和生命抗衡國家機器

何桂藍：原香港《立場新聞》記者，其關於香港反抗運動的現場報導家喻戶曉。後轉而投身政治活動，參選立法會議員。二〇二一年，因「四十七人案」被捕，一直羈押至今。

何桂藍，一九九〇年八月二十四日生於香港，畢業於可風中學，老師形容她是個領袖能力出眾的人，讀書成績也不俗，特徵是「在老師面前就非常之靜，同學之間就比較活躍」。大學期間，北上北京清華大學讀英文系，可見那時她對中國的前途抱有樂觀的期待。當她與同學討論「六四」時，清華的一位頗有才華的師兄對她說，「政府沒經驗，學生太天真」，「六四」是無可奈何。她由此對中國知識界的犬儒和遺忘非常失望。後來，她在網上看到黃子華一九九七年的一段談「六四」屠殺的影片〈秋前算帳〉，她稱之為「自己的『六四』覺醒瞬間」：「這世界哪裡有人是『逼不得已』殺人的呢？」

二〇一一年，何桂藍到香港電台擔任實習記者，翌年到網路媒體《主場新聞》當記者。《主場新聞》創辦於二〇一二年七月二十八日，以包容和理性為起點，其報導新聞較多着墨與香港爭取民主自由等事件，在政治立場上經常與北京的立場相左。它明確指出民主派，支持「佔中」行動，因此被視為是一家香港泛民主派的網路媒體。

二〇一四年「雨傘」運動前夕，政治打壓日趨嚴重。七月二十六日，《主場新聞》突然宣佈停辦。創辦人之一蔡東豪[1]發表聲明指出：「今天的香港已經變了，做一個正常公民、做一個正常媒體、為社會做一點正當的事、實在不容易甚至感到恐懼。不是陌生，而是恐懼。」他還說：「由於當前政治鬥爭氣氛令人極度不安，多位民主派人士，被跟蹤，被抹黑，被翻舊賬，一股白色恐怖氛圍在社會瀰漫，我亦感覺到這種壓力。」

離開《主場新聞》後，何桂藍加盟黃之鋒等創建的主張透過社會運動改變政治體制的社團「學民思潮」，為其編輯網上媒體《破折號》。日夜親歷「雨傘」運動，成為後來她與香港「同呼吸、共命運」的基礎。她在個人臉書上寫著這樣一句座右銘：「若不在香港自由，則自由又有何義。」（Reckless, all the bloody time.）

「雨傘」運動之後，二〇一四年十二月，《主場新聞》改名《立場新聞》重新啟動。在創刊辭中稱以「立場」為名，是敢於「宣示立場，不掩飾、不迴避，堅持報導真相」。創始時的董事會成員包括吳

1 蔡東豪（一九六四—）：香港企管人、傳媒人。「佔中」行動之初，名列「佔中十死士」之一，但隨後缺席有關活動。《主場新聞》關閉後半年，又參與創辦《立場新聞》。二〇二一年十二月二十九日，香港國安處以「串謀發佈煽動刊物」罪，拘捕《立場新聞》六名現任或前任高層，並通緝已離港的蔡東豪。

霭儀、何韻詩、練乙錚[2]、鍾沛權[3]等人。在香港中文大學傳播與民意調查中心發佈的「市民對傳媒公信力的評分」民意調查中，《立場新聞》分別在二〇一六年及二〇一九年，獲得香港網上新聞媒體界別第一的排名。何桂藍加入專題組，寫過〈旺角他們〉、〈港獨登場〉、〈本土休止符〉等報導。

之後，何桂藍轉職去BBC中文網。二〇一八年，她再去歐洲，通過歐盟「伊拉斯謨世界計畫」，攻讀新聞、媒體與全球化碩士學位課程。二〇一九年暑假，她回到香港，再度投入香港新聞及社運戰場。

何桂藍做過最關懷中國人權的新聞，也寫過最深入香港本土思潮的報導。她率性、富熱情，總是長髮飛揚，顧盼生輝。討論選題，可以與人大戰三百回合至夜深；做訪問時，流亡海外的本土派青年學者梁繼平[4]說，她是「好了不起的對手」，連歌星黃耀明[5]都領教過她的「執著」。她還冒險前往烏克蘭報導烏克蘭戰事。她用香港人的視角，審視各地社會運動、文化活動，從中找出政治意義、為本地民主運動所借鑒。她說：「我除了記者證，還希望能夠成為一個抗爭者，同各位香港人同行，一齊面對我們共同的命運。」

何桂藍在接受香港電台《鏗鏘說》節目訪問時表示，自己在「雨傘」運動發生前閱讀到一篇由記者張潔平[6]在《紐約時報》中文網的報導，感到十分震撼，她意識到香港需要更多「既有脈絡，又有分析」的報導。而在張潔平眼中，何桂藍則是能代表這個世代的優秀記者，「對我來說，何桂藍是我們正在經歷的這個世代，可能培養出最好的一批記者之一，甚至是最好的記者」。

二〇一九年六月十日，何桂藍在系列報導〈反送中遊行的年輕抗爭者們〉之〈十八歲就迎來「我城終局之戰」，香港少年少女的絕望與希望〉一文中寫道：「在反送中遊行裡被港警圍堵的三百五十八人中，八成是年僅十六至二十五歲的年輕人。此次遊行裡，冒著被囚禁的風險與警察對峙、用生命一搏的少年少女們，不少均是素人。當和平、理性、非暴力，再多人群聚集也動搖不了政府強壓的意志時，年輕的他們說出：『就算香港死掉，我也要和她同歸於盡！』」

七月一日晚，「反送中」示威者進入並佔領立法會，四名示威者堅持留守會議廳，警方宣佈即將清場。何桂藍於直播中採訪到一名前來聲援的示威少女，這位少女回答說：「每個人都很怕，但我們更害怕明日見不到他們四個（示威者），所以決定全部人一起上來，和他們一起離開。他們不走，我們也不走！」何桂藍聽到後落淚，令觀眾十分深刻。

2 練乙錚（一九五一—）：香港學者及資深媒體人，曾任《信報財經新聞》總編輯、《信報》主筆。二〇二一年十二月二十九日，香港國安處以涉嫌「串謀發佈煽動刊物罪」對其發出通緝令，此前他已流亡日本。

3 鍾沛權：香港資深媒體人，前《立場新聞》總編輯。在「立場案」中，被控「串謀發佈或複製煽動刊物」，質疑警方「大包圍」嘗試找證據檢控，純粹針對《立場新聞》。

4 梁繼平（一九九四—）：曾任《學苑》前任總編輯、《香港民族論》編者之一。參與二〇一九年七月一日晚佔領立法會事件，為唯一拉低口罩發表《香港人抗爭宣言》的示威者。二〇二〇年十二月二十七日，因觸犯《港區國安法》而遭到香港國安處通緝。現留學美國。

5 黃耀明（一九六二—）：香港歌手，演藝圈中少數不避忌公開表達政治立場的藝人，支持香港民主運動。二〇二一年八月二日，曾被香港廉政公署短暫拘押。

6 張潔平（一九八二—）：新聞工作者，出生於中國，曾長居於香港，現居於台灣。曾任《端傳媒》總編輯，區塊鏈社群平臺《Matters》創辦人及獨立書店「飛地Nowhere」創辦人。

七月二十一日晚，一群黑社會背景的暴徒在元朗持械無差別襲擊市民，何桂藍在港鐵西鐵線元朗站直播採訪期間，因為遭到暴徒陳志祥襲擊而倒地受傷流血。直播片段直擊陳志祥追打何桂藍的過程，後來何桂藍被打至倒地及尖叫。該直播報導震驚世界，引起巨大迴響。網民做了不同語言的版本，讓影片流傳到全球。有評論人士指出，何桂藍的現場直播「報導踩準了關鍵一刻，見證最悲劇的畫面，也影響著運動的走向」，甚至「成為時代節點」。因為何桂藍曾是「立場新聞」記者，很多市民親切地稱她為「立場姐姐」。（二〇二一年十二月二十九日，《立場新聞》因應香港警方國安處凍結《立場》共六千一百萬港元資產，並採取行動拘捕六名高層或前高層，於當天下午四時許宣佈停止運作。）

隨著街頭運動式微、新聞自由空間持續被打壓，何桂藍認為要維護記者使命，必須從根本上改革政制。她深感社運能量傾倒在自己身上，決定離開所愛的記者職業，參加民主派初選，從記錄時局，轉為以行動創造變局。她後來如此解釋這一人生轉變：「我對『記者』的身份，一度感到窒礙，因為在記者的場合，『一無所有，只有自我的自己』與『壓迫』之間，永遠橫著『專業』，作為主導、必須服從、僭越一切成為最高標準的一個，並非『人格』但完整得近乎『人格』的存在。而在自己的人格與『專業』之間，前者必須讓位。」她對政治和正義的追求超過了記者的天職——記錄和報導，於是毅然轉換人生跑道。

何桂藍希望在政治「死局」裡「破局」：民主派奪過半議席、否決財政預算案，觸發憲政危機。參選期間，一身黑衣的她在街頭演講中大聲疾呼：「面對極權，我們的確一無所有，只能夠以我們的人生、前程、甚至肉身同生命，作為代價，去抗衡國家機器……」她稱自己為「抗爭派」，這一次，入立法會不是為了議政，而是要把議事廳變成抗爭的戰地：「真正的政治，是在需要你的時刻，你上了台。」她與袁嘉蔚[7]、張崑陽[8]、黃之鋒、朱凱迪[9]、岑敖暉[10]等抗爭派組成選舉聯盟，在新界東民主派初選以兩萬六千八百零二票得票居第一，成為新界東票王，成功出線。

然而，北京不會讓香港繼續保有選舉自由。選舉主任楊蕙心致信何桂藍等人，就多項議題的立場做出詢問，包括涉及其曾簽署反對《香港國安法》的聲明、爭取外國制裁、否決財政預算案等範疇。七月三十日，何桂藍及其他十一名民主派參選人遭香港特區政府剝奪參選資格。

二〇二一年一月六日，何桂藍因參與民主派初選，與另外五十二名民主派初選組織者一同遭到香港警察以《香港國安法》中「顛覆國家政權罪」的罪名大規模搜捕。大搜捕引起香港本地及國際社會嚴厲譴責，更促使美國政府根據川普總統簽署的行政命令，對中共官員及香港警方高層實施進一步制裁。

二月二十八日，香港警察以《香港國安法》中「串謀顛覆國家政權」的罪名起訴何桂藍等四十七名

---

7 袁嘉蔚（一九九三—）：綽號「田灣女孩」，香港民主派政治人物，南區萬事屋成員，香港眾志前副主席，曾任南區區議會田灣選區議員。二〇二一年一月六日，因前一年參與民主派初選，與其他五十多名民主派初選參與者一同遭到香港警察以《港版國安法》中「顛覆國家政權罪」逮捕。

8 張崑陽（一九九六—）：香港本土派政治人物，香港民主委員會顧問，「傘後」第一代本土派學生領袖。在二〇二〇年，香港立法會選舉民主派初選中，於九龍西選區以第二高票當選。港府大規模取消候選人參選資格後，流亡美國。

9 朱凱迪（一九七七—）：前香港民主派立法會議員，社會運動活躍人士。二〇二一年二月二十八日，因早前參與立法會選舉民主派初選，被特區政府指控涉嫌干犯「串謀顛覆國家政權」罪而被捕被起訴，一直不獲國安法指定裁判官批准保釋而被還押至今。

10 岑敖暉（一九九三—）：香港專上學生聯會成員、前荃灣區議會海濱選區議員。二〇二〇年，宣佈放棄美國國籍，參選立法會。二〇二一年一月六日，因早前參與立法會民主派初選涉嫌違犯《港區國安法》被捕，一直還押至今。

大搜捕被捕者並即時還押。翌日在西九龍裁判法院提堂，開庭前，何桂藍於內庭表示自己未能與律師會面。馬拉松式審訊進行至三月四日，上午近十一點開庭，何桂藍選擇自辯陳詞，她「可以接受任何具體的保釋條件，但不接受任何限制言論自由的保釋條件」。香港評論家李怡在〈愛上何桂藍〉一文中讚揚說，「維護言論自由的人最勇敢，我也愛上了何桂藍」。

何桂藍在法庭上表現硬朗。審訊期間，她埋頭閱讀撿來的報紙，以示對法庭的輕蔑。她在〈獄中手記〉中寫道：「當七二一（案）終於提上法庭的此刻，我這邊呢，已經成為坐在國安法被告席的政治案階下囚了；並不是什麼宇宙冥冥中的巧合或黑色幽默，而是，我自己的選擇所導致的。不得不說，已經走了這麼遠。……於是經歷過二〇一九的我，出於自己的選擇，目前置身於另一個法庭的另一個席位之上，並且意識到，這就是我作為自己，一無所有地，面對巨大壓迫的時刻。」她接著如此解釋「自己的立場」——「立場」在這裡，不僅是指政治立場，類似於「處境」或「身位」，就是日譯小說中「你也稍為考慮一下自己的立場吧」，那個不太能直譯的意思——在保釋審訊的四日間，她一直在思考這個問題：「從一名記者，轉而成為一個activist，所以由一宗案件的證人席，轉落另一宗案件的被告席，這兩個身份之間的對立，大概是我這個人的『故事』所在（此處『故事』採村上春樹《地下鐵事件》後記中的定義）。」

在政治場域，何桂藍只是一個新人，卻不得不付出沉重代價。她坦然論述對何謂「參與政治」的理解：「一般會傾向認為，政治是利益計算、妥協與交易、拉黨結派、黨同伐異、權力欲展現、謊言等的綜合，但這顯然不是政治的全部……在香港的場合，我相信，大家更熟悉的，是極權下的反抗政治。在此型態之中的政治是怎麼的呢？就是大家二〇一九年在街頭目擊到的那樣，是在《佔領立法會》與《理大圍城》裡看到的那樣。」她也說，她繼承的是清華的另一個傳統，跟「又紅又專」的「第二黨校」截然不同的傳統——她在TVB的報導中看到，「六四」時在現場殿後的，是清華的學生。那時候坦克迎面壓來，清華大學十一個學生手挽手擋。坦克不管，就壓過去。她以這樣的清華為榮。

二〇二三年二月八日，民主派四十七人初選案再次開庭審訊。何桂藍已被關押了兩年多。控方指陳志全[11]和何桂藍強調需要議會抗爭。控方指何桂藍曾提及，她曾在初選論壇宣稱，要把立法會變成人民的武器，議員應用盡一切方式抗爭。

何桂藍的求情內容只有一句，她先後以中、英讀出：「不論用什麼法律語言，今天對我個人的判刑，實際上就是對每一位二〇二〇年六月四日出現在維園的香港人判刑。」在隨後的文章中，她指出，抗爭之路是二〇一九年參與過反修例運動的人所做的共同抉擇和承諾，時代在每個人身上投下責任，她所做的，是「認清現實，但也不迴避代價」：「我還是想要相信，明瞭香港的真相與一切代價仍未放棄的人，在香港有幾十萬。我……是眾多堅持著的人當中的一個。」她面對可能是多年的刑期仍「無怨無悔」。她的臉書簡介一直寫著一句話：「若不在香港自由，則自由又有何義。」

有評論人高度評價何桂藍的〈獄中手記〉對香港而言「顯得這麼及時和寶貴」：「一個被關押多月，前途未卜的一介草民，還竟然可以如斯冷靜，寫出當前的問題和建議，顯示藍妹是個非常有智慧和

11 陳志全（一九七二—）：香港民主派政治人物，曾任「人民力量」主席，該組織一直走在抗爭最前線。他認為，「攬炒」和面對強權要有「置之死地而後生」決心。

有策略的人，而這些人就是有關當局最想消滅的人。……經過這些年的抗爭運動，何從一個實際的參與者，蛻變成為現在一個具備有冷靜思考而且意志堅定的帶領者，能夠對香港抗爭運動做出理性成熟的分析策劃。的確，政府現在貌似兇猛強悍，其實只是一隻大笨象，轉身慢且許多軟肋都暴露在眾人面前。……如果每一個個體都能夠扮演好自己的角色，更有智慧地去抗爭，那麼，按照何桂藍所說的，就能整合成為一個有戰鬥力的共同體，然後等待『意外』的來臨。」

在記者生涯中，何桂藍的報導〈雨傘運動最令人痛心的，是中國失去了陳健民〉為《立場新聞》奪得亞洲出版協會二〇一八年卓越新聞獎。二〇二三年二月二日，何桂藍等六位香港抗爭者獲諾貝爾和平獎提名。

何桂藍臉書個人帳戶：

https://www.facebook.com/gwyneth.ho.1/?show_switched_toast=0&show_invite_to_follow=0&show_switched_tooltip=0&show_podcast_settings=0&show_community_review_changes=0&show_community_rollback=0&show_follower_visibility_disclosure=0

何桂藍臉書公開專頁：

https://www.facebook.com/gwynethhokl/?show_switched_toast=0&show_invite_to_follow=0&show_switched_tooltip=0&show_podcast_settings=0&show_community_review_changes=0&show_community_rollback=0&show_follower_visibility_disclosure=0

47 張盼成：我要看著子彈從我的眼睛裡面穿過去

張盼成：北漂青年，曾擔任北大保安。因在網上發表批評中國政府的影片，被判刑一年半。二〇二一年，再度被抓捕，目前仍被祕密羈押，未有公開審判。

張盼成，一九九五年一月二十八日生於甘肅省合水縣，網名為「子慕予兮」。早年生長於貧苦的農村，父母都在外打工，由爺爺奶奶帶大，是一名典型的「留守兒童」。他的爺爺奶奶在村子裡靠種地為生，收入勉強糊口。

張盼成從小就聰明伶俐，學習刻苦，高中畢業後考上一所大專。畢業後，應聘為北大保安。然而，他很快就對北大師生諂媚當道的跪舔風氣大失所望，遂毅然辭職。在離開北大的前一天晚上，他在未名湖畔錄製了一段影片，他慷慨激昂地說：

今天晚上，就是我在這裡的最後一次值班了。我想錄一段小影片，聲援那些我不認識，卻深深紮根在我心裡面的人們。我是一個簡簡單單、普普通通的中國人，出生和死亡對我來說，來的同樣平靜和珍貴。但我也有我的夢，也有我的理想，也有我的自尊，也有我身為人，不可剝奪的權利。極權體制之下，沒有安全的人，包括極權者本身，也無時無刻處在危險之中。有人，今天端坐在主席台上，明天就有可能淪為階下囚。一個民營企業家，說死就死了，一個人說不見就不見了。我們中國人是啥呀？像土芥一樣的生命啊！六百億美元，說送人就送人了，他到底經過了誰的同意？他經過人大的同意了嗎？他經過栗戰書委員長的同意了嗎？他經過國務院的同意了嗎？他經過李克強總理的同意了嗎？……今天我僅以一個公民的身份，站出來，表達我的意願、我的心聲。六百億美元，我不同意！我不同意！我是西北農村長大的留守兒童，我不同意！我不同意！

董瑤瓊，到底犯了什麼罪？潑墨無罪！獨裁有罪！請立即釋放她！今年八月份，為佳士工人維權的岳昕[12]，也到底犯了什麼罪？請立即釋放她！華勇，是我微信通訊錄裡面的朋友，從今年七月十二日起就沒有了音訊，他究竟去了哪裡？他也到底犯了什麼罪？去年年終，他為「小花傾城」唱生日快樂歌的情景，還一一再現啊！他現在到底是死是活？請立即釋放華勇！另外，還有一百萬的穆斯林同胞，一百萬手無寸鐵的穆斯林同胞，他們也到底犯了什麼罪？新疆的冬天已經來了，那裡已經開始下雪了，請立即釋放他們！請送他們回家！

當然，當我表達出我的心聲、我的意願的時候，我也有可能像他們一樣，會像他們面臨一樣被消失。我早已經做好了慷慨赴死的準備！華夏民族，自古以來就有無數仁人志士，殺身以成仁，捨身以取義，亦余心之所善兮？雖九死其猶未悔。人生自古誰無死？留取丹心照汗青。我自橫刀向天笑，去留肝膽兩崑崙。拼將十萬頭顱血，須把乾坤力挽回。如果能成為他們的一分子，將會是我人生最大的幸福！人生自古皆有死，死又何所懼？我們食的是中華糧食，飲的是華夏水源。本是同根，相煎何急啊！如果百年前，蔡元培先生曾經使這裡繁榮過，那麼今天在這個充滿男歡女愛、死氣沉沉的地方，就是中國人的傷心之地。今天離開之後，我就再也不會來這裡了。

最後，我僅以一個個人的身分，呼籲所有有良知的中國人能夠站出來、發出我們的心聲：要自由！要民主！要平等！要公平！要正義！要一九四五年，論《論聯合政府》裡，那個向我們承諾的國家。如果我死了，我還有屍體的話，我的家人是五毛，我已經徹底和他們決裂了，我已無家可歸，希望今天能夠記得我的人，把我的骨灰，用灰白色的布包裹起來，我不要被裝在罈罈罐罐子裡，我討厭被窒息的感覺，灑向屈原投江的地方。為什麼我的眼裡長含淚水，因為我愛這塊土地，愛得深沉！

此後，張盼成一邊打零工，一邊在網上發表文章和影片，尖銳批評時政。

12 岳昕（一九九六—）：北大外語學院學生。二〇一八年七月二十九日，起草並在網上發表〈北大學生就「深圳七二七維權工人被捕事件」的聲援書〉，要求深圳警方立即釋放被捕工人。八月二十四日，她前往聲援工人時被捕。

二〇一八年十一月十一日，張盼成與志同道合的網友祁怡元[13]一起來到中共中央所在地北京新華門外，拍攝了一段以新華門為背景的談話影片，在影片中對中共統治提出尖銳批評。隨後，他們將這段影片放上了網。

十天之後的十一月二十一日，張盼成與祁怡元被北京警方抓捕。十二月十八日，兩人被正式逮捕，關押於北京西城看守所。

該案遲遲未開庭。二〇一九年冬，張盼成在西城看守所男監二〇一三監室寫了一篇題為〈模擬審判〉的短文：

被告：尊敬的檢察官閣下，我可以問您幾個問題嗎？

檢方：請問。

被告：中國老百姓有沒有在新華門前穿著衣服行走的自由？

檢方：當然有。

被告：中國老百姓有沒有在新華門前拍好的照片或影片分享給朋友的自由？

檢方：當然有。

被告：那我們何罪之有呢？

檢方：你們在國家重要場合，公然污衊、詆毀、侮辱國家領導人，還把影片發到了境外。

被告：第一，我並不知道新華門是什麼高人一等的地方，教科書裡說到慈禧太后、袁世凱在那裡住過，不知道今天他們（中共領導人）為什麼到了那個地方。第二，您說我們侮辱國家領導人，那為什麼不以「侮辱國家領導人罪」起訴我們呢？記得中華人民共和國刑法裡好像是有這一條罪的。第三，您指控我們「公然污衊、詆毀、侮辱國家領導人」有什麼證據呢？

檢方：出示一件有文字的T恤衫，內容大致可分為三點：第一，反對習禁評。第二，釋放維權律師。第三，反對一黨獨裁。

被告：我記得習近平先生好像是一位六十多歲的長者，他難道心胸狹窄到連別人的不同意見都容納不了嗎？維權律師是一個為社會最底層的人發聲、吶喊的群體，他們何罪之有呢？共產黨上井岡山的時候，好像就在反對一黨獨裁，今天怎麼又做起了一黨獨裁的主人呢？

檢方：你們就是構成了犯罪。

被告：對不起，我想楊改蘭（甘肅農民，年輕的母親，因貧窮且絕望，毒殺四個孩子後服毒自殺，次日其丈夫亦服毒身亡）和李奕奕（高中時被老師性侵，患上抑鬱症，跳樓自殺，跳樓前，圍觀群眾起哄催促其快點跳），請宣佈我死刑吧。

被拘押一年多之後，二〇二〇年三月三十一日，北京市西城區法院以「尋釁滋事罪」判決張盼成有

13 祁怡元（一九九一—）：網名「路西法」，江蘇無錫人，曾留學澳大利亞，回國後在父母居住地山東威海的一家公司短暫任職。他在網上發表影片，呼籲釋放被捕維權律師、捍衛言論自由、結束共產黨一黨獨裁。他身穿的上衣背後寫著「反對習禁評倒行逆施」。他與張盼成一同被捕和被判刑。

期徒刑一年半、祁怡元有期徒刑兩年。判決書稱，兩名被告人預謀後，於二〇一八年十一月十一日十三時許，到北京西城區新華門西側「尋釁滋事」。同時，兩人將在新華門西側「滋事」的現場情況錄製影片並通過微信方式傳播。兩名被告人「曾分別在資訊網路上發佈擾亂資訊網路公共秩序的資訊，以此滋事」，「擾亂了公共秩序，造成惡劣社會影響」，卻不敢引述被告的具體言論。此案的審判長為張岩，審判員為喻曉敏、馬越。

據「維權網」報導，二〇二〇年五月，張盼成刑滿出獄後，對接他出獄的維權人士李波宏[14]透露，他在獄中曾被強迫抽血多達幾十次。張盼成在經歷牢獄及酷刑後，不但沒意志消沉，對非暴力的信仰反而更加堅定。他同時十分關心「新公民運動」的主要創始人許志永，一出來就詢問許志永的情況。

出獄之後，張盼成沒有保持沉默。二〇二一年新年前夕，一個下雪的日子，剛滿二十六歲的張盼成在老家村莊外的野地錄製一段影片，將自己用鐵鏈捆綁在一棵樹上，對著自拍手機鏡頭喊道：「暴君用刀劍和棍棒審判我們，因為他怕自由像怕火一樣，他害怕一旦我們找到了自由，他的寶座就會搖晃，他就要遭殃。昂起頭來啊，弟兄們，用不著懊喪，這鐐鏈是我們驕傲的勛章！凜凜寒冬終將過去，春天馬上要來臨！」

在另一段與網友分享的影片中，張盼成介紹自己居住的小房間，牆壁上掛著「尋釁滋事罪」逮捕通知書（他說自己對此倍感光榮），還有文革期間以反革命集團罪被處決的反毛英雄林昭的肖像，一個他繪製的黑色十字架，他寫的「釋放張展」的書法，以及他的同鄉、跳樓輕生的女學生李奕奕的照片。

張盼成還展示了二〇一九年除夕前，他在北京西城區看守所裡寫給習近平母親齊心的一封信。當時，獄方拒絕為他郵寄出此信。他在信中問齊心奶奶：「我們究竟犯了什麼罪？他們要這樣對待我？」他表示，儘管他不喜歡習近平，但只能向齊心奶奶控訴，他相信齊心與丈夫習仲勛當年參加革命的初衷是為了建立一個自由、民主和憲政的國家。

張盼成還展示了夏天時他從家中樹上摘的七十一顆杏核，他說「其中有一顆苦的就是我」。

在一段如同遺言般的拜年影片中，張盼成表示，他已公開說了一些反對習近平個人極權統治的話，有人問他為什麼要這樣做，他拿出一本紅色封皮的《毛澤東選集》，說這是六歲時從太爺爺放瓦罐的架子上發現的，此後這本書陪伴了他二十年。他仔細研讀《毛選》後發現，「他們騙了中國人，他們對不起中國老百姓」。他說，按照共產黨以往走過的歷史，「他們這一次完全可能宣佈我死刑」，他早已對此有所準備：「如果被抓判了死刑，我不接受安樂死，我選擇槍決，但不要從背後開槍，我要看著子彈從我的眼睛裡面穿過去！我走了以後，希望你們大家可以告訴孩子們，在這個孤獨的小村莊裡，曾經有過一個叫張盼成的，因為太過於愛他們，被他們殺死了。」他還說，如果有來世的話，他願意做一隻小牛，所以希望大家以後少吃牛肉。

二月十一日，農曆除夕前，張盼成騎著自行車離開家，隨後警察到他的房間裡搜了一整夜，將他的電腦等物品抄走。二月十四日，張盼成回家後打電話給派出所，通知警察過來抓他。隨後，四、五名

14 李波宏：維權人士，基督徒，非暴力抗爭的信奉者和實踐者。他認為，「未來自由中國的勝利，再不可能是經由以絕對暴力為主導的勝利，它必須也只能經由非暴力抗爭而達到」。

便衣人員在當地派出所警察的引領下開車前來，沒有出示證件，也沒有傳喚證或逮捕證，就將張盼成帶走。

張盼成的爺爺是一名七十六歲的農民，他打電話將孫子被捕的消息告訴梁小軍[15]律師，並接受外媒採訪時表示，警察帶走孫子的原因是孫子用手機發了一些東西，具體發了什麼他並不知道。

二〇二一年八月，流亡加拿大的異議藝術家華湧在一則推文中說，張盼成案一審已結束，庭審時有官派律師在場。目前判決結果尚不清楚，刑期未知，而家人也沒拿到判決書。他從張盼成的母親那裡得知，兒子拒不認罪想上訴，但父親不同意，而且家人也無法承擔律師費用。張盼成前被羈押在甘肅省合水縣看守所，沒能得到外界會見，在看守所的情況也無人知曉，情況令人擔憂。

一百多年前，有一個名叫毛澤東的北漂，到北大圖書館打工，因被北大教授和學生忽視，而在「極卑之人」和「極高之人」之間天人交戰，後來成了「打天下的光棍」，成了文明和自由的敵人，並成功地將北大這所他服務過的大學改造成他的奴婢與吹鼓手。

一百多年後，有一個名叫張盼成的青年，到北大當過保安，此刻的北大早無當初「兼容並包」的氣度和氛圍，不可能讓一個地位卑微的保安進入課堂「偷師學藝」——其實，也沒有多少課堂在講述真理和真相了。然而，這個小小的保安卻接過真理的火炬，照向那無邊的黑暗。

在高高在上的獨裁者眼中，張盼成渺小如螻蟻，他卻敢於螳臂擋車，宛如戰國時代的唐雎，發出「士之怒」。這名臉上還帶著稚氣的農家少年，一個人就讓整個北大失去了重量，一個人就讓中南海裡包括習近平在內的獨夫民賊們心驚膽戰。在張盼成這位底層青年身上，綻放出卑微者的勇敢與榮耀，讓

「平庸之惡」無處躲藏。今日中國社會，如顧炎武之感嘆，「士之無恥，是為國恥」；也如喬治．歐威爾所說，「有些觀念是如此愚蠢，以至於只有知識分子才會相信」。對照鮮明的是，真相與真理偏偏呈現在窮鄉僻壤，呈現在引車賣漿者流身上，如明人曹學佺所說，「仗義每多屠狗輩，負心多是讀書人」；亦如劉曉波所說，「未來自由中國在民間」。

在張盼成發佈的這段影片之下，人們紛紛發表由衷的讚美：

——看著他一臉平靜的面對將到來的暴風雨，心裡很難受，希望多年後大家還會記得這個年輕人。

——張盼成兄弟，你是一個真英雄，我身為台灣人也佩服你，如果你有命逃到台灣，我歡迎你來我家，我沒多麼有錢，但是給你一個房間可以讓你安穩的睡覺，保你一日三餐絕對沒問題，加油！

——願神眷顧保護這位年輕人，拯救這位年輕人，也惟有神能夠在曠野中與他同行，成為他的避難所，求神憐憫。

——那些學者、磚家、大師和自認為生活在上層社會的人的覺悟以及對於這個社會和百姓的熱愛，還真不如一個小保安！

---

15 梁小軍（一九七二—）：人權律師，曾代理法輪功案、許志永案、十二港人案等。二〇一五年七月，北京市公安局以「出境會危害國家安全」為由，限制出境至今。二〇二二年十二月十六日，北京市司法局以「公開發表危害國家安全的言論」為由，吊銷其律師執照。

——看著看著，我哭了。一個九十公斤的男人，看哭了。中國至少還有你這樣的年輕人，而不是每天抖音快手遊戲的那些傻逼。孩子，不管接下來會發生什麼，你的選擇，我支持。不論生死，看著你的眼睛，我自嘆不如，無地自容，真的，很慚愧！

——這才是真正的英雄，過去我們學到的英雄都是筆寫出來的，一個人生命都不要，要講他所想的真話，十四億人口，可能只有這一個。

——我慚愧，我「六四時」的血性，被時間磨平了，去承受豬圈的生活。看到他，我哭了。死去的烈士鮮血就是為了獨裁者的政權嗎？底層人民到現在還沒有真正的維護自己權利，他們辛辛苦苦養了白眼狼，和一個個獨裁者。

——南有董瑤瓊，北有張盼成！追求自由民主的火苗是撲不滅的。

張盼成留下的遺言式拜年影片：https://www.youtube.com/watch?v=DYyCBG26VZ0

48 曹芷馨：不要讓我們不清不楚地消失在這個世界上

曹芷馨，北京大學出版社編輯，二〇二二年十一月二十七日參加北京市亮馬河畔悼念新疆烏魯木齊市火災死難同胞的集會，以涉嫌「尋釁滋事罪」被捕，被捕前錄製的求救影片隨後發表，震驚全球。被關押四個月後獲釋。

曹芷馨，一九九六年出生於湖南衡陽的一個公務員家庭，家中長輩大都是紮根小地方的體制內人士。她的名字很詩意——來自唐代詩人吟頌湘水女神的詩句，「蒼梧來怨慕，白芷動芳馨」。她不願按部就班地迎合高考，高中畢業後只上了一所當地普通院校。本科畢業後，她有了離開家鄉、展翅高飛的願望。經過一番拼搏，二〇一四年，考入中國人民大學歷史系，二〇二一年碩士畢業。

曹芷馨的專業方向是環境史，她對環保問題尤為關注，是環保組織自然之友的志願者。她熱愛鳥類，並攢錢買裝備來拍鳥。碩士論文是關於清末的長沙，她對城市的歷史很著迷，推崇該領域的經典《美國大城市的死與生》。她嘗試「復盤」（圍棋用語）清末民初在湖南長沙發生的搶米暴動，她想要理解的是，湖南這樣富庶的魚米之鄉，以「湖廣熟，天下足」而聞名於世的地方，為何最終會因為缺糧而爆發社會危機？她的研究有相當的現實針對性。

據署名「素年」的作者發表於「端傳媒」的深度報導〈白紙運動被捕者：她們是誰，經歷了什麼？〉披露的資訊，曹芷馨一直想進入出版業，和她喜愛讀書與寫作有關，還沒畢業就在幾家著名出版社實習。可她很清楚，在當下的中國，出版業「很窒息」，要在北京立足，對年輕人來說並不容易。最終，她被北京大學出版社錄取為編輯。

入職北大出版社後，曹芷馨參與了重點產品《全球通史》的再版，舉辦活動為讀者答疑解惑，請北大的教授們宣講，還到地方中學去推銷。出事前，她正在編輯人類學學者王靜翻譯的《本雅明之墓》，一本批判國家暴力和對歷史的遺忘失語的著作。她還編成了《情感何為》，一本關於人類情感和心態史前沿研究的論文集。

除了歷史專業之外，曹芷馨熱愛電影和文學。她用塔可夫斯基電影《飛向太空》為自己取名「索拉里斯」，總去看電影資料館二十塊錢一張票的國產老片。她最愛那些關於北京的電影：從石揮關於舊北平的《我這一輩子》，到陳強、陳佩斯父子改革開放後的輕喜劇《二子開店》，再到姜文主演的陰郁悲劇《本命年》，以及葛優、徐帆、馮小剛等人初合作時的《大撒把》，她看了一遍又一遍。她也不斷地看小說，譬如《地下室手記》和《卡拉馬佐夫兄弟》。最近對華人離散文學有興趣，讀了馬來作家黎紫書的《流俗地》和張貴興的《野豬渡河》。

二〇一八年，曹芷馨與男友在一個電影放映活動上相識，兩人都在讀歷史學碩士。二〇二一年畢業後，男友出國了，兩人開始異國戀，每天都要通話，男友說：「她很聰明，老師也很欣賞她。她有學術能力，也有思考的敏銳度。我一直希望她也能出來繼續讀書。」曹芷馨被男友說服，開始申請到美國攻讀環境史博士。

通過讀書和思考，曹芷馨漸漸長成了家人並不了解的人，也與大部分同齡人——他們屬於「習近平的孩子」一代，是社交媒體上的「小粉紅」——拉開了距離。她出生時，「六四」屠殺已過去七年，沒有人跟她談論過那段歷史。她進入大學時，《零八憲章》運動已被鎮壓七年，她大概沒有聽過劉曉波的名字，即便聽過，也只有一個模糊印象。她在北京求學和工作，加起來不到十年時間，全部籠罩在習近平時代的壓抑氛圍中。原本就十分薄弱的公民社會一直處於被高度打壓狀態。很多公共領域的討論與行動已難覓蹤跡，曾由敢言學者、異議作家、調查記者、人權律師、活動人士和非政府組織組成的鬆散群體基本被習近平政權掃蕩和擊潰。曹芷馨和朋友們在殘存的公共領域夾縫中生長起來，並有一條脈絡可循。她們身上，有著這一代人的獨特烙印。

曹芷馨是一個充滿好奇心、渴望自由、熱愛北京的文青，她與友人的微信群名為「京惜守望互助小組」。她很喜歡研究城市的肌理和市井生活，對北京的胡同有一種熱愛的執念，離開學校後，一直住在鼓樓附近的胡同裡，那是東旺胡同一號的一間一居室，連廁所都沒有，條件頗為惡劣，她卻樂在其中。喜歡去一些有地下音樂演出的小酒吧，觀看小眾電影，參加讀書會討論等。有時候，這些年輕人會組織徒步，一起去郊野走走。

基本上，曹芷馨與身邊的朋友都是一路升學上來的好學生，本來可以隔絕於底層社會，他們卻慢慢睜開眼睛，看到了社會不公不義的真相。二〇二二年春節過後，她與幾位朋友去湖南郴州調查礦區問題。這次活動的組織者阿田回憶說：「她性格非常外向，而且她比較沈著。雖然畢業沒多久，但已可以很有底氣地和受訪者交流。……她完全是出於樸素的好奇，以及對社會的關心來做這一切。」他們找到一個寡婦村，這個村莊裡，第一代「找礦隊」的礦工全都得矽肺病死了。對這種發生在自己家鄉的事情，「一般人如果不願意多管閒事，都不會去。但她就去了」。

對這群年輕人來說，「八九」運動雖然震撼，但還不是最有肉身經驗的不公。「今天在中國，你無論做一些什麼，都會受到打壓。但是，只要有不公不義在，反抗總會發生。你會問，為什麼中國是這樣一片無情無義的土地？然後，你就會想著要去做點什麼。」不過，這群年輕人剛畢業沒多久，他們的公共言論和行動都還未充分展開，至多算是「半個積極分子」和「有趣的人」，充滿熱情，願意什麼都去嘗試，「但她們與真正尖銳的問題之間，還有一定距離」。

二〇二二年十一月二十七日夜，曹芷馨和一些朋友在網上看到悼念烏魯木齊火災死難者的消息，就去了亮馬橋。對她來說，那是一件很自然的事情。她帶去一束鮮花和蠟燭，摘抄了一些詩句，還與聚集起來的人群一起唱了一首傳統離別曲《送別》。她在微信上發了兩條朋友圈，那是她在現場，照片上只是鮮花、詩句，還有站在一起的年輕人們。看到有這麼多人出現在街頭，她和朋友們既驚訝又感動。相似的場景當晚在中國多地出現。這一代的年輕人參加了第一次示威，喊出了第一個抗議口號，經歷了第一次與警察的對峙。

在北京等城市，人群一起高喊「言論自由」、「新聞自由」。當有人第一次喊出「不要共產黨」的口號時，人群中很多人笑了，每個人都知道碰到了紅線。氣氛逐漸升溫。有人喊出「習近平下台！」、

「共產黨下台！」的口號。《紐約時報》中文網記者袁莉[16]寫道：「這是中國自一九八九年以來從未有過的情況……直到幾天前，這種公開表達異見的方式還是令人難以想像的。同樣的年輕人在網上只能用『X』、『他』或『那個人』等間接說法提習近平，甚至不敢說出他的名字。」調查記者江雪[17]在推特上寫道，抗議者的勇敢讓她感動得流淚。「近三、四年沒有在中國生活的人，可能難以想像，那些走上街頭，喊出『不自由，毋寧死』的人，要克服多大的恐懼。」曹芷馨的朋友阿田說：「這一切遲早都會發生的，這三年極端壓抑的疫情管控只是一方面。在這片土地上，只要有不公不義在，反抗就一定會發生。」一位學者事後寫道：「這就是人民重新啟動這個國家的時刻。」人們打破了習近平不可挑戰的神話，一夜之間，許多中國人——尤其是年輕抗議者——都意識到習近平並非上帝，他對權力的掌控也並非牢不可破，「一個人擁有太大的權力絕對不是好事」。

那天晚上，這群抗議的年輕人散去之後，非常亢奮，意猶未盡，還去吃了宵夜，很晚才分手各自回家。

次日中午十一點多，曹芷馨正在和男友通電話，男友在電話那頭聽到有五、六名警察闖進來，以傳

16 袁莉：曾在新華社工作，後留學美國，任《華爾街日報》和《紐約時報》記者、中文網主編，報導大量中國的敏感事件，被中共官媒攻擊為「逢中必反、奉華必辱的漢奸」。

17 江雪（一九七四—）：獨立記者，曾任《華商報》首席記者、評論部主任。撰寫過大量有影響力的長篇調查報導，因報導「陝北黃碟」事件，獲《南方週末》「公眾服務傑出表現獎」。二〇一三年，從報社辭職，成為獨立記者，「自由的觀察，自由的記錄，就像一只鳥兒自由的　翔，做獨立的新聞」。

喚的名義將曹芷馨帶去附近的交道口派出所。次日凌晨，曹芷馨被釋放回家，但手機和電腦以及iPad被扣在派出所——警察破解了她的密碼，根據她的通訊錄等資料搜捕她的朋友們。

正是經過白紙抗議的衝擊，中共當局改變了荒誕且暴虐的以防疫為名的封控政策。但獲得了走出家門的自由的人們很快忘記了那些為他們爭取自由的年輕人。

獲釋後，曹芷馨曾與幾位密友一起討論可能的後果。她們猜測：有百分之五十的可能，這個事情會不了了之，畢竟大家只是正常地去表達了一下哀悼之情。但也有百分之四十的可能，去了現場的人會面臨幾天的行政拘留。只有百分之十的可能，會有更嚴重的後果。

但最終，出乎意料的，那個最壞的結果降臨了。十二月十八日，在午夜觀看卡達世界杯決賽的曹芷馨，得知曾去亮馬橋現場的好幾個朋友又被抓了。她告訴男友，她「全身都涼了」。第二天，她坐火車回到湖南衡陽老家。「她覺得，哪怕被抓了，也是和家裡的人在一起。」

在老家的五天裡，家人不知道，曹芷馨悄悄錄下一段影片。如果她被抓，這段影片將會被朋友們放出來。影片上，她穿藍色的衣服，中長的頭髮，有著明亮的眼睛。她平靜地說：「我們關注這個社會，我們的同胞遇難時，有合理的情緒要表達，我們對失去生命的人充滿同情，所以我們去了現場。……在這一場成千上萬人參與的悼念活動中，在現場我們遵守秩序，沒有和警察產生任何衝突的情況下，（當局）也在後來定性為『沮喪的學生抗議』後，為什麼還要悄無聲息地帶走我們？我們是誰不得不交差的任務？這一場報復是為了什麼？為什麼要用我們這些普通年輕人的人生作為代價？」她還披露，當局要求已被捕的抗爭者在空白的拘捕令上簽字：「他們在拘捕令上被要求簽名時，罪名欄是空白的，警方也拒絕告知他們的關押地點、時間和罪名。……如今我們的母親不得不在一片混亂的疫情中為我們奔波。他們想知道我們究竟是為了什麼被帶走，以及被關押在什麼地方。……我們不要憑空被消失，我們想知道為什麼是我們會被定罪？定罪我們的證據是什麼？在沒有罪證的前提下，為什麼我們可以被這樣輕易地帶走？如果僅僅是因為我們出於同情去了悼念現場，那麼這個社會還有多少可以容納我們情緒的空間？希望大家救助我們，如果要給我們定罪，請拿出證據！不要讓我們不清不楚地消失在這個世界上！」她的詰問成為運動中最有力的聲音，就像詩中湘水女神的悲歌一樣散遍四野，「流水傳瀟浦，悲風過洞庭」。

十二月二十三日，接近中午時分，來自北京的五、六個警察敲開曹芷馨在湖南衡陽的家門，以涉嫌「聚眾擾亂公共場所秩序罪」將其刑事拘留。她先是被關押在平谷區看守所，又於二〇二三年一月四日轉移到朝陽看守所。早在一月九日，律師就為她提交了取保候審申請，但被駁回。一月十七日，律師向檢察院提交「不批准逮捕意見書」，認為她只是「參與了自發的民眾悼念活動，完全不構成犯罪」。但這份意見書沒有被檢察院採納。一月十九日，多名參與白紙抗議的年輕人被取保候審，但曹芷馨與幾位同齡密友，包括李元婧[18]、翟登蕊[19]、李思琪[20]等人，同時被宣佈批准逮捕，罪名由此前的涉嫌「聚眾擾

18 李元婧：畢業於天津耀華中學實驗班，十六歲考上南開大學國際政治專業，二〇一六年本科畢業。二〇一八年，到澳洲的新南威爾士大學深造，專業從國際政治轉到會計。回國後，從事職業會計師工作。

19 翟登蕊：小名登登，出生於甘肅省白銀市，父親為商人，母親為醫生。北京外國語大學世界文學與比較文學碩士，任職於網路教育公司。被捕前，正準備申請到挪威奧斯陸大學攻讀戲劇專業研究生。

20 李思琪：熱愛寫作與讀書、自稱「不自由撰稿人」，畢業於倫敦大學金斯密斯學院。被捕後，該學院於二〇二三年一月二十八日為她發出支持聲明。

亂公共場所秩序」更改為「尋釁滋事」。

一月二十日上午，農曆春節前一天，在失去自由二十九天後，曹芷馨第一次在北京朝陽區看守所的會見室見到律師。她穿著土黃色的棉布上衣，灰色的棉褲，這是看守所的「號服」。按照慣例，會見時間只有四十分鐘。「她很堅強。」知情者說。

在男友眼中，曹芷馨和她的朋友們，此前並沒有參與過政治活動，也沒有真正反對過什麼。他們中的很多人，甚至沒有公開地發聲過，也沒有留下公共言論。「假以時日，她們可以承擔起很多東西。但現在，隨著她們僅僅因為一次街頭抗議就面臨嚴厲的刑罰，起點卻仿佛成了終點。」友人阿田說。

作為新手抗議者，曹芷馨和她的朋友們毫無跟龐大的國家機器抗衡的經驗。比如，她們為了討論參加集會的細節新建了一個聊天群，並添加了幾十個人。雖然她們使用的是加密聊天軟體Telegram，但僅僅是創建一個有可追蹤電話號碼的群，就可能驚動警方。一些人在受到嚴密監控的微信平台分享抗議活動的圖片，並且沒有在集會結束後刪除手機上的資訊和圖片。其中一位參與者就是因為使用手機上的軟體叫了外賣而洩露行蹤。

《華爾街日報》在一篇報導中指出，這群人折射出中國異見群體代表者的變化。這些年輕的抗議者，女性比男性多，大多二十多歲，出身中產家庭，多為名校畢業，不少人具備留學背景。就社會地位和階級位階而論，他們是幾代抗爭者中地位和位階最為優越的，本已被體制所吸納或分享了一部分既得利益，但他們中的許多人對中國的極權控制和日益減少的自由越來越失望。中國女權運動倡導者呂頻[21]說，有經驗的活動人士已被鎮壓，只剩下一群文藝青年；現在，連這些人也被打壓了。這次的抗議活動後，中國政府轉而對準像曹芷馨和她的朋友這樣真誠但缺乏經驗的年輕人。他們已成為令中國政府擔憂的異見暗流的代表。

中共政權一方面在消滅敵人，一方面又在製造敵人，其製造的敵人比消滅的敵人更多。身在美國的中國人權律師陸妙卿[22]說，正當大家以為中國的公民社會已經崩潰的時候，成千上萬人走上街頭。年輕人要承受很多個人苦難，可能會打消一些人起來反抗的念頭或者打擊積極性，但是同時也有可能激勵更多老百姓起來抗議。以曹芷馨為代表的這群世紀之交出生的年輕人，是編輯、記者、外企職員、音樂人、攝影師、藝術家，有如當年圍繞在哈維爾身邊的反抗者。他們疏離於意識形態和宏大敘事，不是政治活動家，之所以挺身而出，只是不願忍受「可鄙的醜陋時代」，他們如同波蘭詩人米沃什所說：「在那兒，在我們用道德反抗世界的秩序，在我們質問這恐怖的喊叫由何而來時，我們開始了對個人身份的捍衛。」

二〇二三年二月中旬，曹芷馨任職的北大出版社終止了她的工作——北大出版社的冷酷切割，只能給自己留下一道恥辱印記。三月中旬，拘留所在最後一刻取消了曹芷馨與律師的會面，說與審訊相衝

21 呂頻（一九七二—）：女權主義行動家、《女聲》電子報主筆、「女權之聲」創始人。「女權五姊妹」被拘押後，她被認為是其「幕後黑手」，警察闖入其家中查抄，她不得不滯留美國。

22 陸妙卿：廣東律師，代理過諸多弱勢群體的維權案件，曾參與女律師團，援助海南萬寧女童被性侵案的受害者。曾就武漢市封城措施代表市民對政府提出訴訟。她認為，若全國人大和國務院未宣佈某一地區進入「緊急狀態」，任何機關以此為由限制人身自由和入侵住宅都是非法的。警方以「緊急狀態」為由引用「治安管理處罰法」處罰民眾也是違法的。

突。

四月二十三日，曹芷馨、李思琪、李元婧和翟登蕊等四名白紙運動人士在被北京警方關押近四個月後獲釋。她們目前仍處於「取保候審」狀態。曹芷馨的男友說，他接到曹芷馨的視訊電話時感到很高興。曹芷馨似乎瘦了一些，但在簡短的視像聊天中精神狀態良好。他說：「感覺我們在利維坦面前取得了一個小小的勝利。整個事情不應該發生，但還是發生了，逮捕和釋放同樣突然。因此，現在我們必須適應一個新的現實。」曹芷馨給朋友們寫道：「我仍然相信我們站在一起。」她說，她和其他被監禁的朋友約定，在他們獲釋後一起旅行。她寫道：「開始準備吧！」。

49 黃意誠：我以身為「白紙一代」為榮

黃意誠：北京大學中文系畢業。二〇二二年十一月二十七日，參與上海市烏魯木齊中路的「白紙抗議」。在撤退過程中，被警察暴力毆打並抓到一輛大巴上，後僥倖逃脫。四個月後，經由香港逃離中國，赴德國漢堡大學亞非學院攻讀碩士學位。他以實名接受多家國際媒體採訪，說出「白紙運動」真相，痛斥習近平及中共之暴政。

黃意誠，一九九六年五月二十四日生於福州，童年隨父母移居上海，小學、中學教育都在上海完成，自認為是上海人。母親為藥劑師、父親為工程師。其長輩中多人因歷史問題被毛時代的政治運動波及，受到殘酷迫害。他的爺爺奶奶和父母反覆告誡他不可關心政治，這是一般上海人乃至中國人的普遍心態。

黃意誠上高中期間，學校氣氛很開明，讀了很多禁書，很多是同學從香港買回的，如高行健的《靈山》、索忍尼辛的《古拉格群島》、余杰的《中國影帝溫家寶》、高華的《紅太陽是怎樣升起的》、高文謙的《晚年周恩來》等。上海人不是很喜歡去北京讀大學，分數最高的人都選擇出國或者進復旦大學，但他讀了余杰的書，對北大中文系有一種憧憬，就報考了北大中文系計算語言學專業。

然而，北大中文系令黃意誠大失所望，其文化氛圍還不如上海的高中好。入學時，他聽聞一九九八年北大女生高岩被青年教師沈陽誘姦而自殺的醜聞，加害者卻被資深教授和校方保下。二〇一八年，北大女學生岳昕出於正義感調查此事，卻被家長和老師非法軟禁。二十年來，北大的歷史輪迴且沉淪。二〇一〇年代的北大，兼容並包、思想自由的傳統已被雨打風吹去，一九八〇年代的自由化思想也蕩然無存。少數有理想主義色彩的學生，如同「五四」時代的前輩一樣，組織馬克思主義學會，試圖從馬克思主義原典中尋找思想資源。黃意誠本人學德文，也是源於研讀馬克思德文原著的想法。具有諷刺意義的是，在號稱以馬列主義為官方意識形態的中國，青年學生組建的馬克思主義學會，卻被迫以半地下狀態存在，是唯一一個沒有登記社員花名冊的社團。他參與該學會活動，與會友一起探訪生活條件惡劣的北大工友及北京城中村居民。隨後，因學會聲援深圳佳士工人罷工而被校方強行取締，岳昕、邱占萱[23]等人被捕並受酷刑折磨，若干普通會員遭開除。

後來，黃意誠漸漸對馬克思主義產生懷疑，就離開了馬克思主義學會。這讓他逃過了校方對馬克思主義學會的整肅。那段時間，他參加過北京家庭教會的活動，對基督教頗感興趣。後來，他轉向佛教，尤其是藏傳佛教。高中時讀《靈山》，讓他對佛教有了興趣。在北大時，他學過梵文。二〇一九年年底，曾去印度馬德拉斯大學（Madras University）研讀梵文，三個月後暴發疫情，只能回國。回國後，他在西藏旅行很長時間，學習藏語。他對藏人非常同情，朋友遍佈整個西藏。他因此決定到德國從事「印藏學」研究。他認為，西藏會在中國民主化中扮演重要角色。古人說「楚雖三戶，亡秦必楚」，因為楚是代表一個獨立的百越文明，是不同文明的差異。西藏也是如此，儘管這麼多年過去了，西藏仍然保留了很大的反抗力量與可能性。如果不是「白紙運動」突如其來地爆發，自認為性格內向、「守拙」的黃意誠或許會成為一位梵文、西藏、佛教領域的專業研究者。

二〇二二年十一月二十七日下午，黃意誠帶著花和蠟燭前往上海烏魯木齊中路，悼念烏魯木齊大火罹難者，並聲援前一晚被捕的抗議青年。他沒有舉白紙、沒有喊反共口號，只有喊「放人」，而且站在後排。當時，他腦子裡是香港抗爭的場景：香港的示威，勇武派站在前面，「和理非」站在後面。他給自己的定位是「和理非」，只是想讓當局把之前抓的人放出來。現場有五百多人，他發現站在前排的有認識的、並無街頭抗爭經驗的友人，他告訴他們，儘量不要站在最前面，儘量往後站，要保護自己。

隨後，警察開始抓人，黃意誠發現，站在前面的全都是女性。女性拿着白紙站在第一排與警察對峙。從下午五點半開始，大概平均每十分鐘，警察就抓走一名女性。他看到有三個女性在烏魯木齊中路靠東的人行道上抱頭痛哭。他問她們，妳們為什麼哭呢？是不是因為昨天有朋友被抓走了？但她們說：「沒有，我們沒有朋友被抓走，我們看到微博上，新疆烏魯木齊被燒死的維吾爾人的家庭有非常小的女孩。」他由此發現，女性特別有一種共情的能力，這是女性的一種力量。為何女性參與「白紙運動」比例很高，還有一個原因是，中國的政治制度帶有父權制屬性，女性的抗議不僅僅是對清零政策，還是對政府和父權制的挑戰。

23 邱占萱：曾獲中國中學生奧林匹克化學競賽金牌，被保送入北大化學系，後轉入社會學系。北大馬克思主義學會會長。二〇一八年，在校內被拘押及施加酷刑。次年，再度被祕密拘押。後被迫終止學業，從事家教工作。

黃意誠看到，海友酒店前排有一名便衣，是沒有穿警服的高個男子，此人就是推特上被曝光的那個說「我就是看不慣你們這些人民群眾」的人。他一直拿着對講機在指揮，時不時突然指着抗議者隊伍中的某一人，戴著耳機的打手就會衝上去抓住那個人，真是「如臂使指」。黃意誠目擊到，警察將數十位女性示威者抓到後，肆意毆打，倒吊著拖走。他在現場用手機拍攝照片，並通過推特傳給身在義大利的自媒體博主「李老師不是你老師」——後者將照片發出後，成為世界媒體了解抗議現場的一手資料。

黃意誠正在拍攝現場的情形，突然被一群警察撲倒在地並遭暴打，六百度的眼鏡和鞋子在遭毆打中遺失，然後被「頭下腳上」地拖著走，下巴在水泥路上摩擦，血肉模糊。他不停地喊「救命！救命！救命！」後來他回憶說：「這是我一生當中最恐懼的幾十秒。」他被帶上一輛位於烏魯木齊中路和五原路交叉路口南側西邊的大巴，被安置在靠車門的第二排位置。他被抓上大巴後，警察又下車去抓其他示威者。他抓住這千鈞一髮的機會，跳下大巴，看到一名他先前遇到的外國人，向其求援。旁邊有一位中年男人聽到他們的英文對話，主動將口罩摘下來給他，掩護他混入人群中逃走。「我現在想起來覺得是不可思議的一件事，或者說像在做夢一樣。……這所有每一步當中，差一步的話，我都逃不出來。」

早在二〇二二年上海封城前，黃意誠就開始申請到德國留學的簽證。在「白紙運動」中浴血逃脫後，他東躲西藏，也很擔心無法出國留學。經歷四個月的等待，終於拿到簽證，飛抵德國漢堡。雖然來到自由世界，「白紙運動」當晚的恐懼始終伴隨著他，手腳上的傷疤也還沒消散，有時躺在床上或早上醒來時，還會覺得身在那輛大巴上。一開始，他出門都不敢去人少的地方，都在人多的地方行動，覺得即便被人捅死了，也有人來收屍。

「白紙運動」以後兩個禮拜，中國的清零政策徹底結束。但讓黃意誠心寒、心痛的事實是：在中國，永遠都是這個邏輯——當權者讓人們的訴求得到滿足，但一定會懲罰帶頭抗議的人。這是中國幾千年來的邏輯。這導致中國始終是逆淘汰過程，所有有勇氣的人、願意為民請命的人、願意追求自由的人、勇敢的人，都被篩掉。如果人們忘記「白紙運動」中坐牢的人，下一次中國再遇到這樣瘋狂的政策，誰來替大家說話呢？

在德國，黃意誠本可安心開始新一階段的學業和人生，但他看到幾個月來許多青年無辜被捕，下落不明，尤其看到同為一九九六年出生的曹芷馨在被捕前錄下的影片，心如刀割，決心不能沉默。他說：「我覺得曹芷馨的那種痛苦好像都在我的身上一樣，所以我要站出來發聲說話。」他主動聯繫七個國家十一家媒體，真人出鏡，說出真相：「我的面貌、真名和學歷背景，全部都公佈了。我希望通過這種方式，給所有同齡人一個鼓勵。在現在的互聯網的環境當中，要想完全保持匿名幾乎是不可能的。那麼，與其這麼擔驚受怕，不如直面風險和恐懼。我這樣做的目的是希望我們這一代人在未來十年、二十年，或者更短的時間內，能夠活在一個不需要恐怖的社會，可以自由地、免於恐懼地去表達我們的思想。」他更指出，在中國，要講一句真話，是多麼困難的事，需要付出多麼大的代價，但現在既然這條命是老天爺給的，要奉獻出來說真話。他不是「逃兵」，他一定要「繼續作戰、繼續抗爭」，就算讓他再做一次選擇，他還是會參加白紙運動。

到德國後，黃意誠接受的第一個當面採訪是路透社訪問。採訪地方選在漢堡大學圖書館大堂。這個圖書館以反抗納粹的作家、諾貝爾和平獎得主卡爾·馮·奧西茨基（Carl von Ossietzky）的名字命名。

黃意誠在受訪時提及，所謂納粹（國家社會主義工人黨），即是指一個國家在意識形態上採取強力的民族主義，而社會結構上採取社會主義，如今習近平所統治的中國，採取強力的中華民族主義對人民進行洗腦，社會的一切組織資源都掌握在習近平和共產黨手裡，這已經符合原始定義的「納粹」了。因為民族主義強調同質化，社會主義強調組織上一元化的統制。當一元化的社會統制與同質化的民族主義相結合，所產生的結果，就是動用國家機器去消滅社會上的異質團體，因此中國出現了和猶太人大滅絕一模一樣的維吾爾人種族滅絕，還有對香港人的鎮壓。再下一步，假如世界再不大力支持中國人為自由的抗爭，中國必將走向戰爭。只有戰爭才能宣泄獨裁政權內部的社會壓力。習近平能夠不受任何約束，一句批文就把兩千七百萬上海人關近三個月，那麼他也可以只用一句話，就對台灣發動戰爭，向台北、東京投擲核武器。一個如此愚蠢的人，掌握了世界上最大的權力，這是多麼危險！這樣一個不學無術、大腹便便、又卑又亢的習近平，連最基本的漢字都認不清楚，竟然可以聲稱他代表中國人，和外國領袖來往。一九三一年，奧西茨基發表文章抨擊希特勒，其中提到：「一個民族到底要在精神上淪落到何種程度，才能在這個無賴身上看出一個領袖的模子，看到令人追隨的人格魅力？」這句話，今天的中國人聽來，是否有振聾發聵的感覺？這是不是一種歷史的重演？

在接受台灣「央廣」採訪時，記者問的最後一個問題是：「如果習近平在聽這個節目，你想對他說什麼？」黃意誠回答說：「我說，習近平，你沒有資格代表中國。中國是一種古老、複雜的文化體系，但你沒有文化。我不歧視沒受過教育的人。但習近平你那種明明沒文化又要裝模做樣的樣子真的讓我噁心。習近平，你真正需要面對的，不是你幻想中的『境外敵對勢力』，而是你自己的童年陰影，你自己內心的恐懼。你因為心裡根深蒂固的恐懼，消滅了一切有形的反對力量，這時，你浸透在無限無形的恐懼中，你變得更加神經質。是你的神經質和控制欲，毀掉了十三億人的生活，還想要毀掉台灣。只有等你下台的那一天，習近平，才是你從無邊的恐懼中解脫的日子。習近平，你會被載入史冊的，你是中華民族的一個大劫難，你會留下千載罵名、遺臭萬年的。」

黃意誠做過北京大學書法協會會長，精通書法和古典詩詞，但絕非文化民族主義者，他非常警惕陷入古代遺民式的自戀情緒中。在日本記者聯繫訪問他時，他特別請對方從東京帶一些紙和筆到德國來，他想寫幾幅書法送對方。他看重的是要寫的內容而非書法技巧：他想寫香港國歌中的「民主自由，萬世不朽」八個字，也想寫友人送他的五律〈贈黃意誠〉「共工亂天紀，白紙敢行危。世道幾行淚，人生一首詩。丹心去中國，墨寶遍天涯。反魯長竿上，飄風非赤旗。」以及他寫的和詩：「腥風侵迪化，一線繫身危。海陷安能避，天傾庶有詩。魑魅據東國，鷹犬伏西涯。劫火經年後，銷餘偃血旗。」他還告訴對方：「我們要守護我們的語言與文字，不能讓他被獨裁者奪走，變成『封城』的一百種別稱，變成『大白』、『合圍』與『社會面清零』。上海人在烏魯木齊中路的夜裡喊出口號，也是為了把我們的母語，從獨裁者那裡搶回來。」

黃意誠知道選擇站出來說真話必然會付出代價，「因為良心的逼迫，而自願將自己的生命逼入絕境，這時候，許多的意義開始爆裂」。二〇二三年四月十八日，他最擔心的事情發生了，他在上海的家人遭到警察上門威脅。但他毫不退縮，在臉書公開發文：「當我決定站出來說這些習近平、共產黨不想聽的話的時候，我知道我已經犧牲了我的父母和我的家族，我犧牲了世界上最愛我的人，這絕不是一個容易的決定。我當然清楚，當所有這些採訪都放出來的時候，我會被中國政府株連十族，不光是我在上海的家族，連過去和我交心的好友，也有可能會跟著遭到迫害。中共會把我的所有隱私資料都交給微博上的粉紅大V，讓他們對我潑髒水，罵我是『勾結境外勢力』的『叛國漢奸賣國賊』。但我們怎麼能不愛中國呢？如果不愛中國，為什麼要冒如此巨大的風險出來說這些話？就是因為我們愛中國，所以誓要與獨裁者鬥爭到底。因此，我真的不怕，無論如何我都要寫文章，都要說話，說那些習近平不想聽的真話。」他還說：「今天，我在上海的父母被警察威脅了。雖然這是我早就預料的事情，但真的發生時仍然覺得憤怒。與其說是憤怒，不如說是鄙視。這樣一個垃圾的政權，把所有人都當成人質，利用親人之間的羈絆來逼人放棄獨立的人格，真的很噁心。我想告訴所有正在監視我的中共特務，我絕不會怕你們，我也不會閉嘴的。我已將你們威脅我母親的醜惡行徑通知了七個國家的十一個媒體……如果你們進一步升級對我母親的威脅，我也會跟你們對抗到底。」

如今，「白紙運動」似乎與香港「反送中」運動一樣，在暴力打壓下偃旗息鼓了。但黃意誠認為，「白紙運動」留下了很寶貴的遺產和記憶。「對於很多人來說，『白紙運動』是一種啟蒙，很多人從中看到希望。……在短短兩天時間裡，全國各地的人與全世界華人團結在一起，自發性地組織起來，這是我們一代人共同的記憶，我覺得可以把一九九〇—二〇〇五這一代人叫做『白紙一代』。我希望能在海外把這份記憶留下來，雖然沒有『六四』那麼轟轟烈烈，但也是很了不起的。至少讓全世界看到，不僅僅香港人、維吾爾人、西藏人在反抗，傳統所定義的『漢族地區』也在反抗，這是很珍貴的符號資產，需要運用好，對未來東亞的政治發展絕對會有好處。」他記得香港人說過的一句話「不是因為有希望才去抗爭，而是因為抗爭了才會有希望」，他強調說：「我們要站出來，勇敢地站出來，去表達我們內心真實的想法，全世界的人才會尊重我們。而如果我們都是跟着他們這樣的謊言，繼續這樣說下去的話，我們就是一個不值得尊重的民族。」他在海外試圖將「白紙運動」國際化，讓更多外國人來關注被捕者，這也是把火種傳下去的一種方法。而未來中國經濟問題纍積到一定程度以後，必定會有類似於「白紙運動」這樣自發性的大規模抗爭活動再次出現。他也擁有清晰的歷史使命感：「我覺得我們這一代中國年輕人是不幸的、也是幸運的。不幸是在於……等到我們的青年時代，中國開始步入獨裁、封閉，未來即將開始動蕩。幸運的地方在於，中共這種高壓維穩加高速發展的模式即將難以為繼，而外部、所有的西方國家都在反思過去的對華政策，都在期待中國發生變革。只要我們勇敢一致地爭取自由，團結香港、西藏、東突的力量，再盡力遊說日本、台灣、美國、歐洲的媒體與政治界，我覺得我們這一代年輕人，絕對是有希望做到一些太平年代的人做不到的事情。在歷史上，並不是每一代人都有機會做這麼大的事業。」

黃意誠臉書：https://www.facebook.com/yicheng.huang.108
黃意誠matters專頁：https://matters.news/@Tagesschlafer

二〇〇〇年代人

50 朱慧盈：我們不可以因為害怕，就不去做對的事情

朱慧盈：香港浸會大學文學院學生，前本土派學生組織「賢學思政」發言人，學生組織「本土青年意志」發言人。因參與街頭抗爭運動被捕，二〇二二年七月被以「串謀煽動顛覆國家政權罪」判囚三十個月。

朱慧盈，二〇〇二年十月二十七日生於香港，是挺身反抗中共暴政的最年輕一代香港人。

二〇二〇年五月，中國全國人大開始審議《香港國家安全法》，香港社會籠罩在一片紅色恐怖之中。一群年輕人逆流而上、「頂風作案」——二〇二〇年五月二十六日，朱慧盈與王逸戰[1]、陳枳森[2]、黃沅琳[3]等志同道合的朋友創立本土派學生組織「賢學思政」（Student Politicism）。團名的中文意思是「崇學以明心，保民以思政」。組織成立初期的理念，是建立一個不只回應教育、校內議題，更要踏前一步，以學生身份回應不同社會議題的學生組織。他們約三十多名成員，每人每月捐款兩百元，在荔枝角「最舊那棟工廈」租了一個一百呎的單位，放置街站物資。年僅十七歲的朱慧盈擔任該組織發言人，她已清晰地認識到這一事實——「香港是中國的殖民地」。

六月三十日深夜，《香港國安法》生效前，「香港眾志」、「本土民主前線」、「學生動源」、「青年新政」等青年政治團體紛紛宣佈停止運作。當晚，「賢學思政」成員在Telegram群組投票，決定組織是否繼續運作，結果只有一人反對。「賢學思政」召集人、時年十九歲的王逸戰表示：「組織的存在價值就是去試政權的紅線。」另一位發言人、十八歲的黃沅琳也指出：「我們想告訴市民，『如果我踩線也沒有事』，你們在後面就可以有更大的空間繼續做其他的事。」自此，這群年輕學生展開了「試紅線」的歷程。

「賢學思政」組織了多次在街頭擺設攤位、傳播其理念的活動。比如，他們在九月的九龍大遊行途經地方擺街站派發抗疫物資，全數成員被捕；舉辦抗爭運動攝影展，警察要求遮蓋「鼓吹暴力」的內容；聲援十二港人街站，被重重橙帶包圍，收到超過二十張限聚令告票。

聖誕前的十二月十三日，「賢學思政」在旺角收集懲教署認可的零食、用品，如巧克力、香蔥薄餅等，計劃轉送在囚、還押手足。有一名中年人說，「除了捐物資，我沒有什麼可以做到，你給我機會贖罪啦」。不到一小時，他們便收到四十袋食品。

隨著香港社會的肅殺之氣越發嚴重，這群年輕人漸漸發現，在街站派發文宣，哪怕是溫和如「煲

1 王逸戰（二〇〇一—）：香港本土派，「賢學思政」召集人。生於四川遂寧，小學五年級時來港。二〇一九年六月九日，第一次參加「反送中」遊行，受到梁凌杰自盡激勵，投身社運。他是少數在《國安法》施行後仍堅持繼續擺設街站的社運人士之一。二〇二一年九月二十日，被拘捕。次年十月二十二日，被判入監三年。

2 陳枳森（二〇〇一—）：「賢學思政」前祕書長。二〇二一年九月二十日，被拘捕。次年十月二十二日，被判入監三十四個月。

3 黃沅琳（二〇〇二—）：「賢學思政」前發言人。因「賢學思政」案，被判入教導所服刑三十個月。

底見」等勉勵性貼紙，大多數人都不敢伸手接。這反映了《香港國安法》生效後，很多人愈退愈後。那麼，他們何苦還要走向前？對此，朱慧盈回應說：「既然沒有其他人走出來做，那麼就由我來做啊。……我有種理想，想令所有人在香港都開心，但極權和《國安法》下，大家生活都很壓迫。《國安法》只是一條導火線令更多人走。香港那麼多問題無人解決，那就我走出來。」

二〇二〇年十二月二十九日，「賢學思政」召開記者會，稱被國安人員警告違反《香港國安法》。國安人員威脅其成員說，早在二〇一九年就已搜集他們的資料，手上的資料已有厚厚一大疊，對他們動手只是時間問題。

二〇二〇年秋，朱慧盈進入香港浸會大學文學院宗教及哲學系就讀。二〇二一年三月，她宣佈退出「賢學思政」，並組內閣參選浸大學生會補選，但很快因政治壓力宣佈退選。

二〇二一年五月底，面對街頭運動消匿、遊行屢被禁絕，朱慧盈與羅子維[4]、張心怡[5]等同學成立新組織「本土青年意志」。該組織在深水埗舉辦「反送中」運動紀念及義賣活動，以聲音裝置、相片、物品等，展示運動兩年間的時序推移，讓香港人重溫二〇一九年以來的抗爭與傷痕，鞏固及傳承歷史記憶，同時以柔和的方法連結公民社會，作為後國安法時代下的一點抵抗。

朱慧盈表示：「在《國安法》後是社運低潮，很多人相繼流亡、入獄、有移民潮，大家開始心灰意冷，但這活動不是想大家回憶過去時，只感受到無力感，而是在痛苦下彼此扶持。」很多香港人都背負創傷情緒，在這次展出活動中，特別設有「交換物件」部分，觀賞者可以放下一件運動相關的紀念品，再取走一件別人的物件。

「本土青年意志」召集人羅子維亦指出，坦言「本土」、「青年」於國安時代非常危險，惟「愈封殺，愈要勇敢行動」。這次紀念活動想透過「情感」連結公民社會，讓同路人的傷痕能被看見，「香港有一種白色恐怖在彌漫，如果我們只是孤身一人，我們會很害怕，要用集體才能戰勝到這種恐懼。」他形容他們是「在紅線邊跳探戈」，與《國安法》共存，但不向其屈服，「與恐懼共存，就是我們的成長訓練」。

張心怡在受訪時也指出，擺街站時見到不少同路人，也許只是日常小事，卻是支撐她繼續堅持下去的動力，滿頭白髮的婆婆一句「加油」也覺窩心，她想努力讓人感到香港還有希望，但自己卻感到無比絕望。在後《國安法》時代，在條例的狹縫中生存，哪怕是最微小的動作，後果也可能比想像中嚴重，但她覺得前人已走了這麼一段路，自己更應默默地繼續走下去。

他們的展出活動惹來食物及環境衛生署到場巡查，指三位籌辦人涉嫌違反「公眾娛樂場所條例」及「無牌經營娛樂場所」。數名食環署職員對所有展出品進行拍攝，更在現場對創辦人錄取警戒口供。朱慧盈毫不畏懼地表示：「我們不可以因為害怕或擔心風險，就不去做對的事，否則當初六月九日不會有一百萬人大遊行，六月十二日也不會有人站出來。」

香港傀儡政府的爪牙——國安警察終於對年輕人動手了。二〇二一年九月二十日，國安警察以「串

4 羅子維：香港中文大學政治與行政學系學生，中大學生會前外務副會長，曾參與政治組織「香港維吾爾人權關注組」、「開站師」等。聲稱「本土青年意志」的出現是為了回應「白色恐怖」。

5 張心怡：香港理工大學英文系學生，理大學生會外務副會長，曾參與政治組織「學生動源」。

謀煽動顛覆國家政權罪」，炮製「賢學思政」案，上門拘捕王逸戰、陳枳森和朱慧盈。九月二十二日，黃沅琳亦投案自首。

香港國安處高級警司李桂華指出，警方在拘捕行動中搜查組織地址和倉庫，檢獲大批街站物品、刊物、傳單、電腦和電話等，也有送往懲教處所的認可物品。李桂華指，「賢學思政」自二〇二〇年五月成立，即使《香港國安法》生效後，仍然不斷在社交平台發表涉及危害國家安全的言論，共擺設四十一次街站，發放大量煽動仇恨政府、不服從法律和煽動顛覆政權的訊息。他舉例，「賢學思政」呼籲公眾不使用「安心出行」，並使用假資料填寫登記表；又曾指出「光復香港，時代革命」是民族信念，並非一個口號，又說下一場抗爭可能是戰爭或革命，因此要裝備好心態和技能；又建議其他人習武，當革命來臨時要全民勇武抗爭；又指抗爭是對準港共政權和中共政權，明顯是企圖顛覆中國政權。

二〇二一年九月二十四日深夜十一點五十分，「賢學思政」在臉書專頁宣佈解散，稱因組織現時已再無運作空間，即日起遣散組織所有成員及義工，並停止組織一切事務。

十月八日，成立不到半年的「本土青年意志」透過臉書平台發表聲明，指朱慧盈辭去組織發言人一職，並退出「本土青年意志」，有關決定得到其他成員接納。朱慧盈此舉是為了避免讓深陷「賢學思政」案的自己連累「本土青年意志」。但她的退出，絲毫無法改善「本土青年意志」的艱難處境。「賢學思政」案後，對「本土青年意志」下手，是警方的必然邏輯。

二〇二二年十月二十二日，香港區域法院審理「賢學思政」案。法官郭偉健指四名被告宣揚「香港民族」，只是由鼓吹港獨的人士僭建出來的概念，現實是沒有任何歷史或法理基礎。郭又指王逸戰曾在街站中，力陳「光時」不是口號，「是心中信念」，同案三人有份擺街站或叫口號，肯定知口號意思，是「煽動公眾推翻中央，成立所謂香港民族政權」，認為他們是蓄意挑戰《國安法》。極有諷刺意味的是，法官承認，「賢學思政」的街頭宣傳相當受歡迎，有人捐款、索取文宣，認同他們的人數以千計。最後，法官宣判，因四人均認罪且案發時不足二十一歲，均獲減刑，分別被判處三十六個月至三十個月刑期。

朱慧盈透過律師表示，希望法庭直接判監，而不是判入教導所，因為她一週前得悉教導所著重職訓，憂影響現時遙距學業，加上她期望將來進修碩士、照顧祖母，望可即時監禁，以便規劃未來。辯方透露，朱慧盈大學成績優異，最近兩個學期平均成績積點（GPA）達三點一及三點五；一旦判入教導所，她可能要專注在職培訓課程，無法兼顧學業。

法官郭偉健聞言表示，法庭不是討價還價的地方，希望朱慧盈深思熟慮，「她想一級榮譽畢業，另一方面持有案底，她覺得值得嗎？」辯方指，已向朱清楚解釋，她權衡後作此決定。休庭逾兩小時後，法官表示，願意「例外地」判朱慧盈入獄，以免判刑成為她成長的「絆腳石」。法官特別提到，浸大規定學生必須修讀國家安全課程，相信朱慧盈將會學懂，「她在犯案時相信存在的所謂『香港民族』，只是一個謊言」。這是法官的自欺欺人——這種低劣的洗腦課程，怎麼可能對朱慧盈實現「精神規訓」？

「賢學思政」案宣判之後，前香港本土政黨「香港眾志」副主席鄭家朗[6]表示：「『賢學思政』裡

6 鄭家朗（一九九九—）：前「香港眾志」副主席兼最年輕成員、香港樹仁大學學生會評議會主席。二〇二二年，流亡英國。

面的成員都是行動力很高的學生。當局現在就是要打擊這些具行動力的學生組織，要消除對學生影響力較大的組織，讓學生順從政府。」香港前本土派立法會議員梁頌恆[7]亦表示：「『賢學思政』相當義無反顧。他們的邏輯是，既然《香港國安法》沒有客觀的標準，那我們就按著香港以往既定的邏輯行事。『揭竿起義』或者『光復香港、時代革命』這些口號在二〇一九年反送中之前，是每個人都可以使用的，那為何現在會變得有問題呢？……四人被控『串謀煽動顛覆國家政權』的論據根本站不住腳。要是讓生活在自由世界的人都知道，港府控告幾個中學生煽動顛覆國家政權，他們會覺得既可悲又可笑：你的政權要有多脆弱才能讓幾個中學生給顛覆呢？」

此前，朱慧盈在監禁期間，曾於二〇二二年七月三十日寫信給朋友說：「幸好之前有還押（指未判刑之前的監禁）過，所以今次都有做好準備，同去年還押有些不一樣的是隔離的時間，去年要隔離二十一日，今年則隔離十四日，而且每天都需要做核酸測試。……現在都開始用中式步操，叫長官早晨（香港由英殖以來是叫Good Morning Sir, Good Morning Madam，改中式步操和稱呼，成為香港一個小笑點），和去年的英式是有點分別的，一時三刻都難適應。最後，多謝各位來法庭旁聽，多謝送車的朋友，好多謝各位的關心！願平安。」她還寫道：「我和學校商量過，我可以在裡面繼續讀書。如果九月二十四日學季開始才進去坐牢，可以十月中才能收到教材。現在就還押的話，就可以提早準備，九月就可以收到教材，因為教材要先向懲教署申請批准才可以放行進來給我的。申請都需時。感謝大學教授及其他教職員的幫忙！辛苦了！」

八月二十八日，朱慧盈又在一封信中談及獄中生活：「昨晚的晚餐是魚柳，我覺得這裡最好吃的就是魚柳！其實這裡的飯真的不錯。咖哩土豆都不錯，比中學飯商承包的盒飯好吃多了。勵敬負責廚子的是YP（未成年的囚犯），到時我被判做YP之後就可以學一下廚藝了。零食的話，只有夜晚自己的時間（約八點後）和週日放假才可以吃。過幾日就是『八一三』了，勿忘。繼續分享一下這裡的伙食，星期六、日中午可以選擇奶茶和粥，通常這裡的人都不會選，寧願吃自己的零食。勵敬的還押但未判罪人員也要上班的，所以我們也會有工資，發了工資就可以買東西，這裡可以買一些外面朋友送不進來的零食，還可買盒裝飲品（牛奶、檸檬茶，麥精，豆奶等）。平時中午可以借報紙來看，不過只有一份，要大家輪流看。週日可以借指甲剪，趁週日就可以剪指甲了。收音機都是星期日同平日夜晚自己的時間才可以聽。」

被判入獄第二天，已被監禁四個月的朱慧盈在給友人的信中寫道：「今日是十月二十三日，昨天是我被判三十個月監禁，扣除行為良好（可減免三分一）加上未判罪前被還押的四個月，十六個月後就可以放學了（牆內的人都稱出獄為『放學』、『畢業』）。我都挺滿意這個判刑，希望可以努力讀書，在二〇二五年畢業（這當然是指學業上的畢業）！我覺得這個判刑算是輕的了，不過我本身預期是再樂觀一點的刑期，可能這條罪的起刑點是二至三年，這就有機會在一年或一年以內出冊（『出冊』是香港對『出獄』的叫法）。我現在正在讀兩個課程，一個是我本科的道教，另一個是第二個系的創意寫作。浸大（他們上週處分了新學生會成員，打壓新學生會的成立，香港十所大專院校，有學生會的，只有一兩

7 梁頌恆（一九八六—）：前香港立法會新界東地區直選議員、香港本土派、香港獨立運動及香港民族主義支持者，前「青年新政」創黨召集人，前「香港民族陣線」發言人。二〇二〇年十二月一日，流亡美國。二〇二二年七月二十七日，與袁弓夷，何良懋等人在多倫多成立「香港議會選舉籌備委員會」。香港政府對此嚴厲譴責，並宣佈通緝三人。

家吧，很可悲，對不對？）的教授好好，為我簡化了我需要做的報告。共有五份報告，我目前都做完了一份了。」

朱慧盈（**Jessica Chu**）之電報（親友管理中）：https://www.instagram.com/liljessssica/

朱慧盈正在創作牆內書信，徵集捐助：https://www.patreon.com/chuwaiying?utm_campaign=creatorshare_fan&fbclid=IwAR1HB5vHyCHwaDRtIYqrujGnT1jMvOHeEM-gg4Fyd0CI6Kh4JC1Ju1iBJPI

中國研究系列 11

當代英雄第一卷
黑暗時代的抗爭者

作者 余杰
社長暨總編輯 鄭超睿
發行人 鄭惠文
特約編輯 涂育誠
封面設計 楊啟巽
排版 宸遠彩藝

出版發行 主流出版有限公司 Lordway Publishing Co. Ltd.
出版部 台北市南京東路五段三八九巷五弄五號一樓
電話 ○二～二七六六～五四四○
傳真 ○二～二七六一～三一一三
電子信箱 lord.way@msa.hinet.net
劃撥帳號 50027271
網址 www.lordway.com.tw

經銷 紅螞蟻圖書有限公司
臺北市內湖區舊宗路二段一二一巷十九號
電話 ○二～二七九五～三六五六
傳真 ○二～二七九五～四一○○

出版日期 二○二三年八月（初版一刷）
書號 L2307
售價 四八○
ISBN 978-626-97409-7-0

Printed in Taiwan

國家圖書館出版品預行編目（CIP）資料

當代英雄．第一卷，黑暗時代的抗爭者
余杰著／初版／臺北市：主流出版有限公司／ 2023.08(中國研究系列 ; 11)

ISBN 978-626-97409-7-0（平裝）

1. CST: 世界傳記　2. CST: 威權政治

781　　112013722